21世纪高等职业教育创新型精品规划教材（汽车类）

汽车机械制图（修订版）

主　编　周志国
副主编　孙　伟　吴　涛
主　审　陈文华

天津大学出版社
TIANJIN UNIVERSITY PRESS

内 容 简 介

本书根据教育部制定的高等工科院校"画法几何及工程制图课程教学基本要求"和"高职高专教育工程制图课程教学基本要求(机械类专业适用)",汲取近年来制图课程改革的经验,并结合编者长期教学心得和体会编写而成。使学生在掌握机械制图基本知识的基础上,重点培养实际零件的读图和绘图能力,以适应实际工作的需要。本书主要内容有:制图基本知识,点、直线和平面的投影,基本体的投影,截交线与相贯线,组合体视图,轴测投影图,机件的常用表达方法,标准件和常用件,识读零件图,技术要求,识读装配图,计算机绘图基础等。本书每一任务均由任务描述、任务目标、相关知识和综合评价四部分组成。在视图选择上,优先选用汽车相关的图样,遵循以精简内容、突出重点、强化应用、培养技能为主的原则,图文并茂,形象生动。本书采用了我国最新颁布的《技术制图》和《机械制图》国家标准及其他相关的国家标准。

本书可作为高职高专、成人院校汽车类及其他机械类专业课程的教材,也可作为相关工程技术人员的参考资料。

图书在版编目(CIP)数据

汽车机械制图/周志国主编.—天津:天津大学出版社,2010.1(2015年8月重印)

21世纪高等职业教育创新型精品规划教材.汽车类

ISBN 978-7-5618-3352-0

Ⅰ.①汽… Ⅱ.①周… Ⅲ.①汽车-机械制图-高等学校:技术学校-教材 Ⅳ.①U463

中国版本图书馆CIP数据核字(2010)第013343号

出版发行 天津大学出版社

出 版 人 杨欢

地　　址 天津市卫津路92号天津大学内(邮编:300072)

电　　话 发行部:022-27403647

网　　址 publish.tju.edu.cn

印　　刷 廊坊市海涛印刷有限公司

经　　销 全国各地新华书店

开　　本 185mm×260mm

印　　张 15.5

字　　数 388千

版　　次 2015年8月第2版

印　　次 2015年8月第4次

定　　价 33.00元

前　言

工程图样是工程技术人员表达设计思想、进行技术交流的重要工具，也是进行机械加工、制造及工程施工的依据和重要技术文件。本书根据生产实际以及现在高职高专汽车类专业学生对制图知识的需要，依据教育部制定的《高职高专工程图学课程教学基本要求》进行编写。旨在探索适应现代化需求的教学模式，并总结借鉴各校近年的教改成果和经验，力求反映现代科学技术的新知识、新内容。

本书主要有以下几个方面的特点。

(1)立足高职高专汽车类专业。本教材在内容选择上，采用大量现在汽车常用的零部件作为讲解内容，使学生在本门课程的学习过程中能够接触到专业方面的知识，增强学生的学习兴趣，同时为后续专业课的学习打下良好的基础。

(2)贯彻“基础理论教育以应用为目的，以掌握概念和强化应用为教学重点”的原则，明确编写目的。本书宗旨是让学生拓宽空间想象力，培养独立分析问题和解决问题的能力，具备画图、读图的能力，掌握计算机绘图的基本知识，为其以后的知识拓展打下基础。

(3)本书按循序渐进的教学规律设置内容。培养学生空间想象力，从投影方法和投影面体系开始，到基本几何元素点、直线、平面以及基本体的投影。

(4)全书文字精练，图例丰富，绝大部分配有三维图示，增强了直观性。在内容分析、图例选用及例题讲解等方面，遵从博采众长的原则，从引导学生空间思维开始，紧扣原理、由浅入深、循序渐进，自始至终贯彻形体分析、线面分析和结构分析的方法。所选图例紧密结合专业需求，并力求结合生产实际。

(5)本书采用了国家最新的制图标准，便于在生产实践中的使用。

本书可作为高职高专汽车类专业学生及其他工科类专业学生的通用教材，也可作为工程技术人员的参考资料。

本书由周志国主编并统稿。参加编写的人员有：浙江交通职业技术学院汽车学院孙伟(点、直线和平面的投影；机件的常用表达方法)、郭宏伟(标准件和常用件)、王芳(技术要求部分内容)、刘大学(识读装配图)、吴涛(计算机绘图基础)、周志国(基本体的投影；截交线与相贯线；识读零件图)；扬州职业大学方栋华(组合体视图；轴测投影图)；淄博职业学院曾祥军(制图基本知识)。

本书由浙江交通职业技术学院汽车学院院长陈文华教授担任主审，陈教授给出了非常宝贵的修改意见；在本书的编写过程中还得到了学院其他领导和老师的关怀，其中蔡泽宇老师参与了附录校稿工作，在此一并深表感谢。

由于编写时间仓促，编者水平有限，缺点错误在所难免，恳请专家、读者给予批评指正(可发送电子邮件至 zhouzhiguo@zjvtit. edu. cn)。

编　者

2015 年 7 月

目　录

项目一　基 础 知 识

在机械设计制造过程中,设计者要表达自己的设计思想,工人要完成零件加工及机器装配,检验人员要完成检验,连接这些工作的纽带是图纸。要完成图纸的绘制工作必须要掌握的内容包括:制图的基本知识,点、线、面的投影规律,基本体及切割体的投影,组合体的投影和轴测图等知识。本项目将分别以若干任务对上述内容进行详细的介绍。通过学习,使学生具备绘图的基本能力。

任务一　制图基本知识

任务描述

一名机械制图员,首先要考虑图样的设计是否符合国家标准;其次要考虑用哪些工具、怎样的方法去绘制图样;最后还要考虑对绘制的图样进行审核,判断其能否达到实际生产的需要。通过此部分的学习,可以使学生具备制图的基本知识。

任务目标

(1)了解制图的标准;

(2)了解绘图工具的使用;

(3)掌握常用的绘图方法。

相关知识

1.1　制 图 标 准

为了规范各项技术工作,国家质量技术监督局颁布了一系列的标准。国家标准是从事技术工作的准则,在今后的学习和工作中应严格遵守标准的规定。

1.1.1　图纸幅面和格式(GB/T 14689—1993)

图纸幅面即是图纸的大小,国家标准规定了 A0 ~ A4 五种不同的图纸幅面。绘制图样时,应优先采用表 1 - 1 中规定的基本幅面。

在图纸上必须用粗实线画出图框,其格式分为留装订边(如图 1 - 1)和不留装订边(如图 1 - 2)两种。同一产品的图样只能采用一种格式。

表 1-1　基本幅面尺寸　　单位:mm

幅面代号		A0	A1	A2	A3	A4
尺寸 $B \times L$		841 × 1 189	594 × 841	420 × 594	297 × 420	210 × 297
边框	a	25				
	c	10			5	
	e	20		10		

需要装订的图样,其边框格式按照表 1-1 中尺寸 a 和 c 执行,如图 1-1 所示。通常 A0、A1、A2、A3 图纸的长边水平放置,称为横装;而 A4 图纸则多采用长边垂直放置的竖装形式。不需要装订的图样,只要将图 1-1 中的尺寸 a 和 c 都改为尺寸 e 即可,如图 1-2 所示。必要时允许加长幅面,加长幅面规格及其图框尺寸在 GB/T 14689—1993 中另有规定。

每张图纸上都必须画出标题栏。GB 10609.1—1989 规定了标题栏的内容、格式与尺寸,如图 1-3 所示。标题栏的位置应按图 1-1 和图 1-2 所示的方式配置,看图的方向与看标题栏的方向一致。在制图作业中标题栏可以简化,建议采用简化标题栏,如图 1-4 所示。

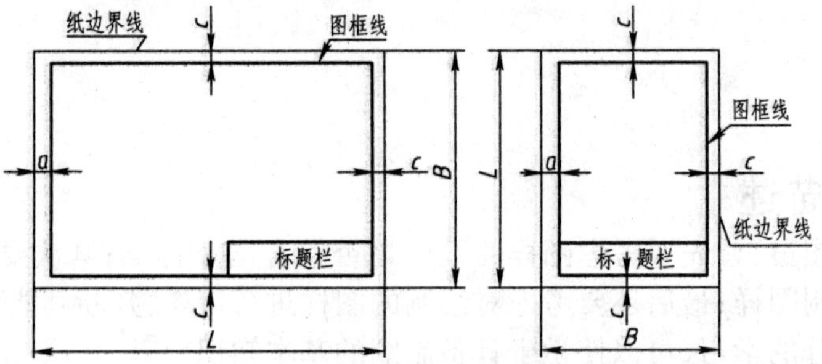

图 1-1　留装订边的图框格式

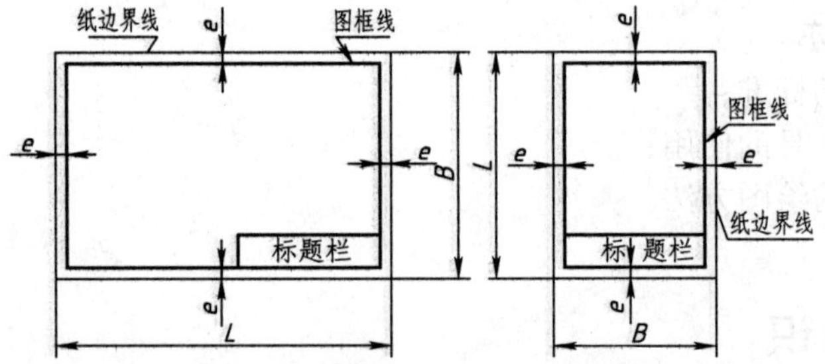

图 1-2　不留装订边的图框格式

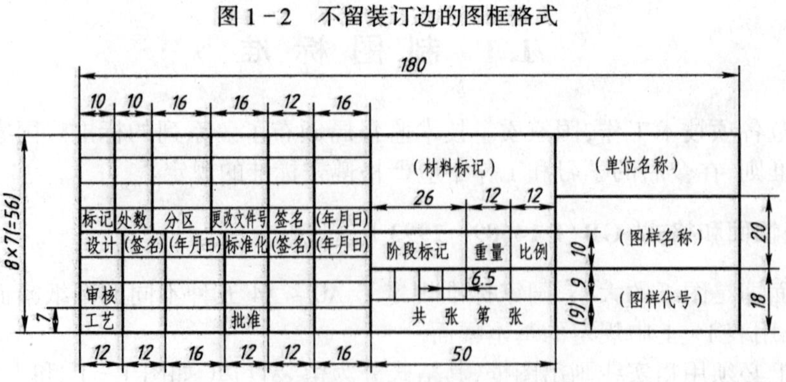

图 1-3　标题栏的格式及尺寸

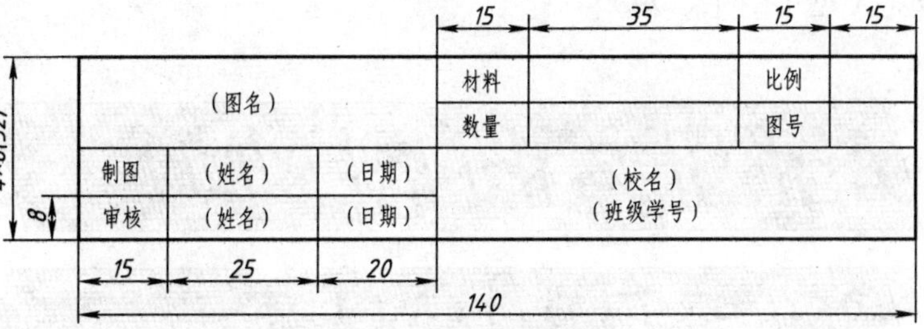

图 1－4　简化标题栏

1.1.2　比例(GB/T 14690—1993)

比例是指图中图形与其实物相应要素的线性尺寸之比。绘制图样时,应尽量采用 1∶1 的比例,以便从图样上能直接得到实物大小的真实概念。当机件不宜采用 1∶1 的比例时,一般应从表 1－2 中选取适当比例。比例一般应标注在标题栏的比例栏内,必要时可标注在视图名称的下方或右侧。

表 1－2　标准比例

种　类	比　例
原值比例	1∶1
放大比例	2∶1 (2.5∶1) (4∶1) 5∶1 1×10^n∶1 2×10^n∶1 (2.5×10^n∶1) (4×10^n∶1) 5×10^n∶1
缩小比例	(1∶1.5) 1∶2 (1∶2.5) (1∶3) (1∶4) 1∶5 (1∶6) 1∶1×10^n (1∶1.5×10^n) 1∶2×10^n (1∶2.5×10^n) (1∶3×10^n) (1∶4×10^n) 1∶5×10^n (1∶6×10^n)

注:(1)n 为正整数;(2)必要时允许选用表中带括号的比例。

1.1.3　字体(GB/T 14691—1993)

在图样上除了表示机件形状的图形外,还要用文字和数字来说明机件的大小、技术要求和其他内容。

图样中书写的字体必须做到:字体工整、笔画清楚、间隔均匀、排列整齐。如果在图样上的文字和数字写得很潦草,不仅会影响图样的清晰和美观,而且还会造成差错,给生产带来麻烦和损失。字体的号数,即为字体的高度 h,其公称尺寸系列为:1.8、2.5、3.5、5、7、10、14、20 mm。各种字体的特点及示例如下。

1. 汉字

汉字应为长仿宋体,并采用国家正式公布推行的简化字。汉字的高度 h 不应小于 3.5 mm,其宽度一般为 $h/\sqrt{2}$。常用的长仿宋体字示例如下。

字体工整 笔画清楚 间隔均匀 排列整齐 横平竖直

注意起落 结构均匀 填满方格 机械制图 汽车零件

2. 字母和数字

字母和数字分 A 型和 B 型两种。A 型字体的笔画宽度为字高的 1/14;B 型字体的笔画宽度为字高的 1/10。字母和数字可写成斜体和直体。斜体字字头向右倾斜,与水平基准线成 75°。图样上一般采用斜体字,常用的字母和数字示例如下。

1)拉丁字母(A型)示例

大写斜体

小写斜体

2)希腊字母(A型)示例(小写斜体)

3)阿拉伯数字示例

A型斜体

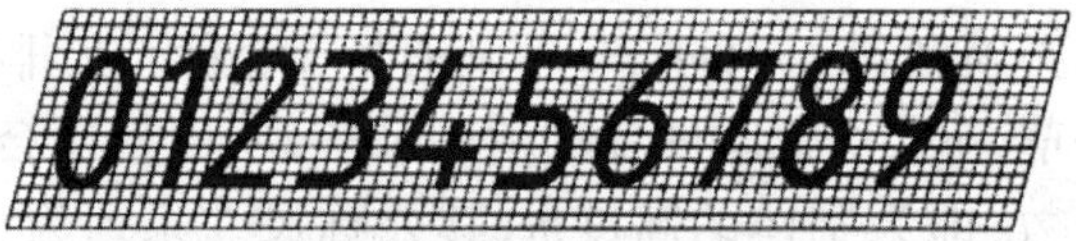

A型直体

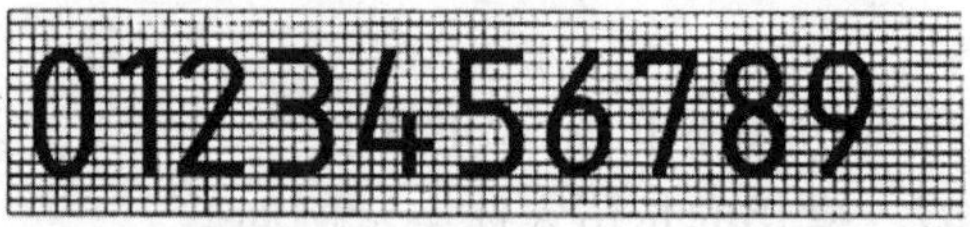

4)罗马数字示例(A型斜体)

3. 图样中书写规定与示例

(1)在图样中用作指数、分数、极限偏差、注脚等的数字及字母，一般应采用小一号的字体。如以下示例。

$$10^{3} \quad S^{-1} \quad D_{1} \quad T_{d} \quad \phi 20^{+0.010}_{-0.023} \quad 7^{\circ}{}^{+1^{\circ}}_{-2^{\circ}} \quad \frac{3}{5}$$

（2）图样中的数学符号、物理量符号、计量单位符号以及其他符号、代号，应符合国家的有关法令和标准的规定。有关示例如下。

l/mm　m/kg　460r/min　220V　380kPa

（3）其他标注示例如下。

10JS5(±0.003)　M24-6h

$$\phi 25\frac{H6}{m5} \quad \frac{II}{2:1} \quad R8 \quad 5\%$$

1.1.4　图线（GB/T 4457.4—2002）

绘制图样时，常用的各种图线的名称、线型、线宽及主要用途见表 1－3。各种线型的应用实例如图 1－5 所示。

表 1－3　常用图线的线型及用途

图线名称	宽度	图线形式	主要用途
粗实线	d(0.13～2 mm)		可见轮廓线，视图上铸件分型线
细实线	约 $d/2$		尺寸线、尺寸界线、剖面线、引出线、重合断面的轮廓线、投射线等
虚线	约 $d/2$		不可见轮廓线
细点画线	约 $d/2$		轴线、对称中心线、轨迹线等
粗点画线	d		有特殊要求的表面的表示线，如热处理等
双点画线	约 $d/2$		相邻辅助零件的轮廓线、坯料的轮廓线、极限位置的轮廓线、假想投影轮廓线、中断线等
双折线	约 $d/2$		断裂处的边界线
波浪线	约 $d/2$		断裂处的边界线、视图和局部剖视的分界线

图线宽度应按图样的类型和尺寸大小在下列数系中选择：0.13、0.18、0.25、0.35、0.5、0.7、1、1.4、2 mm。绘图时通常应注意以下几点：

（1）在同一图样中，同类图线的宽度应基本一致；

（2）虚线、点画线及双点画线的线段长度和间隔应各自相等；

（3）两条平行线（包括剖面线）之间的距离应不小于粗实线的两倍宽度，其最小距离不得小于 0.7 mm；

（4）在较小的图形上绘制点画线、双点画线有困难时，可用细实线代替；

（5）绘制圆的对称中心线（简称中心线）时，圆心应为线段的交点，如图 1－6 所示。

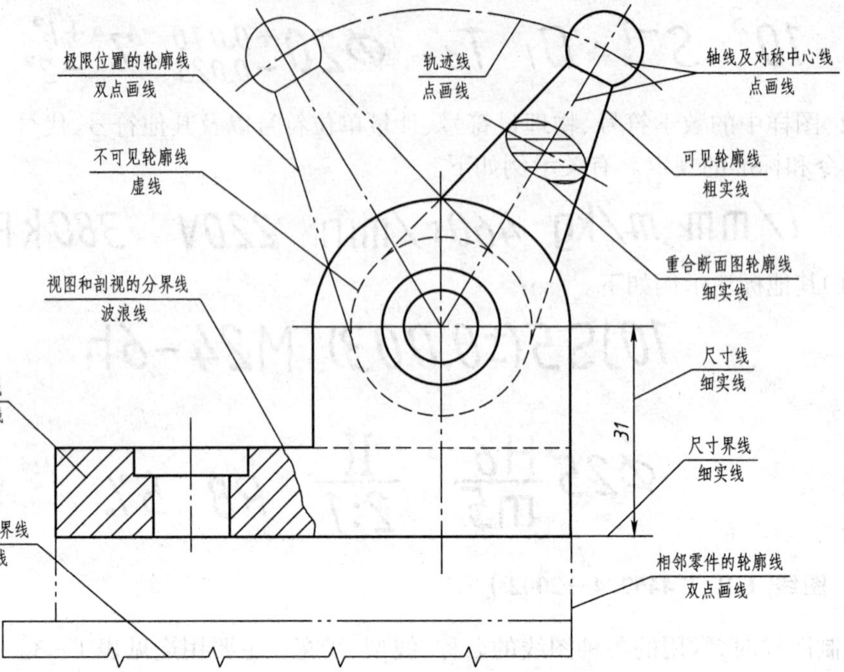

图1-5　各种线型的应用实例

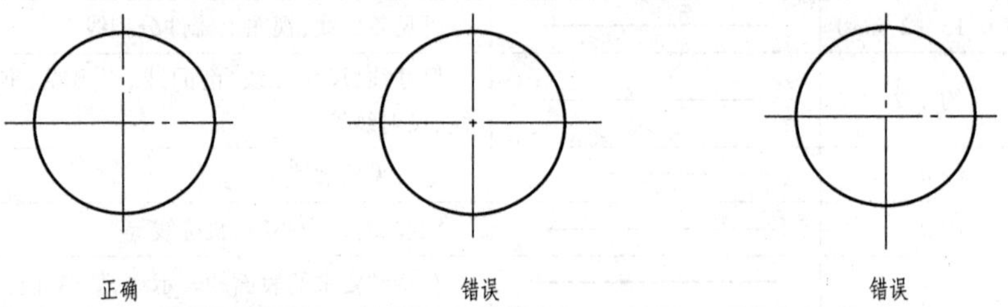

图1-6　圆心的画法

1.1.5　尺寸注法(GB/T 4458.4—2003)

图形只能表达机件的结构形状,而机件的大小必须通过尺寸标注才能确定。国家标准《尺寸注法》中规定了尺寸标注的基本规则、符号和方法,在绘图时必须严格遵守这些规定。

1. 尺寸标注的基本规则

(1)机件的真实大小应以图样上所标注的尺寸数值为依据,与图形的大小及绘图的准确度无关。

(2)图样中的尺寸以毫米为单位时,不需标注计量单位的代号或名称;若采用其他单位,则必须注明相应计量单位的代号或名称。

(3)图样中所标注的尺寸应为该图样所示机件的最后完工尺寸,否则需另加说明。

(4)机件的每一个尺寸,在图样上一般只可标注一次,并且应标注在最能反映机件特征的图形上。

2. 尺寸标注的基本要素

一个完整的尺寸由尺寸界线、尺寸线和尺寸数字三个基本要素组成，如图 1 - 7 所示。

1)尺寸界线

尺寸界线表示所标注尺寸的范围。尺寸界线一般用细实线绘制，也可以利用轮廓线、对称中心线作为尺寸界线。用细实线绘制尺寸界线时，应由图形的轮廓线、对称中心线、轴线处引出，并尽量画在图形轮廓线之外。尺寸界线与尺寸线应互相垂直，且其末端超出尺寸线 2 ~ 3 mm。如在光滑过渡处标注尺寸时，必须用细实线将轮廓线延长，从其交点处引出尺寸界线，如图 1 - 8 所示。

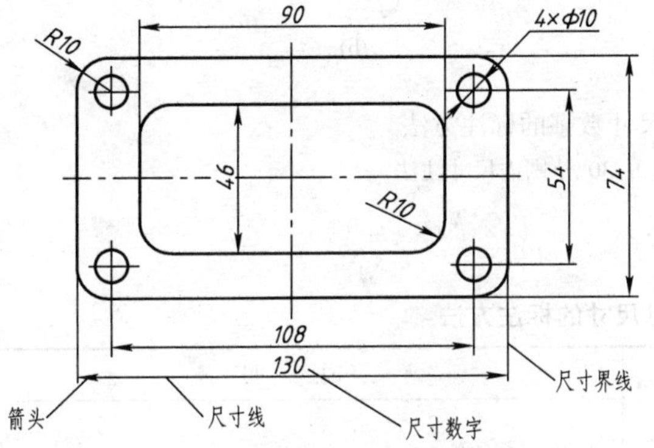

图 1 - 7　尺寸的组成

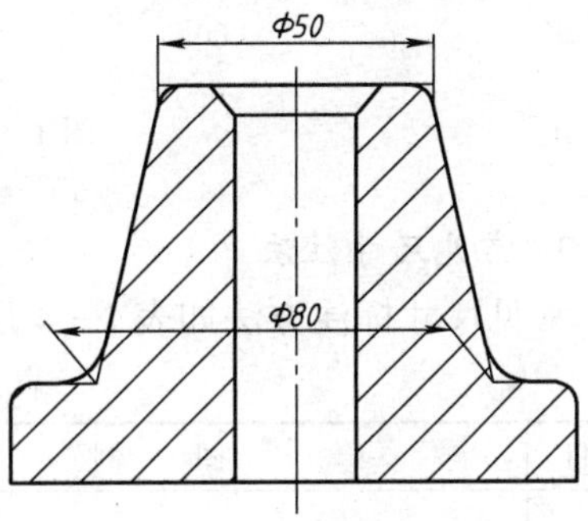

图 1 - 8　圆角处尺寸界线的画法

2)尺寸线

尺寸线必须用细实线绘制，不能用其他图线代替。标注线性尺寸时，尺寸线必须与所标注的线段平行。当有几条互相平行的尺寸线时，大尺寸要标注在小尺寸外面，以免尺寸线与尺寸界线相交。在圆或圆弧上标注直径或半径尺寸时，尺寸线一般应通过圆心或其延长线通过圆心。

尺寸线的终端有箭头或斜线两种形式，如图 1 - 9 所示，用来表示尺寸线的起止。只有当尺寸线垂直于尺寸界线时才可以采用斜线终端，机械图上的尺寸线终端多采用箭头。在同一图样中，尺寸线终端的形式应一致。

图 1 - 9　尺寸线终端形式

3)尺寸数字

尺寸数字用以表示机件各部分的实际大小，一律用标准字体书写，在同一图样上尺寸数字的字高应保持一致。

线性尺寸数字的方向一般应按图 1 - 10(a)所示的情况来注写，并尽可能避免在图示 30°范围内注写尺寸；当无法避免时，可按图 1 - 10(b)所示的方式标注。尺寸数字(含字母符号)不可被任何图线穿过，否则就必须使相应的图线在尺寸数字处断开，如图 1 - 8 中的尺寸ϕ80 的标注方法。

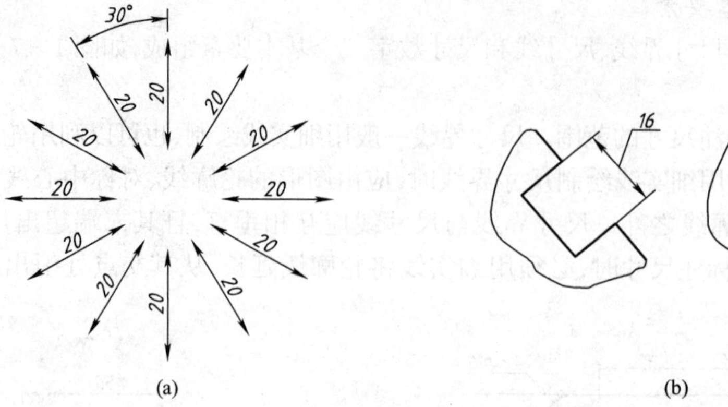

图 1-10　线性尺寸数字的标注方法

(a)一般情况注法;(b)30°范围内尺寸注法

3. 常见尺寸注法

常见尺寸标注方法如表 1-4 所示。

表 1-4　常见尺寸的标注方法

项目	图　例	说　明
角度	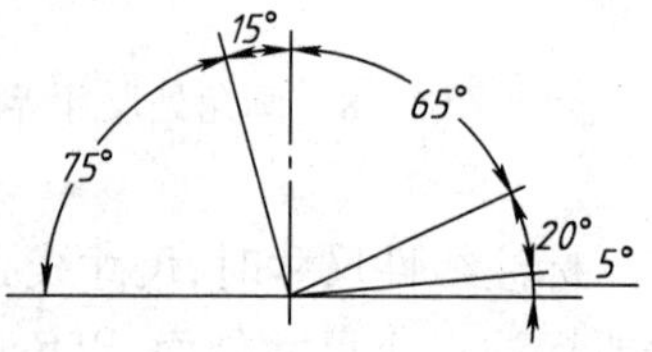	①角度数字一律写成水平,填在尺寸线的中断处,必要时允许写在外面或引出标注,如图例所示 ②尺寸线用圆弧绘制,圆心为该角的顶点 ③尺寸界线应沿径向引出
圆的直径	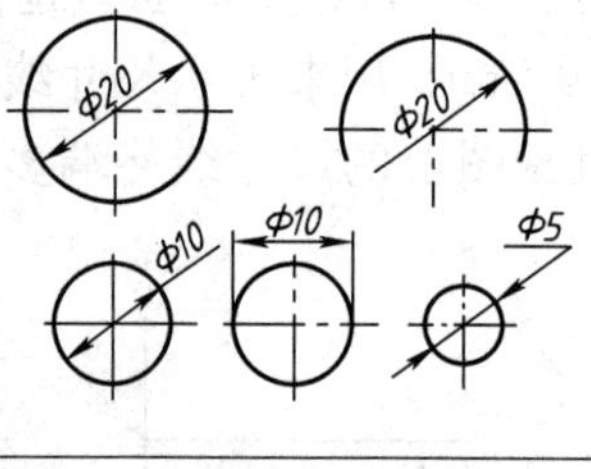	①圆或大于半圆的圆弧应标注直径 ②标注直径尺寸时,在数字前加注符号"ϕ" ③尺寸线应通过圆心,并在接触圆周的终端画箭头 ④标注小圆尺寸时,箭头和数字可分别或同时标注在外面
圆弧半径	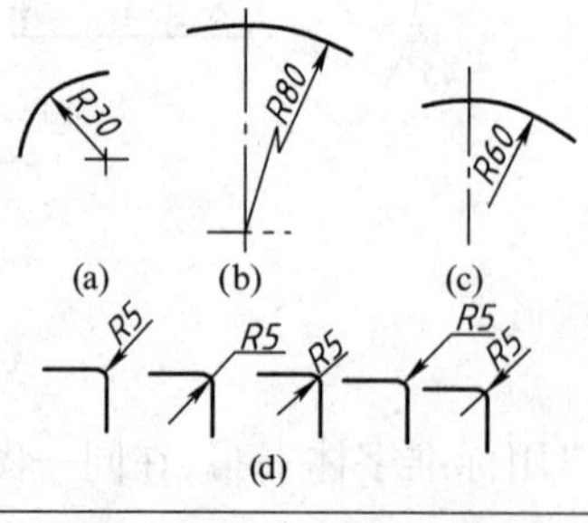	①小于半圆的圆弧应标注半径,如图例(a)所示 ②标注半径时,应在数字前加注符号"R" ③尺寸线应通过圆心,带箭头的一端应与圆弧接触 ④半径过大或图纸范围内无法标出其圆心位置时,可按图例(b)标注;若不需要标出其圆心位置,可按图例(c)标注 ⑤标注小半径时,可将箭头和数字标注在外面,如图例(d)所示
球的直径或半径	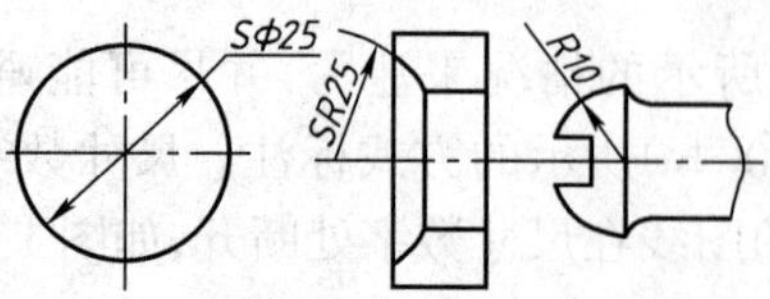	①标注球的直径或半径时,应在符号"ϕ"或"R"前加注符号"S" ②在不致误解时,如螺钉的头部,可省略"S"

续表

项目	图　例	说　明
弧长及弦长	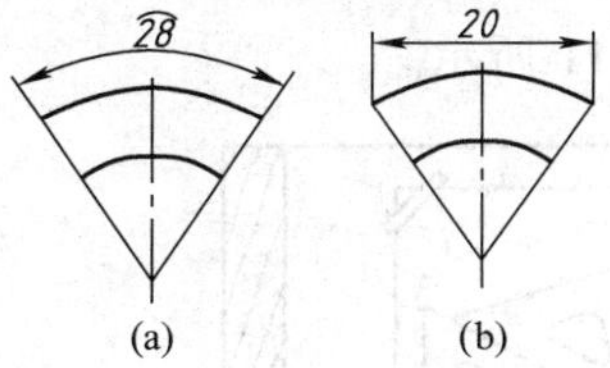	①标注弧长时，应在尺寸数字上方加注符号“⌒”，如图例（a）所示 ②弦长的尺寸界线应平行于该弦的垂直平分线，如图例（b）所示
小尺寸	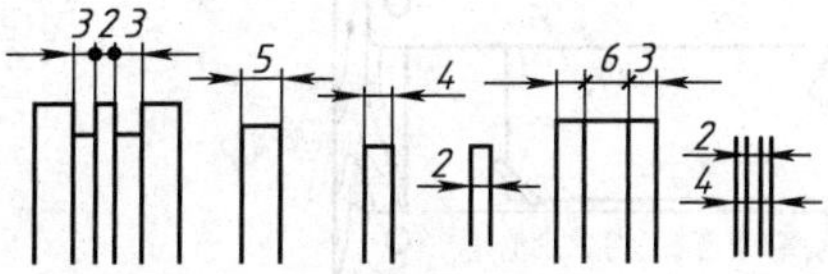	①小尺寸串联时，箭头画在尺寸界线的外侧，中间可用小圆点或斜线代替箭头 ②数字可写在尺寸线上方、外侧或引出标注
相同的组成要素	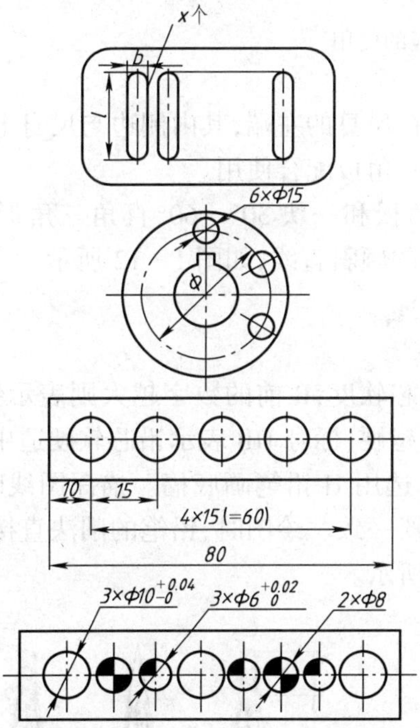	①在同一图形中，对于尺寸相同的孔、槽等组成要素，可仅在一个要素上注出其尺寸和数量 ②当组成要素（如均布孔）的定位和分布情况在图中已明确时，可不标注其角度，并可省略“EQS” ③间隔相等的链式尺寸，可只注出一个间距，其余用“数量×间距（=距离）”形式注写 ④在同一图形中具有几种尺寸数值相近而又重复的要素（如孔等）时，可采用标记（如涂色等）的方法（如图例所示），也可采用标注字母或列表的方法来区别
正方形结构	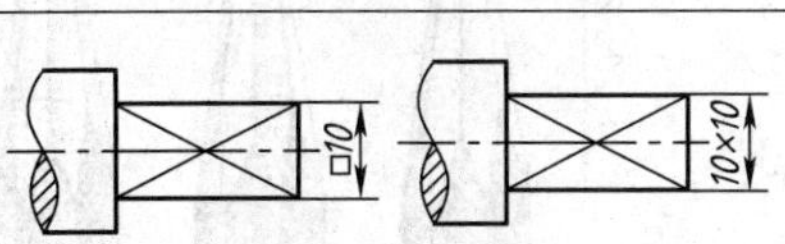	标注端面为正方形结构的尺寸时，可在正方形边长尺寸数字前加注符号“□”或用“$B\times B$”注出

1.2　绘图工具和仪器的使用

对初学者来讲，养成正确使用绘图工具和仪器的良好习惯非常关键，良好习惯的养成可以保证绘图质量并加快绘图速度。

1.2.1 图板、丁字尺和三角板

绘图时用胶带纸将图纸固定在图板的适当位置。图板用作画图垫板,要求表面平坦光洁;又因它的左边用作导边,所以必须平直,如图 1-11 所示。

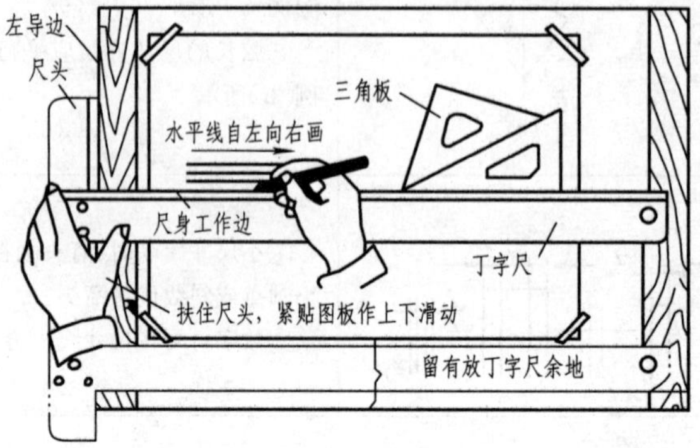

图 1-11　图板的使用

丁字尺由尺头和尺身组成。尺头较短,固定在尺身的左端,其内侧边与尺身上方的工作边垂直。沿尺身的工作边可画出水平线,还可与三角板配合使用。

一副三角板由一块 45°等腰直角三角形三角板和一块 30°—60°直角三角形三角板组成,它们与丁字尺配合使用,可以画铅垂线和 15°的倾斜直线,如图 1-12 所示。

1.2.2 铅笔

绘图铅笔的铅芯有软硬之分,标号 B 表示铅芯软度,B 前的数字越大则表示铅芯越软;标号 H 表示铅芯硬度,H 前的数字越大表示铅芯越硬;标号 HB 表示铅芯软硬适中。

绘图时,一般选用 HB 铅笔画粗实线和写字,选用 H 铅笔画底稿。描深图线时,画圆的铅芯应比画直线的铅芯软一号,才可保证图线浓淡一致。绘图时,铅笔的削法直接影响所画图线的粗细和光滑程度,常见的削法如图 1-13 所示。

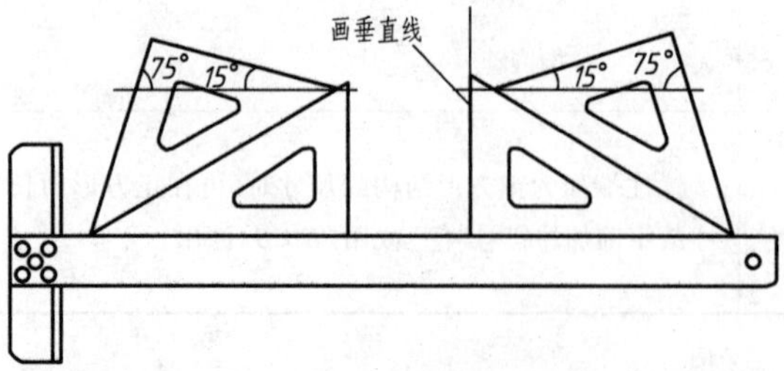

图 1-12　三角板的使用

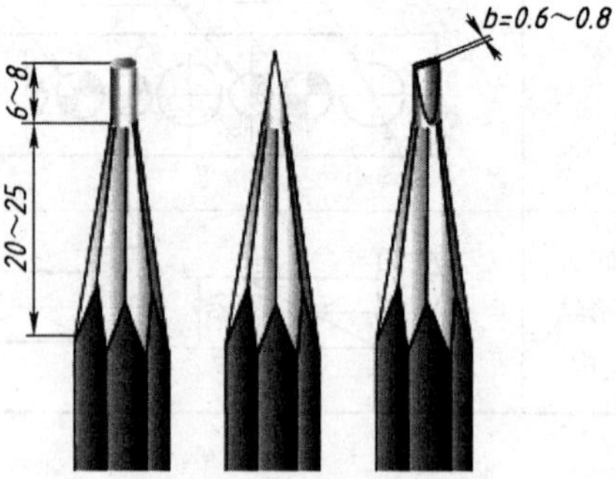

图 1-13　铅笔的削法

1.2.3 圆规和分规

圆规用于画圆弧和圆。圆规的固定腿上装有钢针,钢针的两端形状不同,带有台阶的一

端用于画圆弧和圆，将针尖全部扎入图板，台阶接触纸面；具有肘关节的腿用来插铅笔。在使用圆规前，应先调整钢针脚，使针尖略长于铅芯。分规用于等分和量取线段，分规两脚的针尖并拢后，应能对齐。

1.2.4　其他绘图工具

除上述常用绘图工具和仪器外，还有一字尺、多孔板、绘图机和数控自动绘图机等绘图工具。一字尺的作用与丁字尺相同，由于使用比较方便，已被广泛采用。多孔板是在普通三角板上开有许多圆、椭圆和其他形状的孔，当所画的图形能配合使用多孔板上的孔时，可用作模板，提高绘图速度。绘图机是一种综合的绘图设备，绘图机上装有一对可按需要移动和转动的相互垂直的直尺，用它们来完成丁字尺、三角板、量角器等工具的工作，使用方便，绘图效率高。

1.3　几 何 作 图

虽然机械零件的形状多种多样，但它们的图样均是由直线、圆弧和其他一些曲线所组成的几何图形。因此在绘制图样时，常常要运用几何作图的方法。

1.3.1　等分

1. 等分已知线段

运用几何作图的方法实现线段的等分。

k 等分已知线段 AB，如图 1－14 所示。

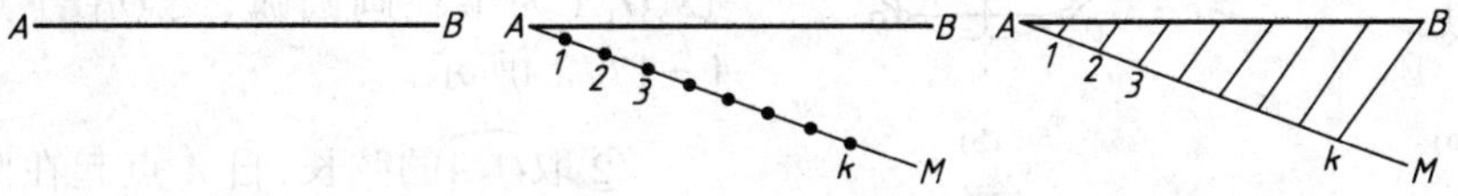

图 1－14　k 等分线段

作图步骤如下：

①过端点 A 作任一直线 AM；

②用分规以任意的长度在 AM 上截取 k 等分的 1、2、3、……、k 点；

③连接 kB，再过 1、2、3、……、$k-1$ 点作 kB 的平行线，交 AB 的点即为 AB 的 k 等分点。

2. 等分圆周作正多边形

（1）三等分圆周作正三角形，如图 1－15 所示。

作图步骤如下。

将 30°—60°三角板的短直角边紧贴丁字尺，并使其斜边过点 A 作直线交圆周于点 B，翻转三角板，以同样方法作直线交圆周于点 C，则 A、B、C 三点将圆周三等分，连接 BC、CA、AB，即得正三角形。

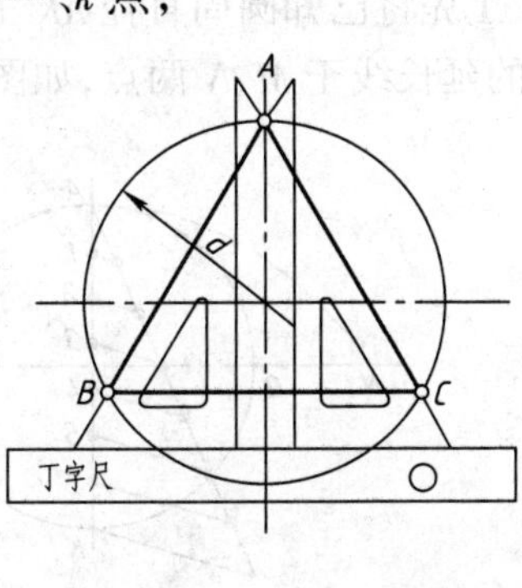

图 1－15　正三角形的作法

(2)六等分圆周作正六边形,如图 1-16 所示。

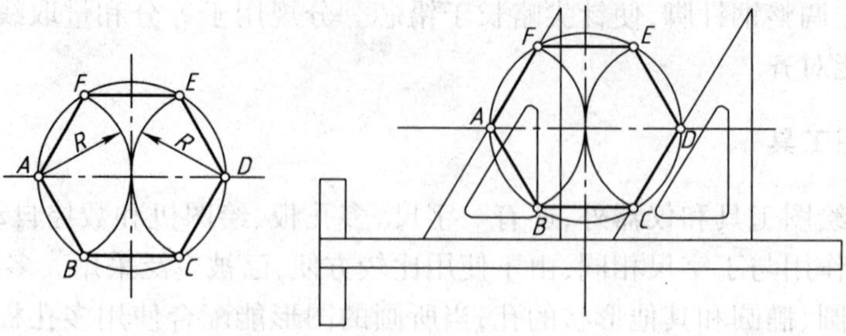

(a) (b)

图 1-16 六等分圆周作正六边形

(a)用圆规直接等分;(b)用 30°—60° 三角板等分

方法一:用圆规直接等分

以已知圆周直径的两端点 A、D 为圆心,以已知圆周半径 R 为半径画圆弧与圆周相交,即得等分点 B、F 和 C、E,依次连接各点,即得正六边形,如图 1-16(a)所示。

方法二:用 30°—60° 三角板等分

将 30°—60° 三角板的短直角边紧贴丁字尺,并使其斜边过点 A、D(圆周直径的两端点),作直线交圆周于点 F、C;翻转三角板,以同样方法作直线交圆周于点 B、E;依次连接点 A、B、C、D、E、F,即得正六边形,如图 1-16(b)所示。

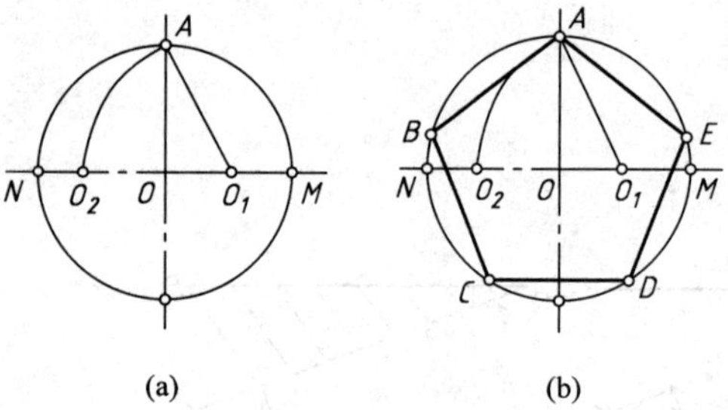

(a) (b)

图 1-17 五等分圆周作正五边形

(3)五等分圆周作正五边形,如图 1-17 所示。

作图步骤如下。

①平分半径 OM 得点 O_1,以点 O_1 为圆心、O_1A 为半径画圆弧,交 ON 于点 O_2,如图 1-17(a)所示。

②取 $\overset{\frown}{O_2A}$ 的弦长,自 A 点起在圆周上依次截取,得等分点 B、C、D、E,依次连接各点,即得正五边形,如图 1-17(b)所示。

(4)任意等分圆周作正 n 边形(如正七边形),如图 1-18 所示。

作图步骤如下。

①先将已知圆周直径 AK 七等分,再以点 K 为圆心,以直径 AK 为半径画圆弧,交直径 PQ 的延长线于 M、N 两点,如图 1-18(a)所示。

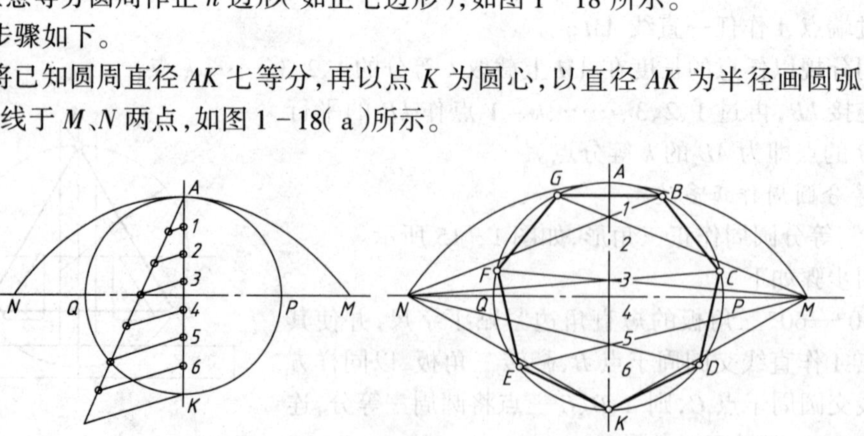

(a) (b)

图 1-18 七等分圆周作正七边形

②自点 M、N 分别向 AK 上的各偶数点（或奇数点）连线并延长交圆周于点 B、C、D 和 E、F、G，依次连接各点，即得正七边形，如图 1－18（b）所示。

1.3.2　斜度和锥度

1. 斜度

斜度是指一直线或平面对另一直线或平面的倾斜程度，其大小用两直线或平面夹角的正切来度量，如图 1－19（a）所示。在图样上标注时，用 1∶ n 的形式，其前加斜度符号∠，且符号的方向与斜度的方向一致。斜度符号的画法如图 1－19（b）所示，图中 h 为字高。

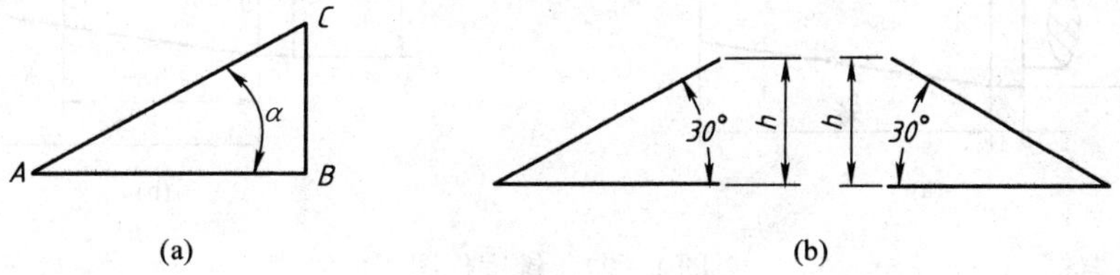

图 1－19　斜度及斜度符号

图 1－20（a）所示为已知图形，其作图步骤如图 1－20（b）所示。将 ab 线段分为 6 个单位长度；并在其左侧 ac 线上量取 1 个单位长度得 d 点，连接 bd 得 1∶ 6 斜度线；然后按照图中尺寸确定 K 点位置，过 K 点作 bd 连线的平行线。

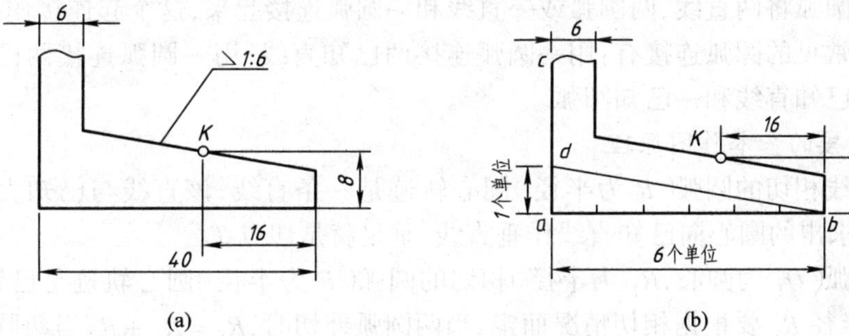

图 1－20　斜度作图

2. 锥度（GB/T 15754—1995）

锥度是指正圆锥体底面圆的直径与其高度之比或圆锥台体两底圆直径之差与其高度之比，如图 1－21（a）所示。在图样上标注时，用 1∶ n 的形式，锥度符号的方向与锥度方向一致，并对称地配置在基准线上，即基准线应从锥度符号中间穿过，如图 1－21（b）所示，图中 h 为字高。

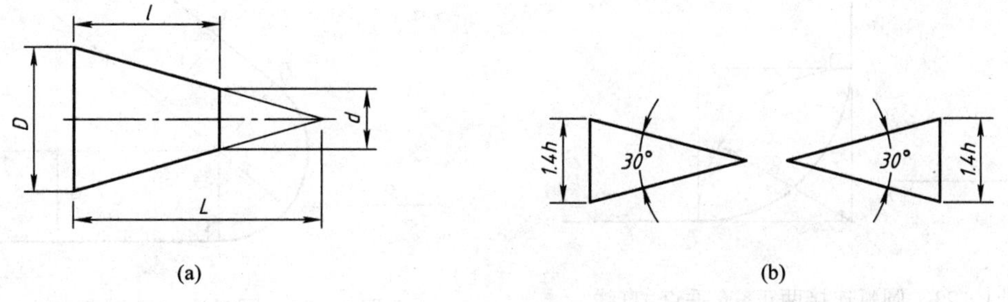

图 1－21　锥度及锥度符号

图1-22(a)所示为已知图形，其作图步骤如图1-22(b)所示。取适当单位长度，在中心线上量取3个单位长度得 s 点，并在左侧图线 cd 上，以中心线为基准分别量取0.5个单位长度得 a、b 两点，连接 as、bs，即得1∶3的锥度线；再分别过 $\phi26$ 直径两端点 c、d 作锥度线的平行线。

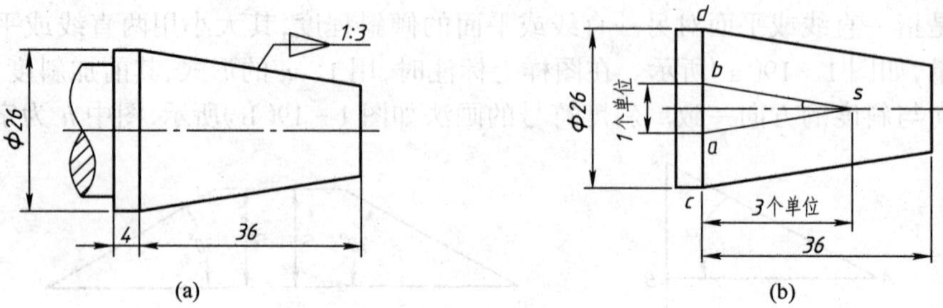

图1-22　锥度作图

1.3.3　圆弧连接

绘制机件轮廓图形时，常会遇到从一条线(直线或圆弧)光滑地过渡到另一条线的情况。这种光滑过渡，即是平面几何中的相切，在工程制图上称为连接，切点就是连接点。常用的连接是用圆弧将两直线、两圆弧或一直线和一圆弧连接起来，这个起连接作用的圆弧称为连接圆弧。常见的圆弧连接有：用一圆弧连接两已知直线；用一圆弧连接两已知圆弧；用一圆弧连接一已知直线和一已知圆弧。

1. 圆弧连接的基本作图原理

与已知直线相切的圆弧(R 为半径)圆心轨迹是一条直线，该直线与已知直线平行，且距离为 R。从求出的圆心向已知直线作垂直线，垂足就是切点 T。

与已知圆弧(O_1 为圆心，R_1 为半径)相切的圆弧(R 为半径)圆心轨迹是已知圆弧的同心圆，该圆的半径 R_x 要根据相切情况而定，当两圆弧外切时，$R_x = R_1 + R$；当两圆弧内切时，$R_x = |R_1 - R|$，其切点 T 在两圆弧的连心线与圆弧的交点处。

2. 圆弧连接的类型及作图方法

(1)用圆弧连接两正交(垂直)直线，如图1-23所示。

(2)用圆弧连接两斜交直线，如图1-24所示。

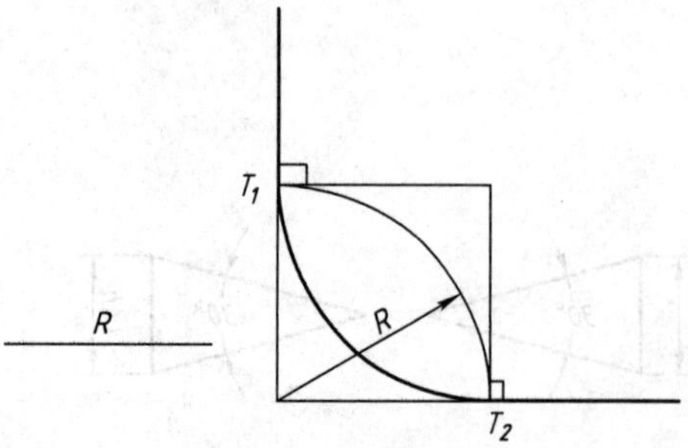

图1-23　圆弧连接两正交(垂直)直线

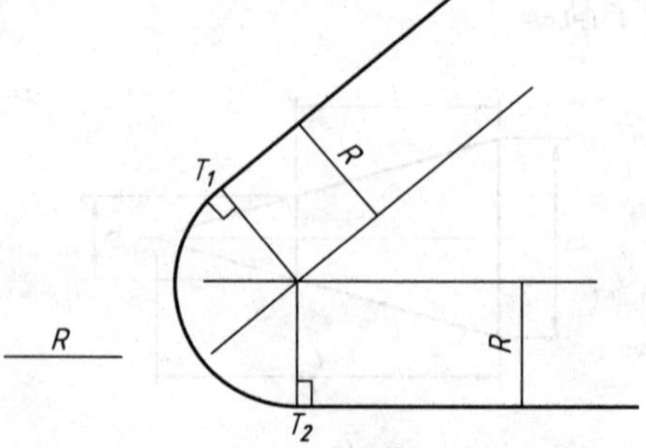

图1-24　圆弧连接两斜交直线

(3)圆弧与直线相切、与圆弧外切,如图 1－25 所示。

(4)圆弧与两圆弧外切,如图 1－26 所示。

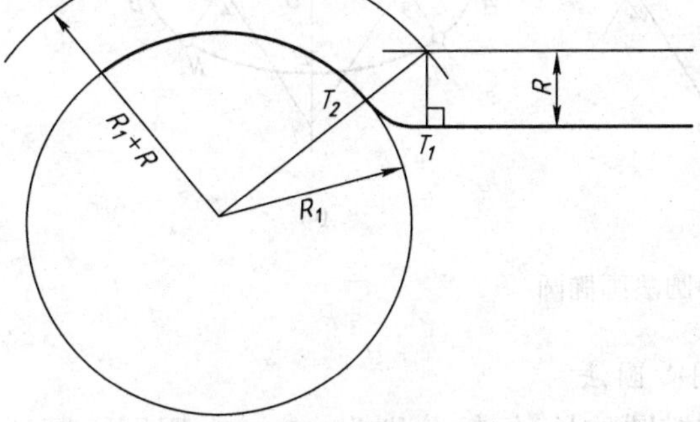

图 1－25　圆弧与直线相切、与圆弧外切

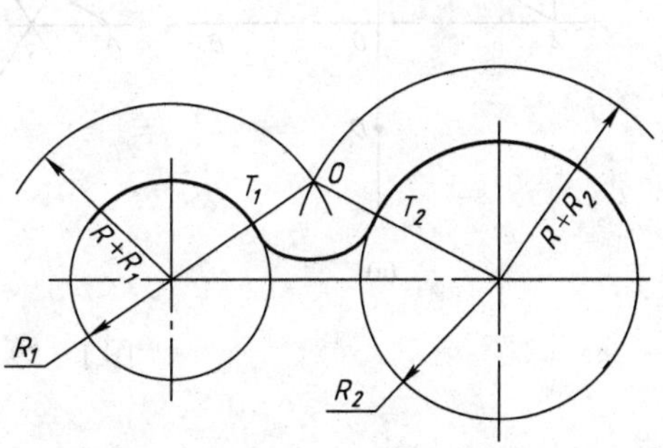

图 1－26　圆弧与两圆弧外切

(5)圆弧与两圆弧内切,如图 1－27 所示。

(6)圆弧与两圆弧分别内、外切,如图 1－28 所示。

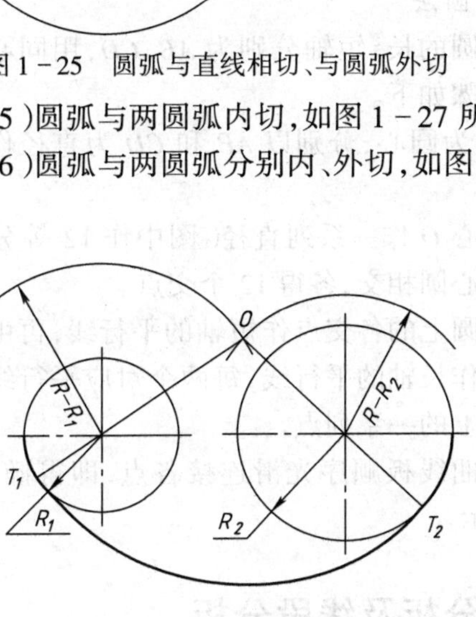

图 1－27　圆弧与两圆弧内切

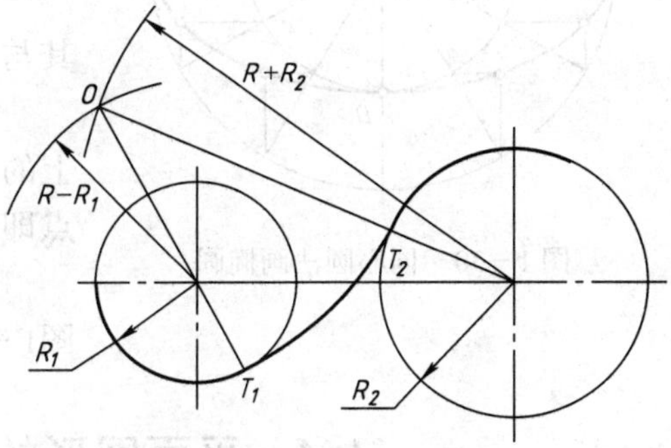

图 1－28　圆弧与两圆弧分别内外切

1.3.4　椭圆的画法

绘图时,除了直线和圆弧外,也会遇到一些非圆曲线。这里只介绍椭圆的常用画法。

1. 四心圆法

已知椭圆的长、短轴分别为 AB、CD,用四心圆法作椭圆的步骤如下。

①以 O 为圆心,以长半轴 OA 为半径画圆弧交 DC 延长线于点 E。

②连接 AC,取 $CE_1 = CE = OA - OC$,如图 1－29(a)所示。

③作 AE_1 的中垂线,分别交长、短轴于点 3、1,并取点 3、1 的对称点 4、2,连接点 1 和点 3、点 1 和点 4、点 2 和点 3、点 2 和点 4 并延长,如图 1－29(b)所示。

④分别以点 1、2 为圆心,以 $1C$ 或 $2D$ 为半径画圆弧;再分别以点 3、4 为圆心,以 $3A$ 或 $4B$ 为半径画圆弧,即画出椭圆,如图 1－29(c)所示,图中点 M、N、M_1、N_1 为四段圆弧的切点。

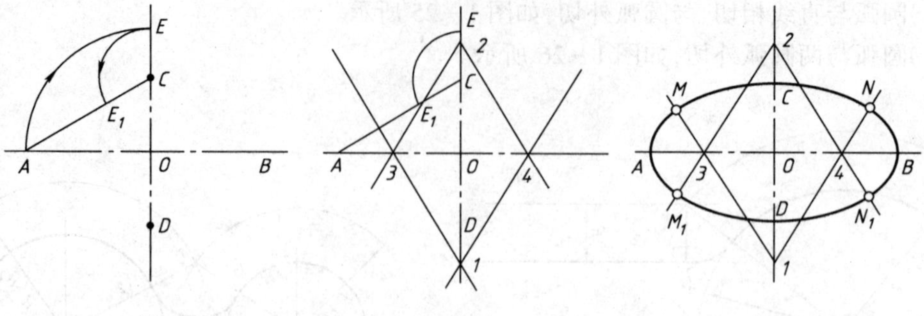

图1-29　四心圆法画椭圆

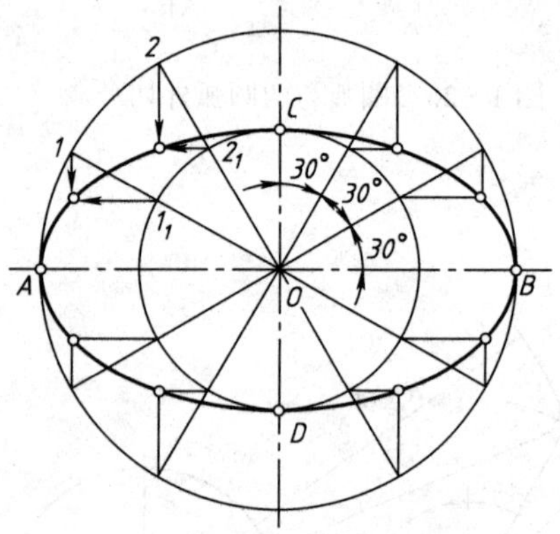

图1-30　同心圆法画椭圆

2. 同心圆法

已知椭圆的长、短轴分别为 *AB*、*CD*,用同心圆法作椭圆的步骤如下。

①以 *O* 为圆心,分别以 *AB* 和 *CD* 为直径作两个同心圆。

②过圆心 *O* 作一系列直径(图中作 12 等分),使其与两个同心圆相交,各得 12 个交点。

③由大圆上的各交点作短轴的平行线,再由小圆上的各交点作长轴的平行线,每两个对应平行线的交点即为椭圆上的一系列点。

④用两曲线板顺序光滑连接各点,即得椭圆,如图1-30 所示。

1.4　平面图形的尺寸分析及线段分析

1.4.1　平面图形的尺寸分析

1. 尺寸种类

平面图形的尺寸按其作用分为以下两类。

(1)定形尺寸:确定几何图形各部分形状大小的尺寸。如圆的大小、直线的长短等,图1-31 中的 15、ϕ5、*R*12、*R*15、ϕ20、*R*50、*R*10 等均为定形尺寸。

(2)定位尺寸:确定几何图形各部分之间相对位置的尺寸。如图 1-31 中确定ϕ5 位置的尺寸 8 和确定 *R*10 位置的尺寸 75 等均为定位尺寸。标注定位尺寸时必须与尺寸基准相联系。

应当指出的是,平面图形中有的尺寸对某一组成部分起定形作用,而对另一组成部分可能起定位作用。如图 1-31 中的尺寸 15,它对上下两水平直线段而言,起定形作用;而对左右两竖直线段而言,却起定位作用。所以,在认定一个尺寸是定形尺寸还是定位尺寸时,应针对某一具体的被研究对象而言。

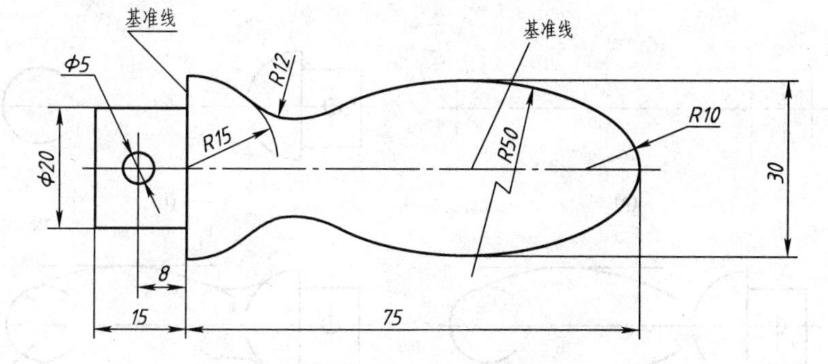

图 1－31　手柄尺寸分析

2. 尺寸基准

标注尺寸的起点称为尺寸基准。平面图形中有水平方向和垂直方向两个基准，它们通常是对称图形中的对称中心线、较大圆的对称中心线、较长的主要轮廓线。当平面图形在某个方向有多个尺寸基准时，应以一个为主（主要基准）、其余为辅（辅助基准）。对于平面图形，应在水平方向和垂直方向至少各确定一个尺寸基准。如图 1－31 所示，图形是以水平的对称中心线和较长的铅垂线为基准线的。

1.4.2　平面图形的线段分析

1. 已知线段（圆弧）

凡是定位尺寸和定形尺寸均齐全的线段（圆弧），称为已知线段（圆弧）。已知线段可直接画出，如图 1－31 中$\phi5$ 的圆、$R15$ 和 $R10$ 的圆弧、长度为 15 的直线段等。

2. 中间线段（圆弧）

定形尺寸齐全，但定位尺寸不齐全的线段（圆弧），称为中间线段（圆弧）。中间线段必须借助其一端与相邻线段间的连接关系才能画出，如图 1－31 中 $R50$ 的圆弧、过一已知点且与定圆弧或圆相切的直线等。

3. 连接线段（圆弧）

只有定形尺寸，而无定位尺寸的线段（圆弧），称为连接线段（圆弧）。连接线段必须借助其两端与相邻线段间的连接关系才能画出，如图 1－31 中 $R12$ 的圆弧、两圆弧的切线等。

应当指出的是，在两条已知线段之间，可以有多条中间线段，但最多只能有一条连接线段。

1.4.3　平面图形的绘制步骤

绘制平面图形时，应首先对其进行尺寸分析和线段分析，然后按正确的顺序作图。其具体的绘制步骤如下。

（1）画出基准线，并根据各个封闭图形的定位尺寸画出定位线。

（2）画出已知线段。

（3）画出中间线段。

（4）画出连接线段。

图 1－31 手柄的平面图作图过程如图 1－32 所示。

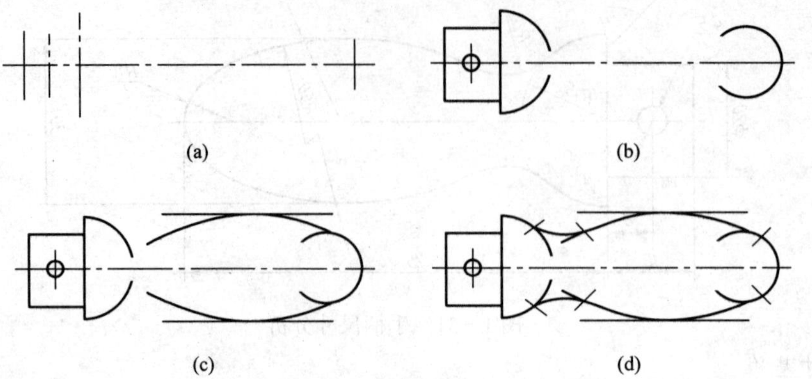

图 1-32　手柄平面图的作图过程

1.4.4　平面图形的尺寸标注

平面图形中的线段分析是根据图中尺寸进行的。因此,平面图形的尺寸标注应齐全、不重复、不遗漏,没有自相矛盾的现象;尺寸安排有序,注写清楚。

标注尺寸的一般步骤如下,如图 1-33 所示。

1. 分析平面图形的构成并确定基准

支架平面图形的上下、左右均不对称,长度方向的基准是ϕ80 圆的中心线,高度方向的基准为下底面。

2. 标注定位尺寸

定位尺寸的标注如图 1-33 中的尺寸 160、32、40 等。

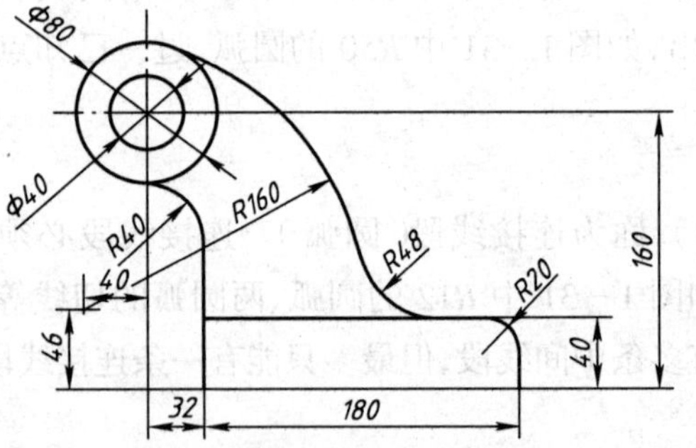

图 1-33　平面图形的尺寸标注

3. 标注各线段的定形尺寸

定形尺寸的标注如图 1-33 中的尺寸ϕ80、ϕ40、*R*40、*R*160、*R*48、*R*20 等。

4. 检查

检查尺寸是否标注齐全。左上角两个圆和右下角长方形均为已知线段。两个圆的定位尺寸为(0,0),定形尺寸为ϕ80、ϕ40。长方形的定位尺寸为 32 和 160,定形尺寸为 180 和 40。圆弧 *R*160 为中间线段,其长度和高度方向定位尺寸分别为 40、46,定形尺寸为 *R*160。其余圆弧均为连接线段,只须标注其定形尺寸,如 *R*40、*R*48、*R*20,其圆心必须通过圆弧连接几何作图求出。

综合评价

通过本项目的学习,完成习题集的相关题目,对自己掌握的情况进行综合评价,完成下表。

任务一　制图基本知识

评价内容	评价标准	个人评价	教师评价
图纸幅面及比例选择	A.优　B.良　C.中　D.及格		
汉字、数字及符号书写	A.优　B.良　C.中　D.及格		
线型选择	A.优　B.良　C.中　D.及格		
尺寸标注	A.优　B.良　C.中　D.及格		
绘图工具使用	A.优　B.良　C.中　D.及格		
几何作图	A.优　B.良　C.中　D.及格		
平面图形分析	A.优　B.良　C.中　D.及格		

任务二　点、直线和平面的投影

任务描述

人们在长期的生产实践中，创造了用物体的投影来表达物体形状的方法。这种方法在工程上得到了广泛的应用。汽车机械及其他机械图样通常就是采用正投影法绘制的。

本项目的任务是介绍正投影法、三视图的形成方法以及构成立体的几何元素点、直线和平面的正投影图的绘制方法。

任务目标

（1）了解投影的基本知识；

（2）掌握物体的点、线、面的投影。

相关知识

2.1　投影的基本知识

2.1.1　投影法的概念

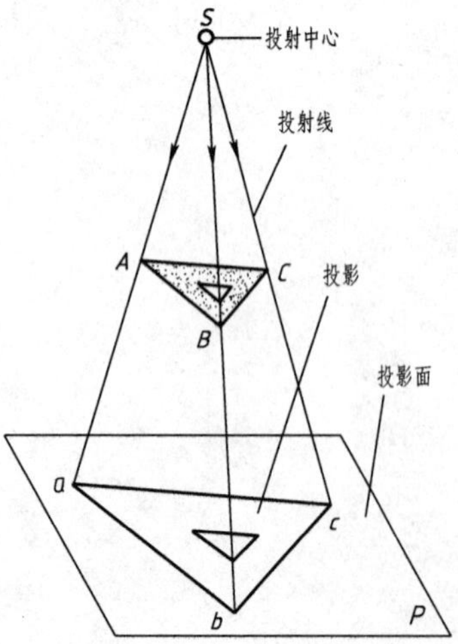

图2－1　中心投影法

生活中，投影现象随处可见。在阳光下，各种物体都在地面上留下阴影；在灯光下，桌面上方的三角板也会在桌面上投下其影子。人们根据生产活动的需要，对这种现象经过科学的抽象，总结出了影子和物体之间的几何关系，逐步形成了投影法。

所谓投影法，就是投射线经过物体向选定面进行投射，在该面上得到图形的方法。由投影法所得到的图形，称为投影；投影法中，承接投影的面，称为投影面，如图2－1所示。

投影法分为两大类，即中心投影法和平行投影法。

1. 中心投影法

投射线汇交于投射中心的投影方法称为中心投影法。如图2－1所示，将三角板 ABC 放在投影面 P 和投射中心 S 之间，自 S 分别向 A、B、C 引投射线并延长，使它们与投影面 P 交于点 a、b、c，即得三角形顶点 A、B、C 在投影面 P 上的投影。

采用中心投影法绘制的图样，具有较强的立体感，因而在建筑工程的外形设计中得到广泛应用。分析图 2-1 可知，如改变物体和投射中心的距离，物体投影的大小将发生变化。由于中心投影法的投影不能反映物体的真实形状和大小，因此在机械图样中很少使用。

2. 平行投影法

若将图 2-1 中的投射中心 S 移至无限远处，则投射线相互平行，如图 2-2 所示。这种投射线相互平行的投影法，称为平行投影法。

在平行投影法中，按投射线是否垂直于投影面，又分为斜投影法和正投影法。

(1)斜投影法：投射线与投影面倾斜的平行投影法。由斜投影法所得到的图形，称为斜投影或斜投影图，如图 2-2(a)所示。

(2)正投影法：投射线与投影面垂直的平行投影法。由正投影法所得到的图形，称为正投影或正投影图，如图 2-2(b)所示。

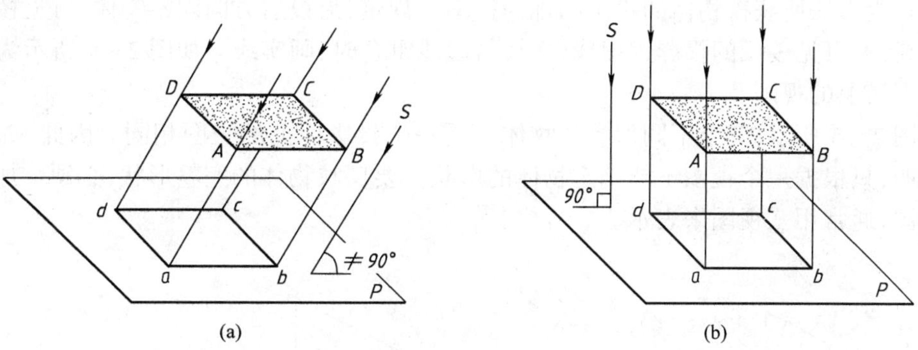

图 2-2　平行投影法

(a)斜投影法；(b)正投影法

由于正投影法的投射线相互平行且垂直于投影面，所以，当空间平面图形平行于投影面时，其投影将反映该平面图形的真实形状和大小，且与平面图形距投影面的距离无关。因此，绘制机械图样主要采用正投影法，以下简称为投影。

应当指出，对物体进行投射时，要将物体放在观察者与投影面之间，即始终要保持"观察者→物体→投影面"这种相对位置关系。

2.1.2　正投影法的投影特性

根据物体上的直线段或平面图形(简称直线或平面)与投影面之间的位置不同，投影有平行、垂直和倾斜三种形式，它们的投影分别具有以下特性。

(1)真实性：平面图形(或直线)与投影面平行时，其投影反映物体实际形状(或实际长度)的性质，称为真实性，如图 2-3(a)所示。

(2)积聚性：平面图形(或直线)与投影面垂直时，其投影积聚为一条直线(或一个点)的性质，称为积聚性，如图 2-3(b)所示。

(3)类似性：平面图形(或直线)与投影面倾斜时，其投影变小(或变短)，但投影的形状与原来形状类似的性质，称为类似性，如图 2-3(c)所示。

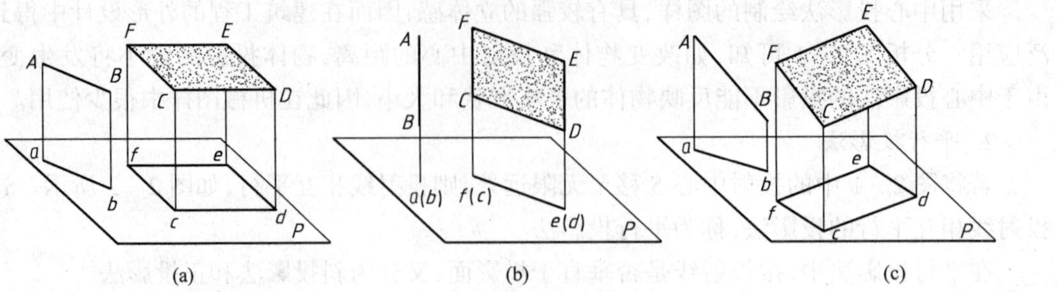

图 2-3 正投影法投影特性

(a)真实性;(b)积聚性;(c)类似性

2.1.3 三视图的概念

1. 视图的基本概念

用正投影法所获得物体的投影图称为视图。规定:沿投射方向观察物体,可见棱线的投影为实线,不可见棱线的投影为虚线,实线与虚线重合时,画实线。如图 2-4 所示为物体在一个投影面上的视图。

如图 2-5 所示,三个不同形状的物体在同一个投影面上的视图相同。因此,如果不加其他说明,只根据一个视图不能确定物体的形状。要反映物体的完整形状,必须增加不同方向的视图,通常用三视图来表示。

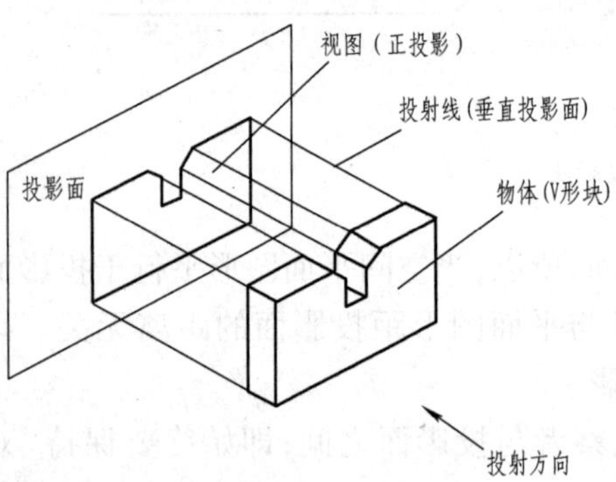

图 2-4 物体的视图

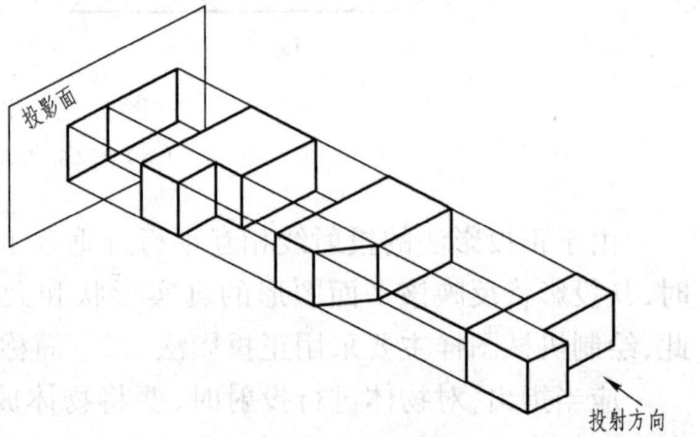

图 2-5 三个不同形状物体在同一投影面上的视图

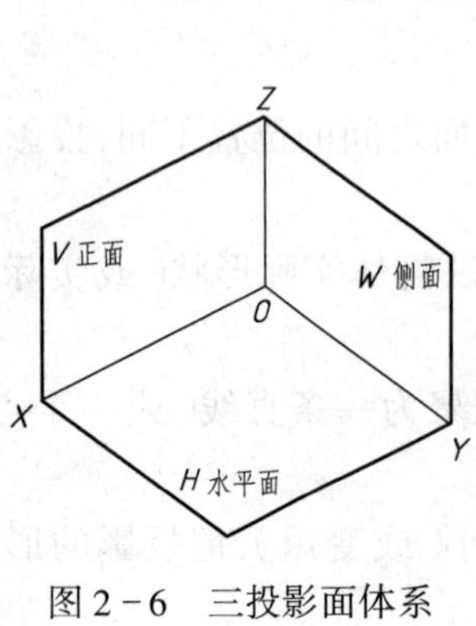

图 2-6 三投影面体系

三投影面体系是由三个相互垂直的投影面组成,如图 2-6所示。三个投影面分别为:正立投影面,简称正面,用 V 表示;水平投影面,简称水平面,用 H 表示;侧立投影面,简称侧面,用 W 表示。相互垂直的投影面之间的交线,称为投影轴,它们分别是:OX 轴(简称 X 轴),是 V 面与 H 面的交线,它代表物体的长度方向;OY 轴(简称 Y 轴),是 H 面与 W 面的交线,它代表物体的宽度方向;OZ 轴(简称 Z 轴),是 V 面与 W 面的交线,它代表物体的高度方向。三个投影轴相互垂直,其交点 O 称为原点。

2. 物体在三投影面体系中的投影

将物体放置在三投影面体系中，按正投影法向各投影面投影，即可分别得到物体的正面投影、水平面投影和侧面投影，如图 2-7 所示。

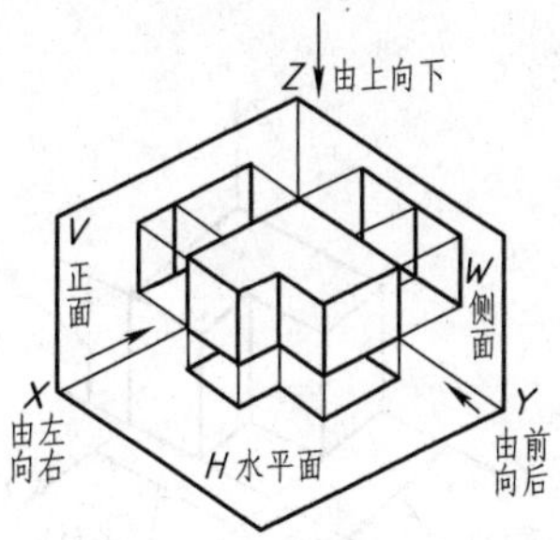

图 2-7　三面投影

3. 三投影面的展开

为了方便画图，需将相互垂直的三个投影面摊平在同一个平面上。规定：正立投影面不动，将水平投影面绕 OX 轴向下旋转 90°，将侧立投影面绕 OZ 轴向右旋转 90°，使三个投影面共面（即图纸平面），如图 2-8（a）所示。应注意，水平投影面和侧立投影面旋转时，OY 轴被分为两处，分别用 OY_H（在 H 面上）和 OY_W（在 W 面上）表示。

物体在 V 面上的投影，也就是由前向后投射所得的视图，称为主视图；物体在 H 面上的投影，也就是由上向下投射所得的视图，称为俯视图；物体在 W 面上的投影，也就是由左向右投射所得的视图，称为左视图，如图 2-8（b）所示。作图时，不用画出投影面的范围，因为它的大小与视图无关，如图 2-8（c）所示。

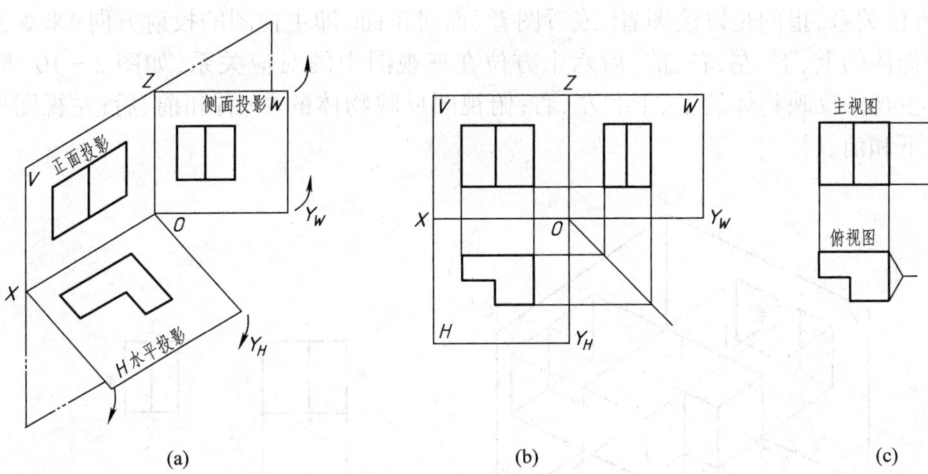

图 2-8　三视图的形成

2.1.4　三视图的投影规律

1. 三视图间的位置关系

以主视图为准，俯视图在它的正下方，左视图在它的正右方，如图 2-8（c）所示。

2. 三视图间的投影关系

从三视图的形成过程中可以看出，物体有长、宽、高三个方向的尺寸，但每个视图只能反映其中的两个，如图 2-9 所示。

主视图反映物体的长度（X 方向）和高度（Z 方向）；俯视图反映物体的长度（X 方向）和宽度（Y 方向）；左视图反映物体的宽度（Y 方向）和高度（Z 方向）。

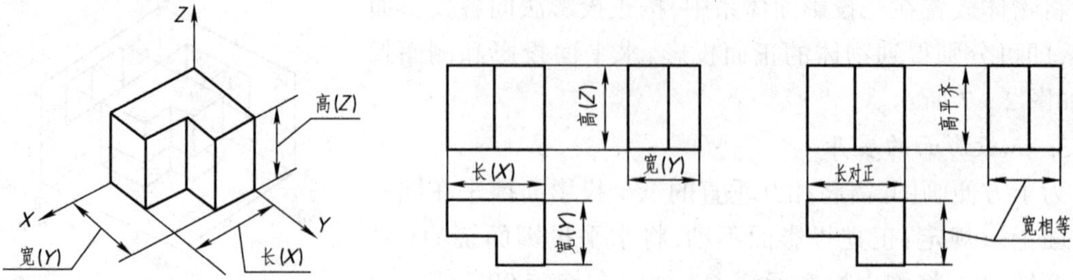

图2-9　三视图的投影关系

由此可归纳得出:主视图与俯视图,长对正(等长);主视图与左视图,高平齐(等高);俯视图与左视图,宽相等(等宽)。

应当指出,无论是整个物体还是物体的局部,其三视图投影都必须符合"长对正、高平齐、宽相等"的"三等"规律。作图时,为了实现俯视图与左视图宽相等,可利用45°辅助线来求得其对应关系。

3. 视图与物体的方位关系

所谓方位关系,指的是以绘图者(或看图者)面对正面(即主视图的投射方向)来观察物体为准,看物体的上、下、左、右、前、后六个方位在三视图中的对应关系,如图2-10所示。由图可知:主视图反映物体的上、下和左、右;俯视图反映物体的左、右和前、后;左视图反映物体的上、下和前、后。

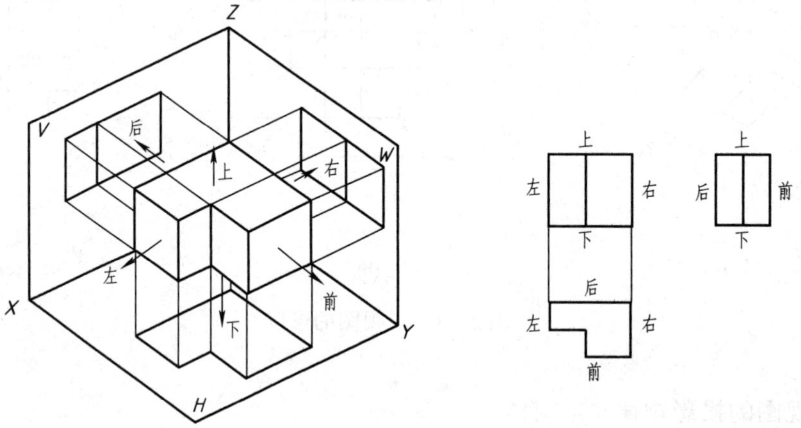

图2-10　三视图的方位关系

2.2　点的投影

从图2-11所示的三棱锥可以看出,它是由4个面、6条线和4个顶点组成的。点是组成线、面和体的最基本的几何元素。因此,为了正确地画出物体的视图,首先必须掌握点的投影规律。

2.2.1　点的投影特性

设在空间有一点 S,由该点分别向 H、V、W 面引垂线,则垂足 s、s'、s''即为点 S 的三面投影,如图 2－12(a)所示。移去空间点 S,将投影面展开,即得点 S 的三面投影图,如图 2－12(b)所示,图中 s_X、s_Y(s_{YH}、s_{YW})、s_Z 分别为点的投影连线与投影轴 X、Y、Z 的交点。

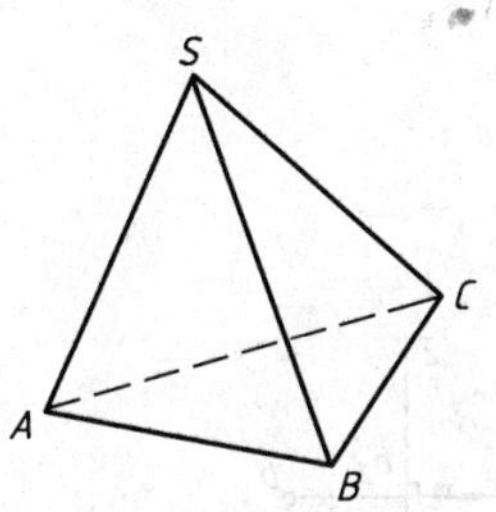

图 2－11　三棱锥

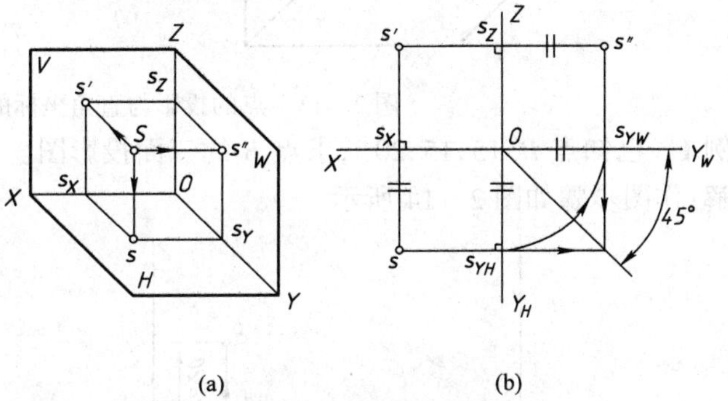

图 2－12　点的三面投影

由空间点 S 得到其三面投影 s、s'、s''的过程,可总结出点的投影规律。

(1)点的两面投影的连线必定垂直于相应的投影轴,即:

$$ss' \perp OX$$

$$s's'' \perp OZ$$

$$ss_{YH} \perp OY_H, s''s_{YW} \perp OY_W$$

显然,此规律与三视图的投影规律"长对正、高平齐、宽相等"的结论是一致的。

(2)点的投影到投影轴的距离,等于空间点到对应投影面的距离,即:

$$s's_X = s''s_{YW} = Ss$$

$$ss_X = s''s_Z = Ss'$$

$$ss_{YH} = s's_Z = Ss''$$

2.2.2　点的投影与直角坐标的关系

点的空间位置可用直角坐标来表示,即把投影面当做坐标面,投影轴当做坐标轴,三个轴的交点 O 作为坐标原点。从图 2－13 可以看出,空间点 A 到 W 面的距离 Aa''平行且等于 OX 轴上的线段 Oa_X。把 Oa_X 叫做点 A 的 X 方向坐标,并以 x 表示其大小。对其他两个方向作类似的推导,即可得出下面坐标与距离的关系:

$$x = Oa_X = Aa''$$

$$y = Oa_Y = Aa'$$

$$z = Oa_Z = Aa$$

可见,空间点的位置可由点的坐标(x,y,z)确定,点的空间位置、点的投影与其坐标值是一一对应的。因此,可以直接从点的三面投影图中量得该点的坐标值。反之,根据所给定的点的坐标值,可按点的投影规律画出其三面投影图。

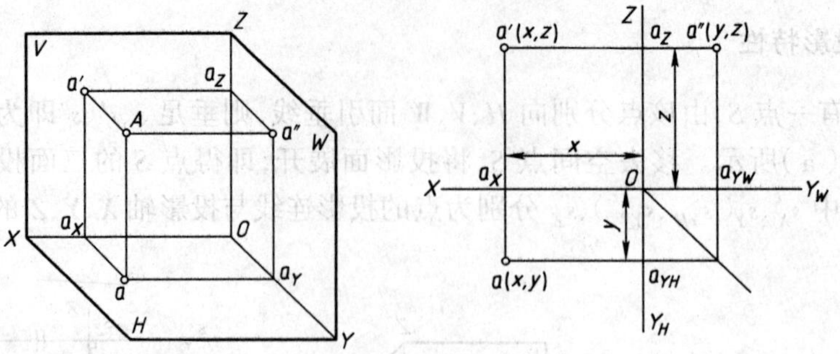

图 2－13　点的投影与直角坐标的关系

例 1　已知点 $B(15,15,20)$，求点 B 的三面投影图。

解：作图步骤如图 2－14 所示。

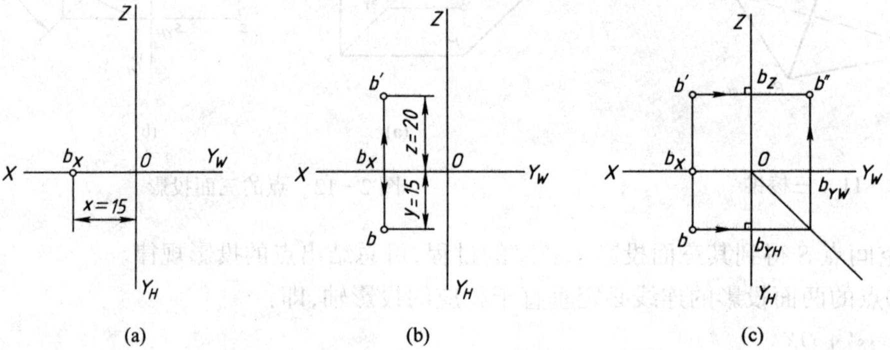

图 2－14　已知点的坐标作点的三面投影图

①画投影轴，在 OX 轴上从点 O 向左量取 15，定出点 b_X，如图 2－14(a)所示。

②过 b_X 作 OX 轴的垂线，在此垂线上向下量取 15 得点 b，向上量取 20 得点 b'，如图 2－14(b)所示。

③由点 b、点 b' 作出点 b''，即得 B 点的三面投影图，如图 2－14(c)所示。

2.2.3　两点的相对位置

空间两点的相对位置是指它们的左右、前后及上下之间的关系，一般由 X、Y、Z 三个方向上的坐标差来判断，如图 2－15 所示。

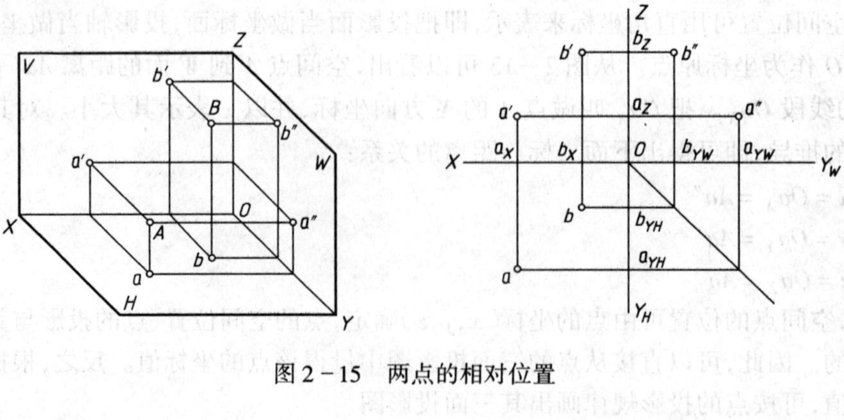

图 2－15　两点的相对位置

判断点 $A(15,15,5)$ 和点 $B(5,5,15)$ 的相对位置。

（1）两点的左、右位置由 X 坐标差确定，X 坐标值大者在左，故点 A 在点 B 的左方；

（2）两点的前、后位置由 Y 坐标差确定，Y 坐标值大者在前，故点 A 在点 B 的前方；

（3）两点的上、下位置由 Z 坐标差确定，Z 坐标值大者在上，故点 A 在点 B 的下方。

总的来说，点 A 在点 B 的左、前、下方；或者说，点 B 在点 A 的右、后、上方。

在图 2－16 所示 C、D 两点的投影中，水平投影 c 和 d 重合，这说明 C、D 两点的 X、Y 方向坐标相同，即 C、D 两点处于对 H 面的同一条投射线上。

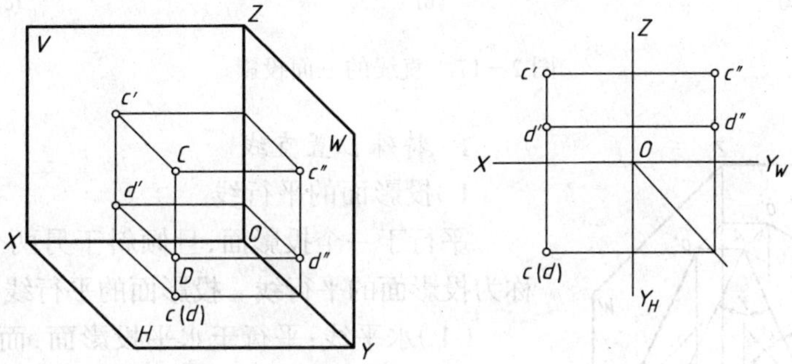

图 2－16　重影点的投影

可见，同处于同一条投射线上的两点，必在相应的投影面上具有重合的投影，这两个点被称为对该投影面的一对重影点。

重影点的可见性需根据这两点不重影的投影的坐标值大小来判别。

例如图 2－16 中，c、d 重合，但正面投影不重合，且 c' 在上、d' 在下，即 $z_C > z_D$。所以对 H 面来说，c 可见、d 不可见。在投影图中，对不可见的点，需加圆括号表示。如图 2－16 中，对点 D 的不可见 H 面投影，加圆括号表示为"(d)"。C、D 的相对位置描述为：C 在 D 的正上方，或 D 在 C 的正下方。

2.3　直线的投影

投影理论中的直线是无限长的，本节所研究的直线，均指直线中的有限长度——线段。

2.3.1　直线的投影特性

直线的投影一般仍是直线，如图 2－17（a）所示。

因两点可确定一条直线，所以直线上两点的同面投影的连线即可确定直线在该面的投影。由此，可得出求直线三面投影图的步骤如下。

①求出直线两端点的三面投影，如图 2－17（b）所示。

②用直线连接两端点的各同面投影，即得直线的三面投影，如图 2－17（c）所示。

若直线与投影面倾斜，必然出现倾角，投影理论中对此作如下规定：直线对 H 面的倾角用 α 表示，对 V 面的倾角用 β 表示，对 W 面的倾角用 γ 表示，如图 2－18 所示。

直线相对于投影面共有三种位置情况：投影面的平行线、投影面的垂直线、一般位置直线。前两种直线又称为特殊位置直线。

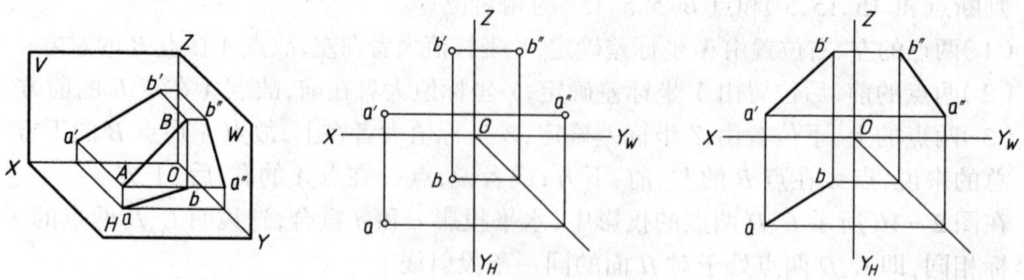

(a) (b) (c)

图 2-17 直线的三面投影

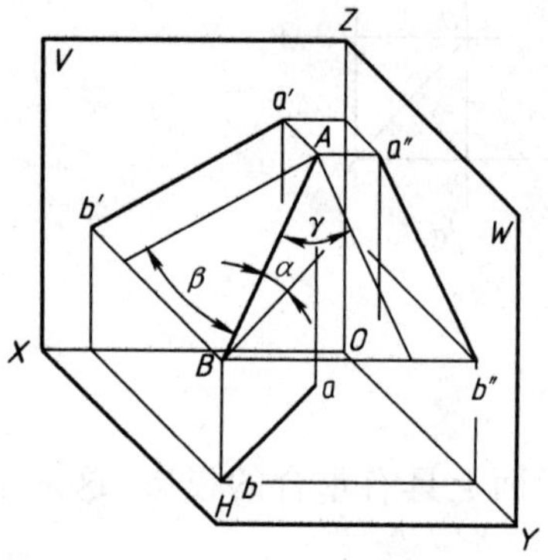

图 2-18 直线与投影面的倾角

1. 特殊位置直线

1)投影面的平行线

平行于一个投影面,且倾斜于另两个投影面的直线,称为投影面的平行线。投影面的平行线有以下三种。

(1)水平线:平行于水平投影面,而与另两个投影面倾斜的直线。

(2)正平线:平行于正立投影面,而与另两个投影面倾斜的直线。

(3)侧平线:平行于侧立投影面,而与另两个投影面倾斜的直线。

投影面平行线的投影特点为:在直线所平行的投影面上的投影,反映直线的实长;反映直线的实长的投影与投影轴所夹的角度,等于空间直线对相应投影面的倾角;直线的另两个投影平行于相应的投影轴,且投影的长度缩短,如表2-1所示。

表 2-1 投影面平行线的投影特点

名称	水平线(∥H,倾斜 V、W)	正平线(∥V,倾斜 H、W)	侧平线(∥W,倾斜 V、H)
直观图	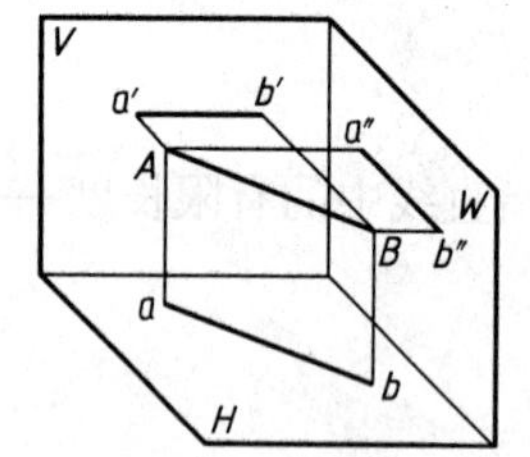	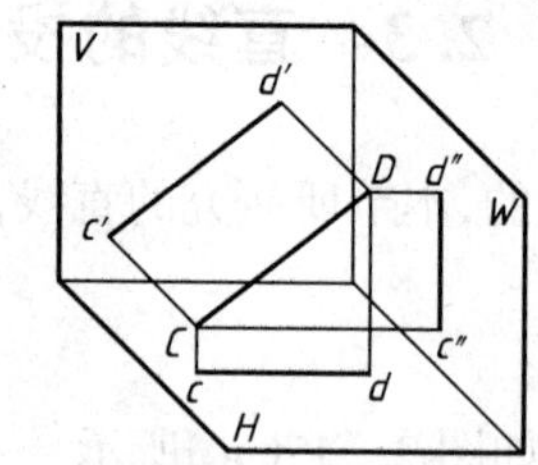	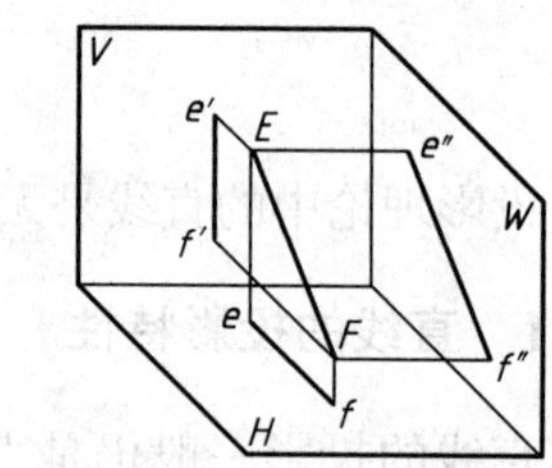
投影图	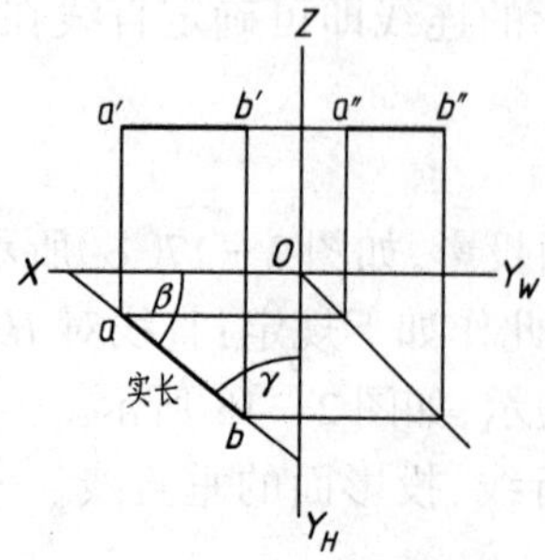	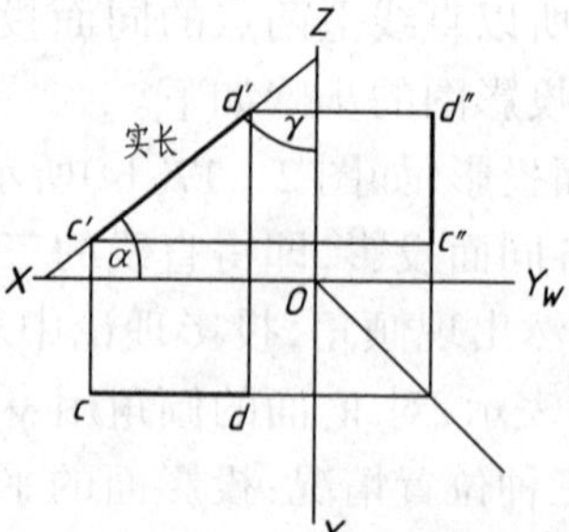	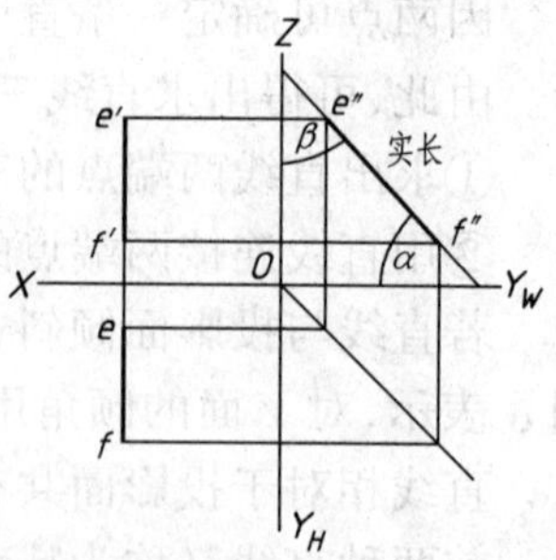

2)投影面的垂直线

垂直于某一个投影面的直线,称为投影面的垂直线。投影面的垂直线有以下三种。

(1)铅垂线:垂直于水平投影面的直线。

(2)正垂线:垂直于正立投影面的直线。

(3)侧垂线:垂直于侧立投影面的直线。

投影面垂直线的投影特点为:在直线所垂直的投影面上,直线投影积聚为一点;直线的另两个投影平行于相应的投影轴,且投影反映实长,如表2-2所示。

表2-2　投影面垂直线的投影特点

名称	铅垂线(⊥H,平行V、W)	正垂线(⊥V,平行H、W)	侧垂线(⊥W,平行V、H)
直观图	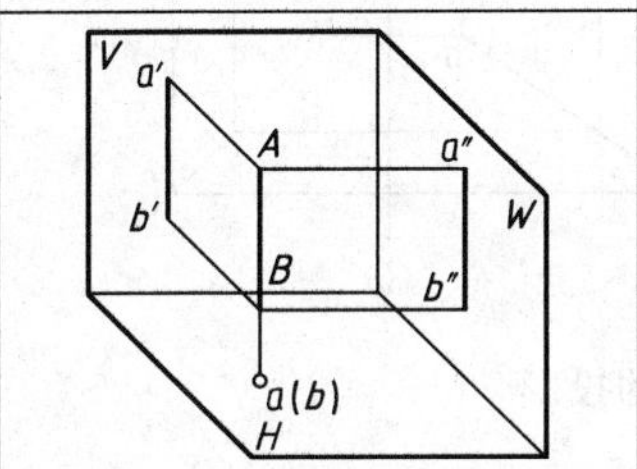	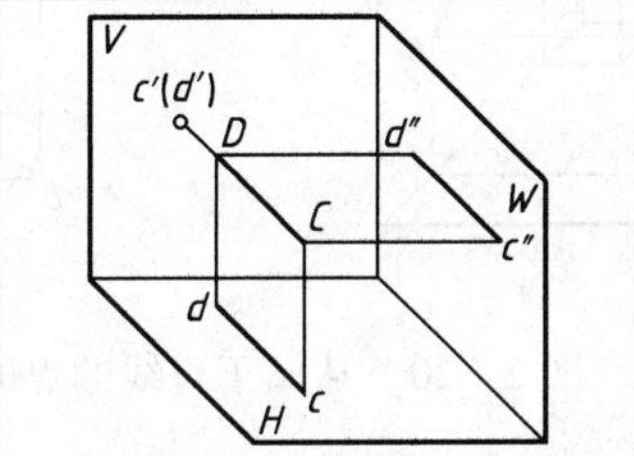	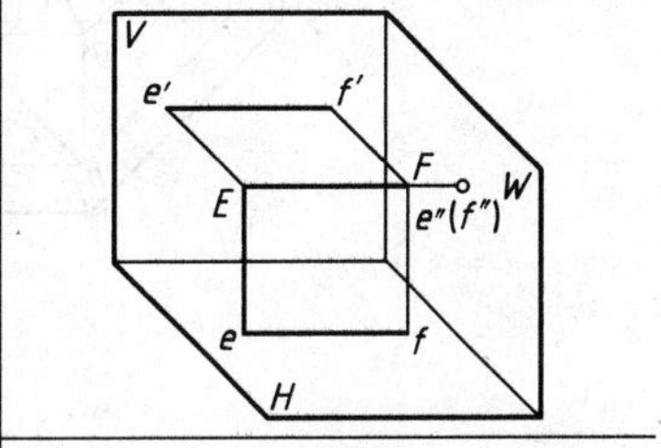
投影图	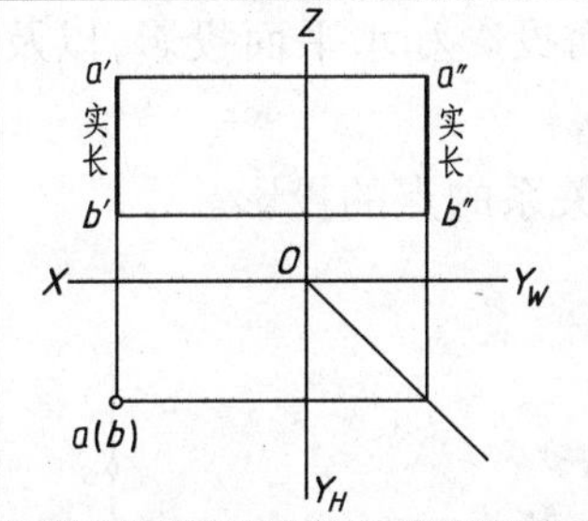	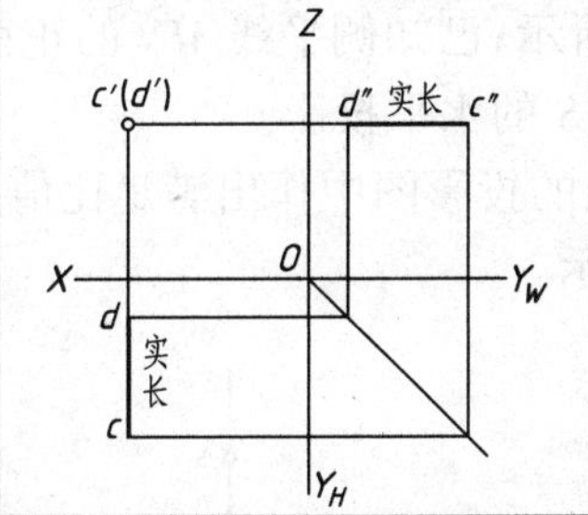	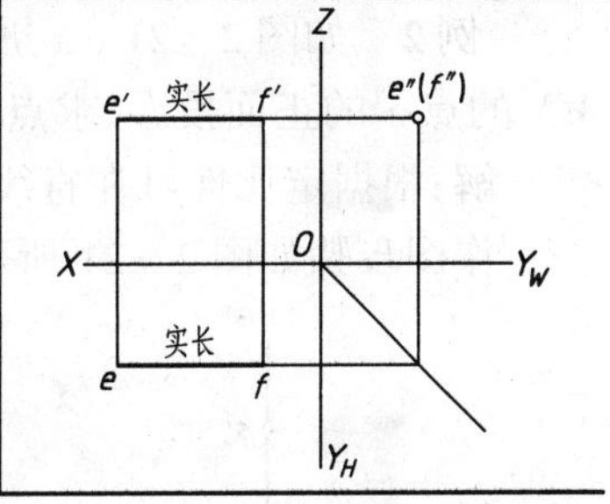

2. 一般位置直线

对三个投影面都倾斜的直线,称为一般位置直线。

图2-19所示的直线是一般位置直线,因为直线段的两端点到各投影面的距离都不相等,所以它的三面投影都与投影轴倾斜,并且均小于线段的实长。另外,直线的各面投影与投影轴的夹角也不反映空间直线与各投影面的倾角。

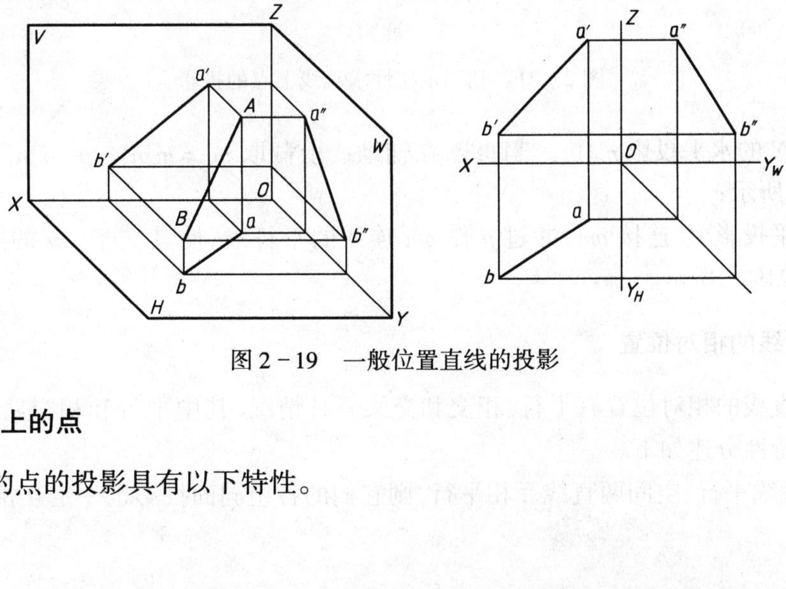

图2-19　一般位置直线的投影

2.3.2　直线上的点

直线上的点的投影具有以下特性。

(1)从属性:点在直线上,则点的投影必在该直线的同面投影上;反之,如果点的各投影均在直线的同面投影上,且符合点的投影规律,则点必在该直线上,如图2-20所示。

(2)定比性:直线上的点分割直线之比,在其投影上仍保持不变。如图2-20所示,点C在直线AB上,则$AC: CB = ac: cb = a'c': c'b' = a''c'': c''b''$。

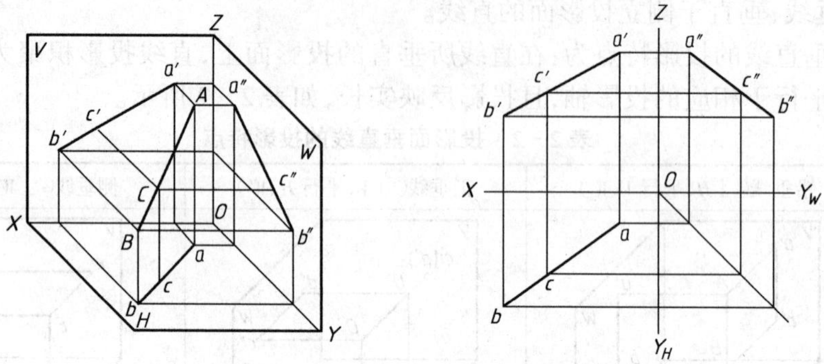

图2-20 从属于直线的点的投影

例2 如图2-21(a)所示,已知侧平线MN的正面投影和水平面投影,以及属于直线MN的点S的正面投影,求点S的水平投影。

解:根据定比性可在直线的投影图中作出满足比值关系的点的投影。

作图步骤如图2-21所示。

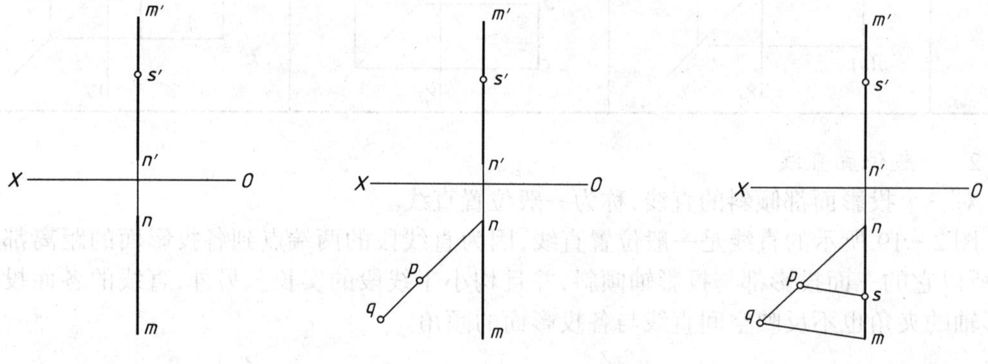

(a) (b) (c)

图2-21 利用定比性求直线上点的投影

①过点N的水平投影n作一辅助线,在辅助线上截取$nq = m'n'$、$np = s'n'$,得点p、q,如图2-21(b)所示;

②在水平投影中,连接qm,并过p作qm连线的平行线,使其交于mn的点s,s即为所求,如图2-21(c)所示。

2.3.3 两直线的相对位置

空间两直线的相对位置有平行、相交和交叉三种情况,其中平行和相交属于共面直线。现将其投影特性分述如下。

(1)两直线平行:空间两直线互相平行,则它们的各组同面投影也一定互相平行。

如图 2－22 所示，$AB /\!/ CD$，则 $ab /\!/ cd$、$a'b' /\!/ c'd'$、$a''b'' /\!/ c''d''$。反之，如果两直线的各组同面投影都互相平行，则可判定它们在空间也一定互相平行。

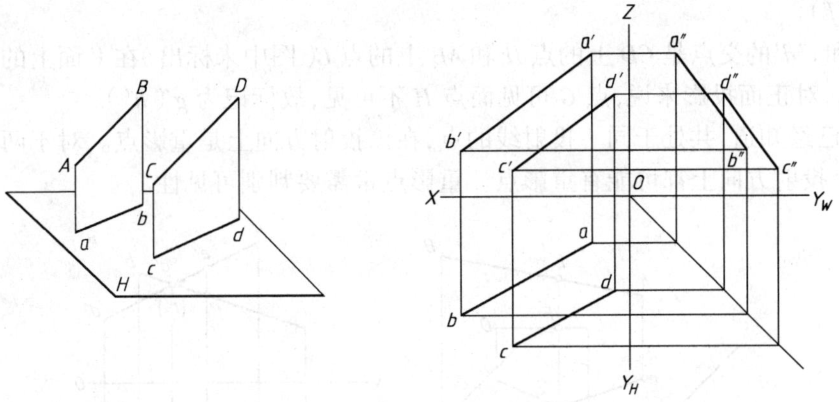

图 2－22 两直线平行的投影特性

（2）两直线相交：空间相交的两直线，它们的各组同面投影也一定相交，交点为两直线的共有点，且符合点的投影规律。

如图 2－23 所示，直线 AB 和 CD 相交于点 K，点 K 是直线 AB 和 CD 的共有点。根据点属于直线的投影特性，可知 k 既属于 ab，又属于 cd，即 k 一定是 ab 和 cd 的交点。同理，k' 必定是 $a'b'$ 和 $c'd'$ 的交点；k'' 也必定是 $a''b''$ 和 $c''d''$ 的交点。由于以上交点是同一点 K 的三面投影，因此 k、k' 的连线垂直于 OX 轴，k' 和 k'' 的连线垂直于 OZ 轴，即 K 的投影符合点的投影规律。反之，如果两直线的各组同面投影都相交，且交点符合点的投影规律，则可判定它们在空间也一定相交。

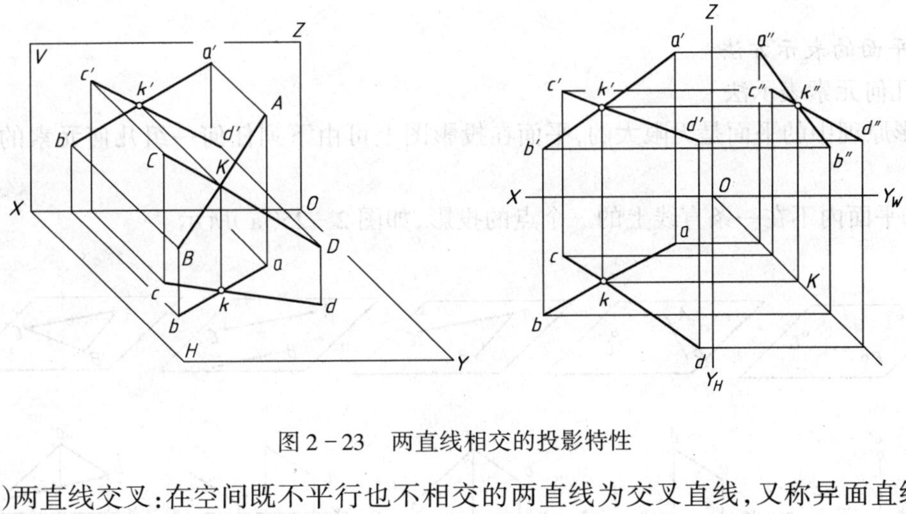

图 2－23 两直线相交的投影特性

（3）两直线交叉：在空间既不平行也不相交的两直线为交叉直线，又称异面直线，如图 2－24 所示。

因直线 AB、CD 不平行，它们的各组同面投影不会都平行（可能有一两组平行）；又因直线 AB、CD 不相交，它们的各组同面投影交点的连线不会垂直于相应的投影轴，即不符合点的投影规律。反之，如果两直线的投影不符合两直线平行或相交的投影规律，则可判定两直线为空间交叉。

ab、cd 的交点实际上是 AB 上的点 E 和 CD 上的点 F 在 H 面上的重影点。

从正面投影可以看出 $z_E > z_F$，对水平投影来说，点 E 是可见的，而点 F 是不可见的，故标记为 $e(f)$。

$a'b'$ 和 $c'd'$ 的交点是 CD 上的点 H 和 AB 上的点 G(图中未标出)在 V 面上的重影点。由于 $y_G > y_H$，对正面投影来说，点 G 可见而点 H 不可见，故标记为 $g'(h')$。

前面已经知道，共处于同一投射线的点，在该投射方向上是重影点。对于两直线交叉来说，在三个投射方向上都可能有重影点。重影点常需要判别可见性。

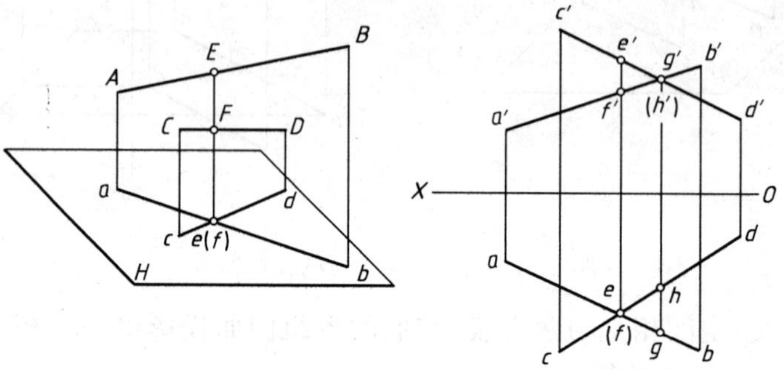

(a) (b)

图 2-24 两直线交叉的投影特性

2.4 平面的投影

2.4.1 平面的投影特性

1. 平面的表示方法

1)几何元素表示法

投影原理中的平面是无限大的，平面在投影图上可由下列任何一组几何元素的投影来表示。

(1)平面内不在一条直线上的三个点的投影，如图 2-25(a)所示。

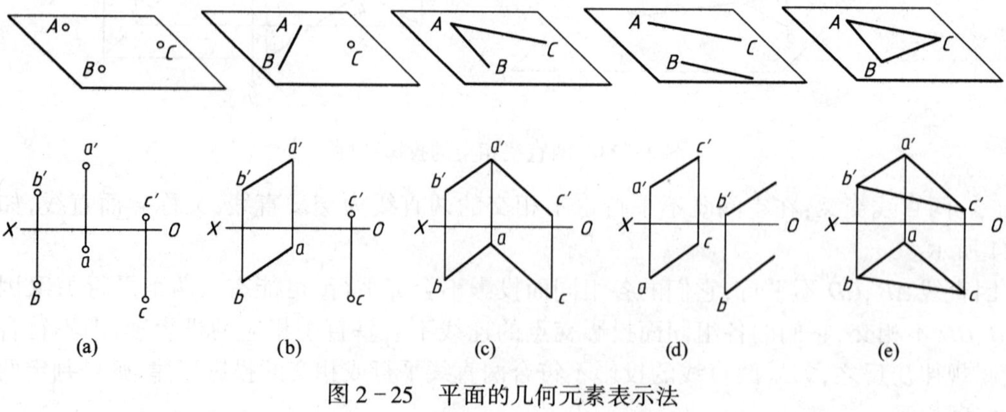

(a) (b) (c) (d) (e)

图 2-25 平面的几何元素表示法

（2）一直线和直线外一点的投影，如图 2－25（b）所示。

（3）两相交直线的投影，如图 2－25（c）所示。

（4）两平行直线的投影，如图 2－25（d）所示。

（5）任意的平面图形，如三角形、四边形和圆等的投影，如图 2－25（e）所示。

从图 2－25 中可以看出，各组几何元素之间是可以互相转化的。在投影图中，常用平面图形来表示空间的平面，如图 2－26 表示了△*ABC* 的空间情况及其三面投影图的作图过程。

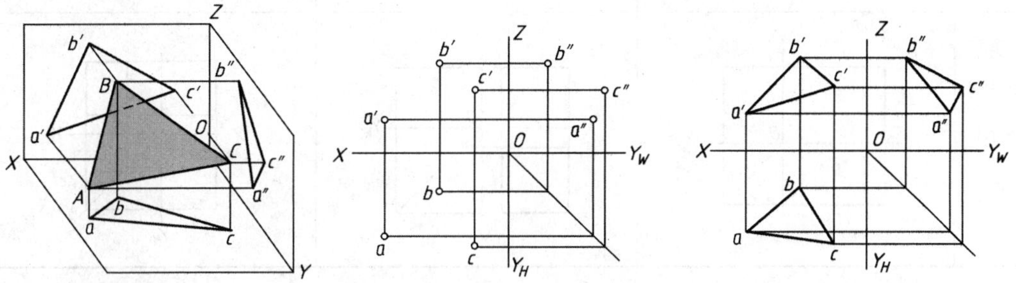

图 2－26　平面投影图的作法

2）迹线表示法

平面与投影面的交线，称为平面的迹线。如图 2－27中的平面 *P*，与 *H* 面的交线叫做水平迹线，用 P_H 表示；与 *V* 面的交线叫做正面迹线，用 P_V 表示；与 *W* 面的交线叫做侧面迹线，用 P_W 表示。

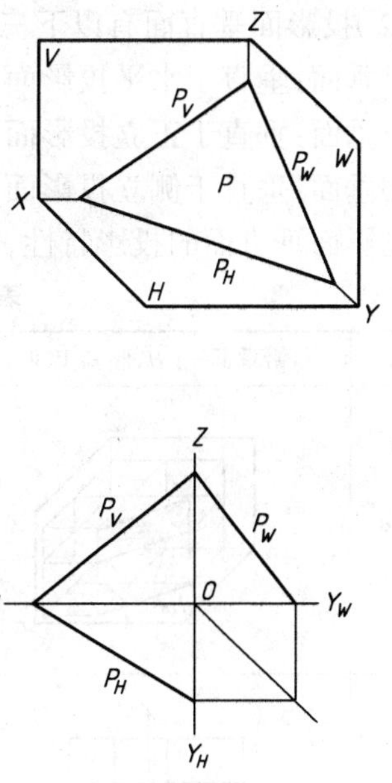

图 2－27　平面的迹线表示法

2. 各种位置平面的投影特性

空间平面相对于三个投影面的位置有三种情况：投影面平行面、投影面垂直面和一般位置平面。

投影面平行面：平行于某一投影面的平面。

投影面垂直面：垂直于某一投影面，且倾斜于另两个投影面的平面。

一般位置平面：对三个投影面都倾斜的平面。

前两类平面又称为特殊位置平面。

1）特殊位置平面

（1）投影面平行面有以下三种。

水平面：平行于水平投影面的平面。

正平面：平行于正立投影面的平面。

侧平面：平行于侧立投影面的平面。

投影面平行面的投影特性，如表 2－3 所示。

表 2-3　投影面平行面的投影特性

名称	正平面(//V,垂直 H、W)	水平面(//H,垂直 V、W)	侧平面(//W,垂直 V、H)
直观图	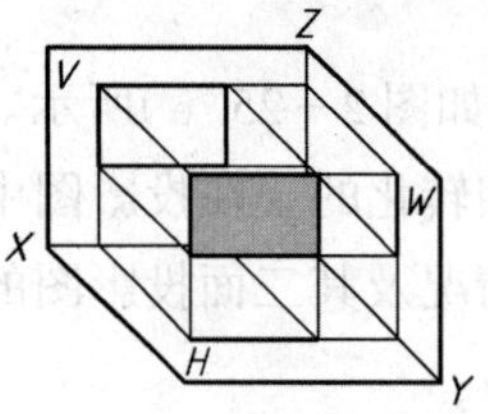	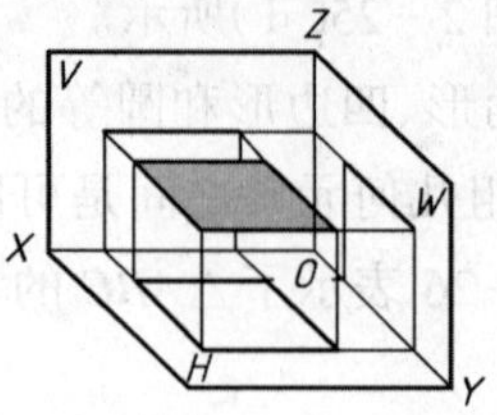	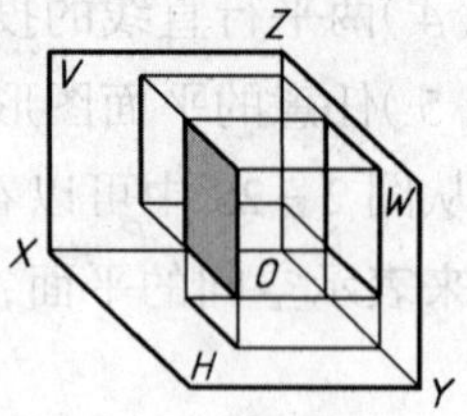
投影图	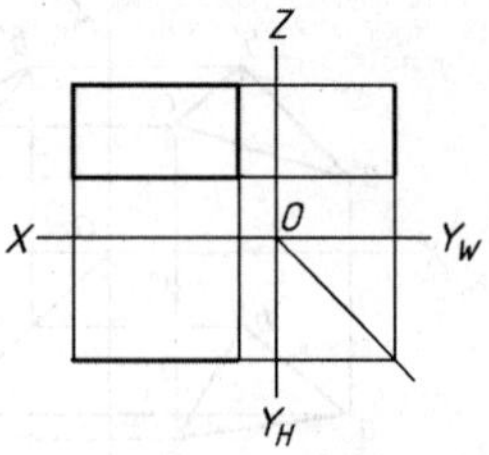	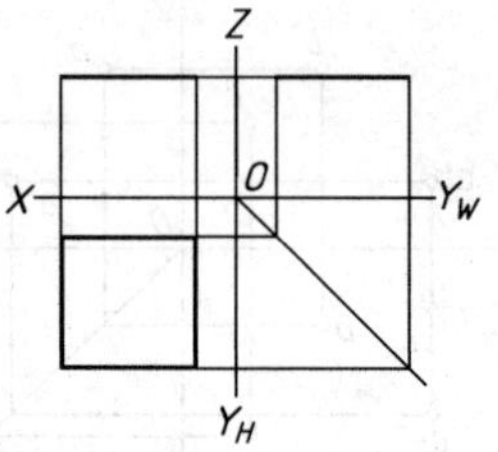	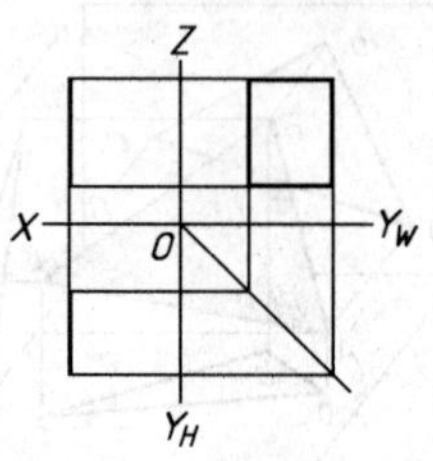

比较表 2-3 中各平面的投影,可以看出它们的共同特征是:

①平面在所平行的投影面上的投影反映实形;

②平面的其他两个投影面的投影均积聚成一条直线,且平行于相应的投影轴。

(2)投影面垂直面有以下三种。

铅垂面:垂直于水平投影面,且倾斜于另两个投影面的平面。

正垂面:垂直于正立投影面,且倾斜于另两个投影面的平面。

侧垂面:垂直于侧立投影面,且倾斜于另两个投影面的平面。

投影面垂直面的投影特性,如表 2-4 所示。

表 2-4　投影面垂直面的投影特性

名称	铅垂面(⊥H,倾斜 V、W)	正垂面(⊥V,倾斜 H、W)	侧垂面(⊥W,倾斜 V、H)
直观图	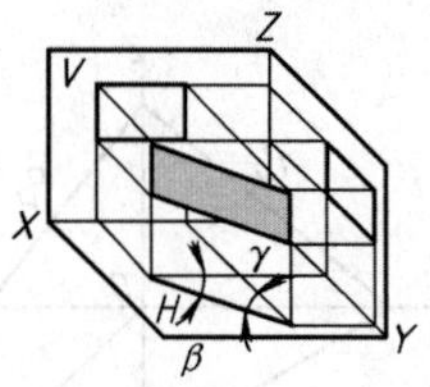	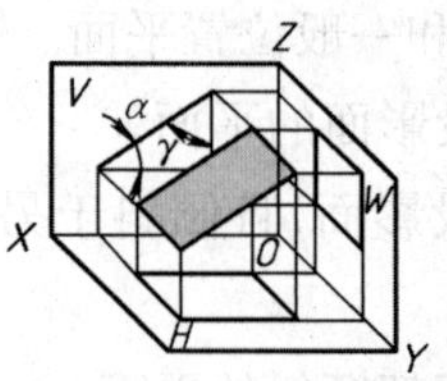	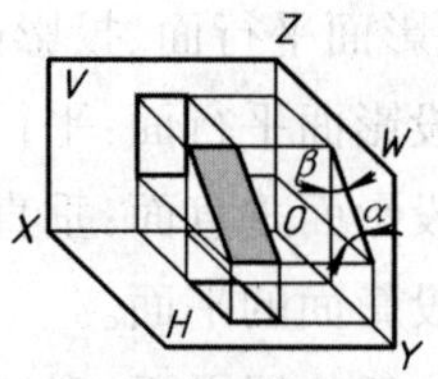
投影图	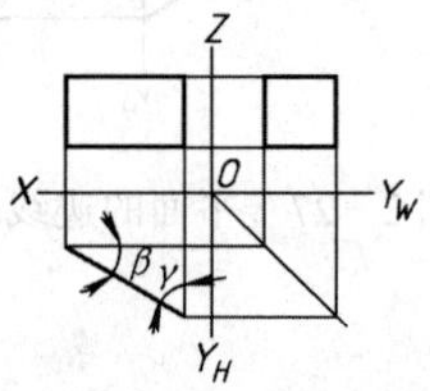	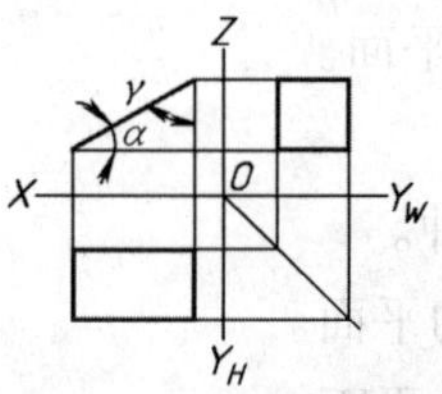	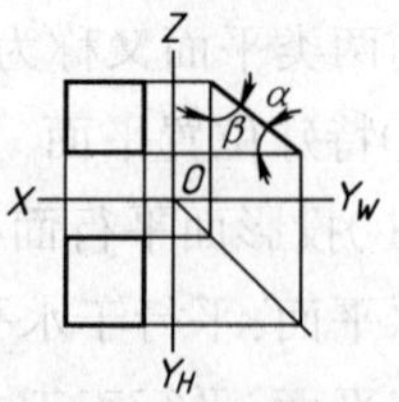

比较表 2-4 中各平面的投影,可以看出它们的共同特征是:

①平面在所垂直的投影面上的投影积聚成一条与投影轴倾斜的直线,并且反映其与另外两个投影面的倾角;

②平面的其他两个投影面的投影均为比原形小的类似形。

2)一般位置平面

由于一般位置平面对三个投影面都倾斜，所以它的三面投影都不可能积聚成直线，也不可能反映实形，而是小于原平面图形的类似形，如图2-28所示。

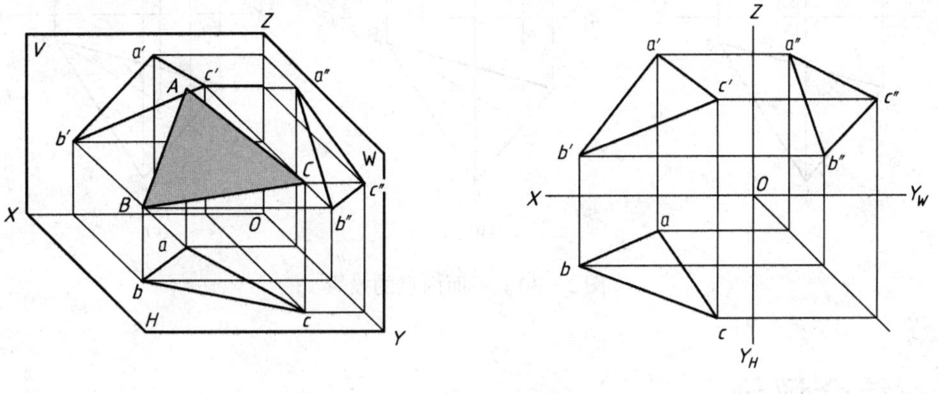

图2-28　一般位置平面

2.4.2　平面内的直线和点

1. 平面内的直线

直线在平面内的几何条件如下。

(1)一直线若通过平面上的两点，则此直线必在该平面上，如图2-29所示直线过平面内的点*E*、*F*，则该直线在平面内。

(2)一直线若通过平面上的一点，且平行于该平面上的一直线，则此直线必在该平面上，如图2-29所示的*AD*直线，通过平面上的点*A*，且*AD*//*BC*，则该直线在平面内。

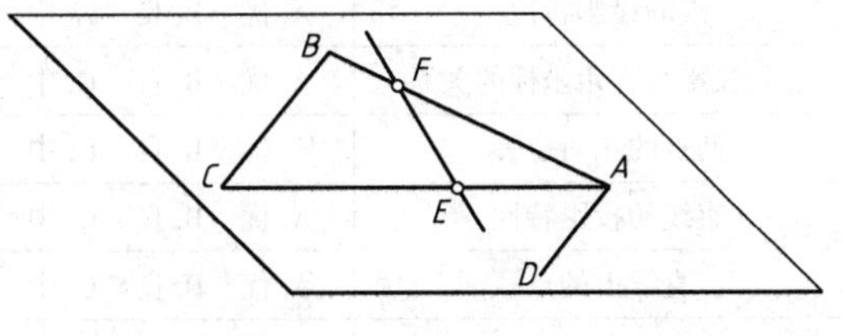

图2-29　平面内的点和直线

2. 平面内的点

点在平面内的几何条件：如果点在平面内的一条直线上，则点在该平面内。

因此，若在平面内取点，必须先在平面内取一直线，然后再在此直线上取点。如图2-29所示，由于点*E*在直线*AC*上，所以点*E*必在三角形*ABC*所确定的平面内。

例3　已知△*ABC*平面内点*S*的正面投影*S*′，试求它的水平投影，如图2-30(a)所示。

解：因为点*S*在△*ABC*平面内，故过点*S*在△*ABC*平面内作一条辅助线，则点*S*的两个投影必在辅助线的同面投影上。

作图步骤如图2-30所示。

①通过点*S*，在△*ABC*平面内作一辅助线*AD*(点*D*属于*BC*线)。

②作出*AD*的水平投影*ad*，如图2-30(b)所示。

③按点的投影规律将*s*′投影到*ad*线上，求得点*S*的水平投影*s*，如图2-30(c)所示。

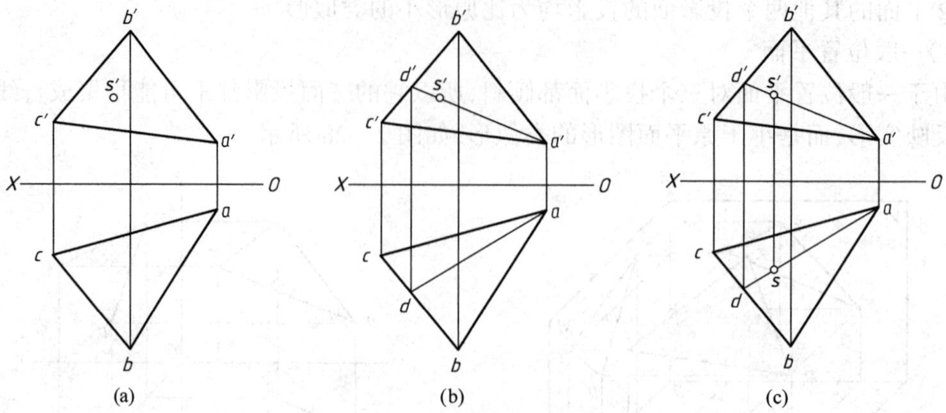

图 2-30　平面内点的投影

综合评价

通过本项目的学习,完成习题集的相关题目,对自己掌握的情况进行综合评价,完成下表。

评价内容	评价标准	个人评价	教师评价
投影法的分类	A.优　B.良　C.中　D.及格		
正投影法的投影特性	A.优　B.良　C.中　D.及格		
三视图的投影规律	A.优　B.良　C.中　D.及格		
点的投影特性	A.优　B.良　C.中　D.及格		
点的投影与直角坐标的关系	A.优　B.良　C.中　D.及格		
两点的相对位置	A.优　B.良　C.中　D.及格		
直线的投影特性	A.优　B.良　C.中　D.及格		
直线上的点	A.优　B.良　C.中　D.及格		
两直线的相对位置	A.优　B.良　C.中　D.及格		
平面的投影特性	A.优　B.良　C.中　D.及格		
平面内的直线和点	A.优　B.良　C.中　D.及格		

任务三　基本体的投影

任务描述

对于种类繁多、形状各异的零件，从几何形体的角度来看，都是由一些基本几何形体经过组合而成。要掌握复杂机械零件图的绘制，应首先掌握组成这些复杂零件的基本体的绘制。

任务目标

(1)掌握常见基本体的投影作图方法及表面取点的作图方法；

(2)掌握常见基本体尺寸标注的要领。

相关知识

常见的基本几何体(简称基本体)包括：棱柱、棱锥(棱台)、圆柱、圆锥(圆台)、圆球、圆环等。其中棱柱和棱锥是平面立体，其表面均由平面构成；其余的是曲面立体，其表面由曲面构成，或由曲面和平面构成。

3.1　平面立体及其表面上点和线的投影

平面立体的表面都是平面。常见的平面立体有棱柱体和棱锥体。因为平面立体的表面都是平面，而这些平面又是由直线(即平面立体的棱线)所围成。所以画平面立体的投影图，可归结为绘制组成平面立体的所有多边形平面的投影，也就是绘制这些多边形的边和顶点的投影。

只要掌握平面立体表面上点的投影作法，就能解决平面立体表面上的线、截交线(平面与立体表面的交线)、相贯线(两立体表面的交线)等的投影作图问题。

3.1.1　棱柱体

1. 棱柱体的投影

如图 3－1 所示是一个正六棱柱的立体图和投影图。正六棱柱的上、下底面都是水平面，则上、下底面的水平投影重合并反映实形，正面投影和侧面投影积聚成平行于相应投影轴的直线。六棱柱有 6 个侧棱面，如图 3－1(a)所示。其前、后两个棱面为正平面，它们的正面投影重合并反映实形，水平投影和侧面投影积聚成平行于相应投影轴的直线；其余 4 个棱面都是铅垂面，它们的水平投影分别积聚成倾斜直线，正面投影和侧面投影都是缩小的类似形。将正六棱柱上、下底面及 6 个侧棱面的投影画出后即得正六棱柱的三面投影，如图 3－1(b)所示。

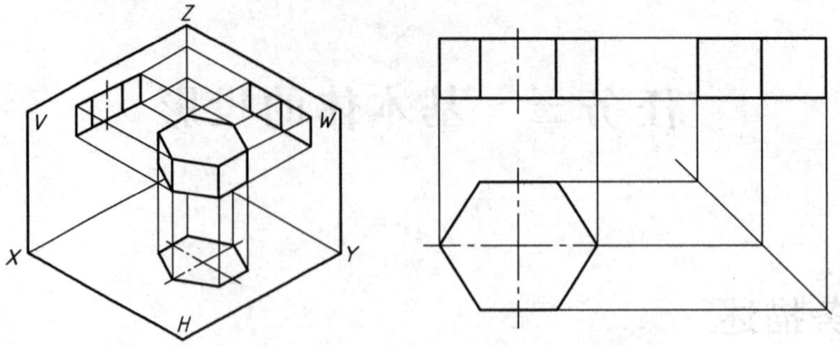

(a) (b)

图 3-1 正六棱柱的投影

(a)立体图;(b)投影图

画棱柱体的投影时,一般先画上、下底面的 3 个投影;然后,将上、下底面对应顶点的同面投影连接起来即得相应棱线的投影;最后,判别棱线投影的可见性。如果棱线是两个不可见棱面的交线,则该棱线投影不可见,画成虚线。

2. 棱柱体表面上的点和线

平面立体表面上取点、取线的方法与平面上取点、取线的方法一样,但在平面立体表面上取点、取线时,首先必须确定该点、线在平面立体的哪一个棱面上。

例 1 如图 3-2(a)所示,已知六棱柱的正面投影、水平投影及其表面上点Ⅰ和点Ⅱ的正面投影 1′、2′。求作六棱柱的侧面投影、点Ⅰ和点Ⅱ的水平投影和侧面投影以及 1′2′连线的其他两投影。

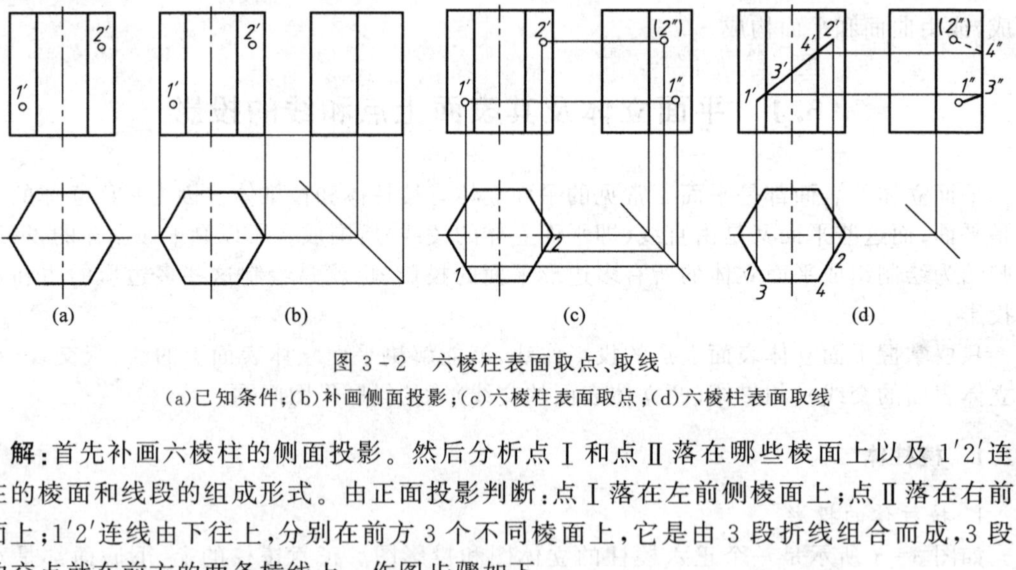

(a) (b) (c) (d)

图 3-2 六棱柱表面取点、取线

(a)已知条件;(b)补画侧面投影;(c)六棱柱表面取点;(d)六棱柱表面取线

解:首先补画六棱柱的侧面投影。然后分析点Ⅰ和点Ⅱ落在哪些棱面上以及 1′2′连线所在的棱面和线段的组成形式。由正面投影判断:点Ⅰ落在左前侧棱面上;点Ⅱ落在右前侧棱面上;1′2′连线由下往上,分别在前方 3 个不同棱面上,它是由 3 段折线组合而成,3 段折线的交点就在前方的两条棱线上。作图步骤如下。

①补画侧面投影,注意 Y 坐标要相等,如图 3-2(b)所示。

②分别由点Ⅰ、点Ⅱ所在棱面,根据 1′、2′作出其水平投影 1、2(落在棱面的积聚投影上)和侧面投影 1″、2″(由投影对应关系作出),如图 3-2(c)所示。

③在前方两条棱线上,定出折线ⅠⅡ与两条棱的交点Ⅲ、Ⅳ及其投影点 3′、3、3″和 4′、4、4″,如图 3-2(d)所示。

④连接同名投影点,即得ⅠⅢ、ⅣⅡ折线段的投影,如图 3-2(d)所示。

3.1.2　棱锥体

1. 棱锥体的投影

如图 3－3 所示是一个三棱锥的立体图和投影图。三棱锥的底面是水平面，则底面的水平投影反映实形，正面投影和侧面投影积聚成平行于相应投影轴的直线。三棱锥有 3 个侧棱面，其摆放位置如图 3－3(a)所示。其左、右两个棱面为一般位置平面，它们的 3 个投影均为棱面图形的类似形；后方的棱面为侧垂面，其侧面投影积聚成一段直线，水平投影和正面投影为该棱面图形的类似形。棱面与棱面、棱面与底面的交线为三棱锥的棱线。前方两个棱面遮住了后方棱面，因此后方棱面的正面投影不可见。将其底面及三个侧棱面的投影画出后可得三棱锥的三面投影，如图 3－3(b)所示。

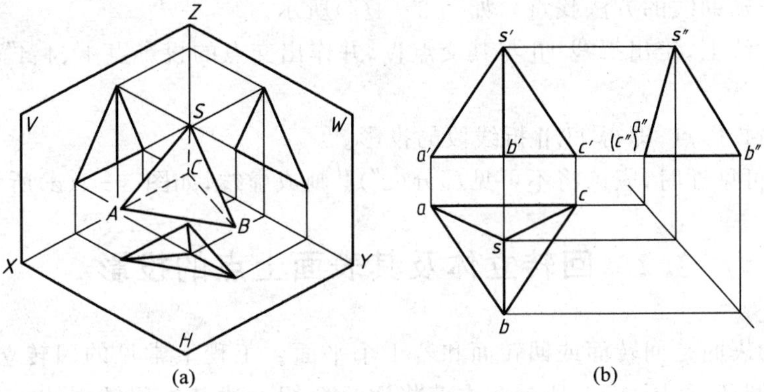

图 3－3　三棱锥的投影

(a)立体图；(b)投影图

画棱锥体的投影图时，一般先画底面的 3 个投影；然后，画锥顶点的 3 个投影；最后，将锥顶点与底面对应顶点的同面投影连接起来即为棱线的投影。

2. 棱锥体表面上的点和线

遵循平面立体表面取点、取线的方法，即先确定点、线所在的表面，再用面上取点、取线的方法来找点、找线。

例 2　如图 3－4(a)所示，已知三棱锥的两投影图及其表面上的点Ⅰ、点Ⅱ和点Ⅲ的正面投影 1′、2′、3′。求三棱锥的侧面投影及三点对应的其余投影，并作 1′2′连线的其余两投影。

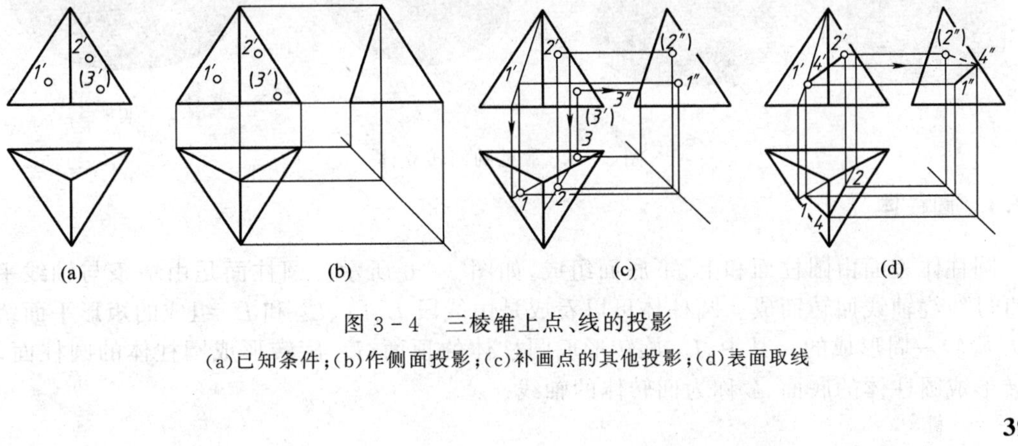

图 3－4　三棱锥上点、线的投影

(a)已知条件；(b)作侧面投影；(c)补画点的其他投影；(d)表面取线

解:首先补画三棱锥的侧面投影。然后分析点Ⅰ、点Ⅱ和点Ⅲ在哪些棱面上以及1′2′连线所在的棱面和线段的组成形式。由正面投影判断:点Ⅰ在左前侧棱面上;点Ⅱ在右前侧棱面上;1′2′连线由下往上,分别在前方两个不同的棱面上,它是由两段折线组合而成,两段折线的交点就在前方的棱线上;点Ⅲ正面投影不可见,表明该点在后方的棱面上,该棱面为侧垂面,可先在棱面的积聚投影上确定该点的投影。

作图步骤如下。

①补画侧面投影,注意Y坐标要相等,如图3-4(b)所示。

②根据后方棱面为侧垂面的特点,由点Ⅲ的正面投影3′可直接在侧面投影上找出点Ⅲ的侧面投影3″,再由正面投影和侧面投影确定水平投影3,如图3-4(c)所示。

③由于点Ⅰ、点Ⅱ所在棱面为一般位置平面,根据1′、2′作出其水平投影1、2和侧面投影1″、2″(由面上作辅助线的方法找点),如图3-4(c)所示。

④在前方棱线上,定出折线ⅠⅡ与其交点Ⅳ,并作出交点的投影点4′、4、4″,如图3-4(d)所示。

⑤连接同名投影点,即得ⅠⅣⅡ折线段的投影。

注意:判断可见性时,应该将不可见部分(2″)4″画成虚线,如图3-4(d)所示。

3.2 回转立体及其表面上点的投影

回转立体的表面是回转面或回转面和若干个平面。工程上常见的回转立体有圆柱体、圆锥体、球体和圆环,如图3-5所示。本节将逐一介绍上述基本回转立体。首先介绍回转立体的几个概念。

回转面:一条线绕另一直线旋转所形成的运动轨迹。

回转面的轴线:绕其旋转不动的直线。

母线:即运动的线,回转面的母线可以是直线也可以是任意曲线。

素线:母线位于回转面上任一位置时的线。

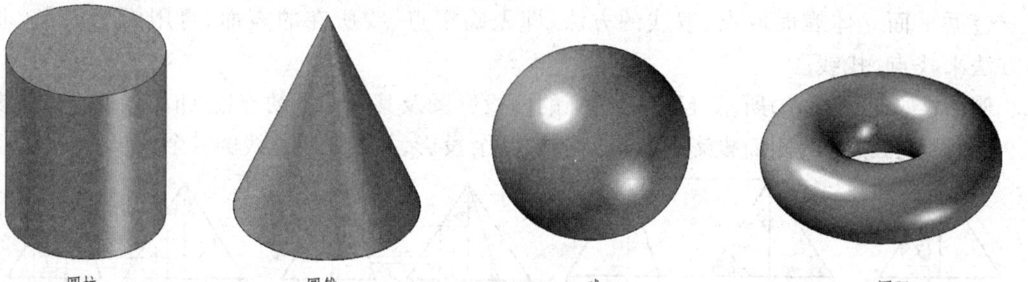

图3-5 常见的回转立体

3.2.1 圆柱体

圆柱体表面由圆柱面和上、下底面组成,如图3-6所示。圆柱面是由一条与轴线平行的直母线绕轴线回转而成。圆柱体可以看成是由线段L、L_1、L_2和L_3组成的矩形平面绕边线L旋转一周形成的。其中,L_1旋转形成圆柱体的顶面,L_2旋转形成圆柱体的圆柱面,L_3旋转形成圆柱体的底面,L称为回转体的轴线。

1. 圆柱体的三视图

如图 3－7 所示为圆柱体的三视图。按图中位置放置，圆柱上、下底面为水平面，其水平投影反映实形，正面投影和侧面投影积聚为直线。由于该圆柱轴线为铅垂线，因而圆柱面上的所有素线均为铅垂线。圆柱的主视图和左视图为全等的矩形线框，其中主视图左右两侧的轮廓线为圆柱面上最左和最右两条素线的投影，而左视图中的两侧轮廓线则是圆柱面上最前和最后两条素线的投影。上述 4 条线统称为轮廓素线。

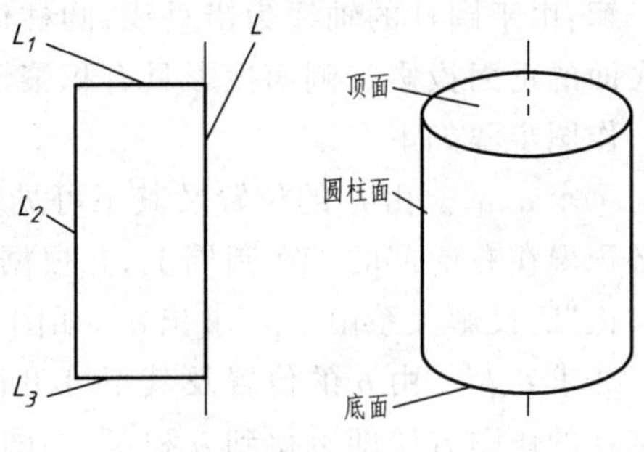

图 3－6　圆柱体的形成

画圆柱体的三视图时，一般先画投影为积聚性的圆，再按其高度和投影规律完成另外两个视图。

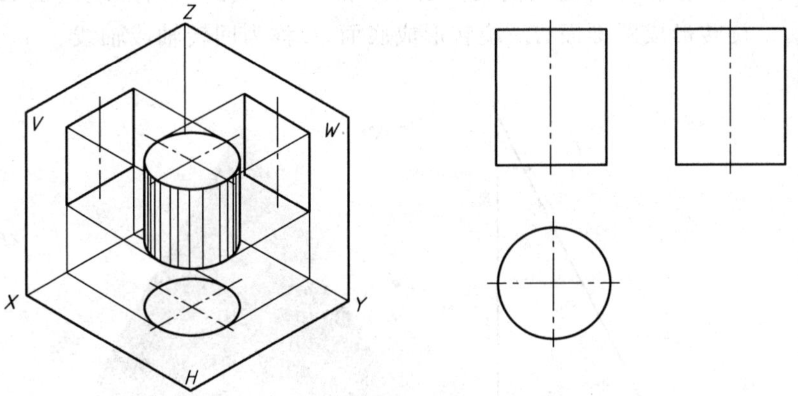

图 3－7　圆柱体的三视图

2. 圆柱体表面上的点

例 3　如图 3－8(a)所示，已知圆柱表面上的点 A、点 B 及点 C 的一个投影，求它们的另外两个投影。

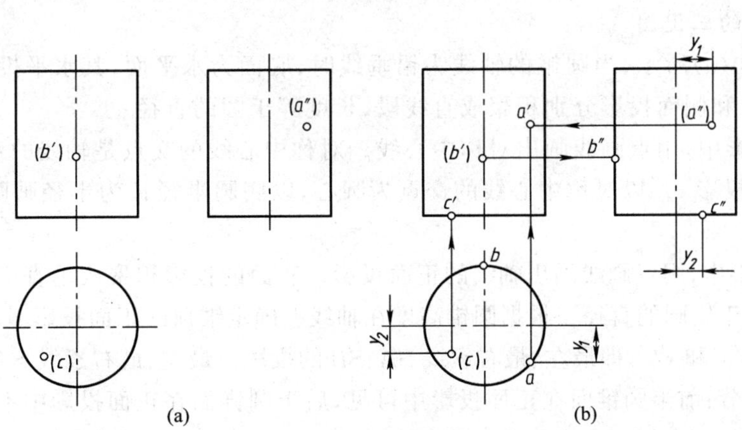

图 3－8　圆柱表面定点

(a)已知条件；(b)作图过程

解:由于圆柱的轴线为铅垂线,圆柱体的柱表面在水平面上的投影具有积聚性,而顶面和底面的正面投影与侧面投影具有积聚性。在圆柱表面上取点时,可利用这些积聚性作图。

作图步骤如下。

①求 a、a'。由 a''的位置及其不可见性可以判断点 A 在圆柱面的右前部位,其水平投影也必积聚在右前部的 1/4 圆周上,并根据"宽相等"的投影关系先求出 a,然后根据"高平齐、长对正"的投影关系由 a、a''求出 a',如图 3-8(b)所示。

②求 b、b''。由 b'的位置及其不可见性可以判断点 B 在圆柱面的后面素线上。根据线上定点的作图方法即可得到 b 和 b'',如图 3-8(b)所示。

③求 c'、c''。由 c 的位置可知,点 C 在圆柱的底面上。根据底面正面投影和侧面投影的积聚性,可以在正面、侧面投影上得到 c'和 c'',如图 3-8(b)所示。

3.2.2 圆锥体

如图 3-9 所示,圆锥体可看成由线段 L、L_1 和 L_2 组成的三角形绕边线 L 旋转一周形成的。其中,L_1 旋转形成圆锥面,L_2 旋转形成底面,L 称为回转轴或轴线。

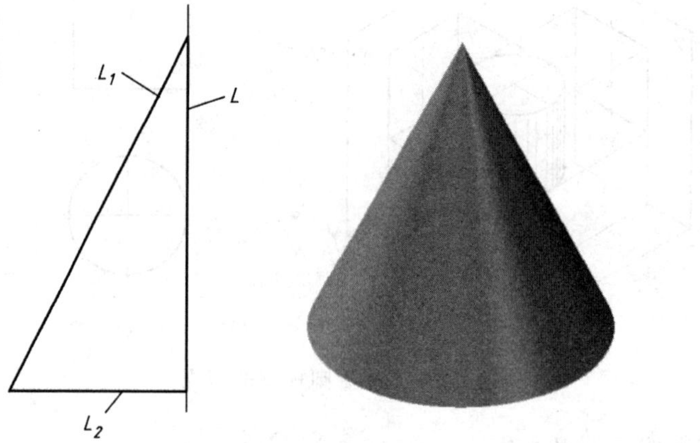

图 3-9 圆锥体的形成

1. 圆锥体的三视图

如图 3-10(a)所示,当圆锥的轴线为铅垂线时,底面为水平面,其水平投影反映底圆的实形,正面投影和侧面投影分别积聚成直线段,长度等于圆的直径。

在水平投影中,用点画线画出对称中心线。对称中心线的交点是轴线的水平投影,也是锥顶 S 的水平投影 s。以对称中心线的交点为圆心,以底圆半径长为半径画圆,即得圆锥的水平投影。

在正面投影中,用点画线画出轴线的正面投影。底面的投影积聚成垂直于轴线投影的直线段,其长度等于底圆的直径。根据圆锥高度在轴线上确定锥顶的正面投影 s',画出正面投影的转向轮廓线 $s'a'$和 $s'b'$,即最左、最右素线 SA、SB 的投影。最左、最右素线 SA、SB 把圆锥面分为前、后两部分;前半圆锥面在正面投影中可见,后半圆锥面在正面投影中不可见。两素线的水平投影 sa 和 sb 与圆的水平方向的对称中心线重合,侧面投影 $s''a''$和 $s''b''$与轴线的侧面投影重合,由于它们的侧面投影不是转向轮廓线,因此在侧面投影中不画出其投影。

同理，可以得到圆锥体的侧面投影，如图3-10所示。侧面投影中，前、后两侧的 $s''c''$ 和 $s''d''$ 是圆锥面侧面投影的转向轮廓线，即最前、最后素线 SC、SD 的投影。最前、最后两条素线 SC 和 SD 把圆锥面分为左、右两部分；左半圆锥面在侧面投影中可见，右半圆锥面在侧面投影中不可见。两素线的水平投影 sc 和 sd 与圆的竖直方向的对称中心线重合，正面投影 $s'c'$ 和 $s'd'$ 与轴线的正面投影重合，由于它们的正面投影不是转向轮廓线，因此在正面投影中不画出其投影。

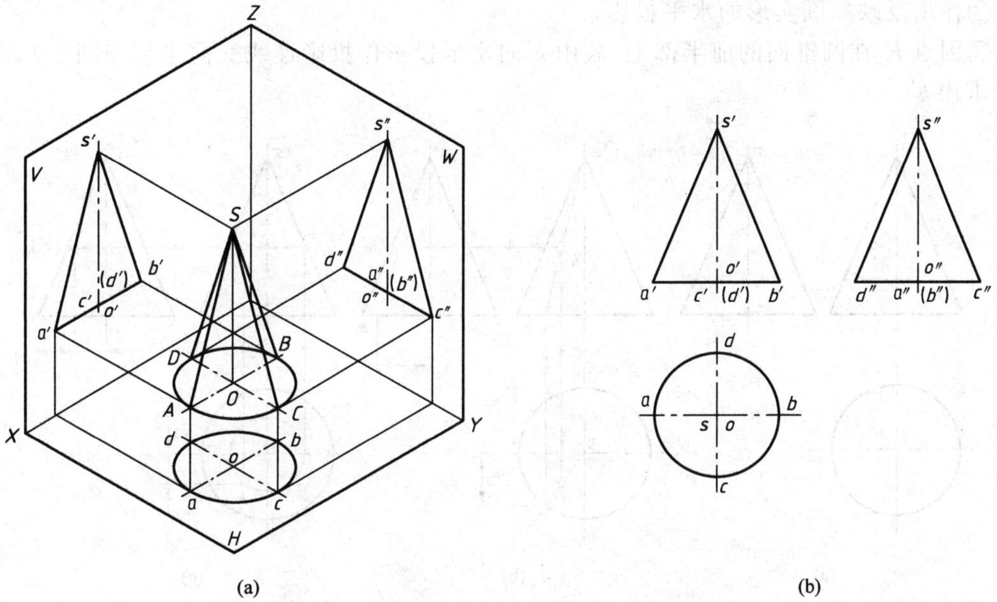

图3-10　圆锥体的投影图

(a)立体图；(b)投影图

2. 圆锥体表面上的点

从图3-10(b)分析锥顶的投影和底圆投影可知：圆锥面的水平投影和底面圆的水平投影重合，正面投影和侧面投影均为三角形，因此圆锥面的三个投影都没有积聚性。求作圆锥面上的点，需在圆锥面上通过点作辅助线或辅助面来解决问题。为了便于作图，应选锥面上的素线或垂直于轴线的纬圆作为辅助线，这种圆锥表面定点的方法称为素线法或纬圆法，如图3-11所示。

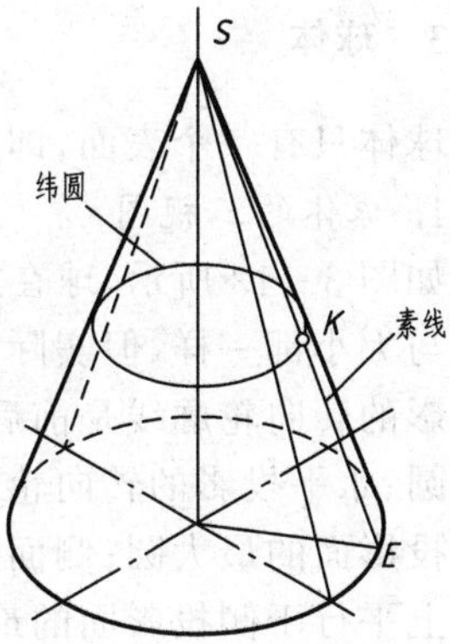

图3-11　素线法和纬圆法

例4　如图3-12(a)所示，已知圆锥面上点 K 的正面投影 k'，试画出其另外两面投影。

解：由于圆锥面的三个投影都没有积聚性，所以需要在圆锥面上通过点 K 作一条辅助线（素线或纬圆），然后利用点在线上的作图特点求点的投影。

作图步骤如下。

素线法：连接点 S 和 K，并延长使之交底圆于点 E，因为 k' 可见，故 SE 位于圆锥面前半部，点 E 也在底圆的前半圆周上。

①过 k' 作直线 $s'e'$(即圆锥面上辅助素线 SE 的正面投影),如图 3-12(b)所示。

②作出 SE 的水平投影 se 和侧面投影 $s''e''$。

③点 K 在 SE 上,故 k 和 k'' 必分别在 se 和 $s''e''$ 上。

纬圆法:通过点 K 在圆锥面上作垂直于轴线的水平纬圆,这个圆实际上就是点 K 绕轴线旋转所形成的。

①过 k' 作直线与轴线垂直(纬圆的正面投影),与正面投影的转向轮廓线相交,两交点间的长度即为纬圆的直径,如图 3-12(c)所示。

②作出反映纬圆实形的水平投影。

③因点 K 在圆锥面的前半部上,故由 k' 向水平投影作投影连线交前半部纬圆于 k,再由 k'、k 求出 k''。

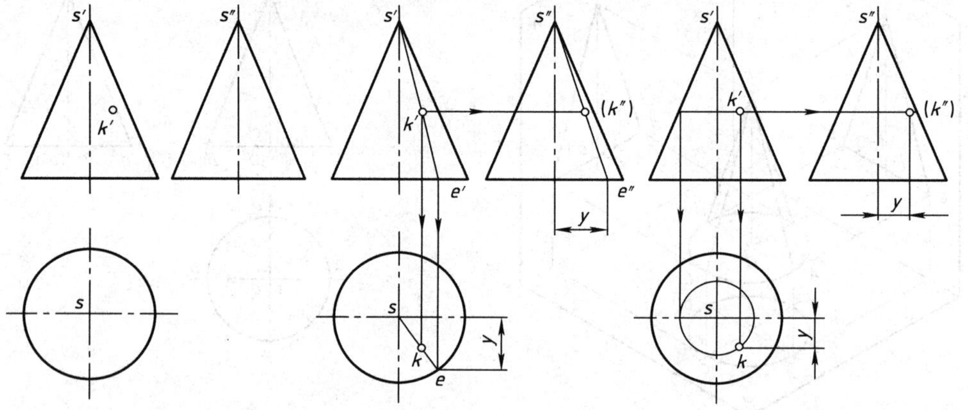

图 3-12　圆锥表面定点

(a)已知条件;(b)素线法;(c)纬圆法

3.2.3　球体

球体只有一个表面,即球面,球面是由圆绕其直径旋转形成的回转面。

1. 球体的三视图

如图 3-13 所示,球在三个投影面上的投影都是与球直径相等的圆。虽然三个投影的形状与大小都一样,但实际意义不同。它们分别是球面在三个投影面上的转向轮廓线。正面投影的转向轮廓线是前后半球面的分界圆 A 的投影,圆 A 也是球面上平行于正投影面的最大圆;水平投影的转向轮廓线是上下半球面的分界圆 C 的投影,圆 C 也是球面上平行于水平投影面的最大圆;侧面投影的转向轮廓线是左右半球面的分界圆 B 的投影,圆 B 也是球面上平行于侧投影面的最大圆。

2. 球体表面上的点

由于球体表面没有积聚性,因此求作球体表面上的点,需在球体表面上通过点作辅助纬圆的方法来解决问题。为了便于作图,在球体表面上取与某一投影面平行的圆作为辅助圆。

例 5　如图 3-14(a)所示,已知球体表面上点 K 的水平投影,试求其另外两个投影。

解:由于点 K 的水平投影可见,故点 K 处于球体的上表面。

作图步骤如下。

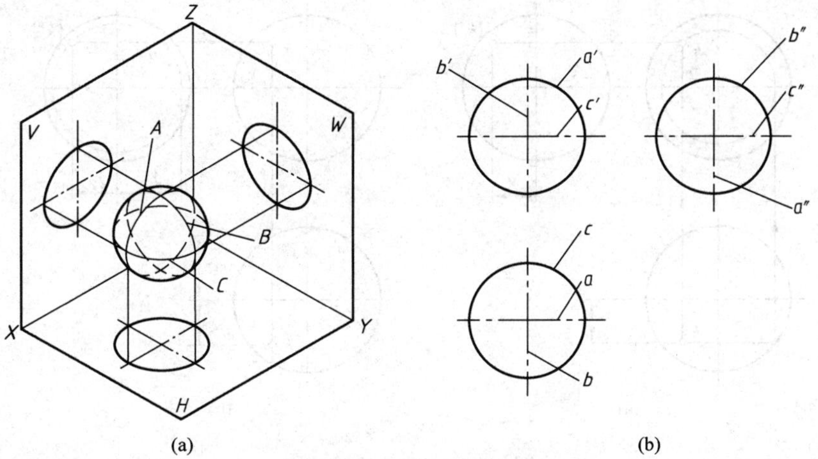

图 3-13　球体的投影
(a)立体图;(b)投影图

①在水平投影上过点 k 作一个水平圆,如图 3-14(b)所示。

②作出该圆的正面投影和侧面投影,并根据投影关系确定 k'和 k''。

本题也可以作一个与 V 面或 W 面平行的辅助圆,如图 3-15 所示。

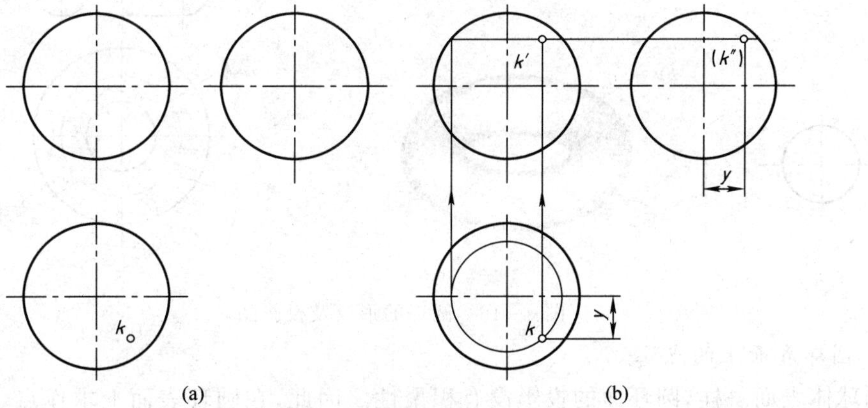

图 3-14　球面上取点
(a)已知条件;(b)作水平圆

3.2.4　圆环

如图 3-16 所示,圆环可以看成是由一个圆绕圆外轴线 L(L 与圆在一个平面上)旋转一周形成的。其中,远离轴线的半圆旋转形成外环面,距轴线比较近的半圆旋转形成内环面。

1. 圆环的三视图

如图 3-16 所示为圆环的形成及投影图。在正面投影中,左、右两圆及与之相切的两直线段是圆环面的正面投影的转向轮廓线。其中,两圆是圆环面上最左、最右两素线的投影,实线半圆在外环面上,虚线半圆在内环面上(被前半外环面挡住,故画成虚线);上、下两直线段是内、外环面的两个分界圆的投影。在正面投影图中,外环面的前半部可见、后半部不可见,内环面均为不可见。

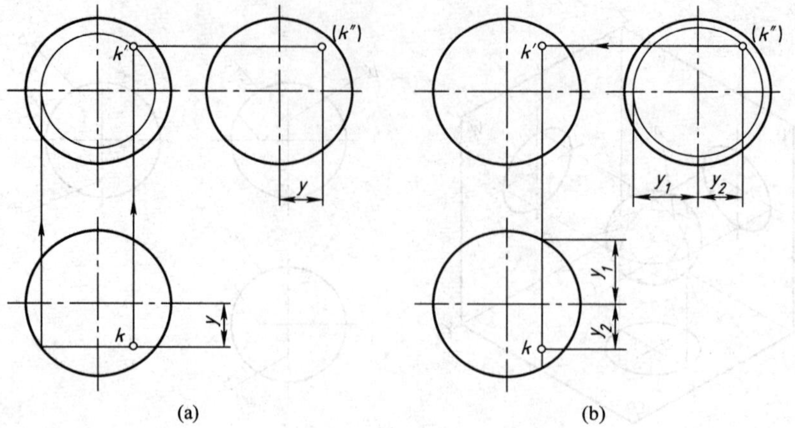

图 3-15　球面上取点

(a)作正平圆;(b)作侧平圆

在水平投影中,圆环水平投影的转向轮廓线为两个圆。这两个圆是圆环面上、下表面分界线的投影,其中上表面可见、下表面不可见。点画线圆为母线圆中心轨迹的投影。

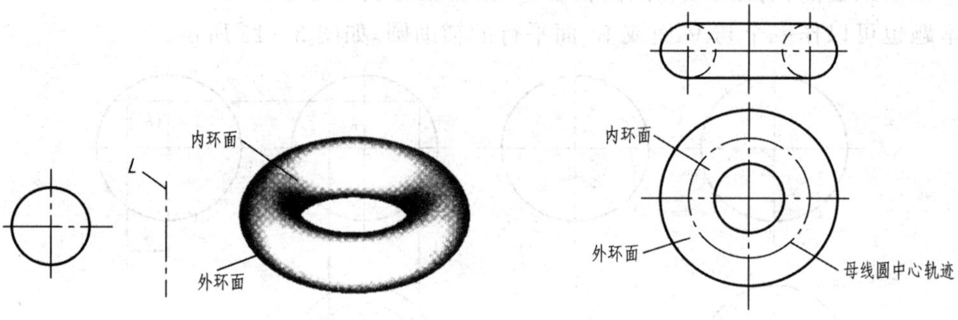

图 3-16　圆环的形成及投影图

2. 圆环表面上的点

同球体表面一样,圆环面的投影没有积聚性。因此,在圆环表面上求作点,需通过在圆环表面上作与轴线垂直的纬圆,然后利用纬圆法求作圆环表面上点的投影。

例 6　如图 3-17(a)所示,已知圆环面上点 A 的一个投影,试求它的另一个投影,并讨论有几个解。

解:由点 A 的正面投影 a'可知,点 A 在上半圆环面上。因 a'不可见,所以点 A 只能在内环面及外环面的后半部。

作图步骤如下。

①如图 3-17(b)所示,过 a'作轴线的垂线,与投影转向轮廓圆的实线部分相交,交点间的长度为外环面上纬圆的直径,与投影转向轮廓圆的虚线部分相交,交点间的长度为内环面上纬圆的直径。

②根据这两个直径,在水平投影中作出内环面上纬圆 1、外环面上纬圆 2。过点 a'的投影连线与纬圆 1 的两个交点和与纬圆 2 的后半部分的交点都有可能是点 A 的水平投影 a。因此,投影 a 共有三种可能。

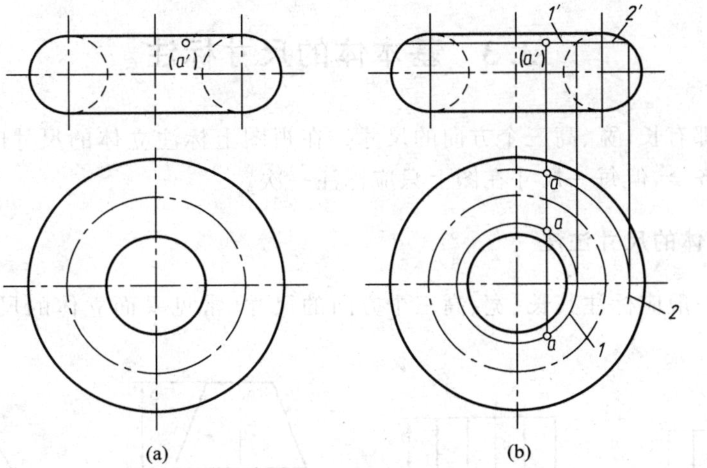

(a)　　(b)

图 3 - 17　圆环面上取点

(a)已知条件；(b)作图过程

3.2.5　复合回转体

复合回转体具有两个以上的同轴回转面。图 3 - 18(a)所示的复合回转体包含了同轴线的圆柱面和圆锥面，圆柱面和圆锥面相交，交线为圆 A；图 3 - 18(b)所示的复合回转体包含了同轴线的圆柱面和球面，圆柱面和球面相切，切线为圆 B，不画出其投影；图 3 - 18(c)所示的复合回转体包含了同轴线的圆锥面、圆柱面、圆环面和球面，相邻两回转面不是相交就是相切。

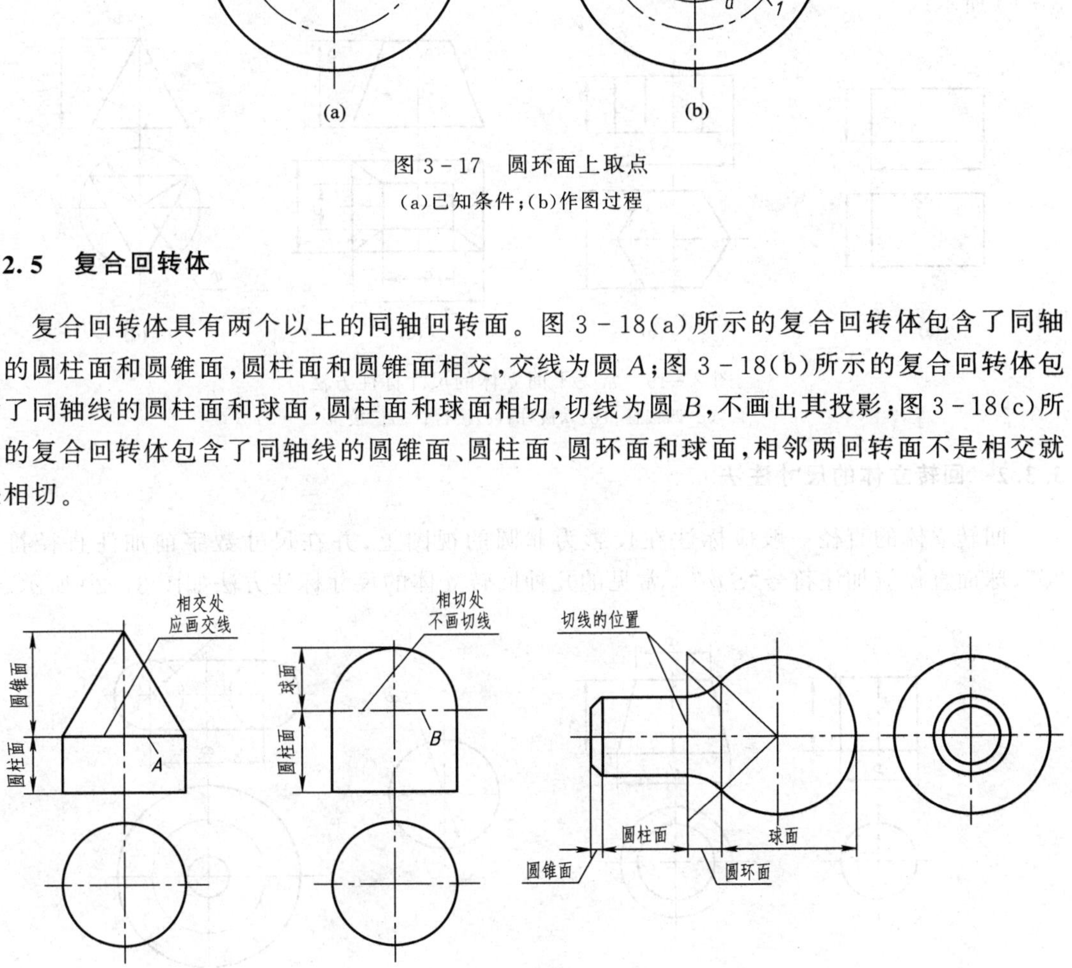

(a)　　(b)　　(c)

图 3 - 18　复合回转体

(a)圆柱与圆锥组合；(b)圆柱与球组合；(c)圆柱、圆锥、圆环及球组合

当两同轴回转面相交时，两同轴回转面有非常明显的分界线即交线，交线一定要画；当两同轴回转面相切时，两同轴回转面在切线处光滑过渡，不画切线的投影，但应明确切线的位置，如图 3 - 18(c)所示。

3.3　基本体的尺寸标注

任何立体都有长、宽、高三个方向的尺寸。在视图上标注立体的尺寸时,应将其三个方向的尺寸标注齐全,但每一尺寸在图上只应标注一次。

3.3.1　平面立体的尺寸注法

平面立体一般应标注其长、宽、高三个方向的尺寸,常见平面立体的尺寸标注方法如图3-19所示。

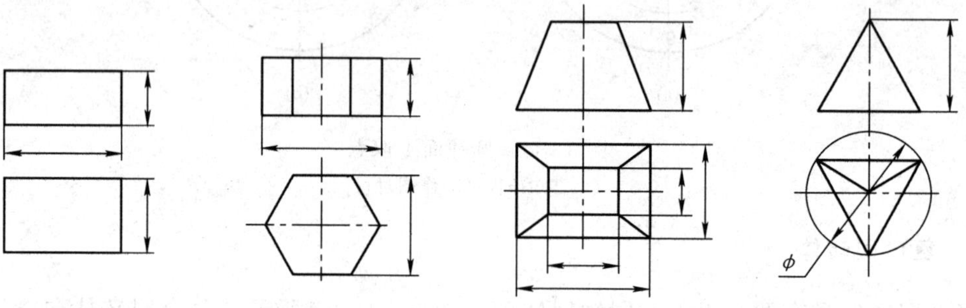

图3-19　常见平面立体的尺寸标注方法

(a)四棱柱;(b)六棱柱;(c)棱台;(d)三棱锥

3.3.2　回转立体的尺寸注法

回转立体的直径一般应标注在投影为非圆的视图上,并在尺寸数字前加注直径符号"ϕ",球面直径应加注符号"Sϕ"。常见的几种回转立体的尺寸标注方法如图3-20所示。

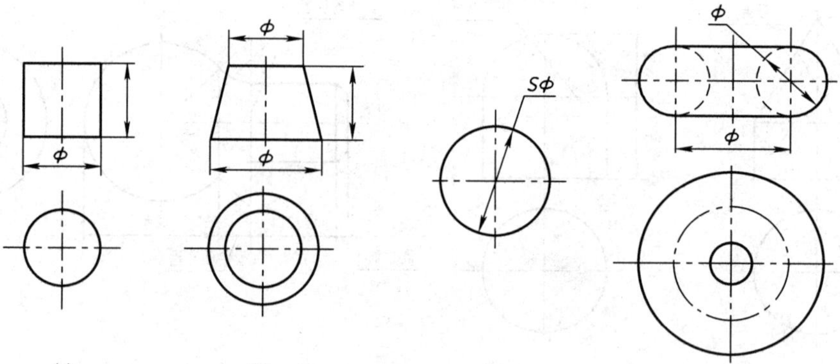

图3-20　常见回转立体的尺寸标注方法

(a)圆柱;(b)空心圆台;(c)球;(d)圆环

综合评价

通过本项目的学习,完成习题集的相关题目,对自己掌握的情况进行综合评价,完成下表。

评价内容	评价标准	个人评价	教师评价
棱柱的投影	A. 优　B. 良　C. 中　D. 及格		
棱柱表面取点	A. 优　B. 良　C. 中　D. 及格		
棱锥的投影	A. 优　B. 良　C. 中　D. 及格		
棱锥表面取点	A. 优　B. 良　C. 中　D. 及格		
圆柱的投影	A. 优　B. 良　C. 中　D. 及格		
圆柱表面取点	A. 优　B. 良　C. 中　D. 及格		
圆锥的投影	A. 优　B. 良　C. 中　D. 及格		
圆锥表面取点	A. 优　B. 良　C. 中　D. 及格		
球的投影	A. 优　B. 良　C. 中　D. 及格		
球表面取点	A. 优　B. 良　C. 中　D. 及格		
圆环的投影	A. 优　B. 良　C. 中　D. 及格		
圆环表面取点	A. 优　B. 良　C. 中　D. 及格		
基本体尺寸标注	A. 优　B. 良　C. 中　D. 及格		

任务四　截交线与相贯线

任务描述

工程中经常能够看到机件的某些部分是由平面与立体相交或立体与立体相交而形成的，这样在立体表面上就会形成相应的交线。为了清楚地表达物体的形状，画图时应当正确地画出这些交线的投影。

任务目标

(1)了解截交线和相贯线的形成及性质；

(2)掌握截交线和相贯线的作图方法和步骤。

相关知识

平面与立体相交并截去立体的一部分叫做截切，与立体相交的平面叫做截平面，截平面与立体表面的交线叫做截交线，如图 4－1(a)、(b)、(c)所示。两立体相交叫做相贯，立体表面产生的交线叫做相贯线，如图 4－1(d)、(e)、(f)所示。

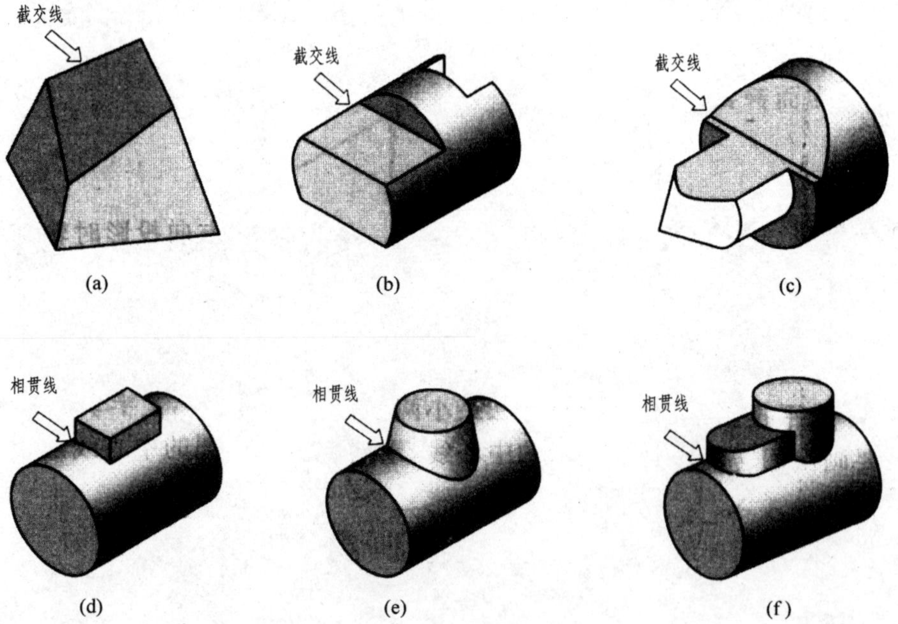

图 4－1　立体表面的交线

4.1　截交线

4.1.1　平面与平面立体相交

1. 平面立体截交线的性质

由于截交线是截平面与立体表面的交线，故平面立体的截交线具有以下基本性质。

(1)截交线是截平面与平面立体表面的共有线。

(2)当一个截平面和平面立体相交时，截交线的形状是一个封闭的平面多边形，该多边形的顶点是截平面与平面立体棱线的交点，如图 4-2(a)所示。

(3)当多个截平面与平面立体相交形成具有缺口或穿孔的平面立体时，相邻两截平面相交产生交线，交线的端点通常是平面立体表面的点，如图 4-2(b)所示。各截平面上的截交线及其与相邻截平面的交线构成多边形，如图 4-2(b)所示。

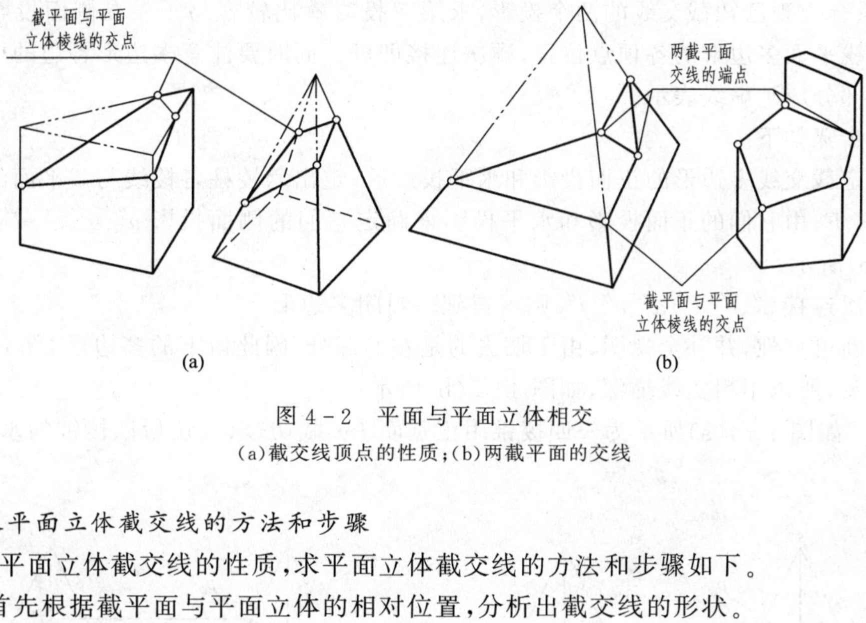

图 4-2　平面与平面立体相交
(a)截交线顶点的性质；(b)两截平面的交线

2. 求平面立体截交线的方法和步骤

根据平面立体截交线的性质，求平面立体截交线的方法和步骤如下。

(1)首先根据截平面与平面立体的相对位置，分析出截交线的形状。

(2)求截交线。

当一个截平面和平面立体相交时，截交线为多边形，多边形的顶点是平面立体的边与截平面的交点。可利用直线和平面求交点的方法，求出平面立体的边与截平面的交点，并按可见性依次连接同一表面上两顶点的同面投影，从而求出截交线(多边形)的投影。

当多个截平面与平面立体相交形成具有缺口或穿孔的平面立体时，逐个作出各截平面与平面立体的截交线，再画出相邻两截平面之间的交线。

(3)补全平面立体被截切后的投影。

例 1　如图 4-3(a)所示，已知正六棱柱的正面投影和水平投影，用正垂面 P_V 截切去左上方的一部分(在该图中用双点画线表示)，求截切后六棱柱的侧面投影。

解：截平面是正垂面，截交线各边的正面投影都重合在截平面的正面投影上，同时截交线各边也在六棱柱的各棱面上，因此其水平投影与棱柱顶面水平投影(也是各棱面的水平积

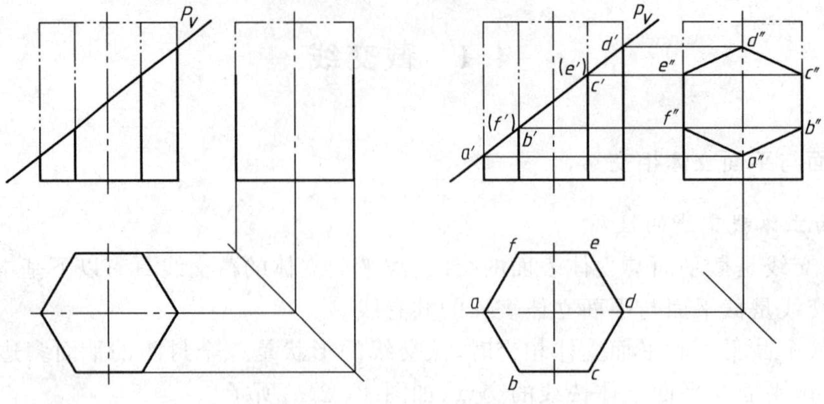

(a)　　　　　　(b)

图 4－3　平面与正六棱柱截切

(a)已知条件;(b)作图过程

聚投影)重合。现已知截交线的两个投影,求第三投影就比较容易了。在侧面投影中,只需找出截交线平面多边形的各顶点位置,顺次连接即可。同时要注意多边形各边的可见性,如有被遮的部分应画虚线表示。

作图步骤如下。

①确定截交线多边形的正面投影和水平投影后,定出六棱柱各棱线与截平面的交点 A、B、C、D、E、F,由它们的正面投影和水平投影来确定它们的侧面投影 a''、b''、c''、d''、e''、f'',如图 4－3(b)所示。

②顺次连接 a''、b''、c''、d''、e''、f'',则可得到一封闭多边形。

③判断可见性,并补全视图,由于切去的是左上部分,因此留下的多边形 $a''b''c''d''e''f''$ 的各边均可见,所以用粗实线描深,如图 4－3(b)所示。

例 2　如图 4－4(a)所示为一四棱锥用正垂面 P_V 截切,求截切后四棱锥的水平投影和侧面投影。

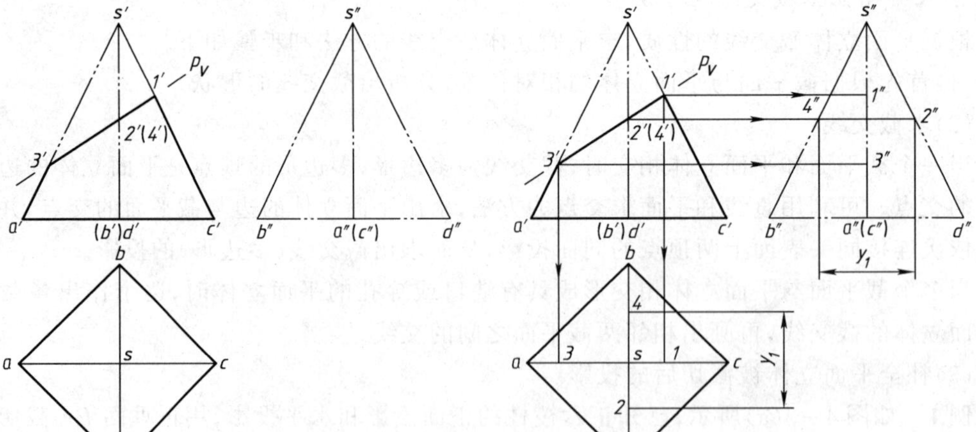

(a)　　　　　　(b)

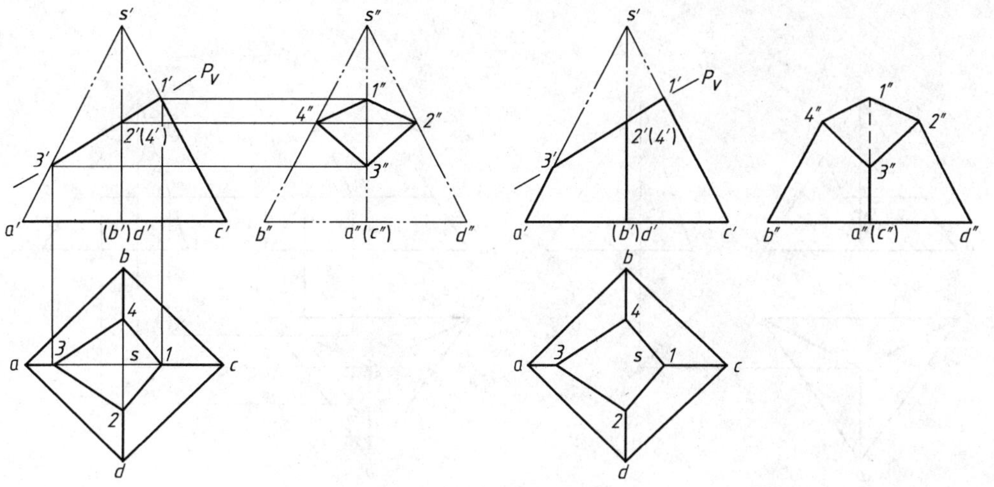

(c)　　　　　　　　　　　　　　(d)

图 4－4　正垂面与四棱锥的截交线

(a)画侧面投影；(b)求截交线各顶点；(c)连线并判断可见性；(d)补全立体的投影

解：从正面投影中可看出，截平面 P_V 与四棱锥的四条棱线 SA、SB、SC、SD 都相交，交点分别为Ⅰ、Ⅱ、Ⅲ、Ⅳ，因此截交线是一个四边形。

作图步骤如下：

①画出四棱锥的侧面投影，如图 4－4(a)所示；

②分别求截平面 P_V 与四棱锥的四条棱线 SA、SB、SC、SD 的交点Ⅰ、Ⅱ、Ⅲ、Ⅳ，如图 4－4(b)所示；

③连线并判断可见性，作出截交线，如图 4－4(c)所示，连线时注意同一表面的两点才可连线；

④补全投影(加深四棱锥被截切后的投影，擦除截切掉部分的投影)，如图 4－4(d)所示。

例 3　如图 4－5(a)所示，已知三棱锥被两平面截切，补画其水平投影和侧面投影。

解：这个三棱锥被一个正垂面和一个水平面切割，应有两组截交线，而这两个截平面自身又相交，必然产生一条交线，这条交线是一条正垂线。具体作图时，先作出两截平面的交线(面上找点，即找出这条交线的两个端点)，再分别补画各自切去部分的截交线。

作图过程如图 4－5 所示，具体步骤如下：

①作两截平面交线的前后两端点 M、N，画出交线的 3 个投影 $m'n'$、mn、$m''n''$；

②作水平截平面与三棱锥左半部分的截交线和正垂截平面与三棱锥右半部分的截交线(按已知的正面投影先作水平投影，再补作侧面投影)；

③判别可见性，用粗实线将可见线描深，完成全图。

4.1.2　平面与曲面立体相交

平面与曲面立体相交时，其截交线一般为封闭的平面曲线(特殊情况下为直线段)，截交线上任何一点都可看做是回转面上的某条线(直线或纬圆)与截平面的交点。因此，求截交线的基本方法有两种。

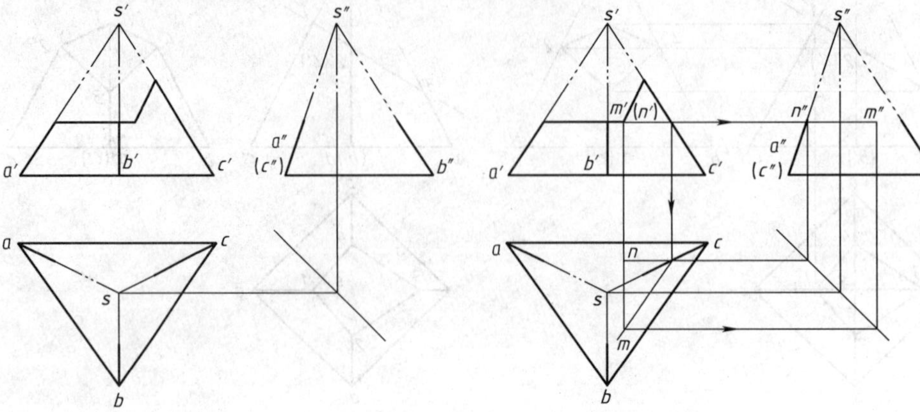

(a) (b)

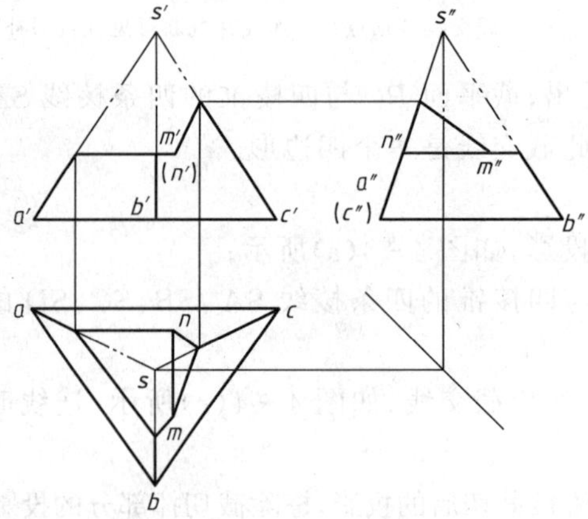

(c)

图 4-5　截切三棱锥的投影图

(a)已知条件;(b)先求两截平面交线的两端点 M、N;(c)补全立体的投影

(1)素线法:在回转面上取若干条素线,并求出它们与截平面的交点。

(2)辅助平面法:在回转面上作若干平行于投影面的圆(纬圆),并求出它们与截平面的交点。

所求出截交线的准确程度显然与所求交点的多少有关,但交点愈多,作图的辅助线也随之增加,这就必然影响图形的清晰性。为此,首先确定截交线的性质,其次求出能够决定截交线大致范围的最高、最低、最左、最右、最前、最后点以及可见与不可见的分界点等特殊点,然后再适当求一些一般点,最后光滑连接得到截交线。

1. 平面与圆柱体相交

平面与圆柱体相交时,根据截平面与圆柱体轴线相对位置的不同,截交线有三种情况,如表 4-1 所示。

表 4-1　平面与圆柱体相交

示意图	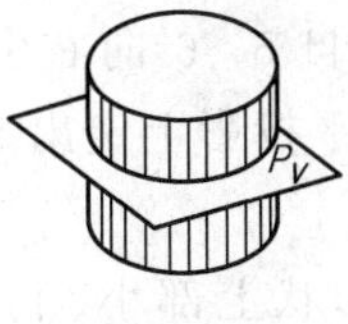	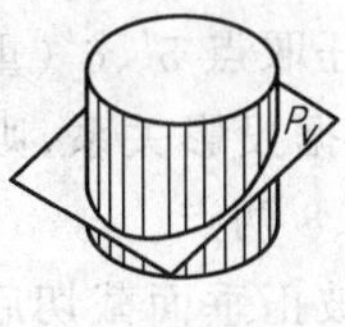	
截平面位置	与圆柱轴线垂直	与圆柱轴线倾斜	与圆柱轴线平行
投影图	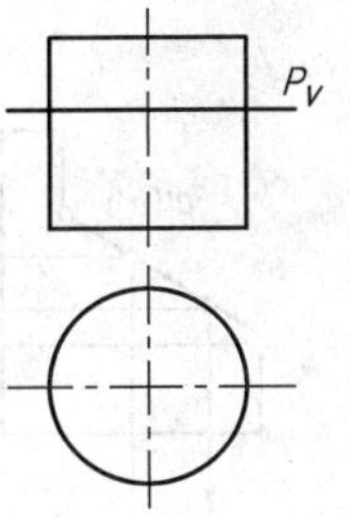	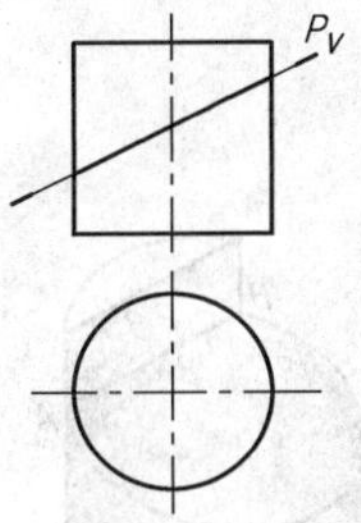	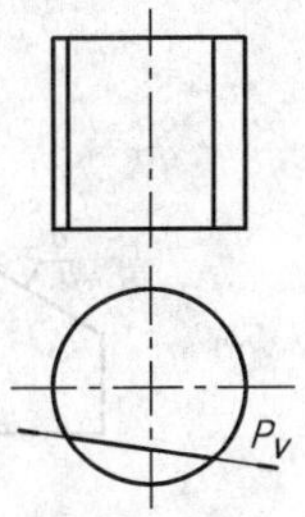
截交线形状	圆	椭圆	矩形

例 4　如图 4-6 所示，正垂面 P 与圆柱体斜交，求其截交线。

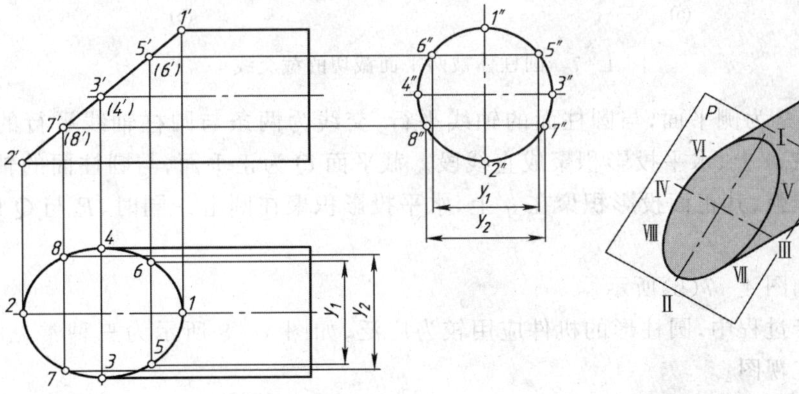

图 4-6　正垂面与圆柱体斜交的截交线

解：由于圆柱体轴线垂直于 W 面，截平面 P 垂直于 V 面且倾斜于圆柱体轴线，所以截交线为一椭圆。截交线的正面投影积聚为直线段，侧面投影与圆柱面的侧面投影重合，而其水平投影为一椭圆。

作图过程如下。

①求特殊点（点Ⅰ、Ⅱ、Ⅲ、Ⅳ）。因截交线（椭圆）的正面投影和侧面投影为已知，待求的是截交线的水平投影。在正面投影上可以直接定出截交线椭圆长轴ⅠⅡ两端点的正面投影 1′、2′，而椭圆的短轴ⅢⅣ就是圆柱的直径，其正面投影为 3′(4′)。在侧面投影上，长、短轴的端点Ⅰ、Ⅱ、Ⅲ、Ⅳ的侧面投影为 1″、2″、3″、4″。根据正面投影、侧面投影即可定出截交线椭

圆长、短轴端点在水平投影上的位置1、2、3、4。

②求一般点。利用在圆柱表面上取点的方法求出圆柱上的一般点(点Ⅴ、Ⅵ、Ⅶ、Ⅷ)。如在截交线的正面投影上任取点5′、6′(重影点),自5′、6′向右引水平线,在侧面投影(积聚为圆周)上得5″、6″,然后根据投影关系,则可在水平投影上定出5、6两点。依照同样方法可求出Ⅶ、Ⅷ点的水平投影7、8两点。

③判别可见性。圆柱被正垂面截切后,圆柱形状上部小、下部大,因而截交线的水平投影均可见。

④依次光滑地连接各点,就得出截交线的水平投影——椭圆。

例5 如图4-7所示,圆柱体被两平面P、Q截切,求截交线。

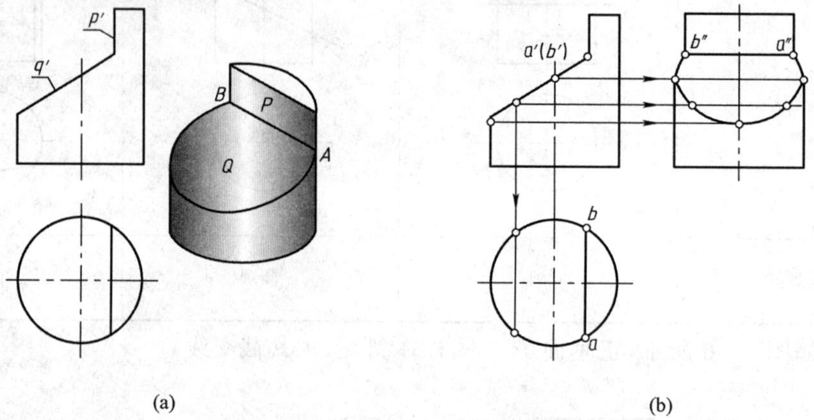

图4-7 圆柱体被两平面截切的截交线

解:截平面P为侧平面,与圆柱面的轴线平行,交线为两条与圆柱轴线平行的直线,其正面投影积聚在p'上,水平投影积聚成直线段。截平面Q为正垂面,与圆柱面的轴线倾斜,交线为一段椭圆弧,其正面投影积聚在q'上,水平投影积聚在圆上。同时,P与Q的交线为一条正垂线。

作图过程如图4-7(b)所示。

在实际生产过程中,圆柱形的机件应用较为广泛,如图4-8所示为三种常见圆柱截切和开槽机件的三视图。

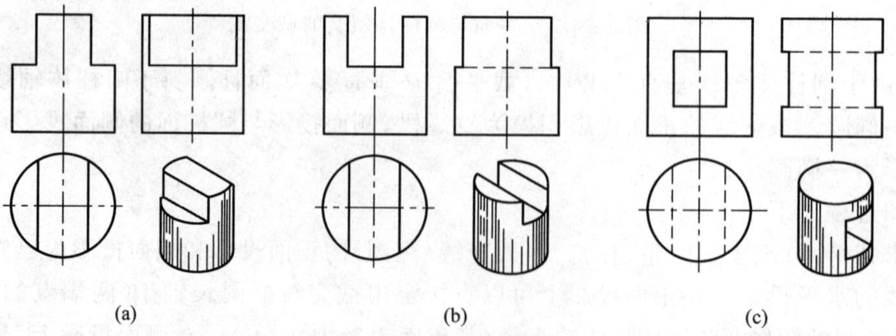

图4-8 常见圆柱截切和开槽机件的三视图

若沿着圆柱轴线开一通孔，称为圆筒。圆筒具有内、外两个表面。当截平面截切圆筒时，就会在内外表面上产生截交线，如图 4－9 所示。

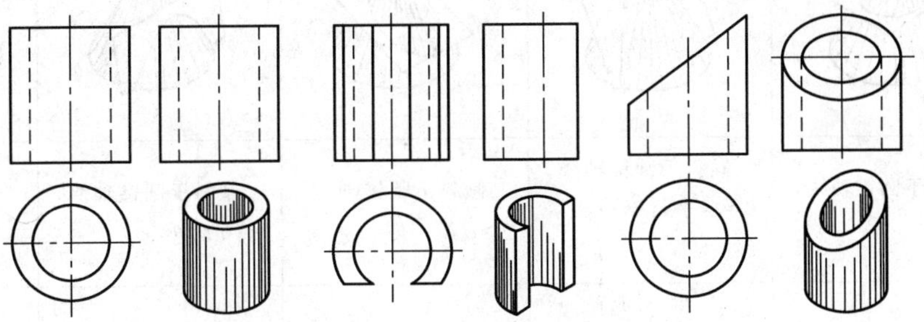

图 4－9　圆筒的截交线

圆筒被截切和开槽后的三视图如图 4－10 所示。

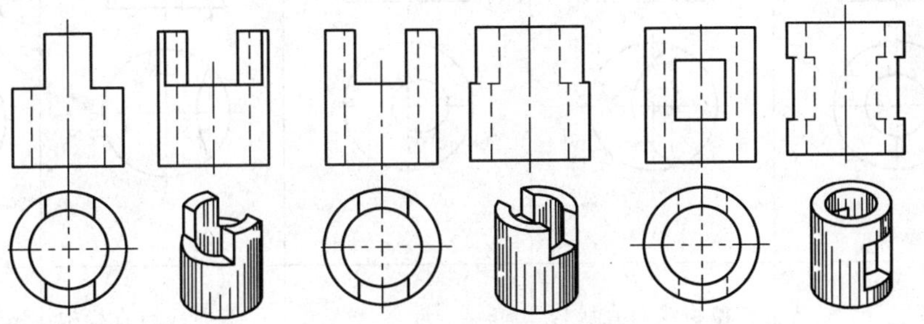

图 4－10　圆筒的截切和开槽

2. 平面与圆锥体相交

平面与圆锥体相交时，根据它们相对位置的不同，截交线有几种情况，如表 4－2 所示。

例 6　如图 4－11 所示，求圆锥被正平面 P 截切后的投影。

解：由于圆锥轴线为铅垂线，截平面为正平面，故截交线由双曲线与直线组成。截交线的正面投影反映实形，且左右对称；水平投影和侧面投影都积聚成直线段，且图已给出其投影。可利用辅助圆法求正面投影上的点，然后连接，得到投影曲线。

作图过程如图 4－11(c)所示。

①求特殊点(A、B、C)。截交线上的最左点 A 和最右点 B 在底圆上，因此可由水平投影 a、b，在底圆的正面投影上定出 a'、b'。截交线上的最高点 C 在圆锥最前侧的素线上，因此可由侧面投影 c''直接得到正面投影 c'。

②求一般点(D、E)。作辅助水平面，该辅助平面与圆锥的截交线是以 $1'2'$为直径的圆，它与平面 P 的水平投影交于点 d、e，而在侧面上，两平面都积聚为直线交于 $d''(e'')$，根据水平投影和侧面投影，求出 d'、e'。

③判断可见性。由于截交线截切去的是圆锥的前面部分，故截交线各点的正面投影均可见。

④连线。将截交线的各点按顺序光滑连接。

表 4-2　平面与圆锥体相交

示意图		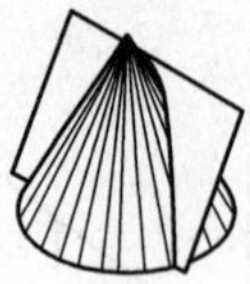	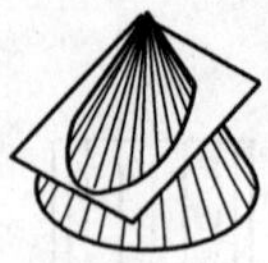	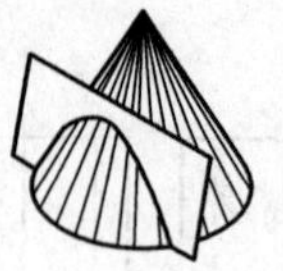	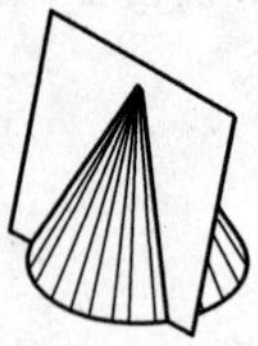
截平面位置	垂直于圆锥轴线，$\theta=90^\circ$	倾斜于圆锥轴线，$\theta=\varphi$(平行于一条素线)	倾斜于圆锥轴线，$\theta>\varphi$	倾斜于圆锥轴线，$\theta=0$ 或 $\theta<\varphi$	过锥顶
投影图	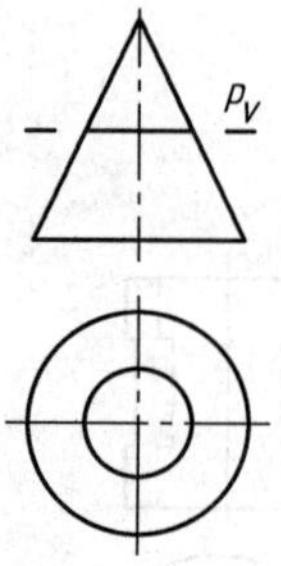	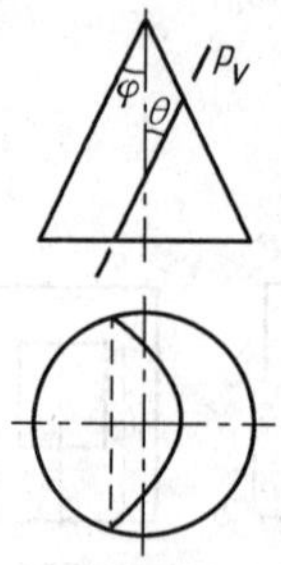	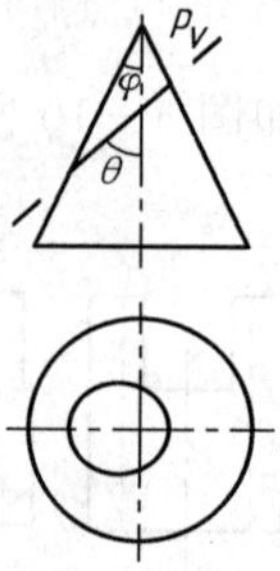	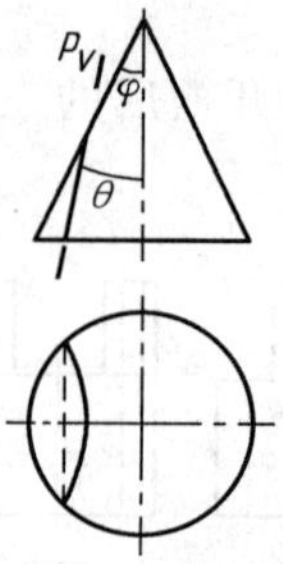	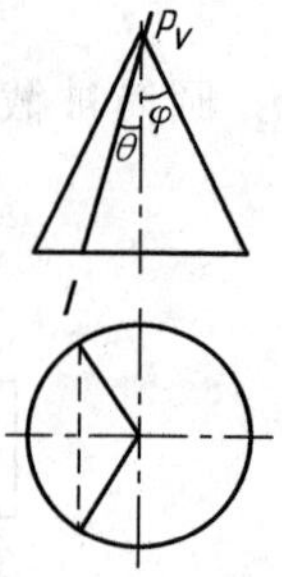
截交线形状	圆	抛物线与直线构成的图形	椭圆	双曲线与直线构成的图形	三角形

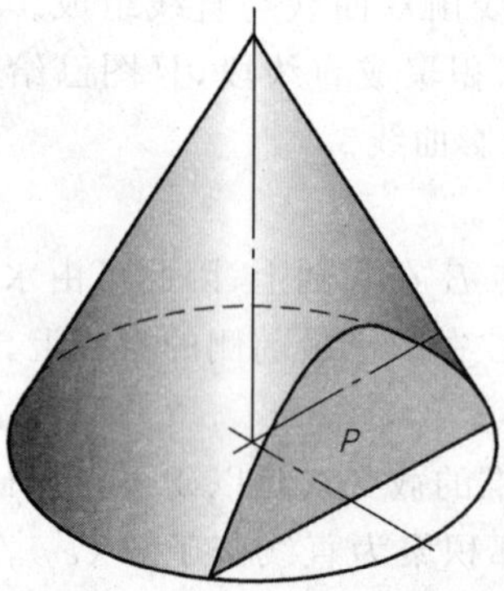

(a)

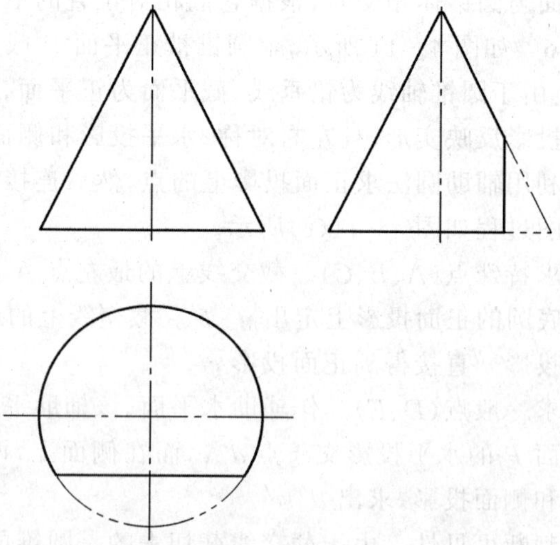

(b)

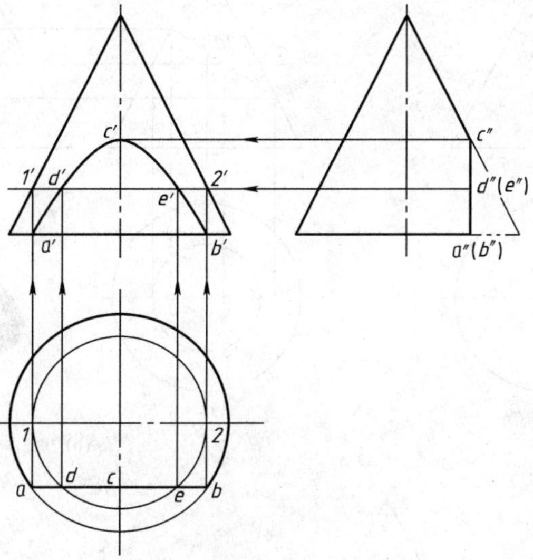

(c)

图 4－11　圆锥被正平面截切

例 7　如图 4－12(a)所示，圆锥被正垂面 Q 截切，求截交线。

解：根据截平面 Q 与圆锥轴线的相对位置可知，其截交线为椭圆。由于截平面为正垂面，故截交线的正面投影积聚在 q'上，水平投影与侧面投影为椭圆。

因为截交线的两个未知投影为椭圆，应先求椭圆长、短轴的端点，再补充一些中间点，然后用曲线光滑连接。

如图 4－12(b)所示，截平面与圆锥最右、最左轮廓素线的交点 A、B 是椭圆某轴的两个端点，其正面投影 a'、b'位于圆锥的正面投影的轮廓线上，据此可求得 a、b 及 a''、b''。a'、b'的中点 c'、d'(两点重合)即为椭圆另一轴的两个端点，可用圆锥面上找点的方法(辅助圆法)求得它们的水平投影 c、d 和侧面投影 c''、d''。

如图 4－12(c)所示，在主视图上，以 $a'b'$与圆锥轴线的交点 e'、f'(两点重合)为圆锥最前、最后两条轮廓素线上的点，按投影关系可求得它们的其余两投影。在左视图上，e''、f''又是圆锥侧面投影的轮廓线与椭圆的切点。同样，用圆锥面上找点的方法可求得一些中间点(点 K、点 H)的投影。光滑连接上述各点的同名投影，擦去被截去的轮廓线的投影，结果如图 4－12(d)所示。

3. 平面与球体相交

任何截平面与圆球相交，截交线都为圆。截平面平行于投影面时，截交线的投影如图 4－13所示。

例 8　如图 4－14 所示，用一正垂面斜切球体，求其截交线。

解：由于截平面为一正垂面，因此截交线的水平投影和侧面投影均为椭圆。与上文作图方法相同。

作图过程如图 4－14 所示。

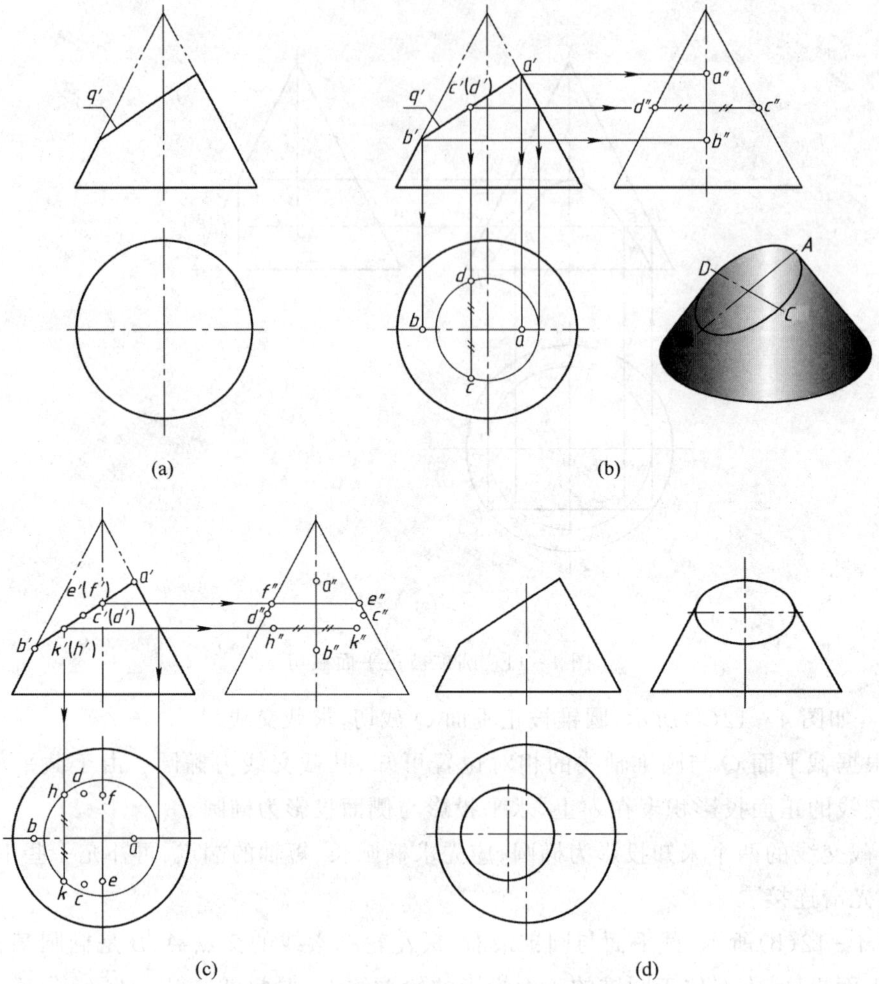

图 4-12　圆锥被正垂面截切

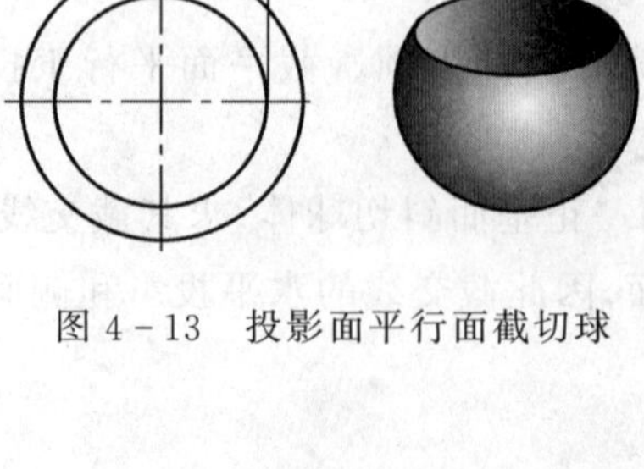

图 4-13　投影面平行面截切球

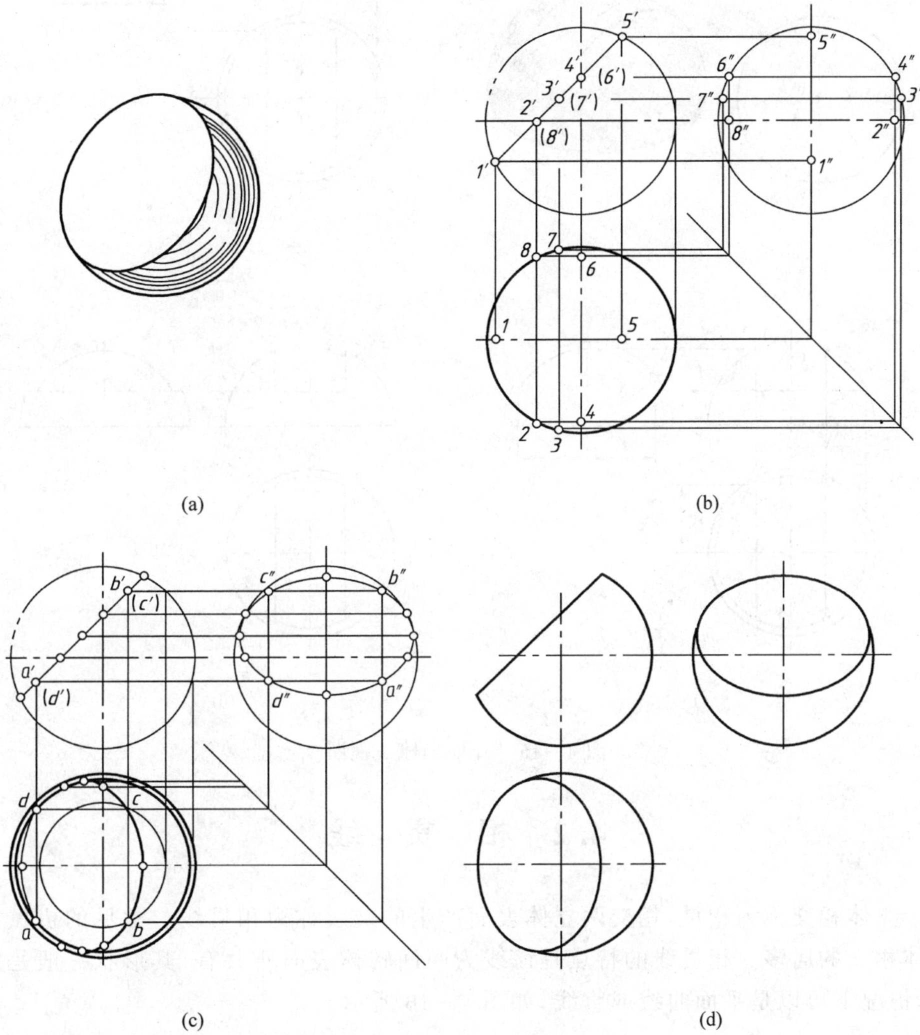

图 4－14　正垂面斜切球体

(a)斜切的球体；(b)作椭圆上的特殊点；(c)作椭圆上的中间点；(d)整理图形

例 9　如图 4－15 所示，完成开槽半球的三视图。

解：球体中间的凹槽是由一个水平面和两个侧平面截切而成。水平面与球的截交线的水平投影反映实形，正面投影和侧面投影积聚成直线段；两个侧平面与球的截交线的侧面投影反映实形，正面投影和水平投影积聚成直线段。

作图过程如图 4－15 所示。

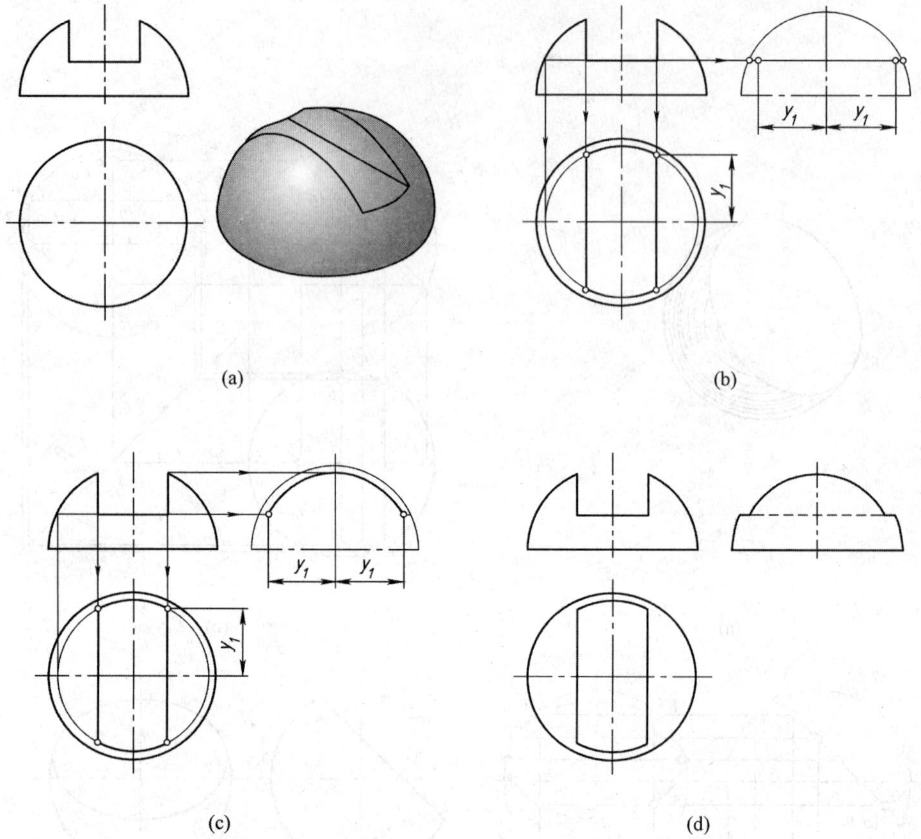

图 4-15　开槽半球三视图

4.2 相　贯　线

两个立体相交称为相贯,相交两立体表面产生的交线称为相贯线。常见的机械零件以两回转体相交的居多。相贯线的特点是该线为两回转体表面所共有,其形状一般是空间曲线,特殊情况下可以是平面曲线或直线,如图 4-16 所示。

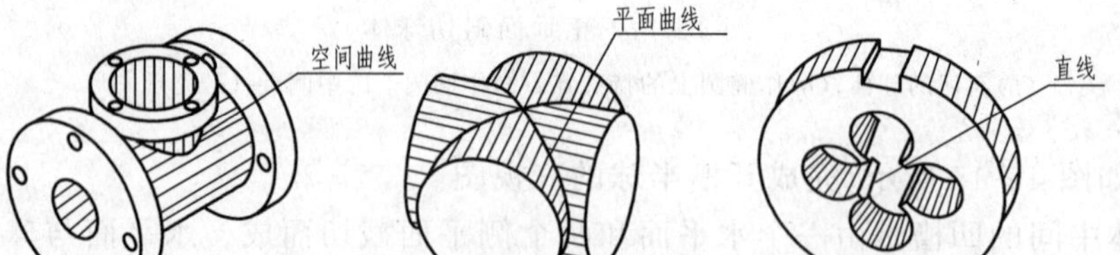

图 4-16　相贯线的形状

求相贯线的方法是根据其共有性,找出相贯线上一系列的共有点,然后光滑地连接即可。由于两相交立体相互位置的变化或两相交立体表面形状的不同,所产生的相贯线形状、位置也各异。具体求解时一般可按下述步骤进行。

(1)分析两相交立体(表面形状、大小、相互位置),确定相贯线形状。

(2)确定找点方法,一般有表面取点法和辅助平面法等。

(3)先找特殊点(一般指轮廓线上的点),再找适当数量的一般点。

(4)将所有点光滑、有序地连线。

(5)判断相贯线的可见性,凡在两立体可见表面上的线段可见,其他则不可见,将可见部分用粗实线描深,不可见部分改用虚线。

(6)处理轮廓线,对于相贯在一起的部分,轮廓线融入对方立体里,不画或将多余的擦去;各自独立的部分,其立体的轮廓线如可见用粗实线描深,不可见用虚线表示。

4.2.1　相贯线的作图方法

1. 表面取点法求相贯线

当曲面立体投影具有积聚性时,可利用积聚投影特性通过表面取点法求相贯线的投影。

例 10　补画正面投影所漏画的图线,如图 4-17 所示。

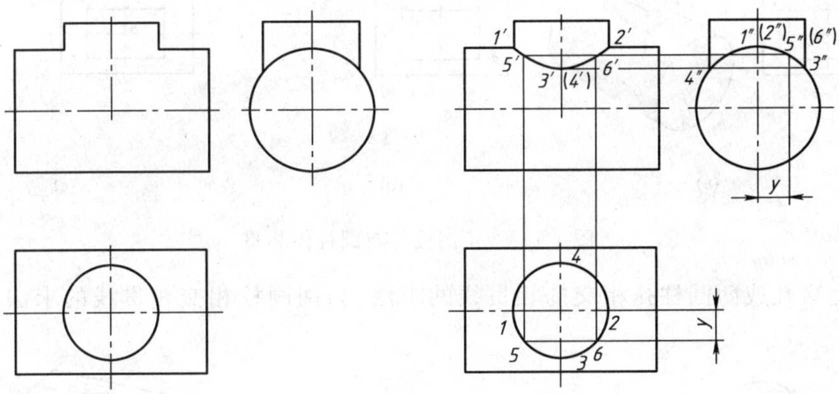

(a)　　(b)

图 4-17　两圆柱相贯线

(a)已知条件;(b)作图过程

解:根据已知条件,两圆柱的相对位置关系如图 4-18 所示。

图 4-18 中横放圆柱侧垂,竖放圆柱铅垂,大、小两圆柱相交产生相贯线。相贯线的两个投影分别在小圆柱积聚的水平投影上和大圆柱积聚的侧面投影上。为此,只需求相贯线的正面投影即可。

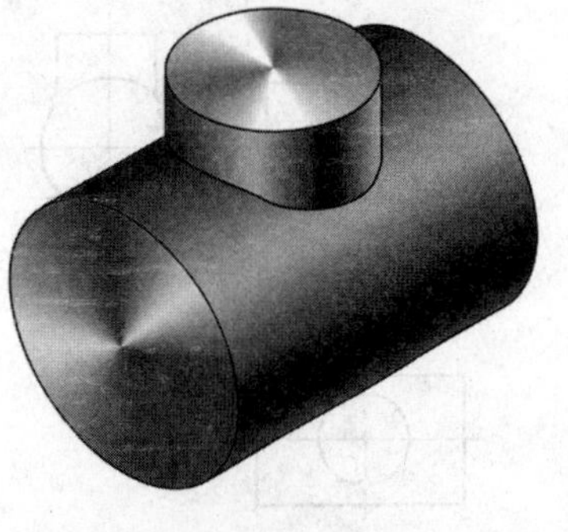

图 4-18　两圆柱相贯立体图

作图过程如图 4-17(b)所示,其步骤如下。

①找特殊点,如图中Ⅰ、Ⅱ、Ⅲ、Ⅳ这四个点,其中Ⅰ、Ⅱ两点既是竖放圆柱左右两条轮廓线上的点,也是横放圆柱最上轮廓线上的点。

②找一般位置点,如Ⅴ、Ⅵ两点。

③光滑有序连线。

④判别可见性,由于相交两圆柱处在前后对称位置,所产生的相贯线前后对称,其中正

面投影中后一半(2′4′1′段)正好被前一半(1′5′3′6′2′段)所遮,此时应画实线。

⑤处理轮廓线,相融处的轮廓线(横放圆柱最上轮廓线的1′2′段)不画。

例 11 正四棱柱与圆柱体相交,已知俯视图和左视图,求作主视图,如图 4-19 所示。

解:平面体与回转体相贯,相贯线为封闭的空间折线,折线的每一段为平面体的侧棱面与回转体表面的交线。所以,求相贯线的实质是求平面体的棱面与回转体表面的交线。如图 4-19(a)所示,相贯线由正四棱柱的四个侧棱面与圆柱面的交线组成,其中,前、后两个棱面与圆柱的轴线平行,交线为两段与圆柱轴线平行的直线;左、右两个棱面与圆柱的轴线垂直,交线为两段圆弧。相贯线在左视图上积聚在圆弧 4″6″1″和 3″5″2″上,在俯视图上积聚在四边形 1234 上。

作图过程如图 4-19 所示。

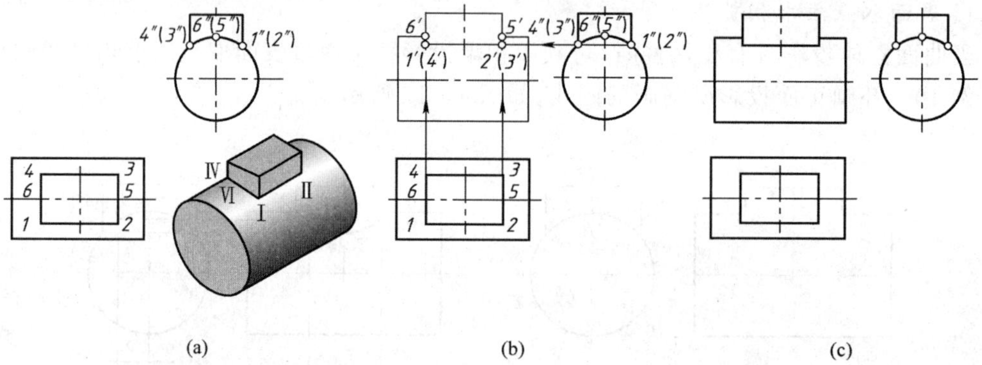

图 4-19　正四棱柱与圆柱体相贯

圆柱上穿孔或两圆柱孔相交的相贯线的求法,与两圆柱相交相贯线的求法一样,如图4-20所示。

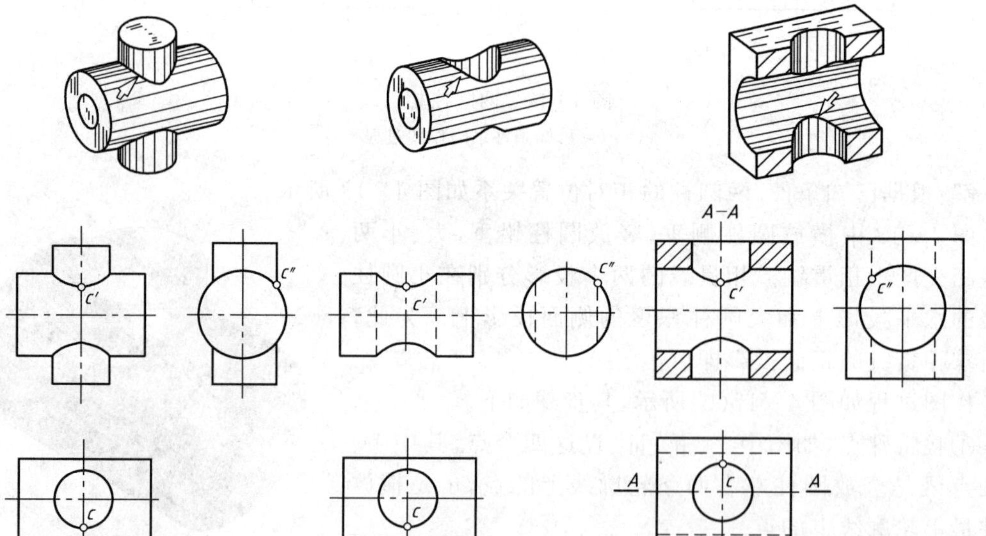

图 4-20　圆柱穿孔的相贯线

2. 辅助平面法求相贯线

辅助平面法求相贯线，就是依据三面共点的原理，在相交两立体的适当位置作辅助平面，求出两立体表面的共有点，既在两相交立体表面上又在辅助平面上的点，也就是相贯线上的点，如图 4－21 所示。为了作图简便，辅助平面的选择应遵循下面两条原则。

(1)要在两立体相交部分的范围内作辅助平面，否则不能求得共有点。

(2)应使所选择的辅助平面与两立体的交线均为简单易画的直线或圆。

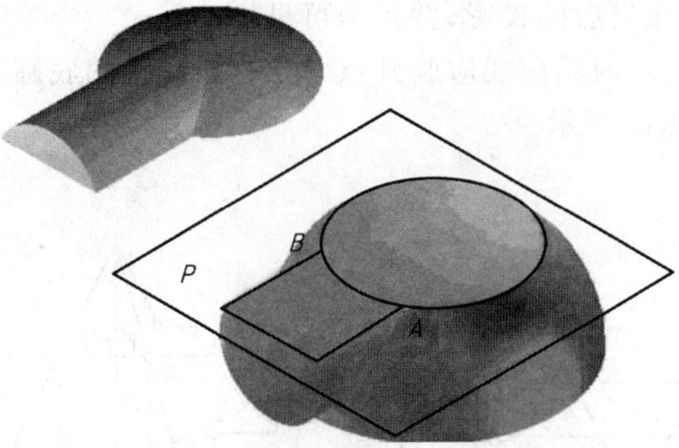

图 4－21　用辅助平面法求共有点

例 12　求轴线垂直相交的圆柱与圆锥的相贯线，如图 4－22 所示。

解：圆柱与圆锥的轴线垂直相交，横置圆柱的右端完全从直立圆锥的左表面贯入，因此，相贯线是一条闭合的空间曲线。由于圆柱面的侧面投影有积聚性，相贯线的侧面投影与圆柱面的侧面投影重合，故只需求出相贯线的正面投影和水平投影。由于圆锥的轴线是铅垂线，圆柱的轴线是侧垂线，故可采用一系列的水平面作为辅助平面，求相贯线上的点。从投影可知相贯线前后对称，因此其正面投影前后重合。

作图步骤如下。

①求特殊点。

由于圆柱与圆锥的轴线相交，所以，圆柱和圆锥正面投影转向轮廓线的交点 $1'$、$2'$ 就是相贯线上最高点和最低点的正面投影，$1''$、$2''$ 在圆柱积聚性的投影上，根据表面定点可确定其水平投影 1、2。

过圆柱的轴线作水平面 S，S 与圆柱面交线的水平投影就是圆柱水平投影的转向轮廓线，与圆锥的交线为一个水平圆，两者水平投影的交点 3、4 即为相贯线上水平投影可见与不可见分界点的水平投影。过 3、4 分别作正面投影连线与水平面 S 的交点 $3'$、$4'$，如图 4－22(a)所示。

通过锥顶作与圆柱面相切的侧垂面 Q、R。两侧垂面与圆锥左表面相交于两条素线，这两条素线与圆柱面相切，如图 4－22(b)所示。相贯线位于这两条素线之间的左锥面，因此这两条素线与圆柱面的切点是确定相贯线范围的特殊点，其侧面投影 $5''$、$6''$ 是圆柱面积聚性的圆投影和 Q_W、R_W 的切点，用表面定点法或辅助平面法可求 5、6、$5'$、$6'$，作图过程如图 4－22(b)所示。

②求一般点。

作一个水平面 P，P 与圆柱面的截交线是两条直线，与圆锥的截交线是一个水平圆，两者水平投影的交点 7、8 即为一般点Ⅶ、Ⅷ的水平投影。7″和 8″就在侧面投影的积聚性圆投影和水平面 P 的交点上。根据点的投影规律,求出 7′、8′。同理,可求出相贯线上其他的一般点。

③光滑连接各点,并判断可见性。

相贯线的正面投影前后对称,其可见与不可见部分投影重合,所以只需用粗实线画出其可见部分。点 3、4 是相贯线水平投影可见与不可见的分界点,故相贯线 3—5—1—6—4 可见,画成粗实线,相贯线 4—8—2 —7—3 不可见,画成虚线。

④补全两曲面立体相贯后的投影,并判断可见性。

水平投影中,圆柱的转向轮廓线应画到点 3、4 处。圆锥的底圆有一部分被圆柱体遮住,应画成虚线,如图 4-22(d)所示。

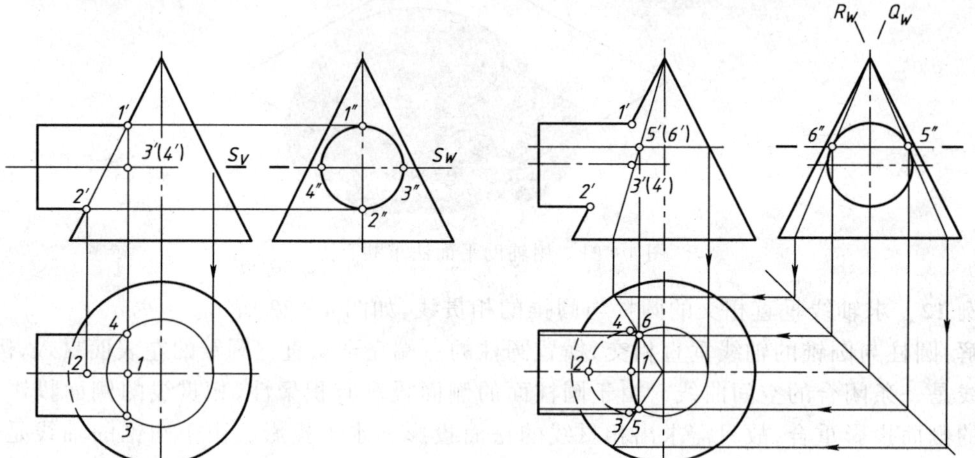

图 4-22 轴线正交的圆柱和圆锥的相贯线

(a)作特殊点Ⅰ、Ⅱ、Ⅲ、Ⅳ;(b)作特殊点Ⅴ、Ⅵ;(c)作一般点;(d)连线并补全投影

4.2.2　相贯线的近似画法及影响相贯线形状的因素

1. 相贯线的近似画法

在绘制机件图样过程中，当两圆柱正交且直径差别较大，并对相贯线形状的准确度要求不高时，允许采用近似画法。即可用圆心在小圆柱的轴线上，半径等于大圆柱的半径的圆弧代替相贯线的投影。作图方法如图 4－23 所示。

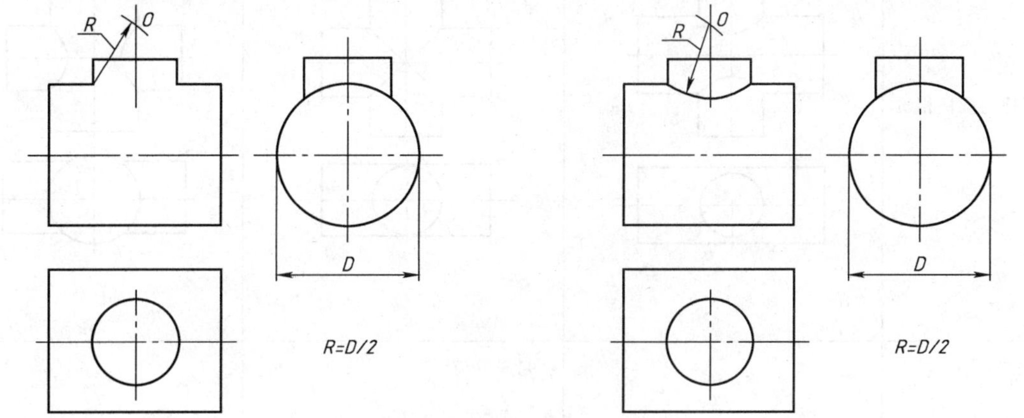

(a)　　(b)

图 4－23　相贯线的近似画法

2. 影响相贯线形状的因素

影响相贯线形状的因素主要有：相交立体的表面性质、相交立体的相对位置、相交立体的尺寸变化等，如表 4－3 和表 4－4 所示。

表 4－3　相交立体的表面性质和相对位置对相贯线的影响

相对位置 / 表面性质	轴线正交	轴线斜交	轴线交叉
圆柱与圆柱相贯	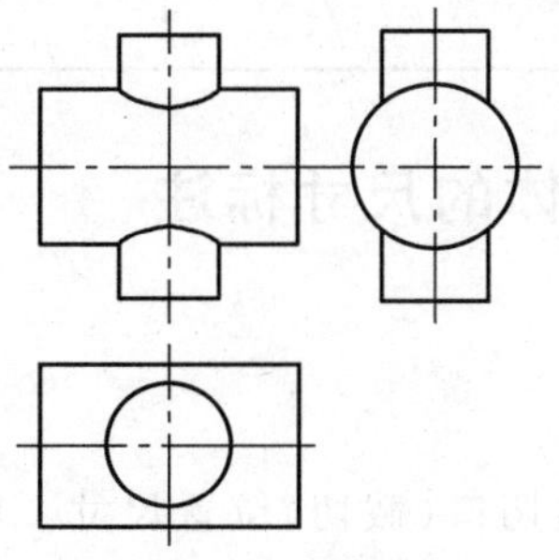	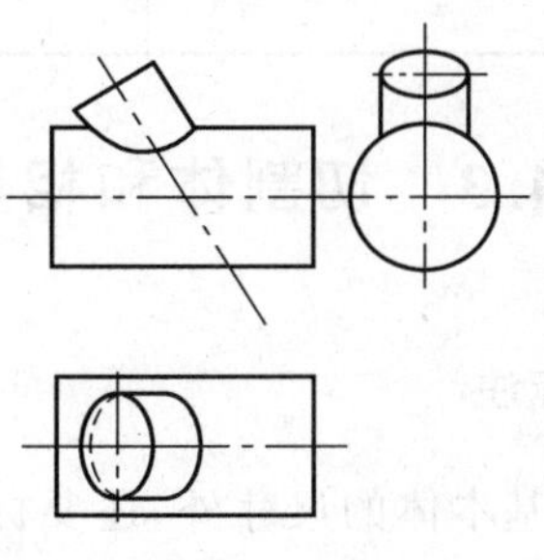	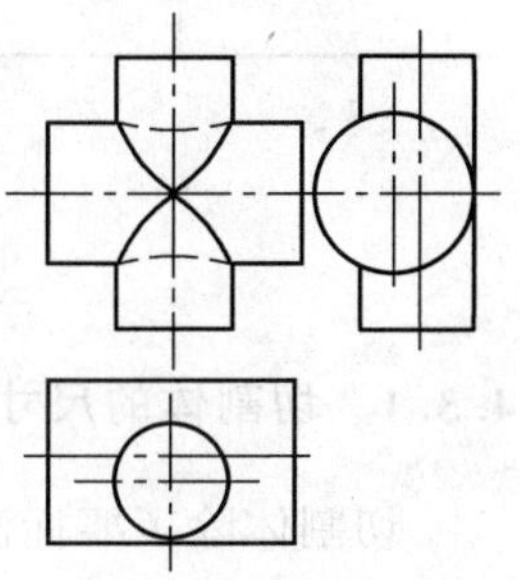
圆柱与圆锥相贯	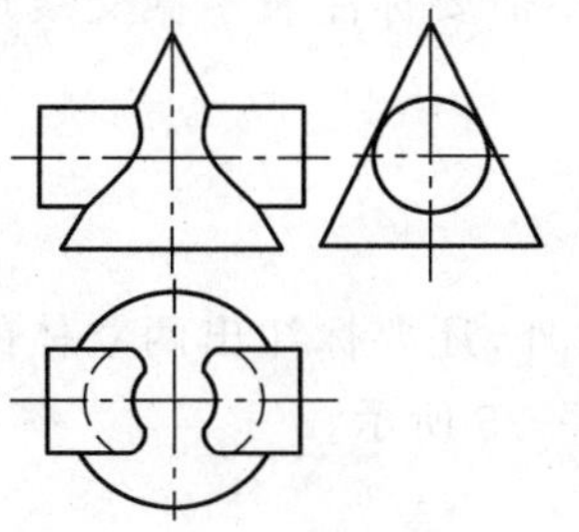	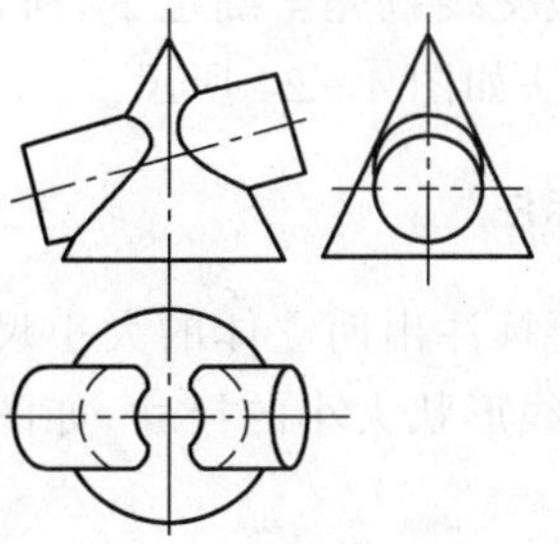	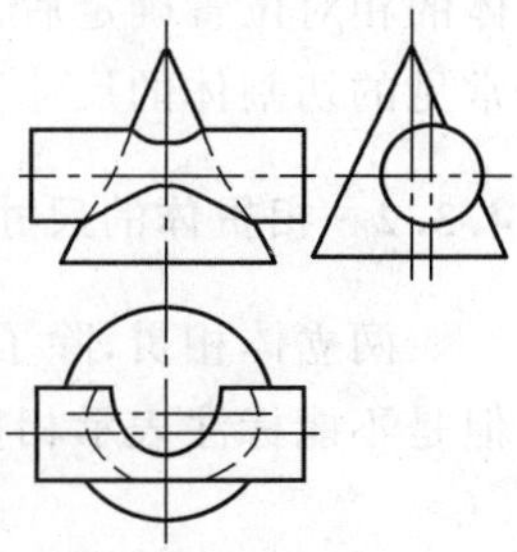

表 4-4　相交立体的表面性质和尺寸变化对相贯线的影响

尺寸变化 / 表面性质	轴线正交	轴线斜交	轴线交叉
圆柱与圆柱相贯	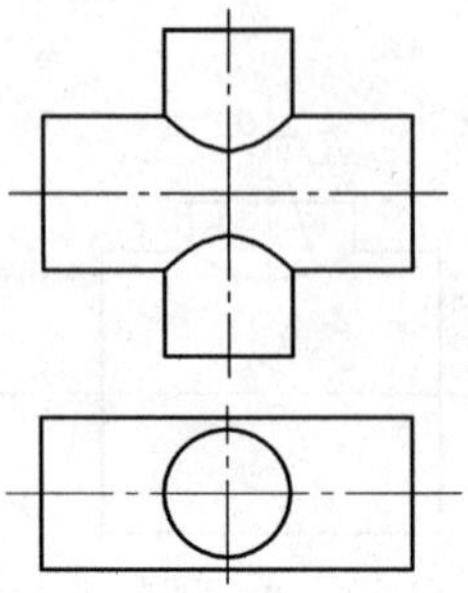	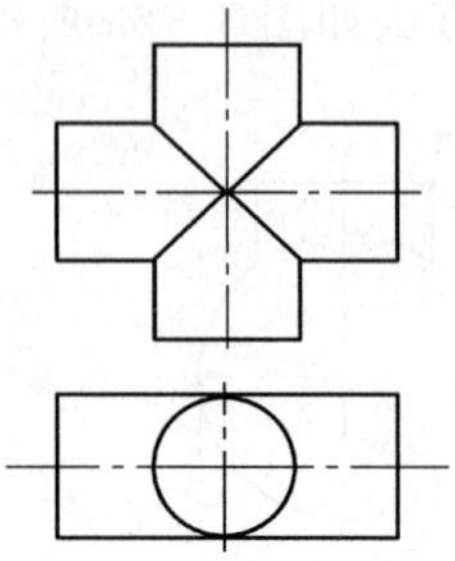	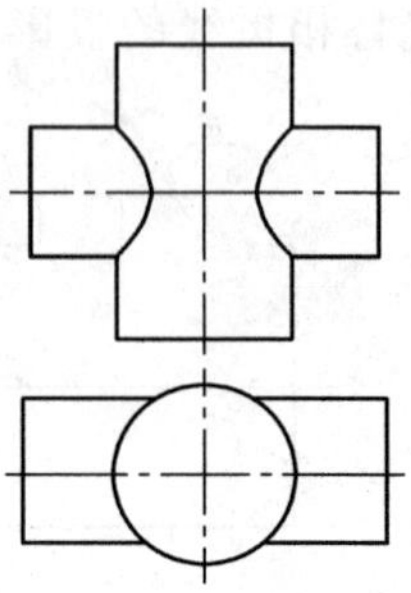
圆柱与圆锥相贯	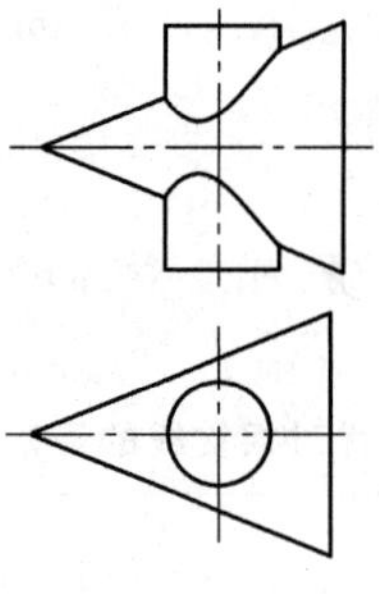	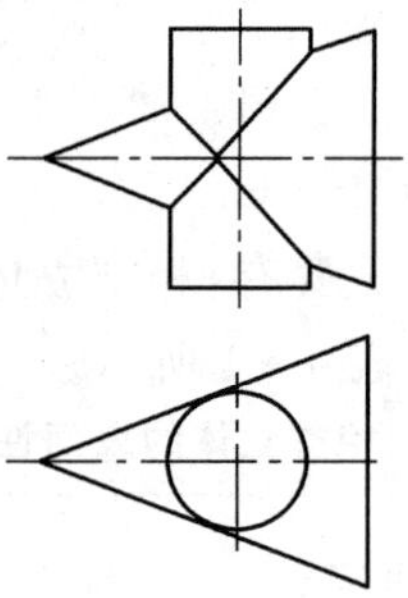	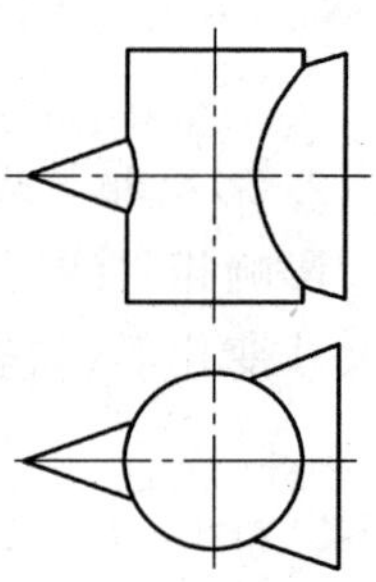

4.3　切割体和相贯体的尺寸标注

4.3.1　切割体的尺寸标注

切割体除了要标注基本体的尺寸外,还要标注切口(截切)位置尺寸。因为截平面与立体的相对位置确定后,截交线就完全确定了,所以不需要标注表示截交线形状大小的尺寸。常见的切割体的尺寸注法如图 4-24 所示。

4.3.2　相贯体的尺寸标注

两立体相贯,除了要标注出两立体的大小尺寸外,还要标注出两立体的相对位置尺寸,但是不能标注表示相贯线形状大小的尺寸,如图 4-25 所示。

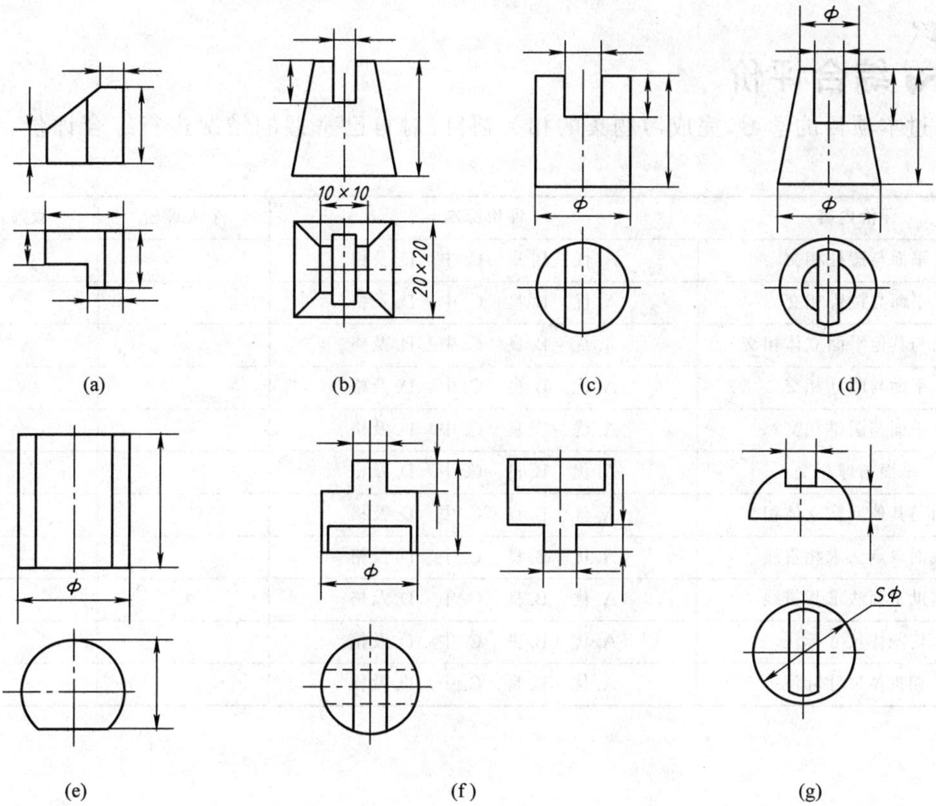

图 4－24　切割体的尺寸标注方法

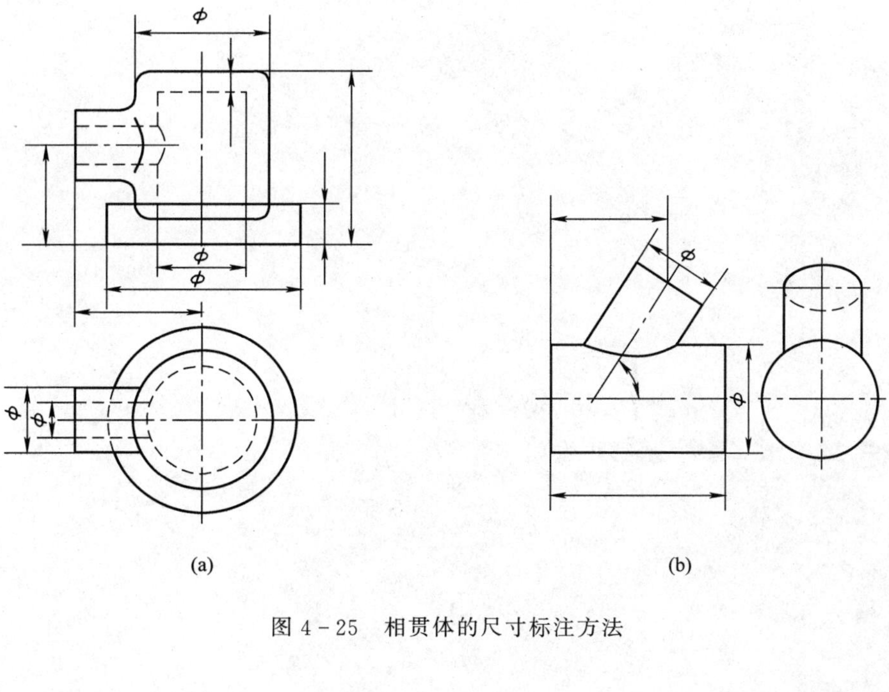

图 4－25　相贯体的尺寸标注方法

综合评价

通过本项目的学习,完成习题集的相关题目,对自己掌握的情况进行综合评价,完成下表。

评价内容	评价标准	个人评价	教师评价
平面与棱柱相交	A.优　B.良　C.中　D.及格		
平面与棱锥相交	A.优　B.良　C.中　D.及格		
平面与其他平面立体相交	A.优　B.良　C.中　D.及格		
平面与圆柱相交	A.优　B.良　C.中　D.及格		
平面与圆锥相交	A.优　B.良　C.中　D.及格		
平面与球相交	A.优　B.良　C.中　D.及格		
平面与其他回转立体相交	A.优　B.良　C.中　D.及格		
表面取点法求相贯线	A.优　B.良　C.中　D.及格		
辅助平面法求相贯线	A.优　B.良　C.中　D.及格		
切割体尺寸标注	A.优　B.良　C.中　D.及格		
相贯体尺寸标注	A.优　B.良　C.中　D.及格		

任务五　组合体视图

任务描述

各种机械零件，尽管其形状千差万别，但都可以看成由若干个基本体组合而成。由两个或两个以上基本体按一定方式组合而成的形体，称为组合体。大多数机械零件都可以看做是由一些基本形体组合而成的组合体，这些基本形体可以是一个完整的几何体，如棱柱、棱锥、圆柱、圆锥、球、环等；也可以是不完整的几何体或者是它们的简单组合。

本任务将介绍组合体三视图的画法、尺寸标注、看图方法和形体构思等基本内容。

任务目标

(1)了解组合体的组合形式及表面间的连接关系；

(2)掌握形体分析法及线面分析法；

(3)掌握组合体的尺寸标注；

(4)掌握组合体视图读图的基本要领及读图方法。

相关知识

5.1　组合体的基本形式

5.1.1　组合体的组合形式

组合体的组合形式可分为叠加、切割(包括穿孔)、综合(既有叠加又有切割)等几种组合形式，如图 5－1 所示。

5.1.2　组合体间表面的连接关系及画法

构成组合体的各基本体表面之间的连接关系分为平齐、不平齐、相切和相交等情况，如图 5－2 所示。

1. 两表面平齐或不平齐

当形体以表面接触时，如果两表面平齐，则在两表面衔接处不画分界线，如图 5－3 所示；如果两表面不平齐，则在两表面衔接处应画出分界线，如图 5－4 所示。

(a) (b) (c)

图 5-1 组合体的组合形式

(a)叠加式;(b)切割式;(c)综合式

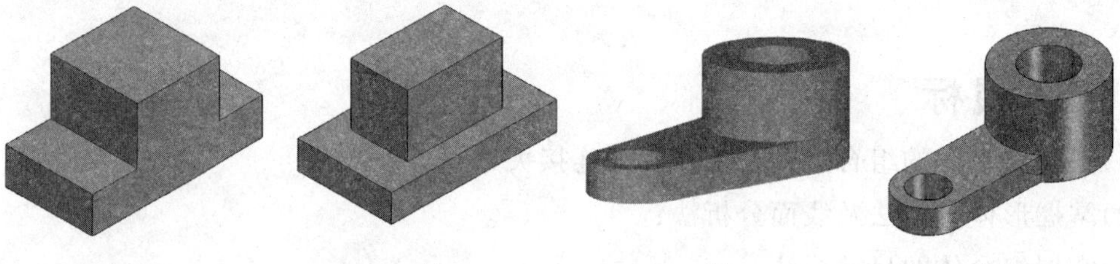

(a) (b) (c) (d)

图 5-2 两表面的连接关系

(a)平齐;(b)不平齐;(c)相切;(d)相交

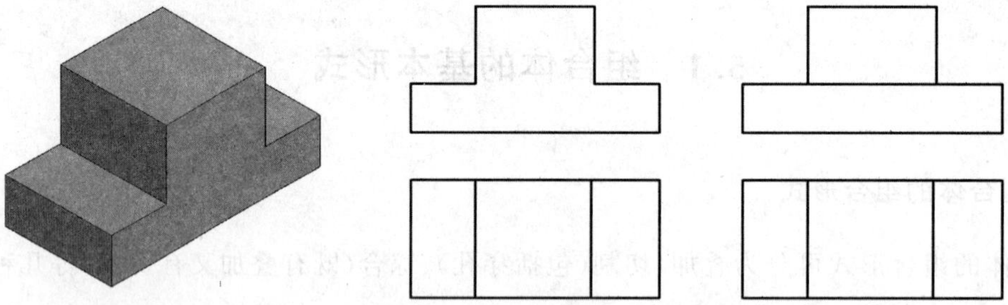

立体图 正确 错误

图 5-3 两表面平齐的画法

2. *两表面相切*

当平面与曲面或两曲面相切时,由于其连接处为光滑过渡,不存在明显的轮廓线,所以在相切处不应画出分界线,如图 5-5 所示。

3. *两表面相交*

当两个表面(平面与曲面或曲面与曲面)相交时,相交处应有分界线,在视图上应画出交

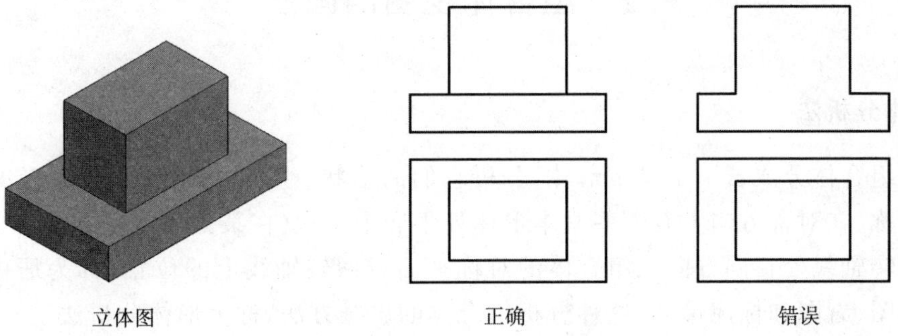

图 5 - 4　两表面不平齐的画法

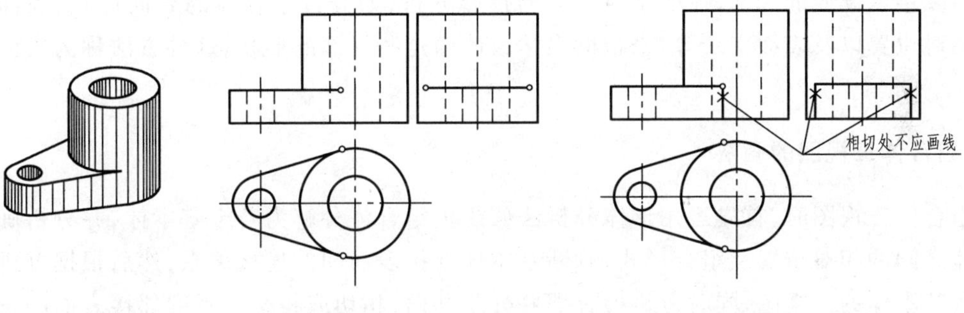

图 5 - 5　两表面相切的画法

线。如图 5 - 6 所示的组合体由耳板和圆筒组成，耳板前面、后面与圆柱面相交，有交线，故主视图和左视图相交处应画出交线。

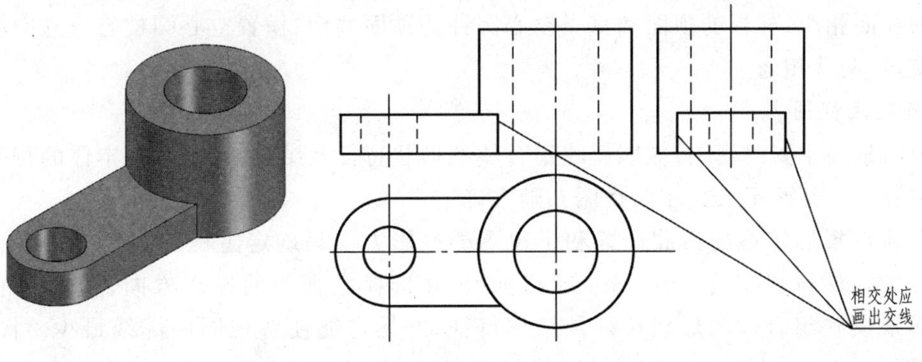

图 5 - 6　两表面相交的画法

5.2 组合体视图的画法

5.2.1 形体分析法

假想将组合体分成若干个基本形体,分析它们的形状、组合形式、相对位置及其在某方向上是否对称、在对称方向上有哪些基本形体处于居中位置(在某方向上基本形体自身的对称平面或回转轴线处在同方向上组合体的对称平面或回转轴线上的位置,称为居中位置),以便进行画图、看图和标注尺寸,这种分析组合体的思维方法,称为形体分析法。

5.2.2 线面分析法

在绘制和阅读组合体的视图时,对比较复杂的组合体通常在运用形体分析的基础上,对不易表达或难以读懂的局部,还要结合线面的投影分析,如分析组合体的表面形状、表面与表面的相对位置以及表面交线等,来帮助表达或读懂这些局部的形状,这种方法称为线面分析法。

5.2.3 组合体三视图的画法

画组合体三视图时,首先运用形体分析法假想把组合体分解为若干基本体,并分析确定各基本体之间的相对位置及组合形式,判断基本体邻接表面间的连接关系;然后根据分析逐个画出各基本体的三视图,同时分析检查那些处于共面、相切或相交位置的邻接表面的投影是否正确,即有无漏线和多余线;最后对局部难懂的结构运用线面分析法重点分析校核,以保证正确地绘制组合体的三视图。

以图 5-7(a)所示支架为例,说明画组合体三视图的步骤。

1. 形体分析

如图 5-7(b)所示支架可分解为直立空心圆柱、底板、肋板、耳板、横置空心圆柱五个基本体。肋板叠加在底板上;底板的侧面与直立空心圆柱面相切;肋板和耳板的侧面与直立空心圆柱的柱面相交;耳板的顶面和直立空心圆柱的顶面共面;横置空心圆柱与直立空心圆柱垂直相交,且两孔相通。

2. 确定主视图

主视图是最主要的视图,应能反映组合体的形状特征及结构特征(各基本体的相互位置关系);主视图一经确定,俯、左两视图亦随之确定。

组合体在投影体系的摆放位置和主视图的投影方向是确定主视图的两个因素。通常按组合体的自然位置摆放,如图 5-7(a)所示,并选择主视图的投影方向,使得到的主视图能较多地反映组合体的形状特征及结构特征,并尽可能使各视图中虚线最少。图 5-8(a)是以图 5-7(a)中的 A 方向投射所得的主视图,图 5-8(b)是以图 5-7(a)中的 B 方向投射所得的主视图。图 5-8(a)比图 5-8(b)能较明确地表达支架各基本体的形状特征及其相对位置。再比较 A 方向的投影图和其他方向(如 C、D 方向)的投影图,最终选 A 方向作为主视图的投射方向。

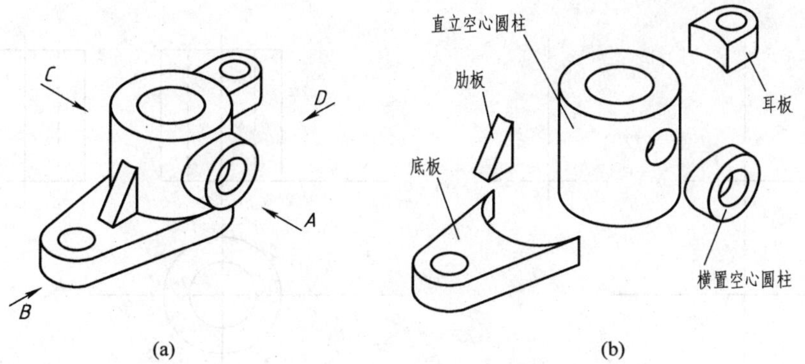

图 5-7　支架的形体分析

(a)组合体;(b)形体分析

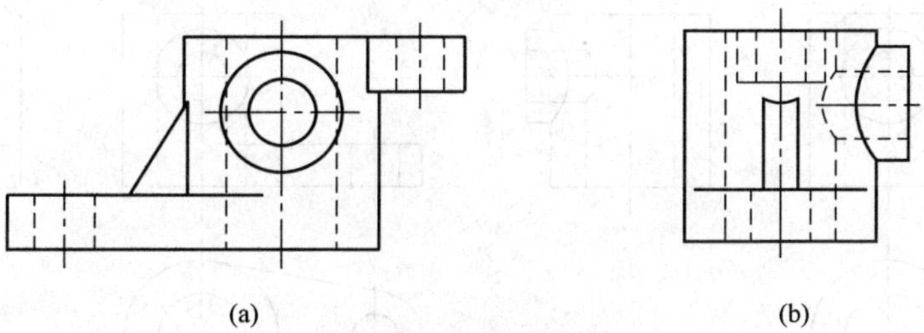

图 5-8　分析主视图的投影方向

(a)A 向投影所得到的视图;(b)B 向投影所得到的视图

3. 选比例,定图幅

画图时,按选定的比例,根据组合体的长、宽、高大致估算出三个视图所占的面积,并考虑各视图之间留出标注尺寸的位置和适当的间距,据此选用合适的标准图幅。

4. 布图、画基准线

根据各视图的大小,画出各视图的基准线,以确定各视图的位置。一般以对称平面、轴线、较重要的平面作为基准,如图 5-9(a)所示。

5. 绘制底稿

逐个画出各基本体的视图,一般是先画主要基本体,后画次要基本体;先画实形体,后画虚形体;先大后小。画基本体视图时,要三个视图联系起来画,并从最能反映该基本体形状特征的视图入手。

6. 标注尺寸

(略)

7. 检查,描深

底稿画完后,应按基本体逐个仔细检查其投影,并对组合体上的垂直面、一般位置平面以及邻接表面共面、相切、相交等运用线面分析法重点校核,纠正错误和补充遗漏。最后描深图线,如图 5-9(f)所示。

8. 画箭头,填写尺寸数值及标题栏

(略)

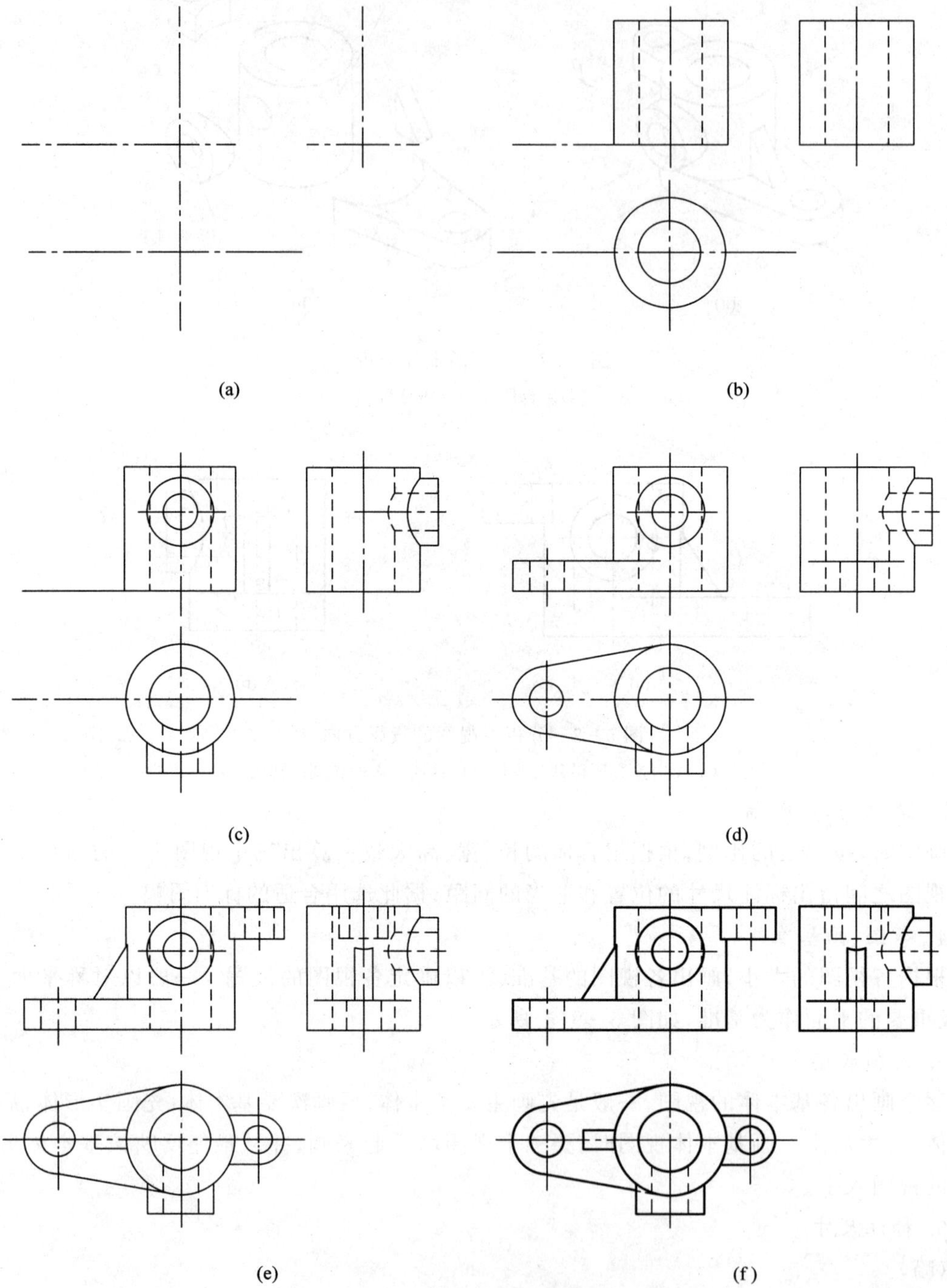

图 5-9　支架三视图的作图过程

(a)布图、画基准线;(b)画主要基本体;(c)画横置空心圆柱及其与直立圆柱的交线;
(d)画底板;(e)画肋板和耳板及其与直立圆柱的交线;(f)检查描深

5.3　组合体视图的尺寸标注

视图只能表达组合体的形状，而组合体的真实大小要由视图上尺寸标注的数值来确定。生产都是根据图样上所注的尺寸来进行加工制造的，因此正确地标注尺寸非常重要，必须做到认真、细致。视图中标注尺寸的基本要求有以下几点。

(1)正确：尺寸注法要符合国家标准的规定。

(2)完整：尺寸必须注写齐全，既不遗漏，也不重复。

(3)清晰：标注尺寸布置的位置要恰当，尽量注写在最明显的地方，便于读图。

(4)合理：所注尺寸应能符合设计、制造和装配等工艺要求，并便于加工、测量和检验。

5.3.1　基本体的尺寸标注

基本体的尺寸标注主要考虑其长、宽、高三个方向的尺寸，如图 5-10 所示。图中六棱柱一般只需标注两对面之间的尺寸(在工程中通常指扳手尺寸)，有时也将对角线尺寸作为参考尺寸。如果标注一个由正五棱柱之类的正多边形形成的棱柱体，往往标注正多边形的外接圆尺寸和棱柱的高度尺寸。棱锥的尺寸一般标注出锥顶点的位置尺寸，如果锥底面或顶面对称，则统一起来标注(如图 5-10(a)中的第 4 个图例)。

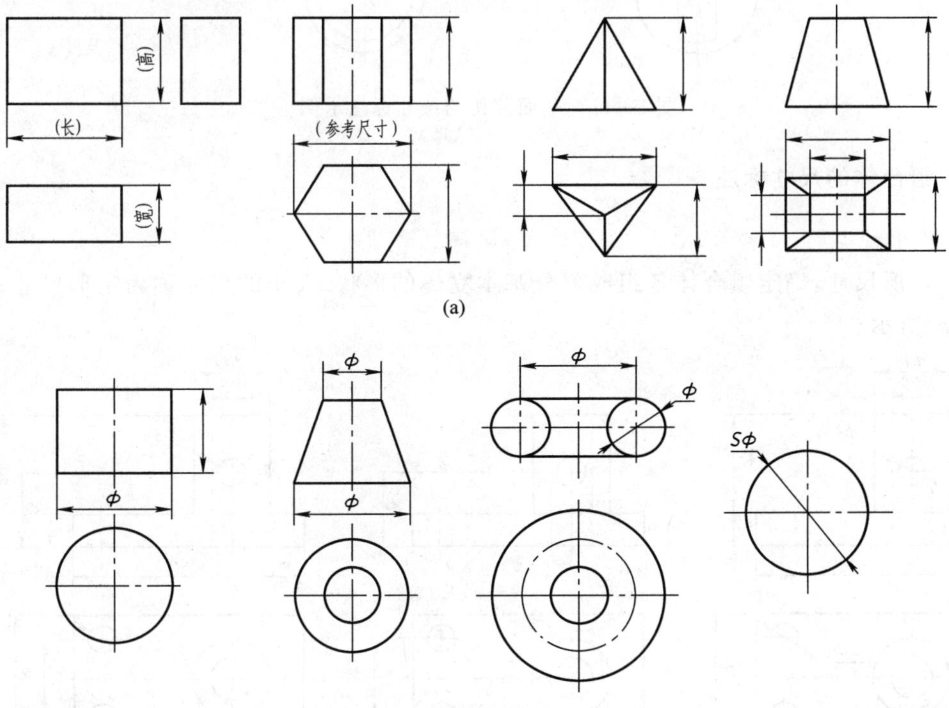

图 5-10　常见基本立体尺寸标注示例

(a)平面立体的尺寸标注；(b)回转立体的尺寸标注

回转体尺寸应标注出底(顶)圆的直径尺寸和高度尺寸，直径尺寸应在数值前加注符号“ϕ”，如果是球面，则要在数值前加注“$S\phi$”或“SR”(球面半径)。

用截面切割的或有缺口的基本体的尺寸标注,如图 5-11 所示。图中标有"×"的尺寸为多余尺寸或不合适的尺寸,标注时不能出现。

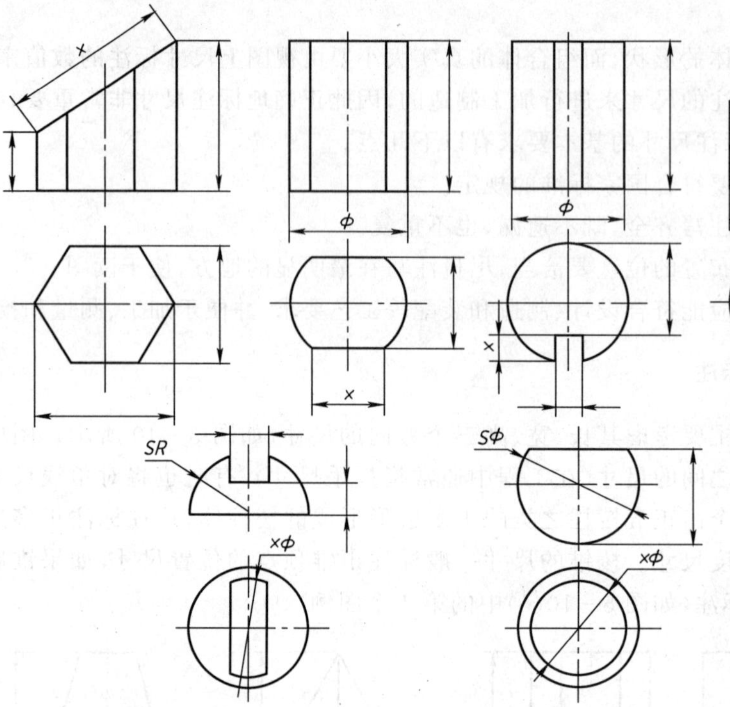

图 5-11 平面截切的尺寸标注示例

5.3.2 组合体的尺寸标注

1. 尺寸种类

(1)定形尺寸:确定组合体各组成部分基本立体的形状、大小的尺寸称为定形尺寸,如图 5-12(a)所示。

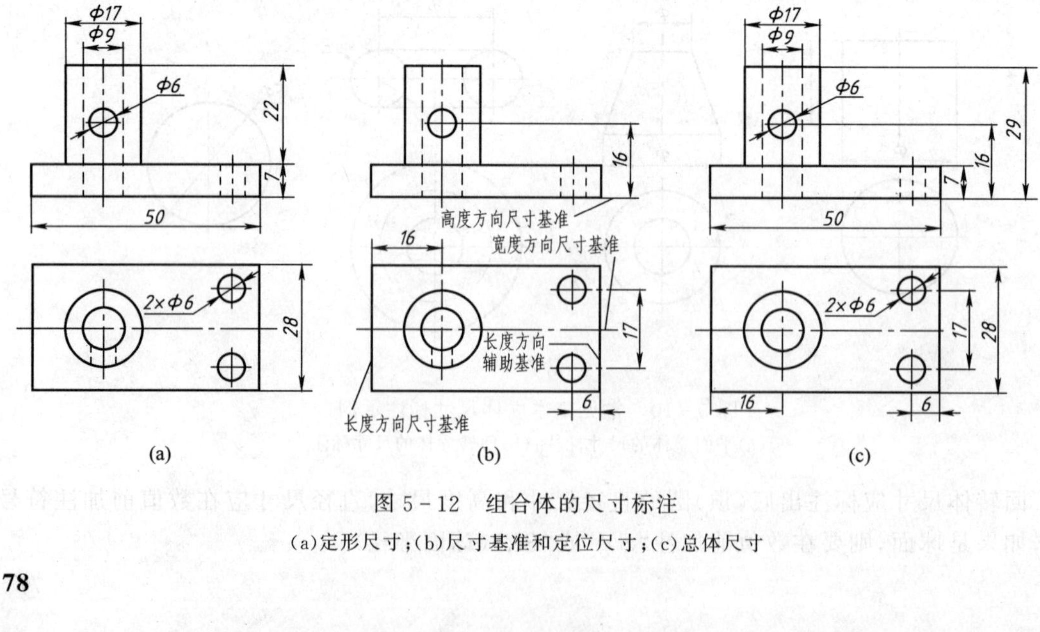

图 5-12 组合体的尺寸标注

(a)定形尺寸;(b)尺寸基准和定位尺寸;(c)总体尺寸

(2)定位尺寸：表示组合体上各组成部分基本立体的相对位置的尺寸称为定位尺寸。

在标注定位尺寸时，首先要确定标注尺寸的起点——尺寸基准。每一组合体都有长、宽、高三个方向的尺寸基准，如图 5 - 12(b)所示。

这里需要指出，在实际的生产过程中，由于加工、安装等方面的要求，尺寸基准并非一个方向只能有一个，多余的基准称为辅助基准。

(3)总体尺寸：表示组合体总长、总宽、总高的尺寸称为总体尺寸，如图 5 - 12(c)所示。这里需注意组合体的定形、定位尺寸已标注完整，再加上总体尺寸有时会出现尺寸的重复，必须进行调整。调整后，再标注出组合体的全部尺寸。

2. 标注组合体尺寸的步骤和方法

以轴承座为例，说明标注组合体尺寸的步骤和方法。

1)确定组合体各组成部分在长、宽、高三个方向的尺寸

如图 5 - 13(a)所示，标注轴承座的尺寸，按形体分析法可将轴承座分解为若干个基本体或简单体，这样先标注出各基本体或简单体的定形尺寸。如图中 90、54、14 为底板的定形尺寸，$\phi32$、$\phi22$ 和 41 为大圆柱的定形尺寸，$\phi18$ 和$\phi9$ 为小圆柱的定形尺寸，支承板的厚度尺寸为 9，肋板的定形尺寸为 9 和 16。

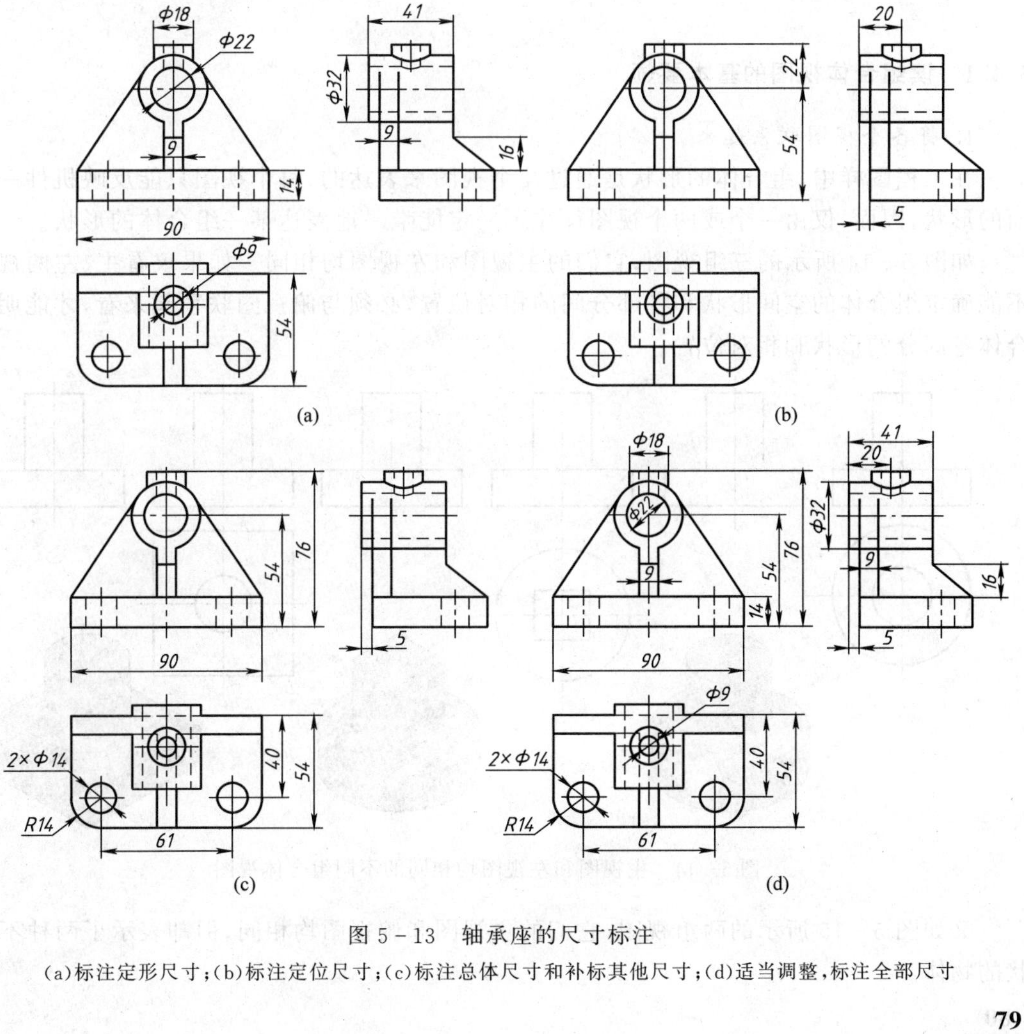

图 5 - 13　轴承座的尺寸标注

(a)标注定形尺寸；(b)标注定位尺寸；(c)标注总体尺寸和补标其他尺寸；(d)适当调整，标注全部尺寸

2)确定各基本体之间的位置尺寸

如图 5－13(b)所示,再标出确定轴承座各组成部分相对位置的尺寸。如图中 54 为底板和大圆柱之间高度方向定位尺寸,22 为小圆柱与大圆柱之间高度方向定位尺寸,5 为大圆柱与底板之间宽度方向定位尺寸,20 为小圆柱与大圆柱宽度方向定位尺寸。其他各基本体或简单体之间,由于平齐、相切等原因,无须定位。轴承座的长度方向是对称的,该方向的定位尺寸均省略。

3)确定轴承座的总长、总宽、总高尺寸及其他补充尺寸

如图 5－13(c)所示,由于高度方向的定位尺寸 54 加 22 就是轴承座高度方向总高尺寸,可将总高尺寸调整为 76,而省去 22,这也可以理解为小圆柱的高度方向定位尺寸从底板开始到小圆柱的顶面为 76。总长尺寸就是底板的长度尺寸。总宽尺寸就是底板的宽度尺寸 54 和大圆柱与底板宽度方向定位尺寸 5 之和。由于底板上还有两个圆柱孔和两处圆角,必须补上它们的定形尺寸和定位尺寸:$2\times\phi14$、$R14$ 和 40、61。

将上述各类尺寸标注在一张图纸上,就得到如图 5－13(d)所示的图样。

5.4 读组合体视图

5.4.1 读组合体视图的基本要领

1. 将各个视图联系起来

在工程图样中,组合体的形状是通过几个视图来表达的,每个视图只能反映机件一个方面的形状,因而,仅由一个或两个视图往往不一定能唯一地表达某一组合体的形状。

如图 5－14 所示的三组视图,它们的主视图和左视图均相同。如果仅看主、左两视图就不能确定组合体的空间形状和各部分间的相对位置,必须与俯视图联系起来看,才能明确组合体各部分的形状和相对位置。

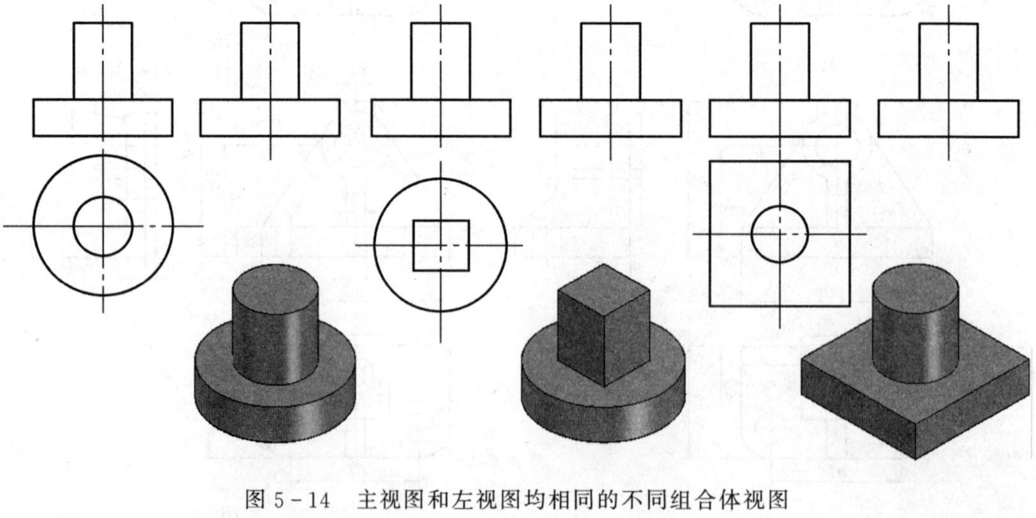

图 5－14 主视图和左视图均相同的不同组合体视图

又如图 5－15 所示的两组视图,它们的主视图和俯视图均相同,但却表示了两种不同形状的物体。

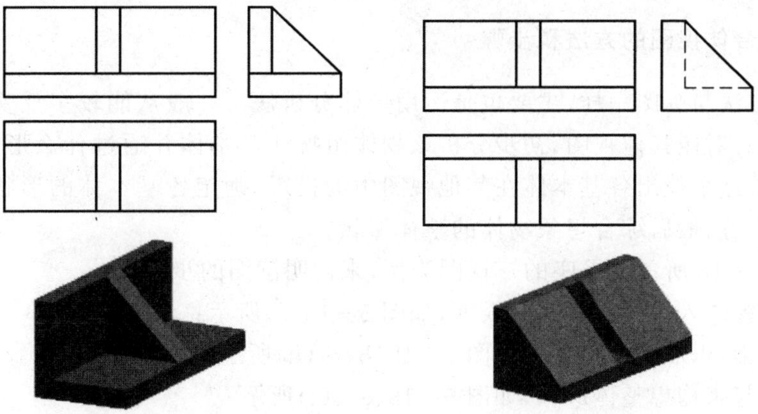

图 5－15　主视图和俯视图均相同的不同组合体视图

由此可见，在读图时必须把所给出的几个视图联系起来读，才能准确地想象出其所表示物体的形状。

2. 善于抓住视图中形状与位置特征进行分析

读图时，必须抓住反映形状特征和位置特征的视图。如图 5－16 所示，看主、俯视图，物体上的Ⅰ与Ⅱ两部分哪个凸起、哪个凹进无法确定。而左视图明显地反映了位置特征，只要把主、左两个视图联系起来看，就很容易看出是哪一个实体了。

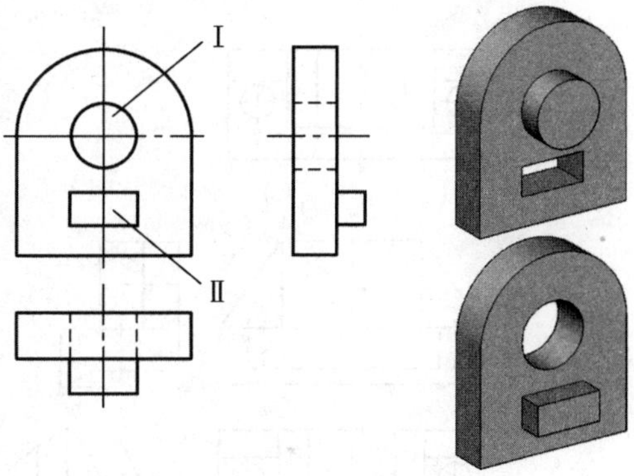

图 5－16　特征视图

3. 应明确视图中的线框和图线的含义

视图中每个封闭线框，通常都是物体的一个表面（包括平面和曲面）或孔的投影，如图 5－17(a)所示。视图中的图线可能是平面或曲面的积聚投影，也可能是线的投影，如图 5－17(b)所示。因此，必须将几个视图联系起来对照分析，才能明确视图中线框和图线所表示的意义。

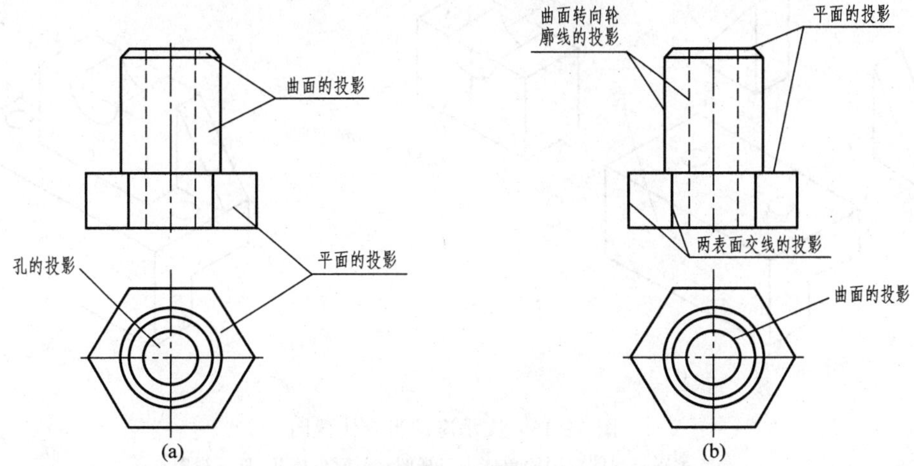

图 5－17　视图中的图线和线框的含义

(a)线框的含义；(b)图线的含义

5.4.2 读组合体视图的方法和步骤

读图的方法与画图一样，主要也是运用形体分析法。一般从能较多反映物体形状特征的主视图入手，对照其他视图，初步分析该物体由哪些基本体并通过什么形式组成；然后按投影对应关系逐个找出各基本体在其他视图中的投影，确定各基本体的形状以及各基本体之间的相对位置；最后综合想象物体的整体形状。

现以图 5 - 18 所示支承座的三视图为例，来说明读图的步骤。

(1)从主视图入手，找特征，分线框，如图 5 - 18(a)所示；

(2)对投影，识形体，定位置，如图 5 - 18(b)～(d)所示；

(3)综合起来构想整体形状，如图 5 - 18(e)、(f)所示。

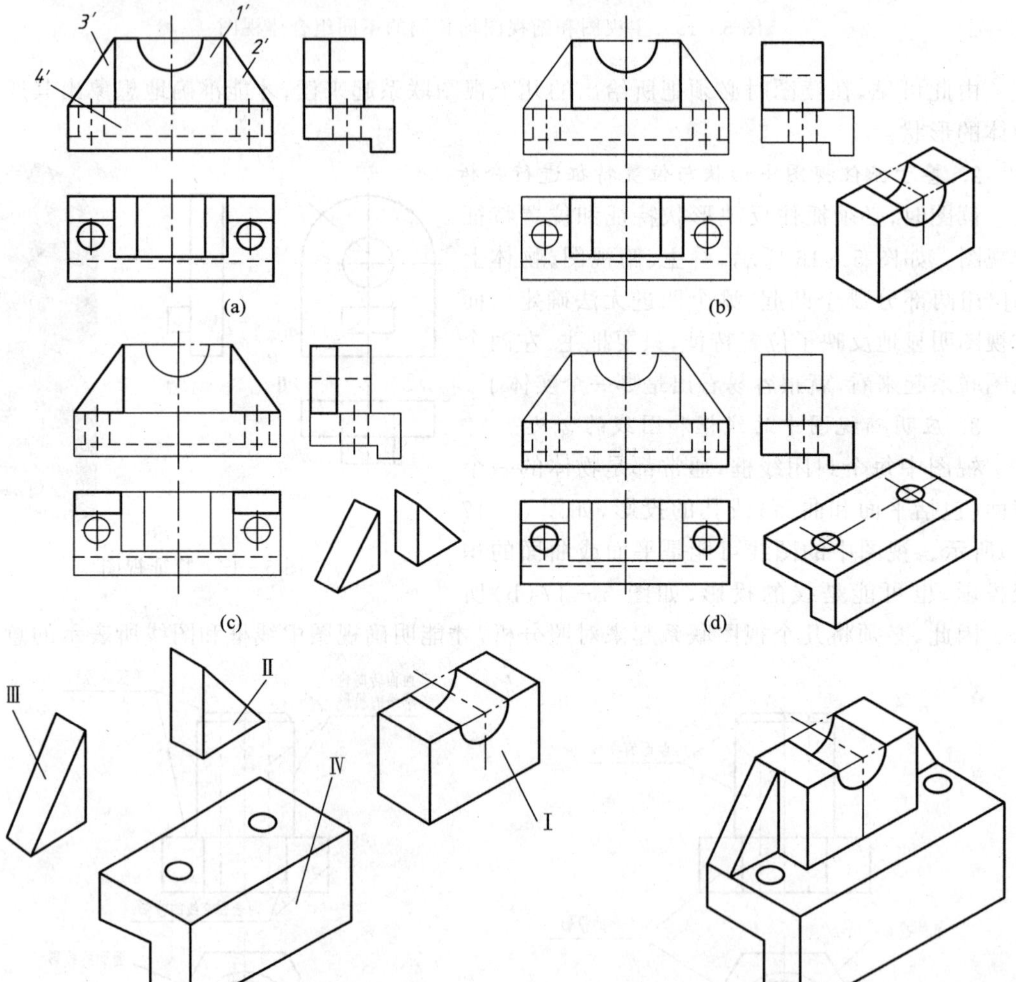

图 5 - 18　支承座的组合体读图

(a)支承座三视图；(b)简单体Ⅰ三视图；(c)简单体Ⅱ、Ⅲ三视图；
(d)简单体Ⅳ三视图；(e)各简单体分解图；(f)支承座立体图

从以上可看出，该支承座的组合形式以叠加为主，并对部分进行切割，读这类组合体视图的方法一般是以形体分析为主、线面分析为辅。而对于组合形式以切割为主的组合体，其读图方法往往是先用形体分析法概括一下框架结构，然后重点用线面分析法分析切割情况。如图 5－19(a)所示斜块三视图，读图步骤如下。

(1)由所给三视图，想象出切割前的基本形体，即长方体。

(2)分别用正垂面作第一次切割，用两个正平面和一个侧平面(左下方竖直槽)作第二次切割，用两个侧垂面和一个水平面(右上方横向斜面槽)作第三次切割，具体作图过程如图 5－19(b)～(d)所示。

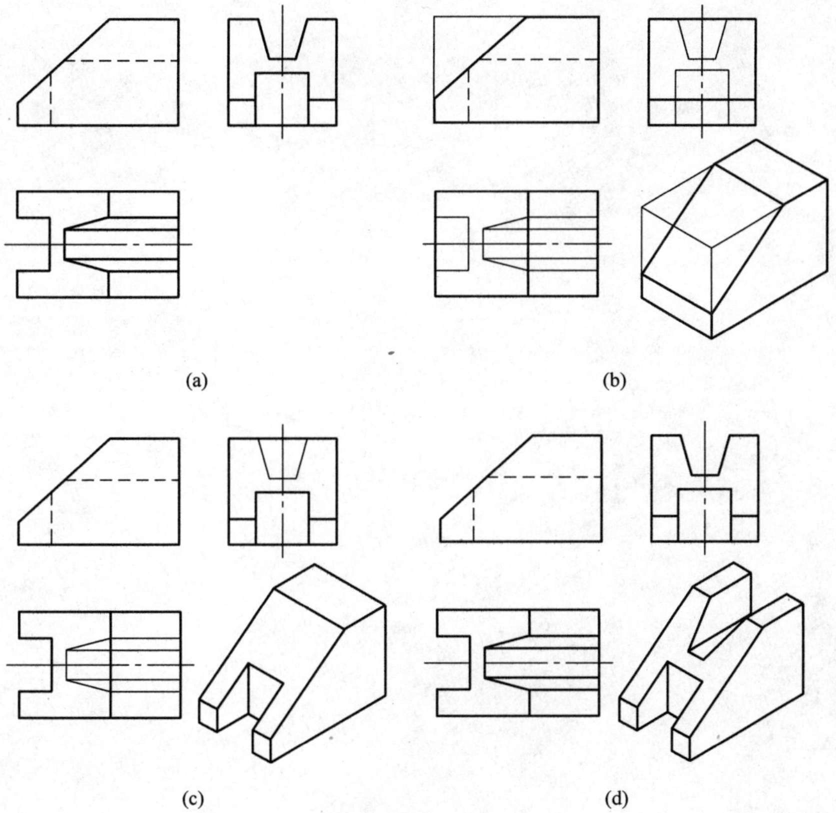

图 5－19　斜块的组合体读图

(a)组合体“斜块”三视图；(b)正垂面切割“斜块”所得三视图；
(c)左下方挖切竖直槽的三视图；(d)右上方横开斜面槽的三视图

综合评价

通过本项目的学习，完成习题集的相关题目，对自己掌握的情况进行综合评价，完成下表。

评价内容	评价标准	个人评价	教师评价
组合体的组合形式	A. 优 B. 良 C. 中 D. 及格		
表面间连接关系	A. 优 B. 良 C. 中 D. 及格		
形体分析法	A. 优 B. 良 C. 中 D. 及格		
线面分析法	A. 优 B. 良 C. 中 D. 及格		
组合体的画图	A. 优 B. 良 C. 中 D. 及格		
组合体的尺寸标注	A. 优 B. 良 C. 中 D. 及格		
读组合体视图的基本要领	A. 优 B. 良 C. 中 D. 及格		
读组合体视图的步骤	A. 优 B. 良 C. 中 D. 及格		

任务六　轴测投影图

任务描述

在工程上，特别是在结构设计、技术革新、产品说明书及广告等方面，需要表达机器的工作原理、操纵机构、空间管路的布置、机器外观的形状时，往往需要富有立体感的辅助图样来帮助人们看懂多面正投影图。这种图样就是此任务要讲的轴测图，如图 6－1 所示为多面正投影图和轴测投影图。

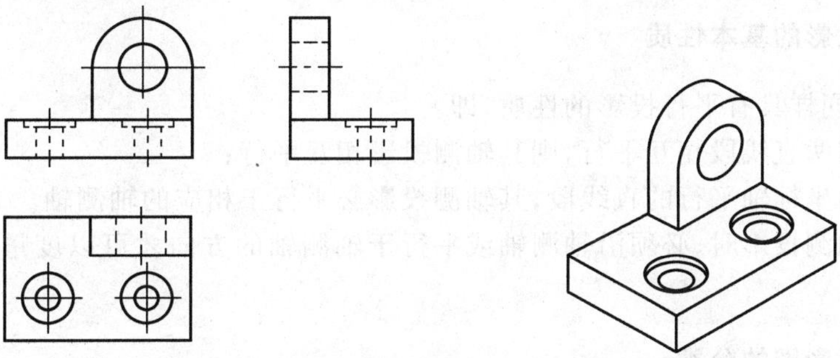

(a)　　　　(b)

图 6－1　多面正投影图与轴测投影图

(a)多面正投影图；(b)轴测投影图

任务目标

(1)了解轴测投影的基本知识；

(2)掌握正等轴测图的画法；

(3)了解斜二等轴测图的画法。

相关知识

6.1　轴测投影的基本知识

6.1.1　轴测投影的形成

将物体连同其直角坐标体系，沿不平行于任一坐标平面的方向，用平行投影法将其投射到单一投影面上所得到的图形，称为轴测投影(轴测图)，如图 6－2 所示。其中，投影面 P，称为轴测投影面；空间直角坐标轴 OX、OY、OZ 在轴测投影面 P 上的轴测投影 O_1X_1、

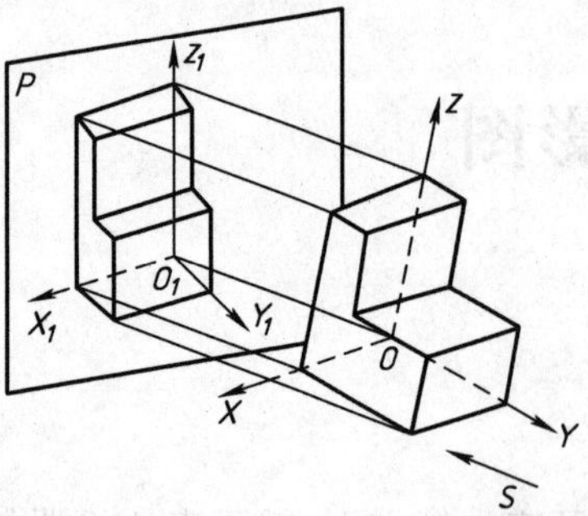

图 6-2　轴测投影的形成

O_1Y_1、O_1Z_1,称为轴测投影轴,简称轴测轴。

6.1.2　轴间角和轴向伸缩系数

1. 轴间角

轴测投影中任意两个直角坐标轴在轴测投影面上的投影之间的夹角,称为轴间角,如图 6-2 所示,两轴测轴之间夹角 $\angle X_1O_1Y_1$、$\angle X_1O_1Z_1$、$\angle Y_1O_1Z_1$ 就是轴间角。轴间角用来控制轴测投影的形状变化。

2. 轴向伸缩系数

轴测轴上的单位长度与相应空间直角坐标轴上单位长度的比值,称为轴向伸缩系数。其中,用 p 表示 OX 轴的轴向伸缩系数,q 表示 OY 轴的轴向伸缩系数,r 表示 OZ 轴的轴向伸缩系数。用轴向伸缩系数控制轴测投影的大小变化。

6.1.3　轴测投影的基本性质

轴测投影同样具有平行投影的性质,即:

(1)若空间两直线段相互平行,则其轴测投影相互平行;

(2)与直角坐标轴平行的直线段,其轴测投影必平行于相应的轴测轴。

因此,画轴测投影时,必须沿轴测轴或平行于轴测轴的方向才可以度量,轴测投影因此而得名。

6.1.4　轴测投影图的分类

按获得轴测投影的投射方向与轴测投影面的相对位置不同,轴测投影图可分为两大类。

1. 正轴测投影图

用正投影法得到的轴测投影图,称为正轴测投影图。

(1)当 $p=q=r$,称为正等轴测图,简称正等测。

(2)当 $p=q\neq r$,或 $p\neq q=r$,或 $p= r\neq q$,称为正二轴测图,简称正二测。

(3)当 $p\neq q\neq r$,称为正三轴测图,简称正三测。

2. 斜轴测投影图

用斜投影法得到的轴测投影图,称为斜轴测投影图。

(1)当 $p=q=r$,称为斜等轴测图,简称斜等测。

(2)当 $p=q\neq r$,或 $p\neq q=r$,或 $p=r\neq q$,称为斜二轴测图,简称斜二测。

(3)当 $p\neq q\neq r$,称为斜三轴测图,简称斜三测。

在实际工作中,正等测、斜二测用得较多,正(斜)三测的作图较繁琐,很少采用。这里只介绍正等测和斜二测的画法。

6.2　正等轴测投影图

6.2.1　正等轴测投影的形成

正等轴测投影的投射方向 S 垂直于轴测投影面 P,且确定物体空间位置的三个坐标平面与轴测投影面均倾斜，其三个直角坐标轴与轴测投影面的倾角均相等，这样得到的轴测图就是正等测图，简称正等测。

6.2.2　正等轴测投影的轴间角和轴向伸缩系数

正等轴测投影，由于物体上的三个直角坐标轴与轴测投影面的倾角均相等，因此，与之相对应的轴测轴之间的轴间角也必定相等，即$\angle X_1O_1Y_1=\angle Y_1O_1Z_1=\angle X_1O_1Z_1=120°$，如图 6-3 所示。

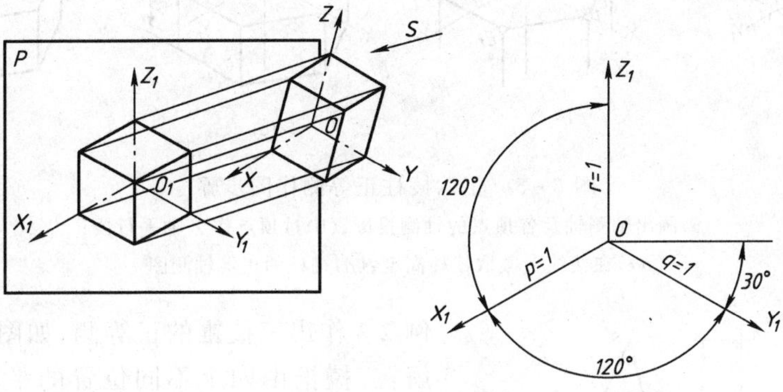

(a)　　(b)

图 6-3　正等轴测图

(a)正等轴测图的形成；(b)轴间角和轴向伸缩系数

正等轴测投影中，OX、OY、OZ 轴的轴向伸缩系数相等，即 $p=q=r$。经数学推导得：$p=q=r\approx0.82$。为方便作图，取简化轴向伸缩系数 $p=q=r=1$，这样，画出的图形，在沿各轴向长度上均放大到原来的 $1/0.82\approx1.22$ 倍。

6.2.3　平面立体的正等轴测图画法

由多面正投影图画轴测图时，应先选好适当的坐标体系，画出对应的轴测轴，然后按一定方法作图。画平面立体轴测图的基本方法是按坐标画出各顶点的轴测图，称为坐标法，见例 1 和例 2。

例 1　作出正六棱柱的正等测，如图 6-4 所示。

解：由于正六棱柱前后、左右均对称，且绘制轴测图时，一般不画虚线，因此为减少不必要的作图线，选正六棱柱顶面的中心为坐标原点。

作图步骤如下。

①在视图上建立坐标系 $O-XYZ$，如图 6-4 所示。

②画出正等测的轴测轴 $O_1-X_1Y_1Z_1$，如图 6-5(a)所示。

③沿 O_1Y_1 轴量取 $O_1a_{y1}=Oa_y$、$O_1e_{y1}=Oe_y$，得到 a_{y1} 和 e_{y1} 两点，沿 O_1X_1 轴量取 $O_1C_1=Oc$、$O_1F_1=Of$，得 C_1 和 F_1 两点。

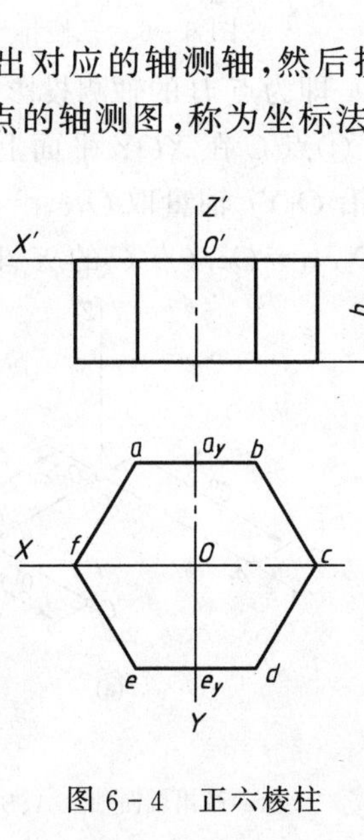

图 6-4　正六棱柱

④分别过点 a_{y1} 和 e_{y1} 作 O_1X_1 的平行线，量取 $A_1a_{y1}=$

aa_y、$B_1a_{y1}=ba_y$、$D_1e_{y1}=de_y$、$E_1e_{y1}=ee_y$，得 A_1、B_1、D_1、E_1 四点。

⑤顺次连接 A_1、B_1、C_1、D_1、E_1、F_1 各点，得正六棱柱顶面的轴测投影。

⑥分别过 A_1、D_1、E_1、F_1 四点向下作 O_1Z_1 轴的平行线如图 6－5(b)所示，在各平行线上截取等于正六棱柱高 h 的一段直线段得截取点，顺次连接各截取点，如图 6－5(c)所示。

⑦描深可见轮廓线得正六棱柱的正等测，如图 6－5(d)所示。

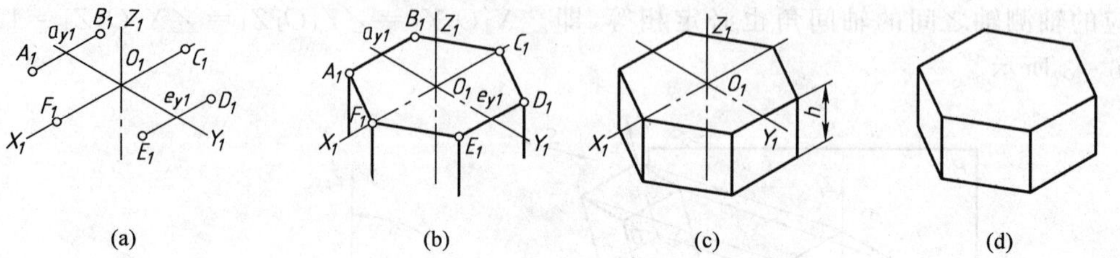

图 6－5　正六棱柱正等测作图步骤

(a)画出轴测轴及各顶点的轴测投影；(b)过顶点作 Z 轴平行线；

(c)在棱线上截取棱柱高度；(d)棱柱的正等轴测图

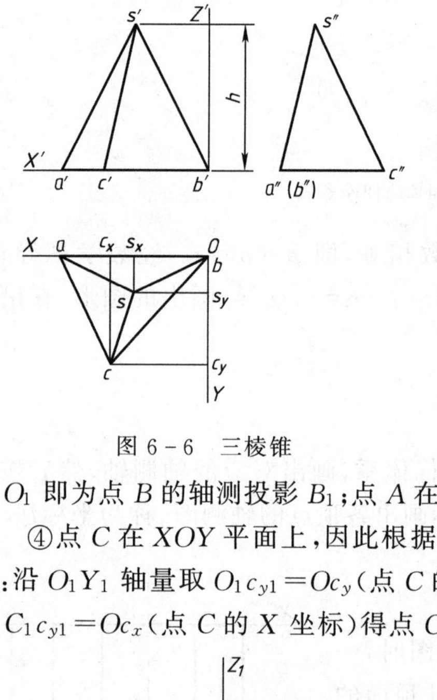

图 6－6　三棱锥

例 2　作出三棱锥的正等测，如图 6－6 所示。

解：三棱锥由四个不同位置的平面组成，绘制时应根据其形状特点，确定恰当的坐标系和相应的轴测轴，再用坐标法画出三棱锥各顶点的轴测投影，连接各顶点后得三棱锥的正等测图。

作图步骤如下。

①在三视图上建立坐标系 $O-XYZ$，如图 6－6 所示。

②画出正等测的轴测轴 $O_1-X_1Y_1Z_1$，如图 6－7(a)所示。

③由图 6－6 可知：点 B 与坐标原点 O 重合，所以点 O_1 即为点 B 的轴测投影 B_1；点 A 在 OX 轴上，因此可沿 O_1X_1 轴量取 $O_1A_1=Oa$ 得点 A_1。

④点 C 在 XOY 平面上，因此根据点 C 的 X、Y 坐标可确定点 C_1，如图 6－7(a)所示。即：沿 O_1Y_1 轴量取 $O_1c_{y1}=Oc_y$(点 C 的 Y 坐标)得点 c_{y1}；过点 c_{y1} 作 O_1X_1 轴平行线，并截取 $C_1c_{y1}=Oc_x$(点 C 的 X 坐标)得点 C_1。

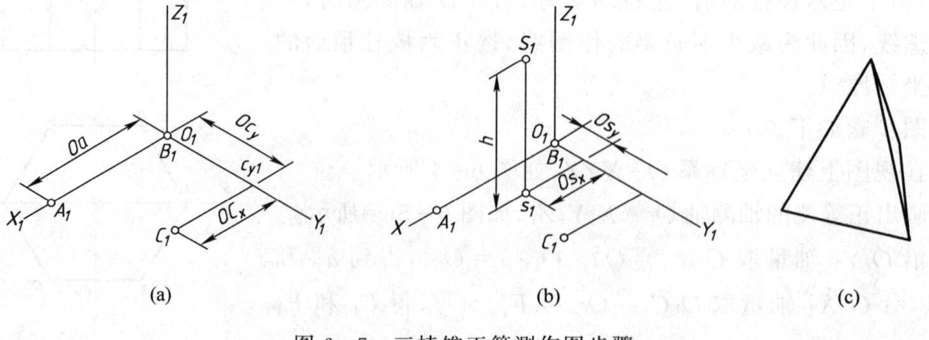

图 6－7　三棱锥正等测作图步骤

(a)画出轴测轴及 A、B、C 各点的轴测投影；(b)作出锥顶 S 的轴测投影；(c)棱锥的正等轴测图

⑤根据点 S 的坐标确定点 S_1，如图 6-7(b)所示。即：由点 S 的 X、Y 坐标在 $X_1O_1Y_1$ 轴测坐标面上确定 s_1，方法与确定点 C_1 相同；过 s_1 向上作 O_1Z_1 轴的平行线，量取 $s_1S_1=h$（h 为点 S 的 Z 坐标）得点 S_1。

⑥在 A_1、B_1、C_1、S_1 各点之间连线并判别可见性，描深可见棱线得三棱锥的正等测，如图 6-7(c)所示。

例 3　作出图 6-8 所示组合体的正等测。

解：图 6-8 所示组合体的基本体为长方体，长方体的前面被一侧垂面切去一块，长方体的上面从前往后截切了一个梯形槽。

作图步骤如下。

①建立坐标系 $O-XYZ$，如图 6-8 所示。

②画出正等测的轴测轴 $O_1-X_1Y_1Z_1$，根据长方体的长、宽、高尺寸画出基本体的轴测图，如图 6-9(a)所示。

③根据宽度方向尺寸 5 和高度方向尺寸 5，在长方体的上表面和前表面上画出平行于 O_1X_1 轴的作图线 M_1N_1、S_1T_1，并连接 N_1T_1 和 M_1S_1 得侧垂面的轴测投影，如图 6-9(b)所示。

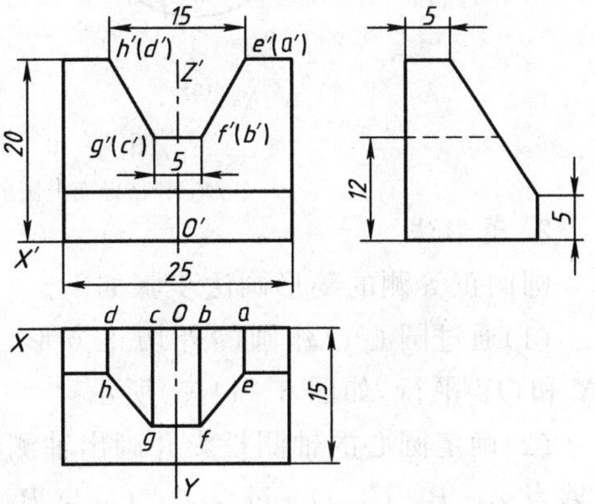

图 6-8　切割组合体的三视图

④根据图 6-8 所示尺寸，用坐标法定出 $X_1O_1Z_1$ 轴测面上的 A_1、B_1、C_1、D_1，过 A_1、B_1、C_1、D_1 各点作 O_1Y_1 轴平行线，并依次相应截取 E、F、G、H 各点的 Y 坐标，得 E_1、F_1、G_1、H_1 各点。顺次连接 A_1、B_1、C_1、D_1 和 E_1、F_1、G_1、H_1 得各交线的轴测投影，如图 6-9(c)所示。

⑤描深可见轮廓线得切割组合体的轴测图，如图 6-9(d)所示。

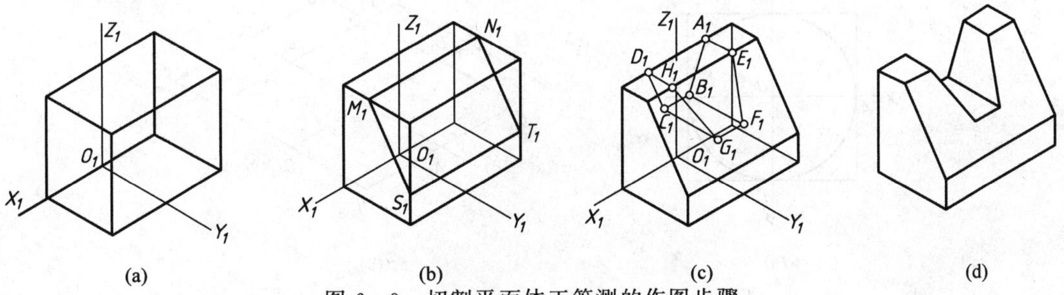

图 6-9　切割平面体正等测的作图步骤

(a)画出轴测轴及基本体的轴测投影；(b)侧垂面截切后的轴测投影；

(c)梯形槽的轴测投影；(d)组合体的轴测投影

6.2.4　圆的正等轴测图画法

1. 坐标法

图 6-10(a)为 XOY 坐标面上的圆，其正等测作图步骤如图 6-10(b)，即先画出轴测轴 O_1X_1、O_1Y_1，并在其上按直径大小直接定出点 Ⅰ$_1$、Ⅱ$_1$、Ⅲ$_1$、Ⅳ$_1$；在直径上作一系列 OX 轴（或 OY 轴）的平行弦，根据坐标相应地作出这些平行弦的轴测投影及圆与平行弦各交点的轴测投影 Ⅴ$_1$、Ⅵ$_1$、Ⅶ$_1$、Ⅷ$_1$ 等点，依次光滑连接各点，即画出该圆的轴测投影。

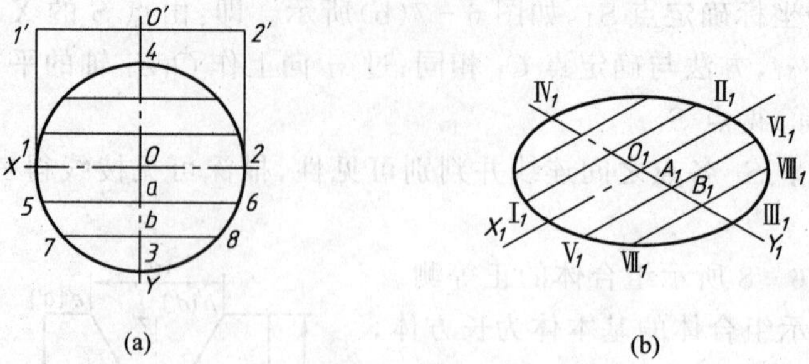

图 6-10　圆的正等测坐标法画法

(a)XOY 坐标面上圆的正投影;(b)圆的正等测——椭圆

2. 菱形法

圆的正等测的菱形画法步骤如下。

(1)通过圆心 O 作圆的外切正方形,切点为 A、B、C、D 点,正方形的边与相应坐标轴 OX 和 OY 平行,如图 6-11(a)所示。

(2)确定圆心的轴测投影并画出轴测轴 O_1X_1、O_1Y_1,按圆的半径 R 在 O_1X_1 和 O_1Y_1 上量取点 A_1、B_1、C_1、D_1;过点 A_1、C_1 与 B_1、D_1 分别作 O_1Y_1 和 O_1X_1 的平行线,所形成的菱形 $E_1F_1G_1H_1$ 即为圆的外切正方形的轴测投影,如图 6-11(b)所示。

(3)菱形的 F_1、H_1 为四段圆弧中两个大弧圆的圆心;分别过点 F_1、H_1 与对边的中点 A_1、D_1 和 B_1、C_1 相连,得到四段圆弧中两个小圆弧的圆心 M_1、N_1,如图 6-11(c)所示。

(4)分别以 F_1 和 H_1 为圆心,以 F_1A_1 或 H_1B_1 为半径作两个大圆弧 $\overset{\frown}{A_1D_1}$ 和 $\overset{\frown}{B_1C_1}$;分别以 M_1 和 N_1 为圆心,以 M_1A_1 或 N_1C_1 为半径作两个小圆弧 $\overset{\frown}{A_1B_1}$ 和 $\overset{\frown}{C_1D_1}$,如图 6-11(d)所示。显然所作的近似椭圆内切于菱形,点 A_1、B_1、C_1、D_1 是大、小圆弧的切点,也是椭圆与菱形的切点。

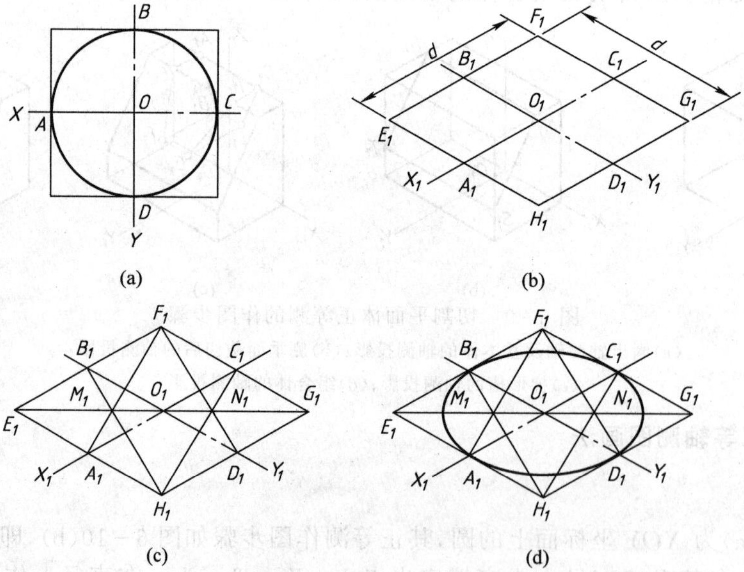

图 6-11　圆的正等测近似画法

(a)平行于 XOY 坐标面的圆;(b)外切正方形的轴测投影;(c)确定四段圆弧的圆心;(d)画出近似椭圆

此过程虽是 *XOY* 面或平行于 *XOY* 面上圆的轴测投影的画法，但对于 *XOZ* 和 *YOZ* 面或其平行面上圆的轴测投影，除了长、短轴方向不同外，其画法完全相同。图 6－12 为各坐标面上圆的正等测图。

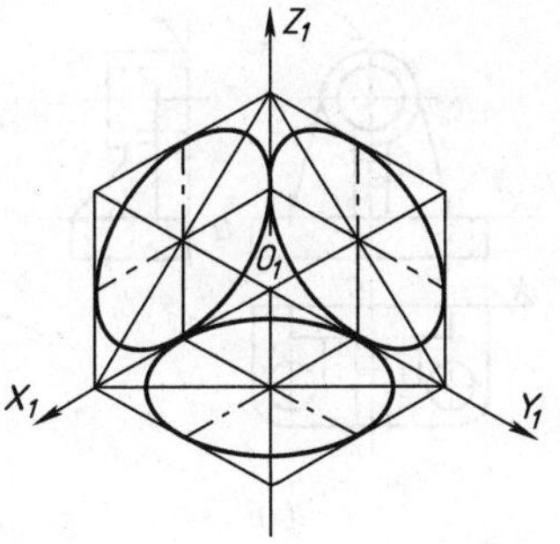

图 6－12　各坐标面上圆的正等测

6.2.5　曲面立体的正等轴测图画法

图 6－13(a)为圆柱正等轴测的画法。由于圆柱的上、下底面为直径相同的圆，作图时，可先画出顶面的正等轴测——椭圆，然后用移心法作出底面的正等轴测椭圆，再画圆柱正等测投影的外视转向轮廓线(即两椭圆的公切线)。

图 6－13(b)为圆台正等轴测图的画法。圆台两端面的正等测——椭圆的画法同圆柱，但圆台轴测图的外视轮廓线应是大、小椭圆的公切线。

图 6－13(c)为圆球正等轴测图的画法。圆球的正等测是一个圆。

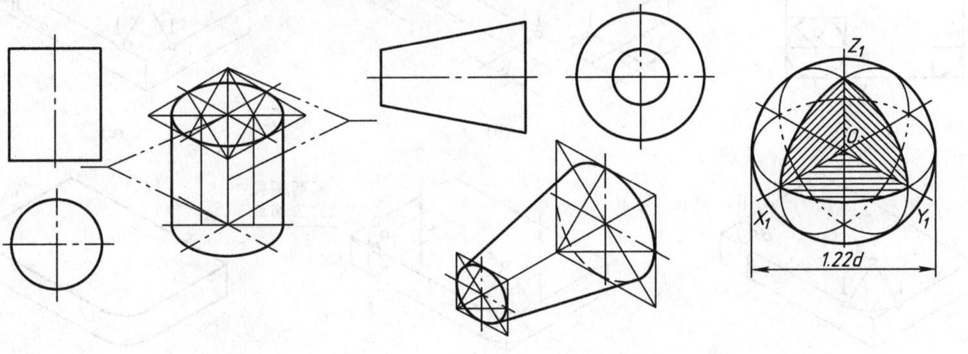

(a)　　(b)　　(c)

图 6－13　曲面立体的正等测

(a)圆柱的正等测；(b)圆台的正等测；(c)球的正等测

6.2.6　组合体的正等轴测图画法

画组合体的轴测图采用形体分析法和线面分析法，分析构成组合体的基本体及其组合方式，然后按形体分析的过程来画轴测图。

例 4　绘制轴承座的正等测，如图 6－14(a)所示。

解：轴承座是由带有圆角和小圆孔的底板、空心圆柱以及在底板上直立的支撑板和肋板四部分组成。

作图步骤如下。

首先选择恰当的坐标系，如图 6－14(a)所示；画出轴测轴，如图 6－14(b)所示；然后绘制构成组合体的基本体，如先画底板，再确定空心圆柱的位置，然后依次从上而下，由前向后分别画出其他各基本体的轴测图，再画出各基本体连接处的交线及底板上的圆角等细节。作图过程如图 6－14 所示。

机件底板或底座的圆角可看成是整圆柱面的四分之一，因此可运用与画圆的轴测图相同的方法作图，也可采用图 6－15 所示的画法。

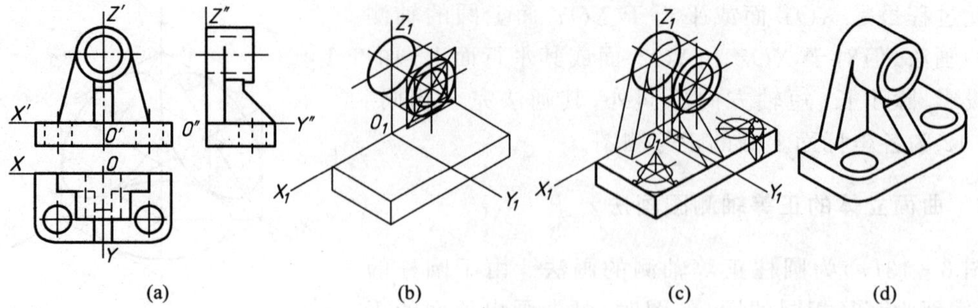

图 6-14 轴承座的正等测画法

(a)轴承座三视图;(b)绘制底板及空心圆柱;(c)绘制交线及细节;(d)轴承座轴测图

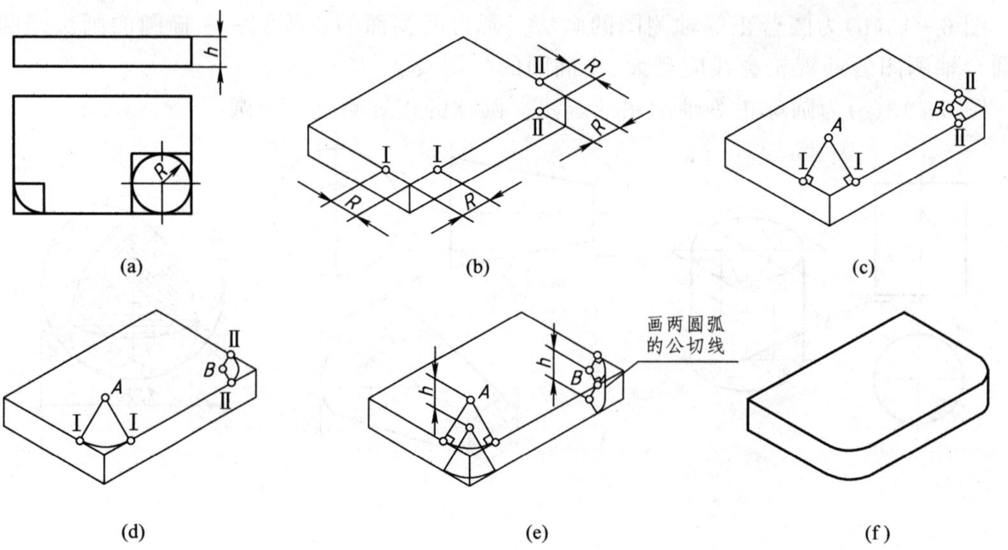

图 6-15 圆角的正等测画法

(a)投影图;(b)找底板上表面圆角的切点;(c)找出圆心;

(d)过切点画圆弧;(e)用同样的方法画出底板下表面的圆角;(f)底板的轴测图

6.3 斜二测投影图

6.3.1 斜二测投影的形成及参数

如图 6-16(a)所示,如果使物体的 XOZ 坐标面对轴测投影面处于平行的位置,则 O_1X_1 轴、O_1Z_1 轴分别为水平方向和铅垂方向。此时的轴间角$\angle X_1O_1Z_1=90°$,轴向伸缩系数$p=r=1$,而轴测轴 O_1Y_1 的方向和轴向伸缩系数则随投影方向的变化而变化,通常取轴间角$\angle X_1O_1Y_1=\angle Y_1O_1Z_1=135°$,$q=0.5$,如图 6-16(b)所示。在这样坐标系中所得到的轴测投影就是斜二等测轴测图,简称斜二测图。

6.3.2 斜二测图的画法

斜二测图的画法与正等测图的画法基本相似,区别在于轴间角不同以及斜二测图沿

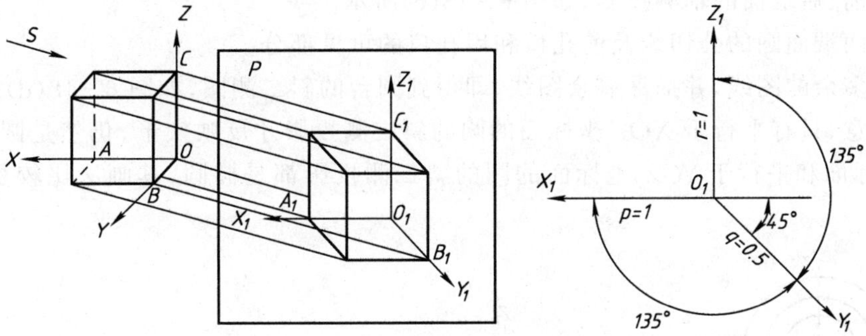

(a)　　(b)

图 6－16　斜二测图的形成及参数

O_1Y_1 轴的尺寸只取实长的一半。在斜二测图中，物体上平行于 XOZ 坐标面的直线和平面图形均反映实长和实形，所以，当物体上有较多的圆或曲线平行于 XOZ 坐标面时，采用斜二测图比较方便。

1．四棱台的斜二测图

四棱台的斜二测图作图方法如图 6－17(a)～(d)所示，作图步骤如下。

①画出轴测轴 O_1X_1、O_1Y_1、O_1Z_1。

②作出底面的轴测投影：O_1X_1 轴上按 1∶1 截取，O_1Y_1 轴上按 1∶2 截取，如图 6－17(b)所示。

③在 O_1Z_1 轴上量取正四棱台的高度 h，作出顶面的轴测投影，如图 6－17(c)所示。

④依次连接顶面与底面对应的各点得侧面的轴测投影，擦去多余的图线，并描深剩余图线，即得到正四棱台的斜二测图，如图 6－17(d)所示。

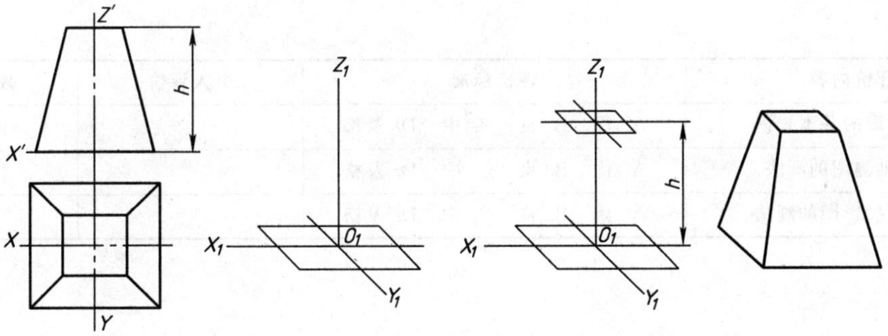

(a)　　(b)　　(c)　　(d)

图 6－17　正四棱台的斜二测图

(a)选定坐标轴和坐标原点；(b)画轴测轴和棱台底面；

(c)按高度画棱台顶面；(d)连接各顶点，擦掉多余线条，描深图线完成绘图

2．空心圆台的斜二测图

空心圆台的斜二测图作图方法如图 6－18(a)～(d)所示，作图步骤如下。

①画出轴测轴 O_1X_1、O_1Y_1、O_1Z_1，在 O_1Y_1 轴上量取 $L/2$，定出前端面的圆心 A，如图 6－18(b)所示。

②作出前、后端面的轴测投影,如图 6-18(c)所示。

③作出两端面圆的公切线及前孔口和后孔口的可见部分。

④擦去多余的图线,并描深剩余图线,即得到圆台的斜二测图,如图 6-18(d)所示。

必须注意,只有平行于 *XOZ* 坐标面的圆的斜二测投影才反映实形,仍然是圆。而平行于 *XOY* 坐标面和平行于 *YOZ* 坐标面的圆的斜二测投影都是椭圆,其画法比较复杂,不作介绍。

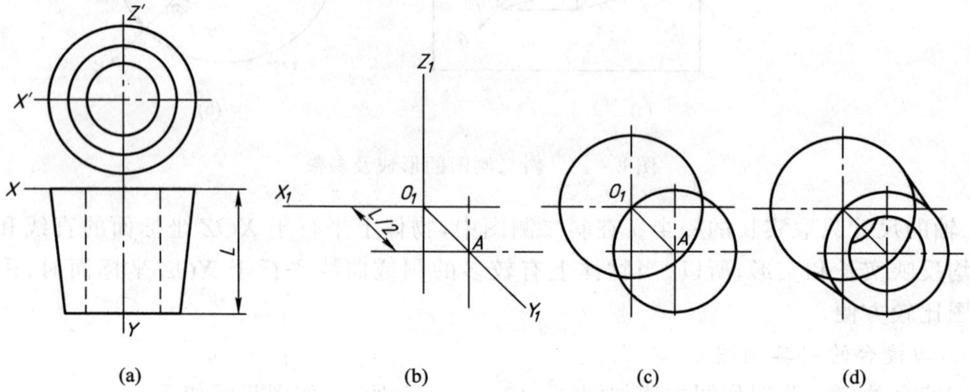

图 6-18　圆台的斜二测图

(a)选定坐标轴和坐标原点;(b)画轴测轴,确定前后端面圆点;(c)作出前、后端面投影;(d)确定前、后孔口可见部分,描深图线完成绘图

综合评价

通过本项目的学习,完成习题集的相关题目,对自己掌握的情况进行综合评价,完成下表。

评价内容	评价标准	个人评价	教师评价
轴测投影的基本知识	A. 优　B. 良　C. 中　D. 及格		
正等轴测图的画法	A. 优　B. 良　C. 中　D. 及格		
斜二测投影图的画法	A. 优　B. 良　C. 中　D. 及格		

项目二　专业制图知识

汽车是一个复杂的机械体，由若干总成装配而成，而每一个总成都是由多种零件组合而成的。各种零件的形状千差万别，简单的零件可以用三视图进行表达，而对于复杂的零件，单纯的三视图很难表达清楚，因此需要学习一些零件的常用表达方法。为了完成零件图、装配图的识读，还要掌握常用的工艺结构及技术要求等知识。本项目将着重介绍上述内容。

任务七　机件的常用表达方法

任务描述

由于机械零件的结构形状是多种多样的，有些复杂的零件用三视图来表达就显得不足。为此，国家标准《技术制图》和《机械制图》对机械图样的画法作了相应的补充规定。

本项目的任务是介绍基本视图、剖视图、断面图以及其他各种基本表示法，以便完整、清晰、简便地表达各种机件的结构形状。

任务目标

(1)掌握视图、剖视图、断面图、局部放大图等的画法和标注规定；

(2)了解常用简化画法的规定。

相关知识

7.1　基本视图和其他视图

视图是根据有关标准和规定，用正投影法绘出的物体的图形。它主要用来表达物体的可见部分，必要时可用虚线表达其不可见部分。它通常包括基本视图、向视图、局部视图和斜视图四种。

1. 基本视图

物体向基本投影面投射所得的视图称为基本视图，如图 7－1 所示。

基本视图的名称及投射方向为：主视图，由前向后投射；俯视图，由上向下投射；左视图，由左向右投射；右视图，由右向左投射；仰视图，由下向上投射；后视图，由后向前投射。

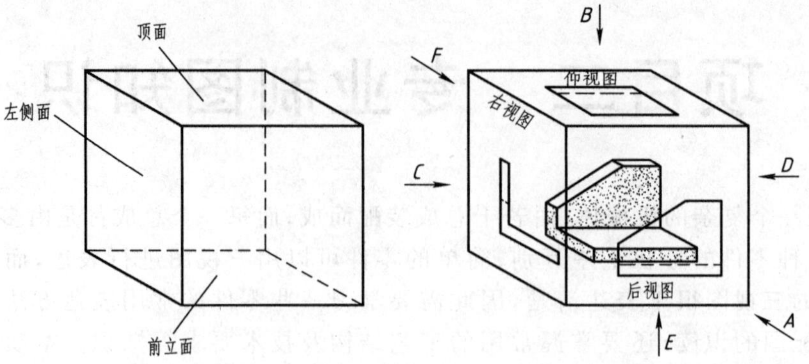

图 7-1　基本视图的形成

正六面体的六个面称为基本投影面,各投影面的展开如图 7-2 所示。各视图配置如图 7-3 所示,不标注视图名称,它们仍保持“长对正,高平齐,宽相等”的投影关系。

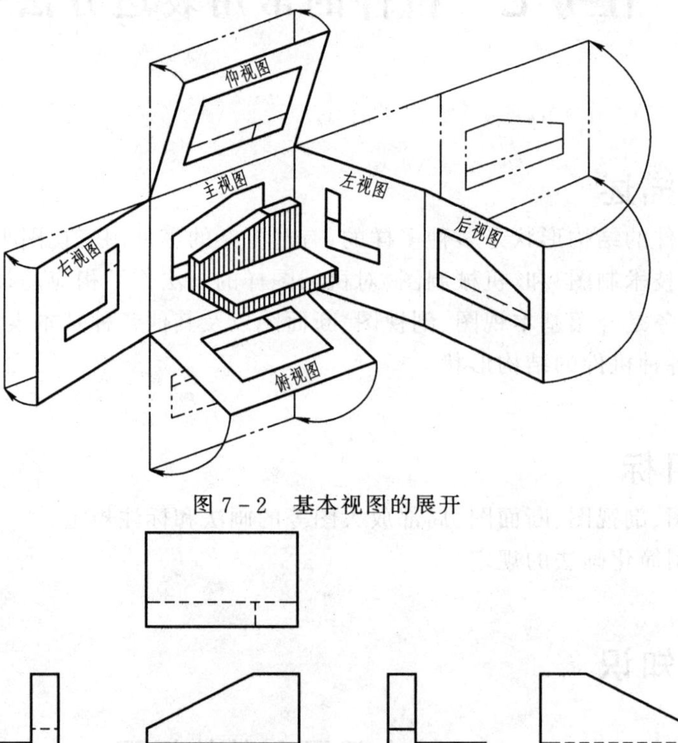

图 7-2　基本视图的展开

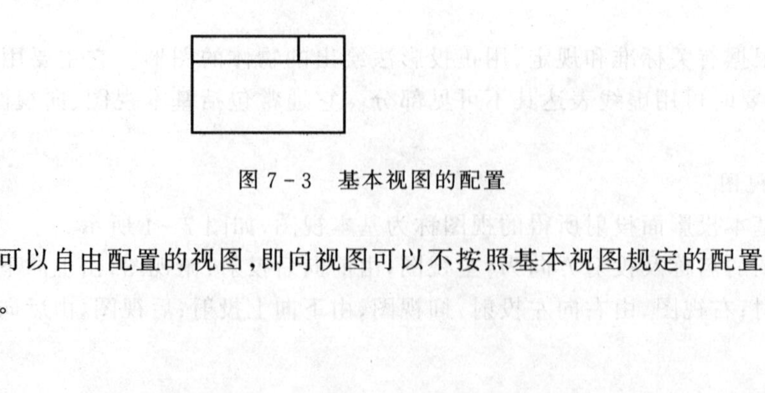

图 7-3　基本视图的配置

2. 向视图

向视图是可以自由配置的视图,即向视图可以不按照基本视图规定的配置关系,在图纸上可自由配置。

为了便于读图,应在向视图上方标出视图名称(如“A”,“B”等),在相应的视图附近用箭头指明方向,并注上相同的字母,如图 7－4 所示。

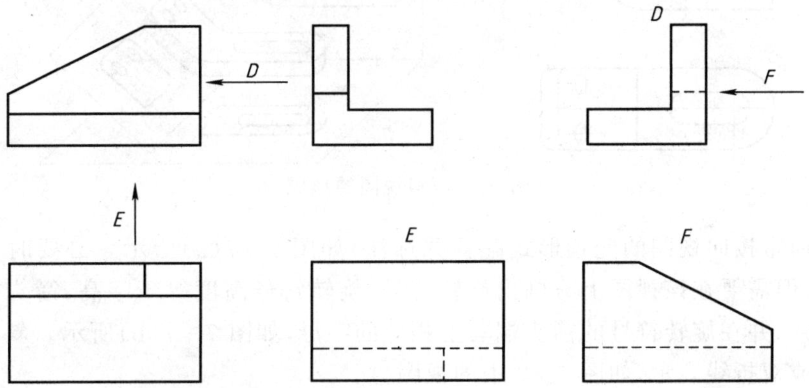

图 7－4　向视图

3. 局部视图

将物体的一部分向基本投影面投射所得的视图,称为局部视图。如图 7－5 所示,机件左侧的连接板与右侧的缺口均采用局部视图来表示,不但节省了两个基本视图,而且表达清晰、简单明了。

局部视图可按基本视图的位置配置,也可按向视图的配置形式配置并标注。当局部视图按投影关系配置,中间又没有其他视图隔开时,可省略标注。

局部视图的断裂边界应以波浪线或双折线表示,如图 7－5(b)中的视图 A。当它们所表示的局部结构是完整的,且外轮廓线呈封闭图形时,波浪线可省略不画,如图 7－5(b)中的连接板视图。

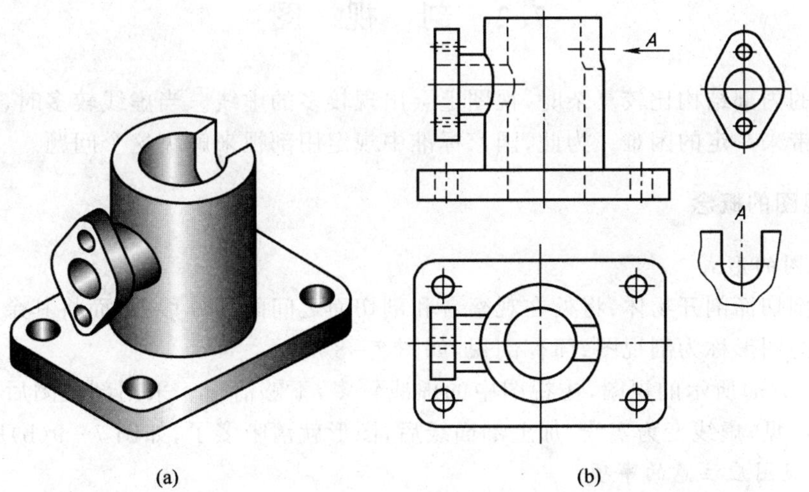

(a)　(b)

图 7－5　局部视图

4. 斜视图

物体向不平行于基本投影面的平面进行投射所得的视图,称为斜视图,如图 7－6 所示。

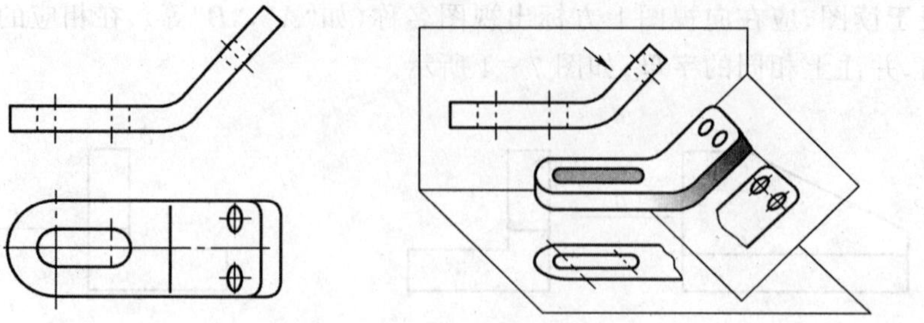

图 7-6　斜视图的形成

斜视图通常按向视图的配置形式配置并标注,如图 7-7(a)所示。必要时允许将斜视图旋转配置,但需要在该视图上方画出旋转符号,旋转符号高度等于字高,箭头方向与实际旋转方向一致,并在旋转符号的箭头端写上相应的字母,如图 7-7(b)所示。斜视图的断裂线用波浪线或双折线表示,如图 7-7 中的视图 A。

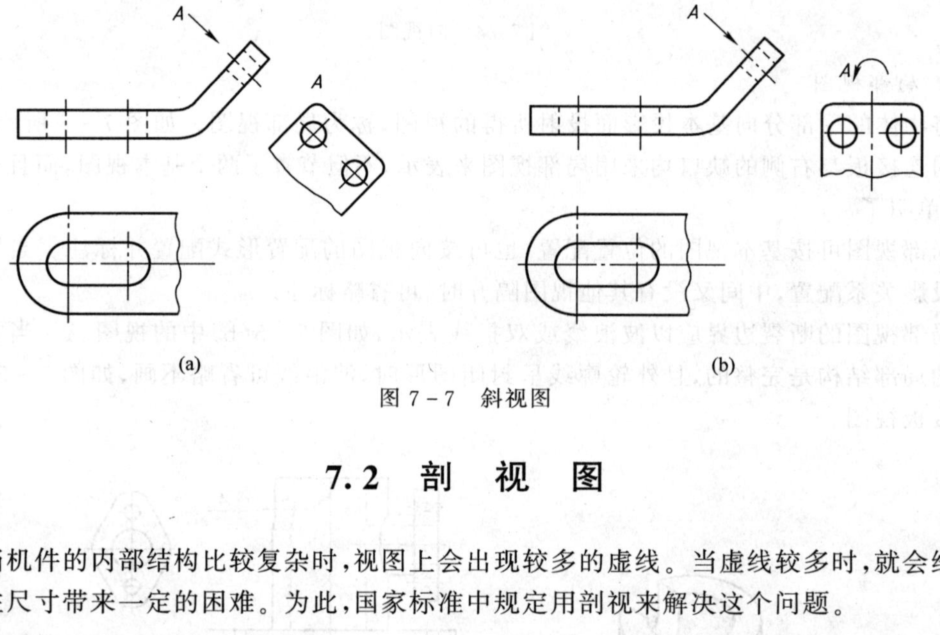

图 7-7　斜视图

7.2　剖　视　图

当机件的内部结构比较复杂时,视图上会出现较多的虚线。当虚线较多时,就会给看图和标注尺寸带来一定的困难。为此,国家标准中规定用剖视来解决这个问题。

7.2.1　剖视图的概念

1. 剖视图的形成

假想用剖切面剖开物体,将处在观察者和剖切面之间的部分移去,而将其余部分向投影面投射所得的图形称为剖视图,简称剖视,如图 7-8 所示。

如图 7-9(a)所示的视图,主视图中的虚线较多,不够清晰。采用剖视图后原来不可见的部分变为可见,虚线变为实线,加上剖面线后,图形就清晰多了,如图 7-9(b)所示。

2. 画剖视图应注意的事项

(1)剖视图是用剖切面假想地剖开物体,所以,当物体的一个视图画成剖视图后,其他视图的完整性不受影响,仍按完整视图画出。

(2)在绘制剖视图时,通常应在剖面区域画出剖面符号。如表 7-1 所示为常见材料的剖面符号。

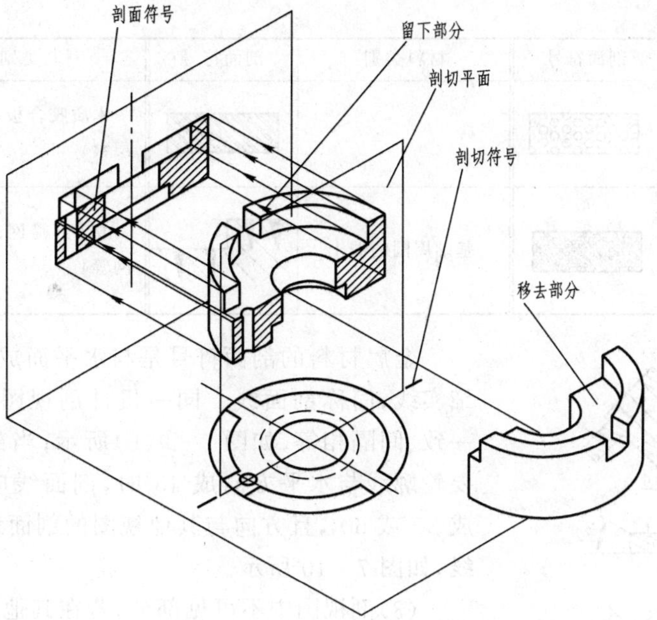

图 7 - 8　剖视图的形成

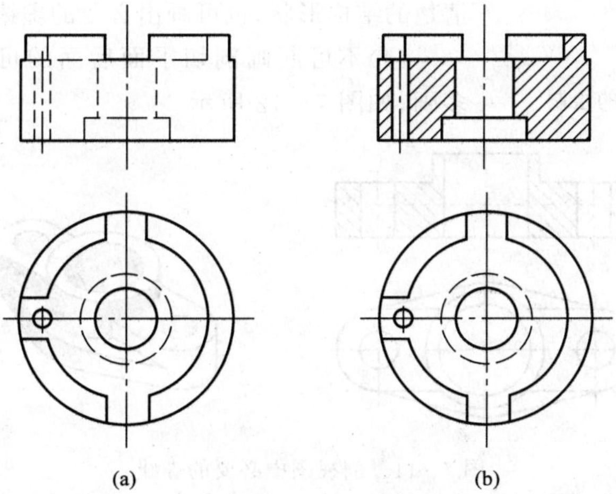

(a)　　(b)

图 7 - 9　视图与剖视图的比较

表 7 - 1　剖面符号

材料类别	剖面符号	材料类别	剖面符号	材料类别	剖面符号
金属材料(已有规定剖面符号者除外)		非金属材料(已有规定剖面符号者除外)		线圈绕组元件	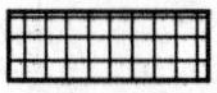
型砂、填砂、粉末冶金、砂轮、陶瓷刀片、硬质合金刀片等		液体	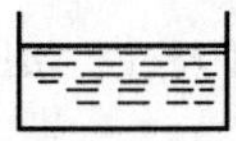	木材纵剖面	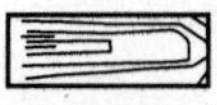
转子、电枢、变压器和电抗器等的叠钢片		玻璃及供观察用的其他透明材料	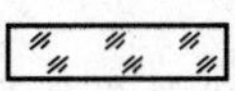	木材横剖面	

续表

材料类别	剖面符号	材料类别	剖面符号	材料类别	剖面符号
混凝土	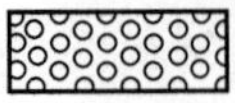	砖	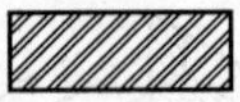	木质胶合板(不分层数)	
钢筋混凝土		基础周围的泥土		格网(筛网、过滤网等)	

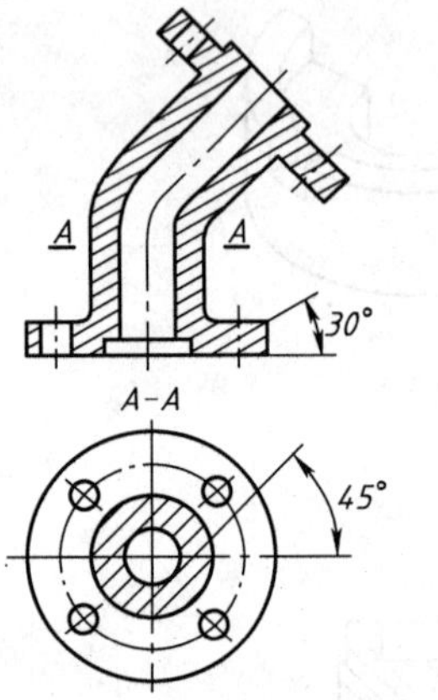

图 7-10　剖面线的绘制

金属材料的剖面符号是与水平面成 45°且间隔相等的细实线,简称剖面线。同一机件剖视图中,剖面线应方向一致、间隔相等,如图 7-9(b)所示;当剖视图中机件的主要轮廓线与水平方向成 45°时,剖面线应画成与水平方向成 30°或 60°,且方向与其他视图的剖面线一致的平行细实线,如图 7-10 所示。

(3)剖视图中不可见部分,若在其他视图中已经表达清楚,则虚线可省略不画,如图 7-9(b)所示。但对尚未表达清楚的结构形状,也可画出必要的虚线,如图 7-11 所示。

(4)不可漏画剖切平面后面的可见轮廓线,但也不可多画,如图 7-12 所示。

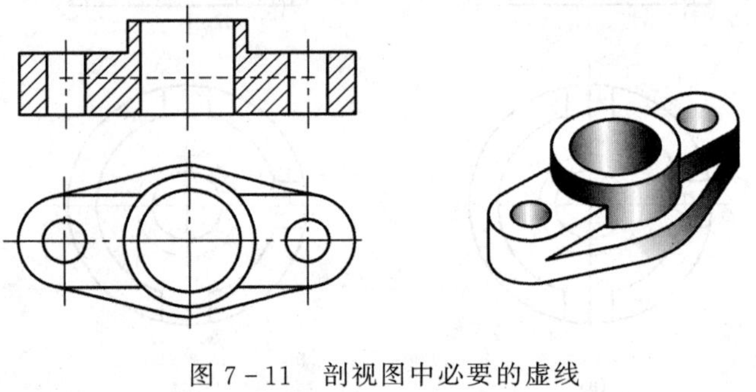

图 7-11　剖视图中必要的虚线

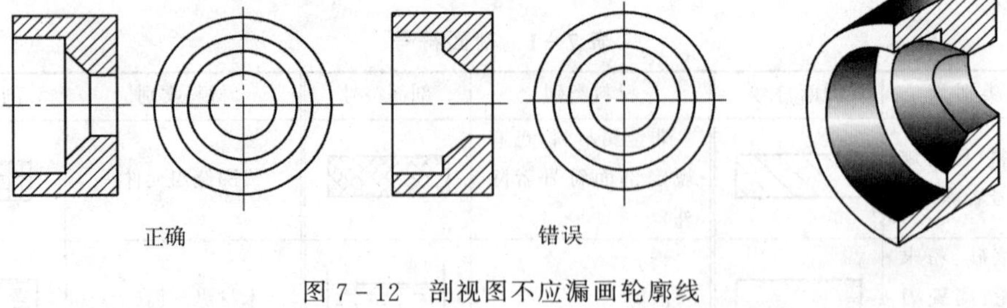

正确　　　　错误

图 7-12　剖视图不应漏画轮廓线

7.2.2　剖视图的种类

根据剖视图被剖切的范围,剖视图分为三种:全剖视图、半剖视图和局部剖视图。

1. 全剖视图

用剖切面完全地剖开机件所得的剖视图称为全剖视图。由于全剖视图是将机件完全地剖开，机件外形的投影受到影响。因此，全剖视图适用于内部复杂、外形简单或外形较复杂但已在其他视图上表达清楚的机件，如图 7 - 9(b)、图 7 - 11 所示。

2. 半剖视图

当机件具有对称平面时，向垂直于对称平面的投影面上投射所得的图形，可以以对称中心线为界，一半画成剖视图，一半画成视图，这样的图形称为半剖视图，如图 7 - 13 所示。

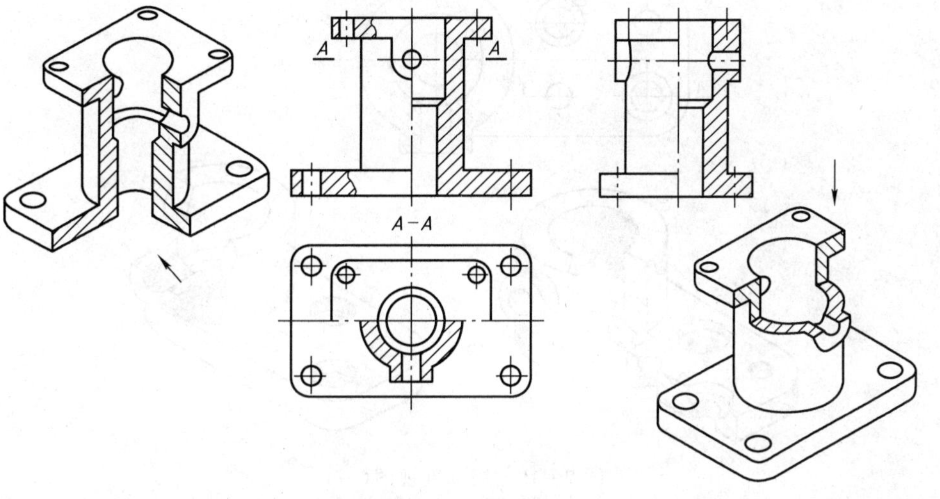

图 7 - 13　零件的半剖视图

半剖视图适用于内、外形状比较复杂的对称机件。但当机件的形状接近对称，且不对称部分已另有图形表达时，也可以画成半剖视图，如图 7 - 14 所示。

画半剖视图时应注意以下三点。

(1)半个视图与半个剖视图以细点画线为界。

(2)半个视图中，表达外形的视图部分不必再画内腔的虚线。

(3)半个剖视图的位置，通常按以下原则配置：若对称线为竖直线时，剖视图位于右侧；若对称线为水平线时，剖视图位于下方，如图 7 - 13 所示。

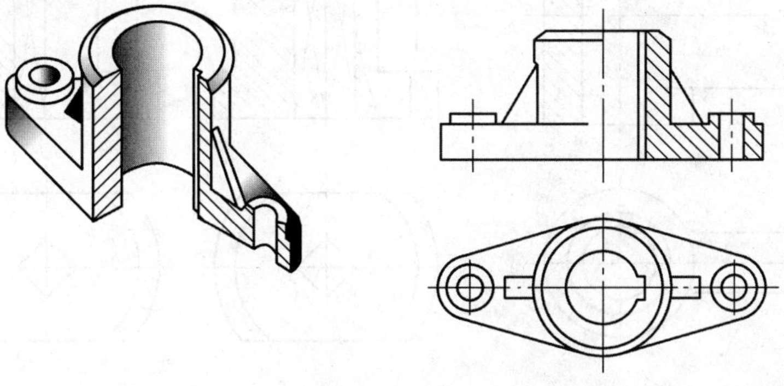

图 7 - 14　局部不对称零件的半剖视图

3. 局部剖视图

用剖切面局部地剖开机件所得的剖视图,称为局部剖视图,如图 7-15 所示。

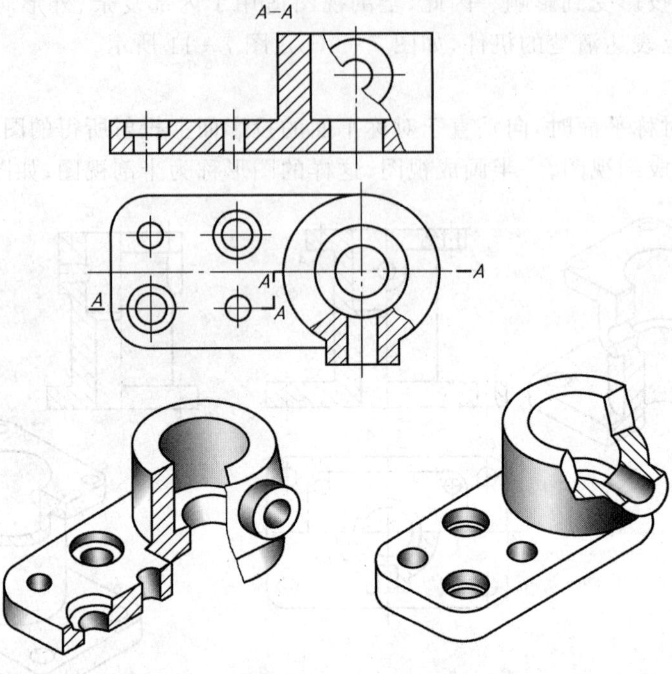

图 7-15　局部剖视图(一)

局部剖视图主要用于只表达机件的局部结构,又不宜采用全剖视图或半剖视图的机件。

画局部剖视图时应注意以下几点。

(1)波浪线应画在机件表面的实体部分,不能画在孔槽处,也不能超出形体的外形轮廓线。

(2)波浪线不能与其他图线重合,也不应画在轮廓线的延长线上。

(3)当被剖切的局部结构为回转体时,允许将回转中心作为局部剖视图与视图的分界线,如图 7-16(a)所示。图 7-16(b)中的方孔,属非回转体,故不可用中心线代替波浪线。

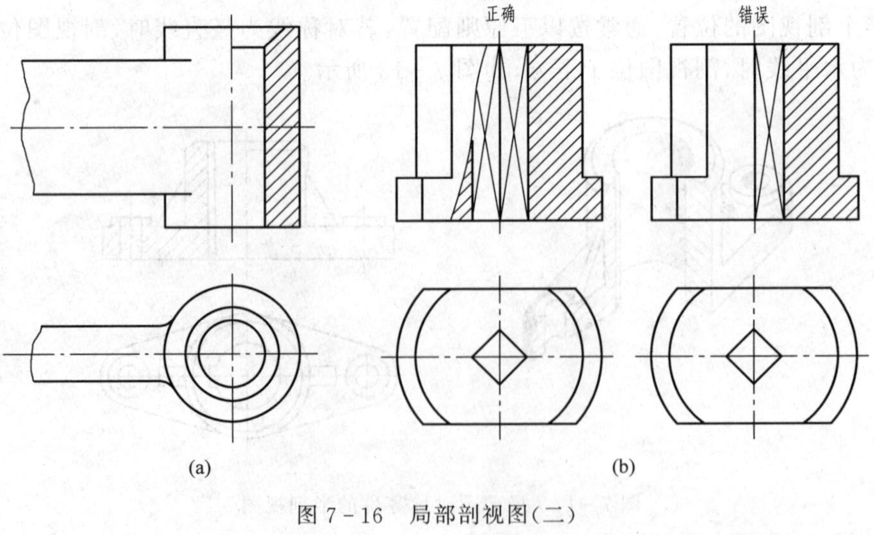

图 7-16　局部剖视图(二)

7.2.3　剖切面的种类

由于机件各不相同,在剖切时,需根据机件的结构特点,选用不同数量、位置和形状的剖切面来剖切机件,从而使其结构形状得到充分的表达。国家标准规定了三种剖切面:单一剖切面、几个平行的剖切面和几个相交的剖切面。

1. 单一剖切面

单一剖切面可以是平面,也可以是柱面。单一剖切平面有两种情况,一种是平行于基本投影面的剖切平面,另一种是不平行于基本投影面的剖切平面。如图 7-17 所示的 A-A 是采用单一剖切平面剖切所得的剖视图。如图 7-18 所示的 A-A 是采用单一剖切柱面所得的剖视图,当采用柱面剖切时,剖视图应展开绘制。

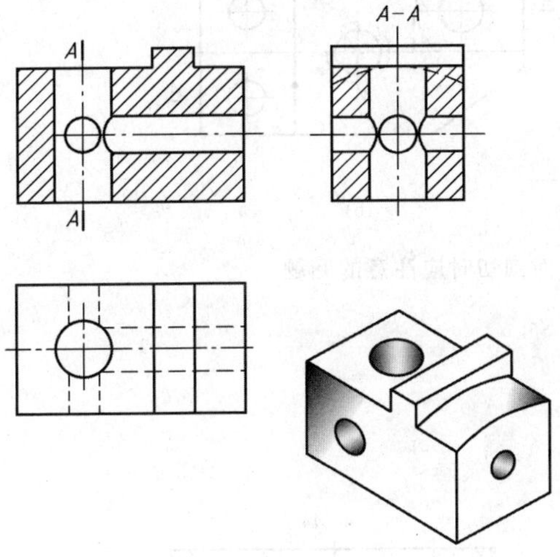

图 7-17　单一剖切平面

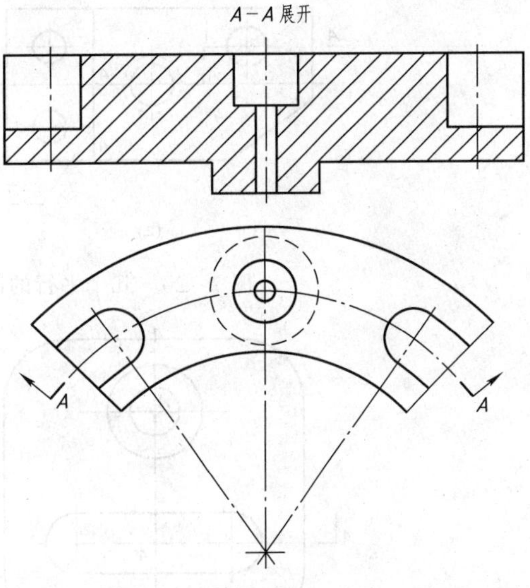

图 7-18　单一剖切柱面

2. 几个平行的剖切面

几个平行的剖切面是指两个或两个以上平行的剖切平面,并且要求各剖切面的转折处必须是直角。如图 7-19 所示是机件采用三个平行的剖切平面剖切而获得的剖视图。

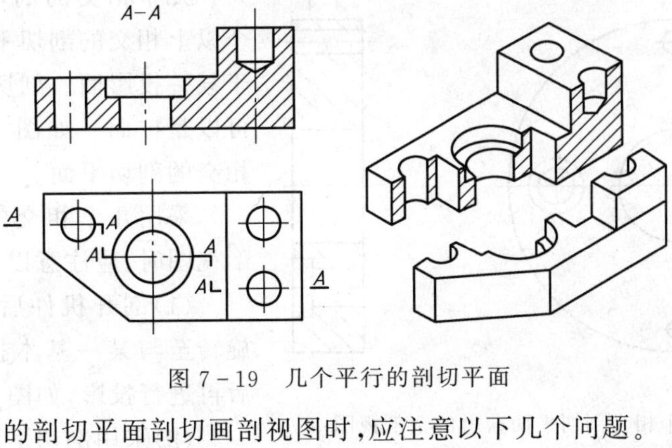

图 7-19　几个平行的剖切平面

采用几个平行的剖切平面剖切画剖视图时,应注意以下几个问题。

(1)不应在剖视图中画出各剖切平面转折处的投影,同时剖切平面转折处也不应与图形中的轮廓线重合,如图 7-20(a)所示。

(2)选择剖切平面位置时,应注意在图形上不应出现不完整要素,如图 7-20(b)所示。

(3)当两个要素在图形上具有公共对称中心线或轴线时,可以以对称中心线或轴线为界各画一半,剖面区域中剖面线间隔应一致,如图 7-21 所示。

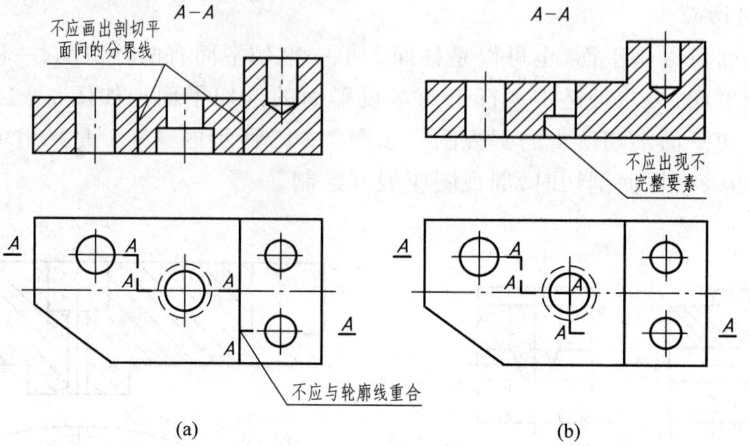

图 7-20　几个平行的剖切平面剖切时应注意的问题

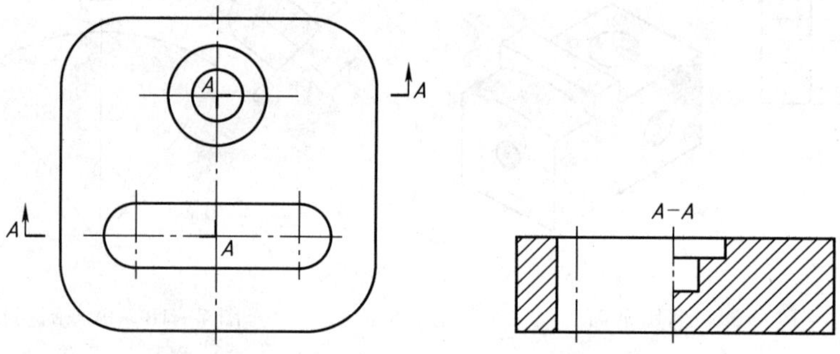

图 7-21　具有公共对称中心线时各剖一半的画法

3. 几个相交的剖切面(交线垂直于某一投影面)

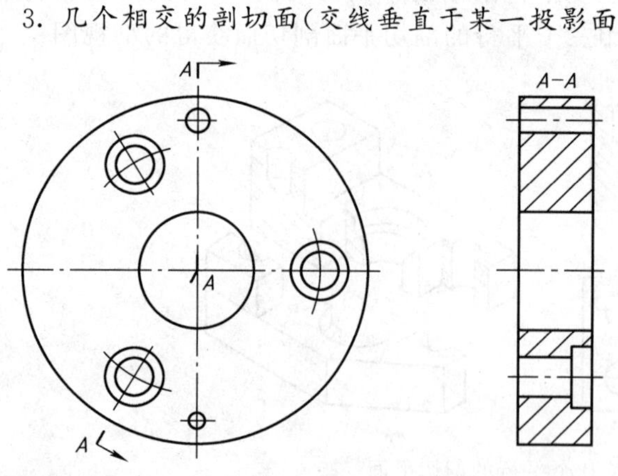

图 7-22　两个相交剖切平面获得的全剖视图

几个相交的剖切面是指两个或两个以上相交的剖切平面,并且交线垂直于某一投影面。剖切面可以是平面,也可以是柱面。如图 7-22 所示为两个相交的剖切平面。

采用几个相交的剖切平面剖切画剖视图时,应注意以下几个问题。

(1)剖开机件后,必须将倾斜表面旋转至与某一基本投影面平行的位置后再进行投影,如图 7-22 所示。

(2)采用剖切平面后的结构仍按原

来位置投影，如图 7－23 中的倾斜油孔。

(3)用几个两两相交的剖切平面剖切机件，剖视图上应注明“×-×展开”，如图 7－24 所示。

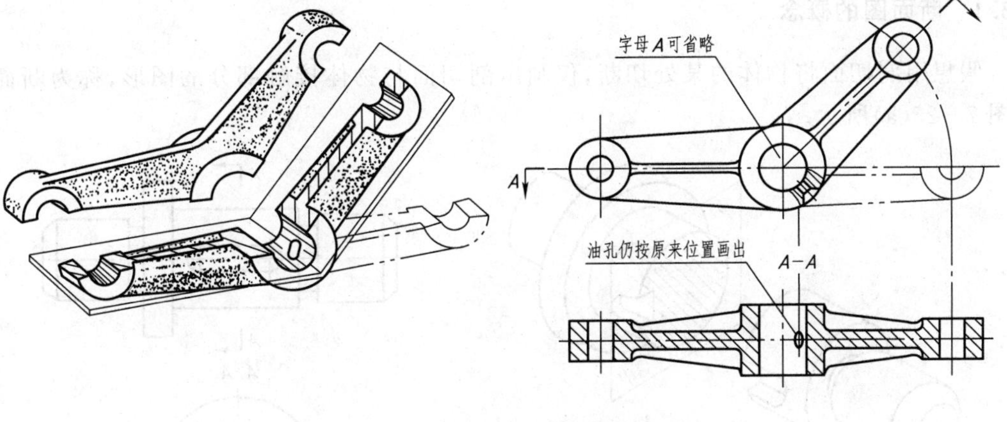

图 7－23　采用剖切平面后机构的画法

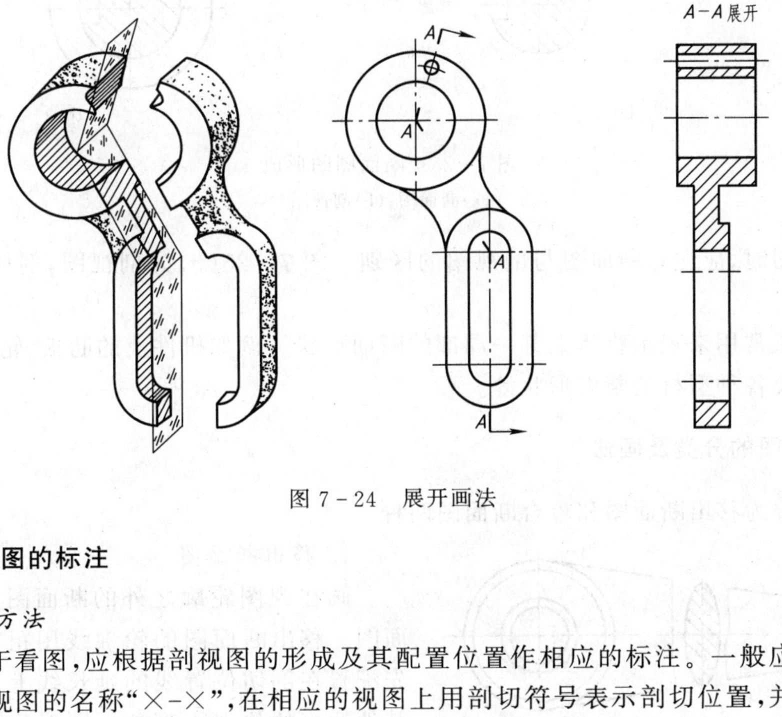

图 7－24　展开画法

7.2.4　剖视图的标注

1. 标注方法

为了便于看图，应根据剖视图的形成及其配置位置作相应的标注。一般应在剖视图的上方标注剖视图的名称“×-×”，在相应的视图上用剖切符号表示剖切位置，并标注相同的字母，如图 7－10 所示。

2. 标注的省略

(1)当单一剖切平面通过物体的对称平面或基本对称平面，且剖视图按投影关系配置，中间又没有其他图形隔开时，可省略标注，如图 7－9(b)所示。

(2)当剖切平面的剖切位置明显时，局部剖视图的标注可省略，如图 7－16 所示。

(3)当剖视图按投影关系配置，中间又没有其他图形隔开时，可省略箭头，如图 7－17 所示。

7.3 断 面 图

7.3.1 断面图的概念

假想用剖切面将物体的某处切断,仅画出剖切面与物体接触部分的图形,称为断面图,如图 7-25(a)所示。

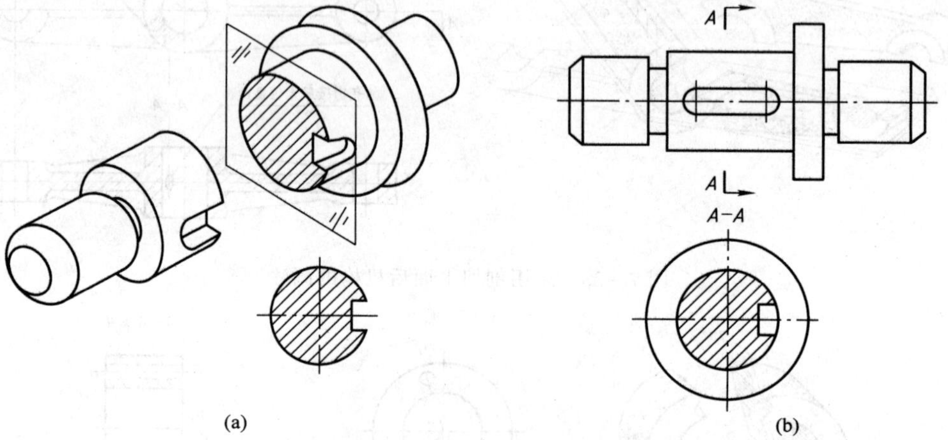

图 7-25 断面图的形成

(a)断面图;(b)剖视图

画断面图时,应注意断面图与剖视图的区别。图 7-25(b)为剖视图,剖切面后面部分也应画出。

断面图通常用来表示物体上某一局部的断面形状。例如机件上的肋板、轮辐,轴上的键槽、孔、凹坑及各种型材的断面形状等。

7.3.2 断面图的分类及画法

断面图分为移出断面图和重合断面图两种。

1. 移出断面图

画在视图轮廓之外的断面图,称为移出断面图。移出断面图的轮廓线用粗实线画出,优先配置在剖切位置线的延长线上,也可配置在其他适当的位置。当断面图对称时,也可配置在视图的中断处,如图 7-26 所示。

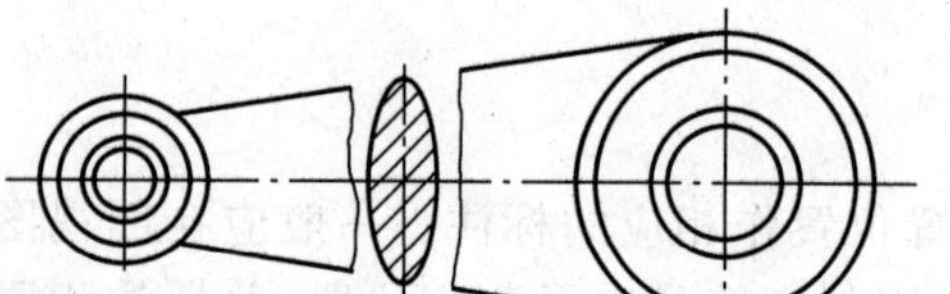

图 7-26 画在视图中断处的断面图

画移出断面图时,应注意以下几点。

(1)当剖切平面通过由回转面形成的孔或凹坑的轴线时,这些结构应按剖视图绘制,如图 7-27所示。

(2)由两个或两个以上相交的剖切平面剖切所得的移出断面图,中间一般应断开绘制,如图 7-28所示。

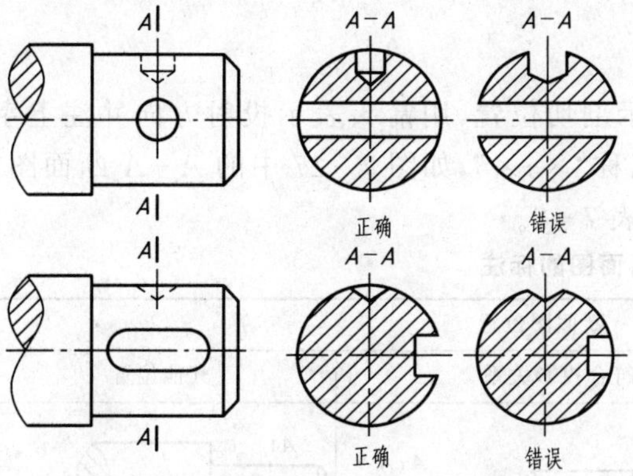

图 7-27　按剖视图绘制的断面图

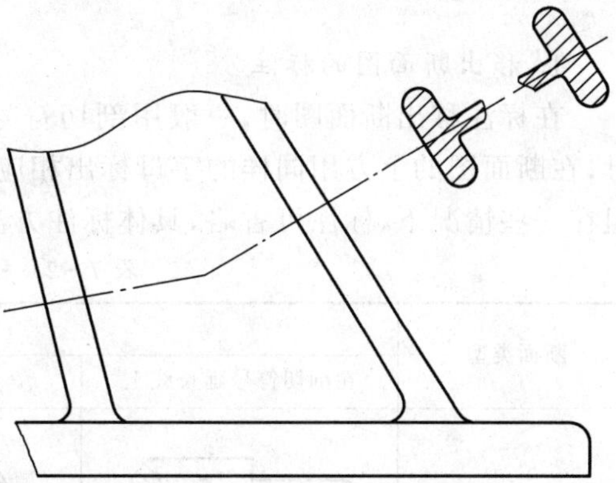

图 7-28　两个相交剖切面剖切的移出断面图

(3)当剖切平面通过非圆孔,导致出现完全分离的两个断面图时,应按剖视图绘制,如图 7-29 所示。

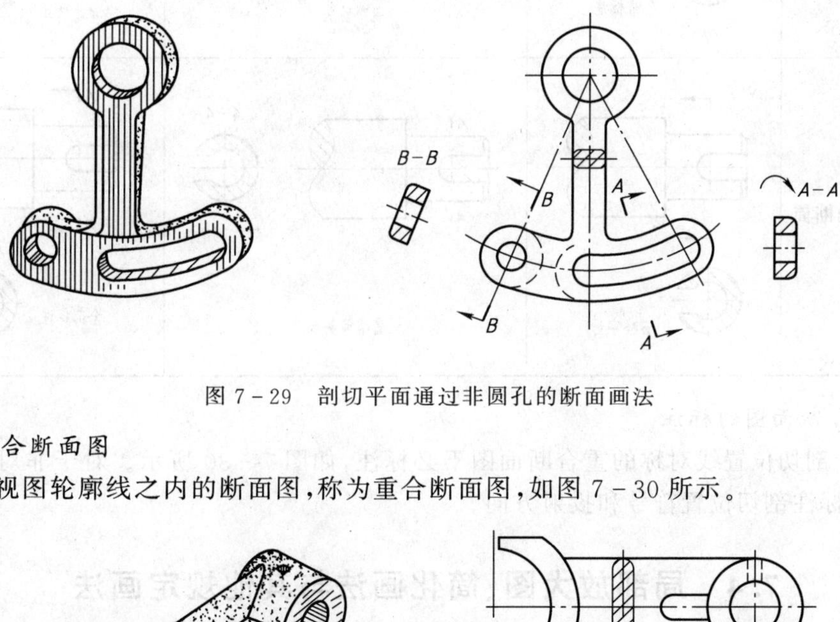

图 7-29　剖切平面通过非圆孔的断面画法

2. 重合断面图

画在视图轮廓线之内的断面图,称为重合断面图,如图 7-30 所示。

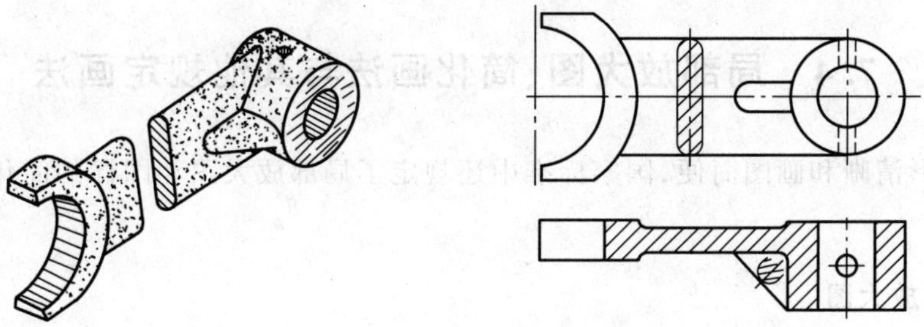

图 7-30　重合断面图的画法(一)

重合断面图的轮廓线用细实线绘制。当视图中的轮廓线与重合断面图的轮廓线重叠时,视图中的轮廓线应连续画出,不可间断,如图 7-31 所示。

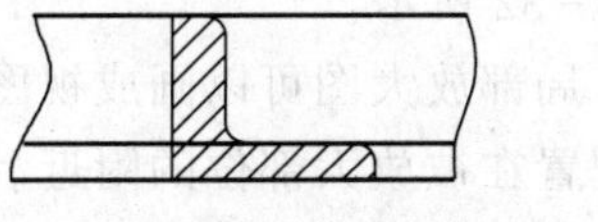

图 7-31　重合断面图的画法(二)

7.3.3 断面图的标注

1. 移出断面图的标注

在标注移出断面图时，一般用剖切符号表示剖切位置，用箭头表示投射方向并注上字母，在断面图的上方用同样的字母标出相应的名称“×-×”，如图 7-27 中的 $A-A$ 断面图。但在一些情况下，标注可省略，具体标注方法见表 7-2。

表 7-2 移出断面图的标注

断面类型	断面图位置		
	在剖切符号延长线上	符合投影关系	其他位置
对称的移出断面	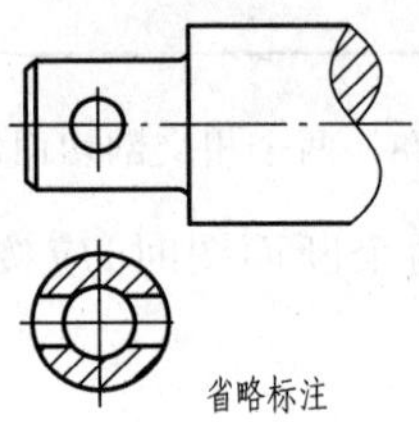 省略标注	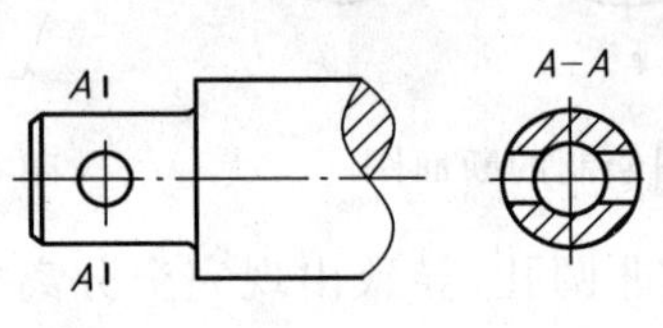 省略箭头	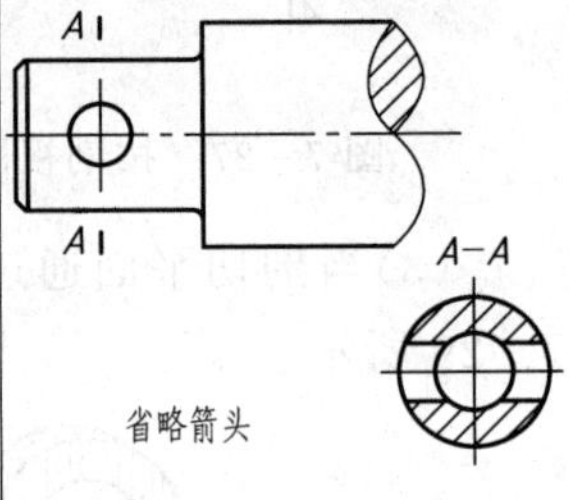 省略箭头
不对称的移出断面	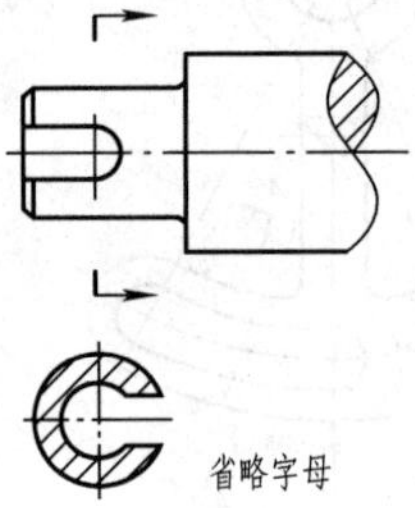 省略字母	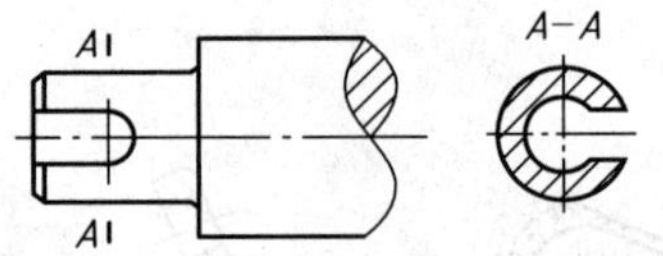 省略箭头	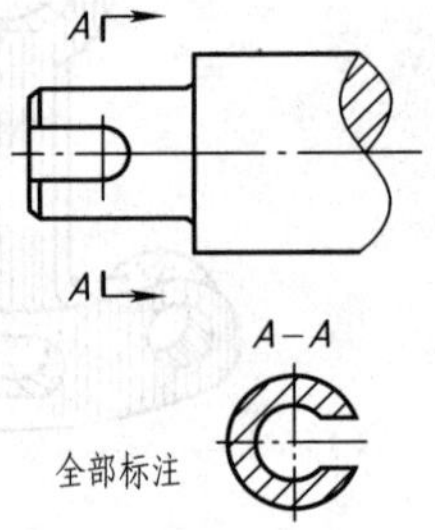 全部标注

2. 重合断面图的标注

相对于剖切位置线对称的重合断面图不必标注，如图 7-30 所示。对于非对称的重合断面图，应标注剖切位置符号和投射方向。

7.4 局部放大图、简化画法与其他规定画法

为使图形清晰和画图简便，国家标准中还规定了局部放大图和图样的简化画法，供绘图时选用。

7.4.1 局部放大图

将图样中所表示物体的部分结构，用大于原图的比例绘出的图形，称为局部放大图，如图 7-32 所示。

局部放大图可以画成视图、剖视图、断面图的形式，与被放大部分的表示形式无关，并尽量配置在被放大部位的附近。

画局部放大图时，应注意以下几点。

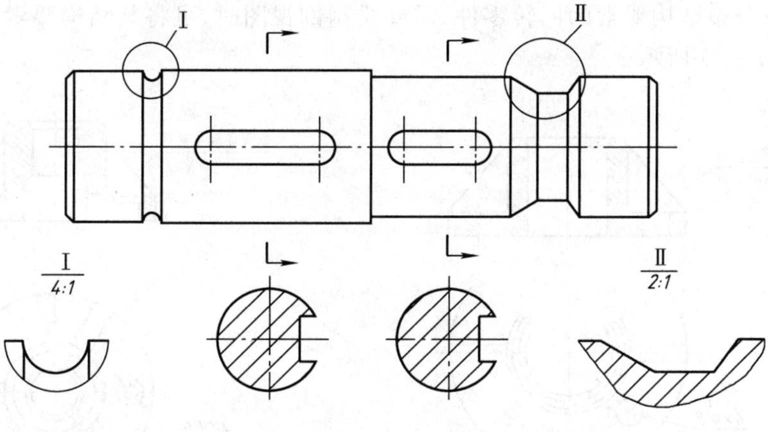

图 7－32　局部放大图(一)

(1)用细实线圈出被放大的部位，当同一机件上有多处需要放大时，必须用罗马数字依次标明被放大的部位，并在局部放大图上方标出相应的罗马数字和所采用的比例，如图 7－32 所示。若只有一处被放大时，只需在局部放大图上方注明所采用的比例，如图 7－33 所示。

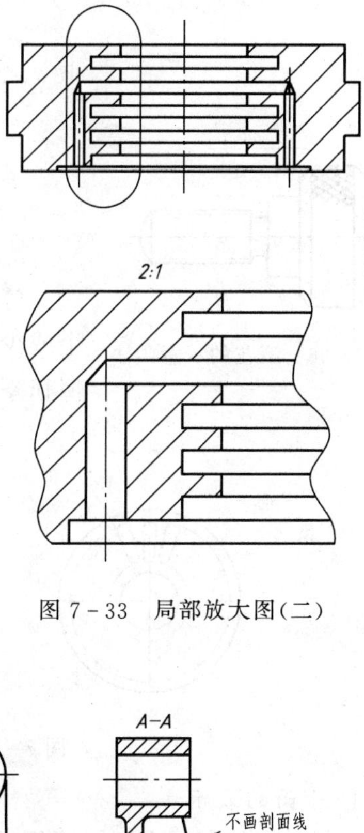

图 7－33　局部放大图(二)

(2)同一机件上不同部位的局部放大图，当图形相同或对称时，只需画出一个。

(3)必要时，可用几个图形来表达同一个被放大部位的结构。

7.4.2　简化画法与其他规定画法

1. 机件上的肋、轮辐等结构的画法

对于机件上的肋、轮辐及薄壁等，如按纵向剖切，这些结构都不画剖面符号，用粗实线将它与相邻接部分分开即可，如图 7－34 所示。

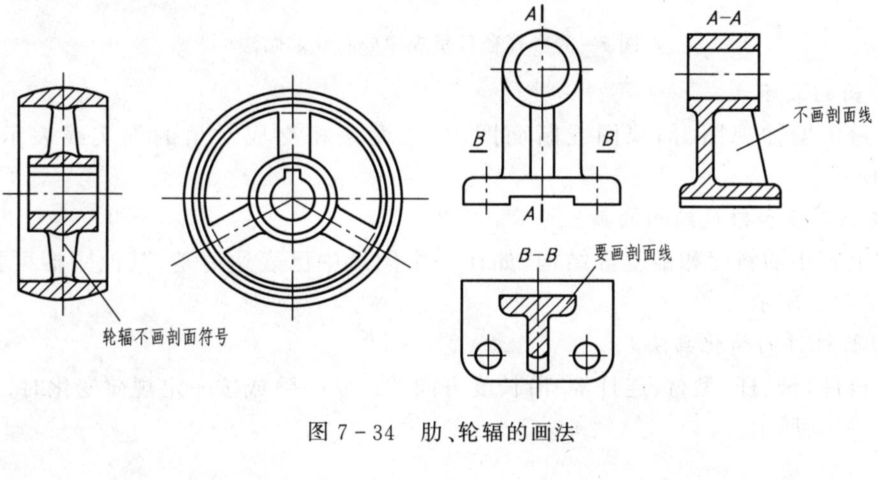

图 7－34　肋、轮辐的画法

带有均匀分布结构要素的回转零件，需要绘制剖视图时，可将其结构要素转到剖切平面上绘制，如图 7－35 所示。

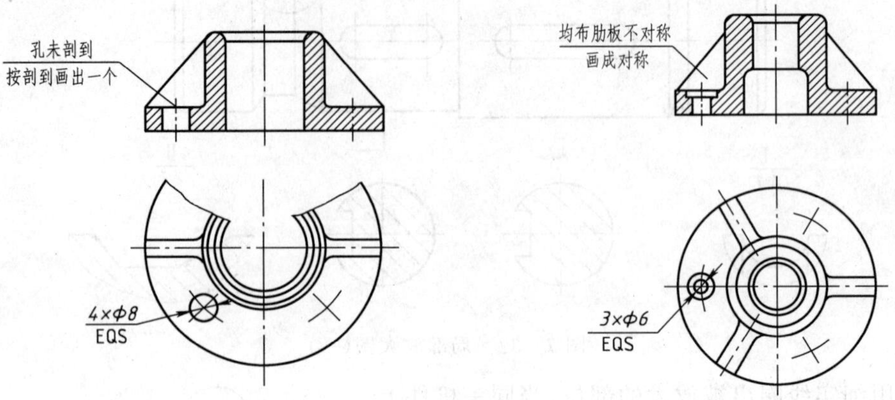

图 7－35　回转体上均布的肋、孔的画法

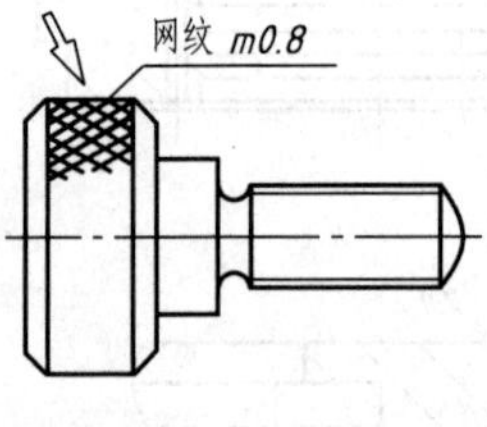

图 7－36　滚花的示意画法

2. 网状结构的画法

滚花、槽沟等网状结构一般用细实线将局部表达出来，如图 7－36 所示。

3. 等径且呈规律分布的孔的画法

等径且呈规律分布的孔(圆孔、螺孔、沉孔等)，可以仅画一个或少量几个，其余只需用细实线或细点画线表示其中心位置，但在零件图中要注明孔的总数，如图 7－37 所示。

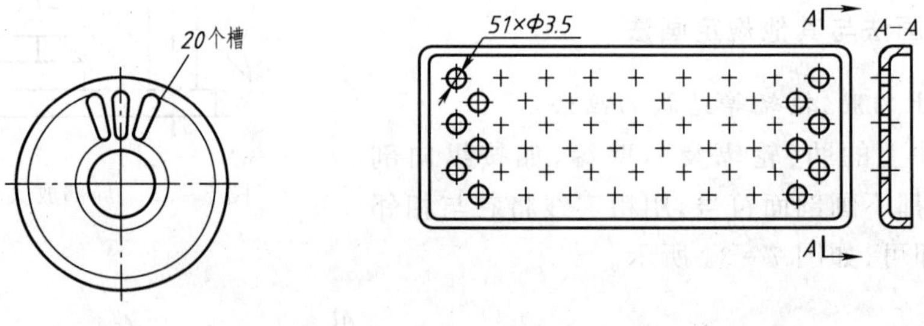

图 7－37　等径且呈规律分布孔的画法

4. 平面的表示法

为了避免增加视图、剖视图或断面图，可用两条相交成对角的细实线表示平面，如图 7－38所示。

5. 较小斜度和锥度结构的画法

机件上较小的斜度和锥度等结构，如在一个图形中已表达清楚，其他图形可按小端画出，如图 7－39 所示。

6. 较长机件的简化画法

较长机件(轴、杆、型材、连杆等)沿长度方向的形状一致或按一定规律变化时，可断开绘制，如图 7－40 所示。

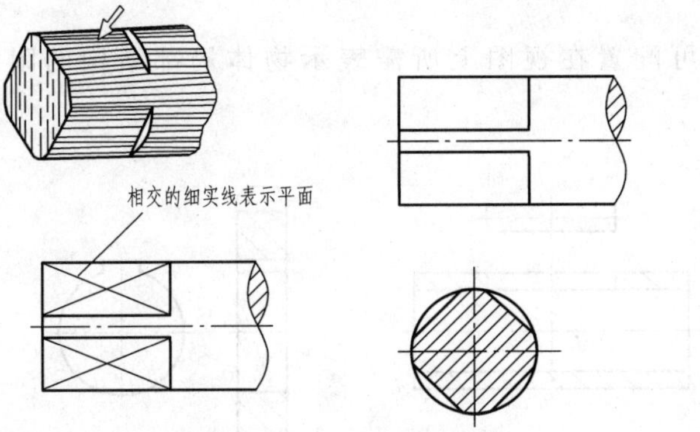

图 7－38　平面的表示

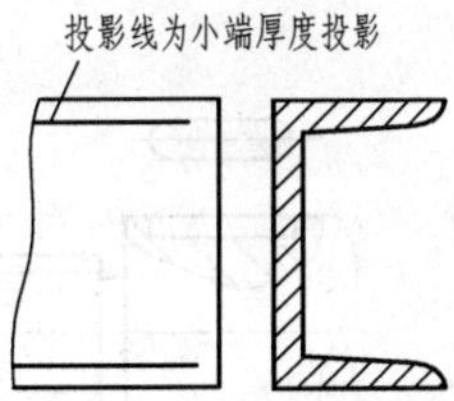

图 7－39　较小斜度结构的画法

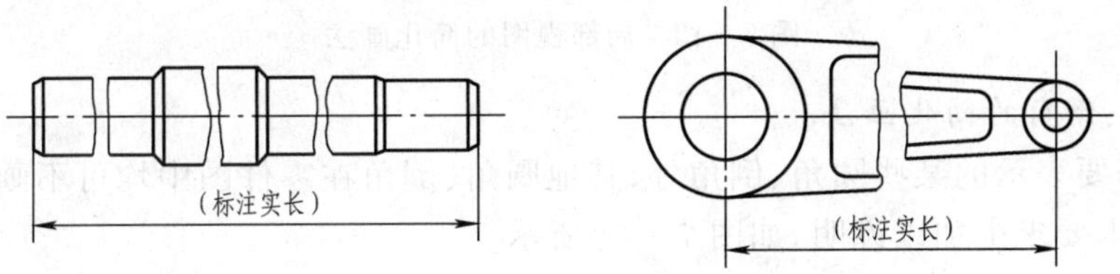

图 7－40　较长机件的简化画法

7. 对称机件的简化画法

在不致引起误解时，对称机件的视图可以只画一半或四分之一，并在对称中心线的两端画两条与其垂直的平行细实线，如图 7－41 所示。

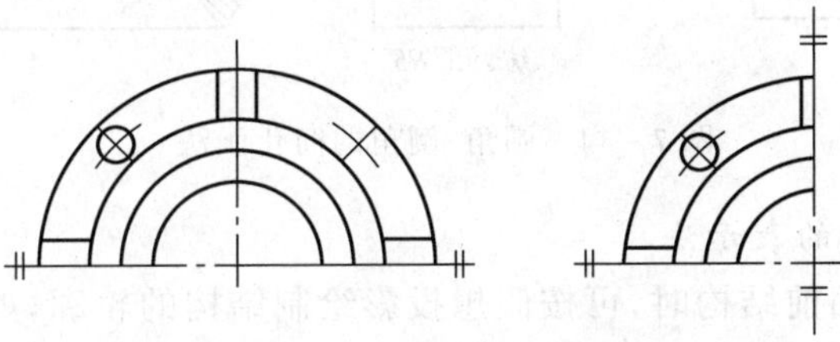

图 7－41　对称机件的简化画法

8. 移出断面图的简化画法

在不致引起误解时，零件图中的移出断面图允许省略剖面符号，但剖切符号和断面图的名称必须按照断面图的标注规则标出，如图 7－42 所示。

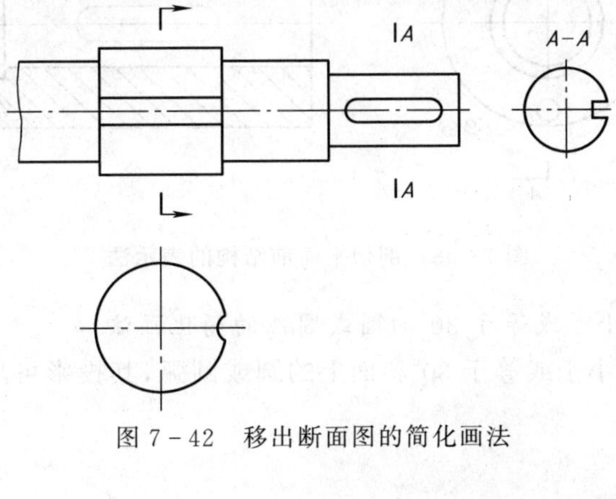

图 7－42　移出断面图的简化画法

9. 局部视图的简化画法

零件上对称结构的局部视图可配置在视图上所需表示物体局部结构的附近,如图 7-43所示。

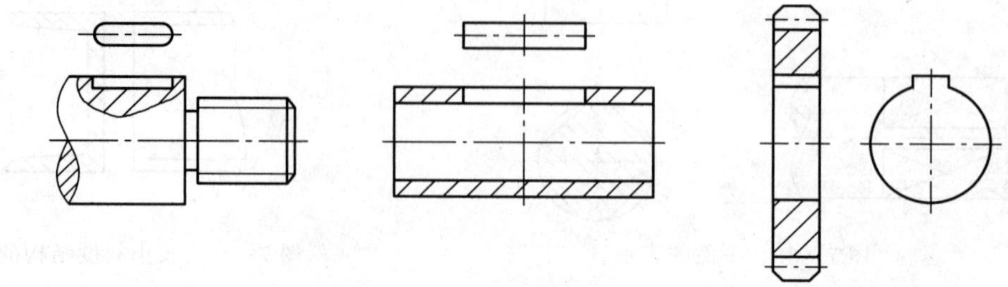

图 7-43　局部视图的简化画法

10. 圆角、倒角的简化画法

除确属需要表示的某些圆角、倒角外,其他圆角、倒角在零件图中均可不画,但必须注明尺寸,或在技术要求中加以说明,如图 7-44 所示。

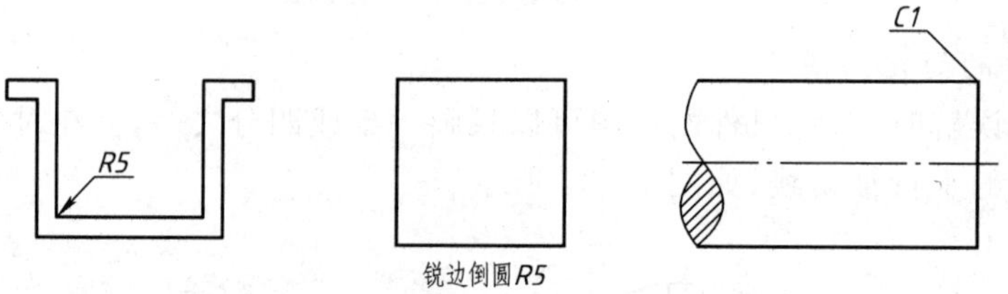

图 7-44　圆角、倒角的简化画法

11. 剖切平面前结构的表示法

在需要表示剖切平面前结构时,可按假想投影绘制结构的轮廓,如图 7-45 所示。

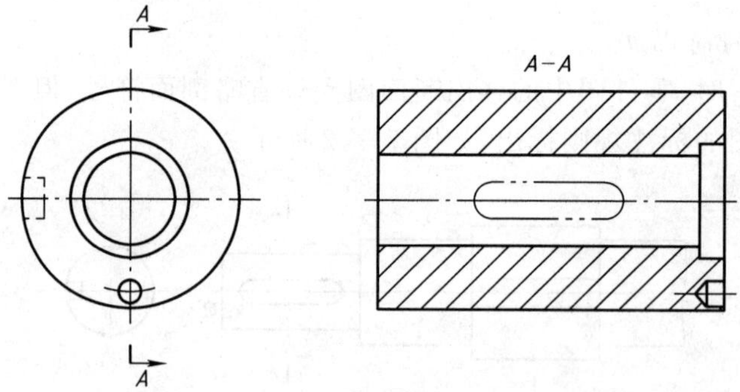

图 7-45　剖切平面前结构的表示法

12. 与投影面倾角小于或等于 30°的圆或圆弧的简化画法

与投影面倾斜角度小于或等于 30°斜面上的圆或圆弧,其投影可用圆或圆弧代替,如图 7-46 所示。

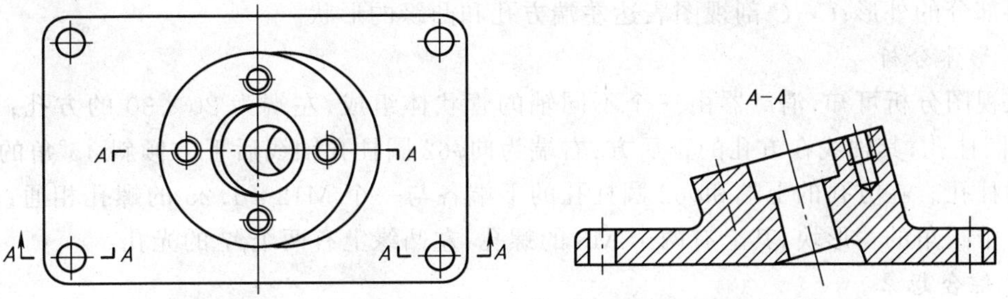

图 7-46　与投影面倾角小于或等于 30°的圆或圆弧的投影

7.5　综合应用举例

绘制机械图样时，在完整、清晰地表达机件各部分结构形状的前提下，力求简便。为此，应根据机件的结构特点，正确、灵活、综合地运用前面所学的视图、剖视图、断面图等各种表示方法把机件表达出来。

下面以单缸汽油机消声器为例，讨论其表达方法。

如图 7-47 所示为单缸汽油机消声器的综合表达方案。通过识读该图，学会分析、识读复杂零件的方法和步骤，并从中学习如何灵活运用各种表达方法，完整、清晰、简练地表达机件的形状。

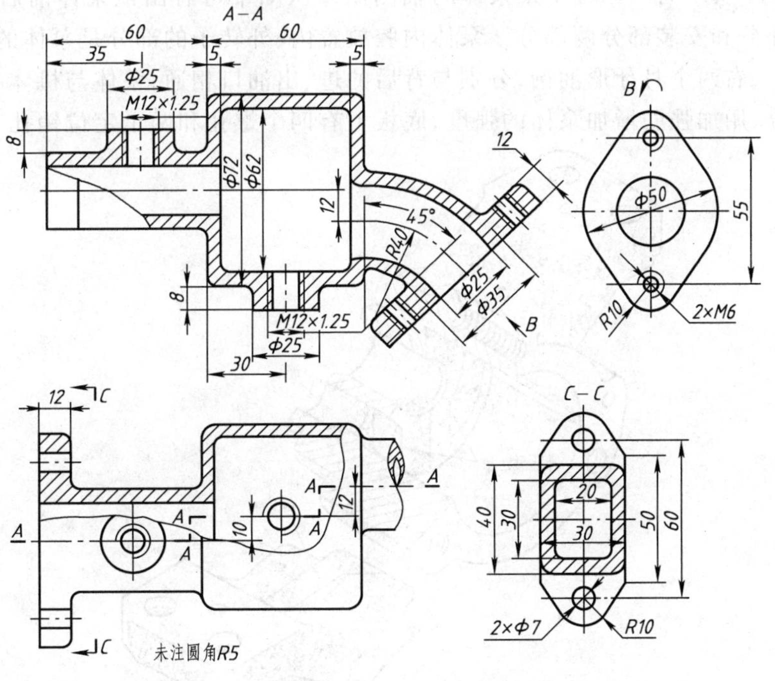

图 7-47　单缸汽油机消声器的表达方案

1. 视图分析

该零件用四个图形表达，从俯视图上的剖切标注可知，主视图采用阶梯局部剖视图，重点表达消声器的内部形状及左、中、右三部分的上下和左右位置；俯视图采用局部剖视图，进一步表达左端和中间部分的内外结构形状和左、中、右三部分的前后位置；B 斜视图表达右端倾斜部分的外形;$C-C$ 剖视图表达左端方孔和凸缘的形状。

2. 形体分析

从视图分析可知,消声器由三个不同轴的管状体组成,左端为 20×30 的方孔;中间为 $\phi62$ 的圆柱孔,其轴线在方孔的正后方;右端为向 $\phi62$ 圆柱孔轴线后下方倾斜 45°角的 $\phi25$ 的弯曲圆柱孔。在方孔的上端和 $\phi62$ 圆柱孔的下端各与一个 M12×1.25 的螺孔相通;右连接板为一带圆角的菱形块,其上有两个 M6 的螺孔;左凸缘上有两个 $\phi7$ 的光孔。

3. 综合想象

经综合想象,消声器的整体形状用四个图形表达得十分清楚。如图 7-48 所示为该零件剖切后的轴测图。

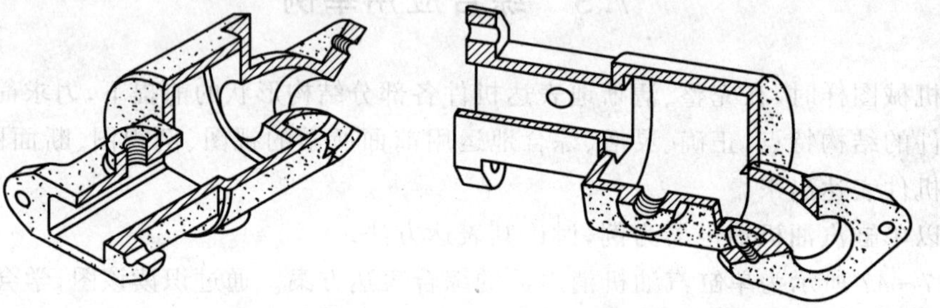

图 7-48 单缸汽油机消声器的轴测图

如图 7-49 所示为汽车转子泵泵体的轴测图。从图中可看出该泵体前后对称,泵体主要分为工作部分和安装部分两部分。泵体内腔放置内、外转子的部分是泵体的工作部分,内腔底壁上有左、右两个月牙形油槽,分别与背后的进、出油口相通;泵体与机体相连接的上底板是安装部分,用加强肋增加泵体的强度,底板上有四个螺孔和两个定位销孔。

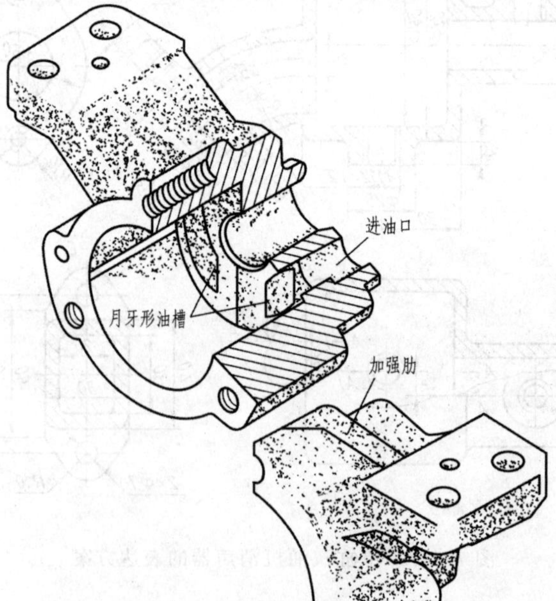

图 7-49 汽车转子泵泵体的轴测图

如图 7-50 所示为泵体的三视图，以能同时显示主体和底板结构形状特征的视图作为主视图；左视图采用全剖视图，反映了泵体内部的形状；俯视图表示底板的外形及底板上各个孔的形状和位置，同时反映出加强肋的前后位置；在主视图中用局部视图表示底板上孔的结构，用重合断面表示加强肋的形状。

对于月牙形油槽和进、出油孔的结构，只有在主视图上能反映出它们的轮廓形状；油槽和油孔的深度以及它们连接情况，在基本视图上均不能表达清楚，因此，通过泵体衬套孔轴线和油孔轴线的局部斜剖视图 $A-A$ 来表示。此外，用局部视图 B 来表达泵体后端面的外形轮廓以及连接用螺孔的位置。这样就完整地表达了泵体的形状。

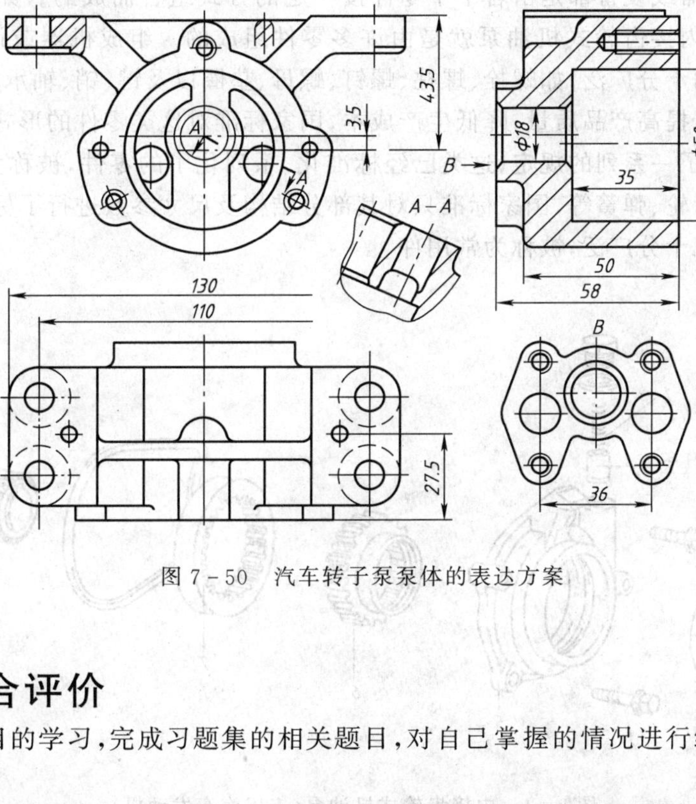

图 7-50　汽车转子泵泵体的表达方案

综合评价

通过本项目的学习，完成习题集的相关题目，对自己掌握的情况进行综合评价，完成下表。

评价内容	评价标准	个人评价	教师评价
基本视图	A. 优　B. 良　C. 中　D. 及格		
向视图	A. 优　B. 良　C. 中　D. 及格		
局部视图	A. 优　B. 良　C. 中　D. 及格		
斜视图	A. 优　B. 良　C. 中　D. 及格		
剖视图的概念及画法	A. 优　B. 良　C. 中　D. 及格		
剖视图的种类	A. 优　B. 良　C. 中　D. 及格		
剖切面的种类	A. 优　B. 良　C. 中　D. 及格		
移出断面图	A. 优　B. 良　C. 中　D. 及格		
重合断面图	A. 优　B. 良　C. 中　D. 及格		
局部放大图	A. 优　B. 良　C. 中　D. 及格		
简化画法	A. 优　B. 良　C. 中　D. 及格		

任务八　标准件和常用件

任务描述

任何一台机器或设备都是由若干个零件按一定的方式组合而成的。如图 8－1 所示的丰田汽车发动机内接齿轮式机油泵就是由许多零件组成的。组成机器或设备的众多零件中,有些零件应用十分广泛,如螺栓、螺柱、螺钉、螺母、垫圈以及键、销、轴承等。为了适应专业化大批量生产,提高产品质量,降低生产成本,国家标准对这类零件的形式、结构、尺寸、精度以及画法等作了一系列的规定,这类已经标准化、系列化了的零件,被称为标准件。另外有一些零件,如齿轮、弹簧等,国家标准只对其部分结构及尺寸参数进行了标准化,这些零件结构典型,应用也十分广泛,被称为常用件。

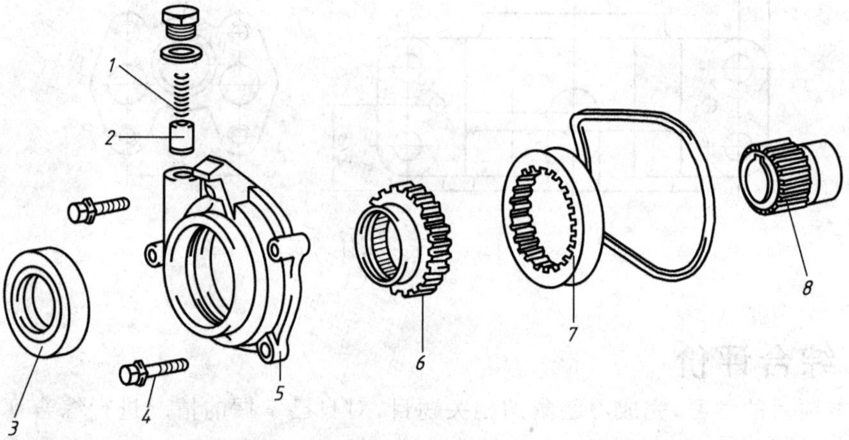

图 8－1　内接齿轮式机油泵(丰田汽车发动机)

1—溢流阀弹簧;2—溢流阀柱塞;3—曲轴前油封;4—紧固螺栓;

5—机油泵体;6—主动外齿轮;7—从动内齿轮;8—花键套

通过本任务的学习,将了解标准件和常用件的基本知识、规定画法、标记和有关标准的查表方法等内容。

任务目标

(1)掌握常用螺纹紧固件的标记及其连接装配图的画法;

(2)了解普通平键和销的标记及其连接装配图的画法;

(3)掌握直齿圆柱齿轮的画法、尺寸注法及其啮合画法;

(4)了解滚动轴承的简化画法、规定画法及其标记格式。

相关知识

8.1　螺纹和螺纹紧固件

8.1.1　螺纹的基本知识

螺纹是指在圆柱或圆锥表面上，沿螺旋线所形成的具有相同断面的连续凸起和凹陷，凸起部分一般称为“牙”，凹陷部分称为螺纹沟槽。实际上可认为螺纹是由平面图形绕和它共平面的回转轴线作螺旋运动时的轨迹。在圆柱或圆锥外表面上形成的螺纹称为外螺纹；在圆柱或圆锥内表面上形成的螺纹称为内螺纹，如图8－2所示。

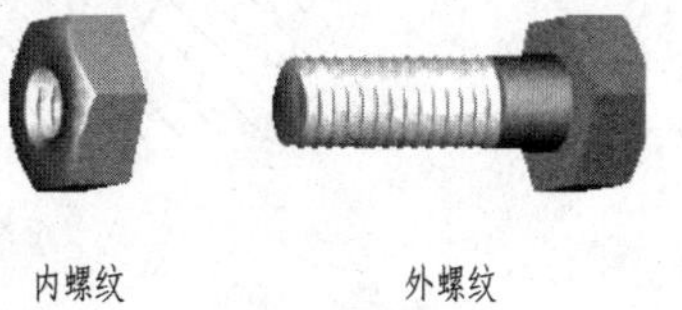

图 8－2　螺纹

螺纹的加工方法比较多，常见的是用车床加工，或用丝锥、板牙加工，如图 8－3 所示。

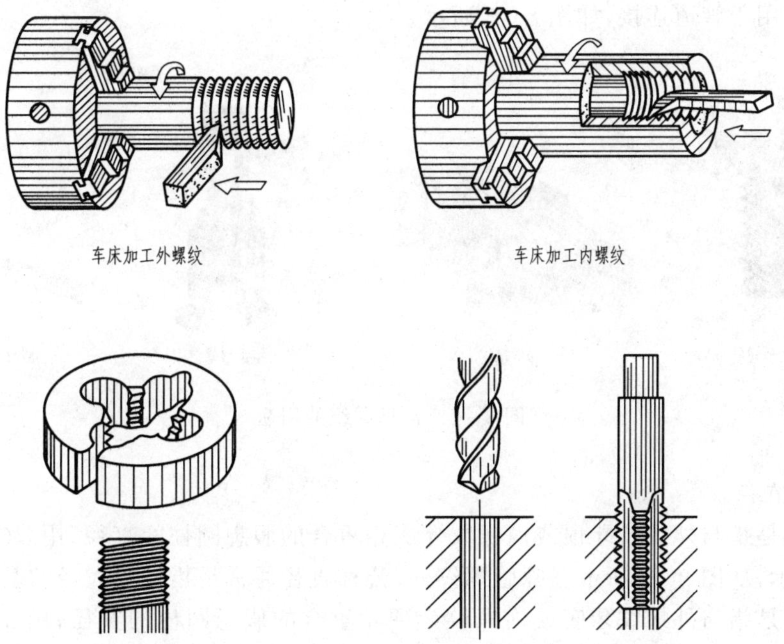

图 8－3　螺纹的加工方法

螺纹的要素有：牙型、直径、线数、螺距和旋向。

1. 螺纹牙型

在通过螺纹轴线的断面上，螺纹的轮廓形状，称为螺纹牙型。它有三角形(60°、55°)、梯形、锯齿形和矩形等，常见的螺纹牙型如图 8－4 所示。

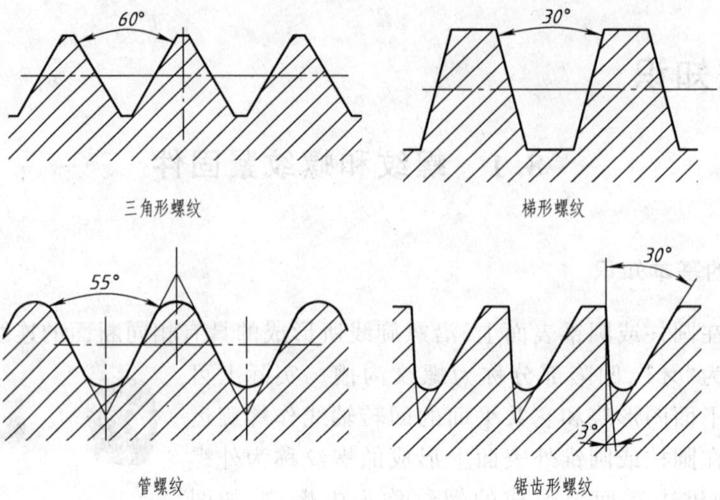

图 8-4　常见螺纹牙型

螺纹主要用于连接和传动。不同的螺纹牙型,有不同的用途。如三角形螺纹称为普通螺纹,用于连接;梯形螺纹一般用于承受双向载荷的传动;锯齿形螺纹用于承受单向载荷的传动;管螺纹用于管道连接,如图 8-5 所示。

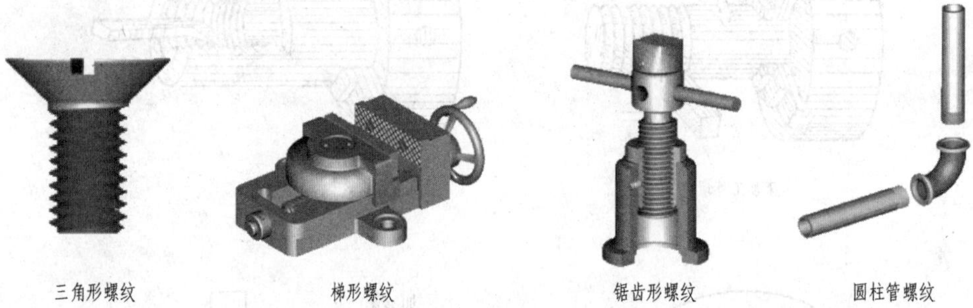

图 8-5　常见螺纹的用途

2. 螺纹直径

(1)大径是指与外螺纹牙顶或内螺纹牙底相重合的假想圆柱的直径,用 d(外螺纹)或 D(内螺纹)表示,如图 8-6 所示。除管螺纹外,公称直径通常是指螺纹大径的基本尺寸。

(2)小径是指与外螺纹牙底或内螺纹牙顶相重合的假想圆柱的直径,用 d_1(外螺纹)或 D_1(内螺纹)表示,如图 8-6 所示。

(3)中径是在大径与小径之间假想圆柱的直径,在该圆柱的母线上牙型的沟槽和凸起宽度相等。此假想圆柱称为中径圆柱,其直径称为中径,用 d_2(外螺纹)或 D_2(内螺纹)表示,如图 8-6 所示。中径是控制螺纹精度的主要参数之一。

3. 螺纹线数(n)

螺纹有单线(常用)和多线之分,沿一条螺旋线形成的螺纹为单线螺纹;沿两条或两条以上轴向等距分布的螺旋线形成的螺纹为多线螺纹,如图 8-7 所示。

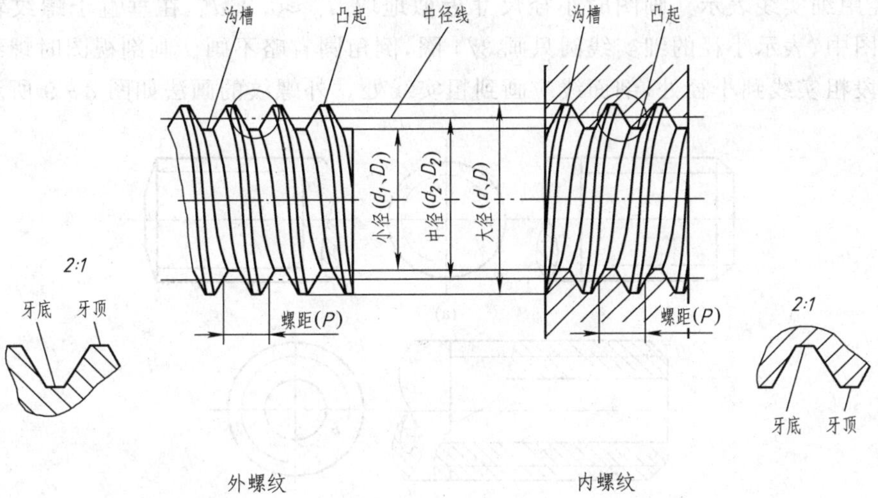

图 8-6　螺纹直径

4. 螺纹螺距(P)和导程(P_h)

螺纹相邻两牙在中径线上对应两点间的轴向距离，称为螺距，用 P 表示；同一条螺旋线上相邻两牙在中径线上对应两点间的轴向距离，称为导程，用 P_h 表示。如图 8-7 所示，螺距和导程的关系为：单线螺纹，$P_h=P$；多线螺纹，$P_h=nP$。

5. 螺纹旋向

螺纹分右旋和左旋两种。顺时针旋转时为旋入的螺纹，称为右旋螺纹；逆时针旋转时为旋入的螺纹，称为左旋螺纹，如图 8-8 所示。工程上常用右旋螺纹，即顺时针旋转为拧紧。

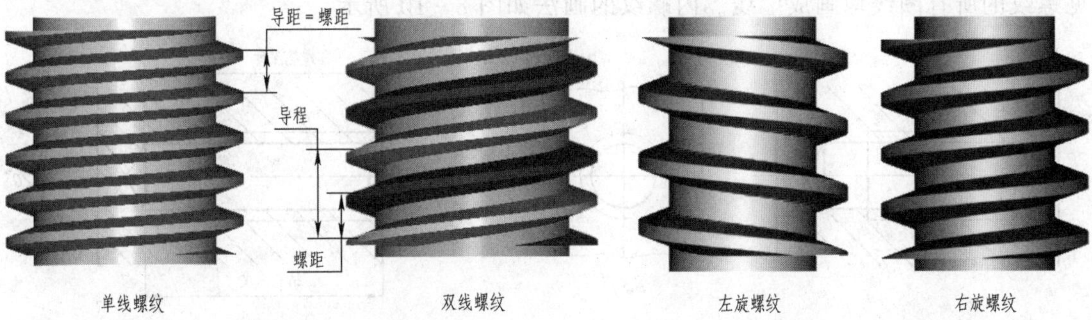

图 8-7　螺纹的线数、螺距和导程　　　　图 8-8　螺纹旋向

国家标准对螺纹的牙型、大径和螺距作了统一规定，凡是这三项要素均符合国家标准的螺纹称为标准螺纹；只有牙型符合国家标准的螺纹称为特殊螺纹；连牙型也不符合国家标准的螺纹称为非标准螺纹。

8.1.2　螺纹的规定画法

机械制图国家标准(GB/T 4459.1—1995)对螺纹画法作了详细的规定。

1. 外螺纹的画法

外螺纹不论其牙型如何，大径及螺纹终止线用粗实线表示，螺杆的倒角或倒圆部分也应画出;小径用细实线表示。画图时小径尺寸近似地取 $d_1 \approx 0.85d$。在垂直于螺纹轴线投影面上的视图中,表示小径的细实线圆只画 3/4 圈,倒角圆省略不画。画剖视图时螺纹终止线只画一小段粗实线到小径处,剖面线应画到粗实线处。外螺纹的画法如图 8-9 所示。

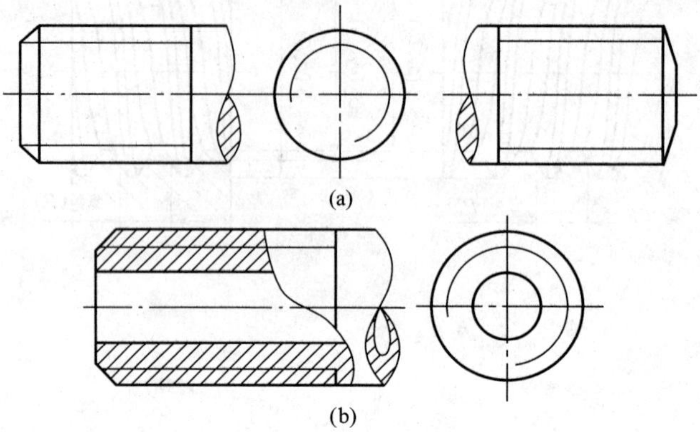

图 8-9　外螺纹的画法

(a)视图的画法;(b)剖视图的画法

2. 内螺纹的画法

内螺纹的剖视图,在投影为非圆的视图中,小径用粗实线表示,大径用细实线表示;在投影为圆的视图中,表示大径的细实线圆只画 3/4 圈,倒角圆省略不画,螺纹的终止线用粗实线表示,剖面线画到粗实线处。绘制不穿通的螺纹时,应将螺纹孔和钻孔深度分别画出,一般钻孔应比螺纹孔深约 $0.2D \sim 0.5D$(D 为螺纹大径),钻孔底部的锥角应画成 120°。不可见螺纹的所有图线均画成虚线。内螺纹的画法如图 8-10 所示。

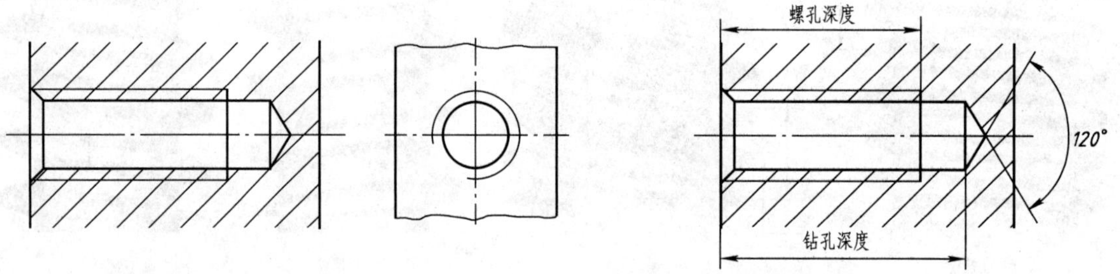

图 8-10　内螺纹的画法

3. 内外螺纹连接的画法

以剖视图表示内外螺纹连接时,其旋合部分按外螺纹的画法表示,其余部分仍按各自的规定画法表示。要注意的是,要使内外螺纹的大小径对齐。在剖视图中,剖面线应画到粗实线处。内外螺纹连接的画法如图 8-11 所示。

8.1.3　螺纹的代号及标注

螺纹按国家标准的规定画法画出后,图上并未标明牙型、公称直径、螺距、线数和旋向等要素,因此,需要用标注代号或标记的方式来说明。

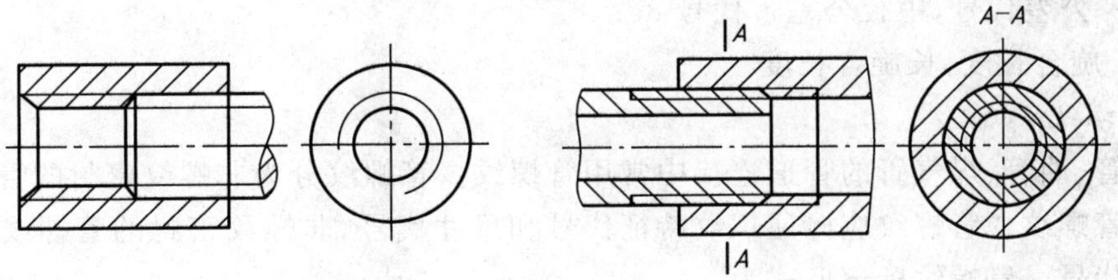

图 8-11　内外螺纹连接的画法

1. 普通螺纹

普通螺纹的牙型角为 60°，有粗牙和细牙之分。

螺纹代号：粗牙普通螺纹用特征代号“M”及“公称直径”表示；细牙普通螺纹用特征代号“M”及“公称直径×螺距”表示。当螺纹为左旋时，用代号“LH”表示；右旋省略标注。普通螺纹标记的形式为：

[螺纹特征代号] [公称直径×螺距] [旋向] - [中径公差带代号] [顶径公差带代号] - [旋合长度代号]

标注时应注意：粗牙螺纹不标注螺距。

旋合长度是指内外螺纹旋合在一起的有效长度，分为短、中、长三种，分别用代号“S”、“N”、“L”表示，相应的长度可根据螺纹公称直径及螺距从标准中查出。当旋合长度为中时，“N”可省略。

例 1：描述 M10×1LH-5g6g-S 各部分含义。

解：M——螺纹特征代号，普通螺纹；

10——公称直径，10 mm；

1——螺距，1 mm，细牙普通螺纹；

LH——旋向，左旋；

5g6g——公差带代号，中径公差带代号 5g，顶径公差带代号 6g；

S——旋合长度，短旋合长度。

2. 梯形和锯齿形螺纹

梯形螺纹用来传递双向动力，其牙型角为 30°，不按粗细牙分类；锯齿形螺纹用来传递单向动力。梯形螺纹和锯齿形螺纹只标注中径公差带代号；旋合长度只分为“N”、“L”两组，当旋合长度为“N”时不标注。梯形螺纹的标记形式如下。

单线格式：

[螺纹特征代号] [公称直径×螺距] [旋向] - [中径公差带代号] - [旋合长度代号]

多线格式：

[螺纹特征代号] [公称直径×导程(P螺距)] [旋向] - [中径公差带代号] - [旋合长度代号]

例 2：描述 Tr40×14(P7)LH-8e-L 各部分含义。

解：Tr——螺纹特征代号，梯形螺纹；

40——公称直径，40 mm；

14(P7)——导程，14 mm，螺距 7 mm，双线螺纹；

LH——旋向，左旋；

8e——公差代号,中径公差带代号 8e;

L——旋合长度,长旋合长度。

3. 管螺纹

在水管、油管、煤气管的管道连接中常用管螺纹。管螺纹分为非螺纹密封的管螺纹和螺纹密封的管螺纹。管螺纹应标注螺纹特征代号和尺寸代号,非螺纹密封的管螺纹还应标注公差等级代号。管螺纹标记形式为:

螺纹特征代号 尺寸代号 - 公差等级代号 - 旋向

标注时应注意:尺寸代号不是管子的外径,也不是螺纹的大径,而是指管螺纹用于管子孔径英寸的近似值;公差等级代号对外螺纹分“A”、“B”两级标注,内螺纹不标记;右旋螺纹的旋向不标注,左旋螺纹标注“LH”。

管螺纹在图样上一律标注在引出线上,引出线应由大径或对称中心处引出。

例 3:描述 G½A 各部分含义。

解:G——非螺纹密封的管螺纹;

1/2——尺寸代号;

A——A 级外螺纹。

8.1.4 螺纹紧固件及连接

采用螺纹起紧固作用的零件称为螺纹紧固件。它们的类型很多,常用的有螺栓、螺钉、螺母等,还有起辅助作用的垫圈等,如图 8-12 所示。紧固件一般属于标准件,其结构形式和尺寸都已标准化,可由国家标准查出。紧固件由专门的工厂生产,用户不必画零件图,只需提供其规定的标记即可;而在装配图中需要画出零件图。

图 8-12 常用螺纹紧固件

(a)六角头螺栓;(b)双头螺柱;(c)六角螺母;(d)六角开槽螺母;

(e)内六角圆柱头螺钉;(f)圆柱头螺钉;(g)沉头螺钉;(h)锥端紧定螺钉;

(i)平垫圈;(j)弹簧垫圈;(k)止动垫圈;(l)圆螺母

1. 螺纹紧固件及其标记

螺纹连接的紧固件有螺栓、螺母和垫圈。紧固件一般用比例画法绘制。所谓比例画法就是以螺栓上螺纹的公称直径为主要参数，其余各部分结构尺寸均按与公称直径成一定比例绘制。尺寸比例关系如图 8-13 所示。

螺栓：d 根据要求确定，$d_1 \approx 0.85d$，$b \approx 2d$，$e=2d$，$R_1=d$，$R=1.5d$，$k=0.7d$，$c=0.1d$。

螺母：D 根据要求确定，$m=0.8d$，其他尺寸与螺栓头部相同。

垫圈：$d_2=2.2d$，$d_1=1.1d$，$d_3=1.5d$，$h=0.15d$，$s=0.2d$，$n=0.12d$。

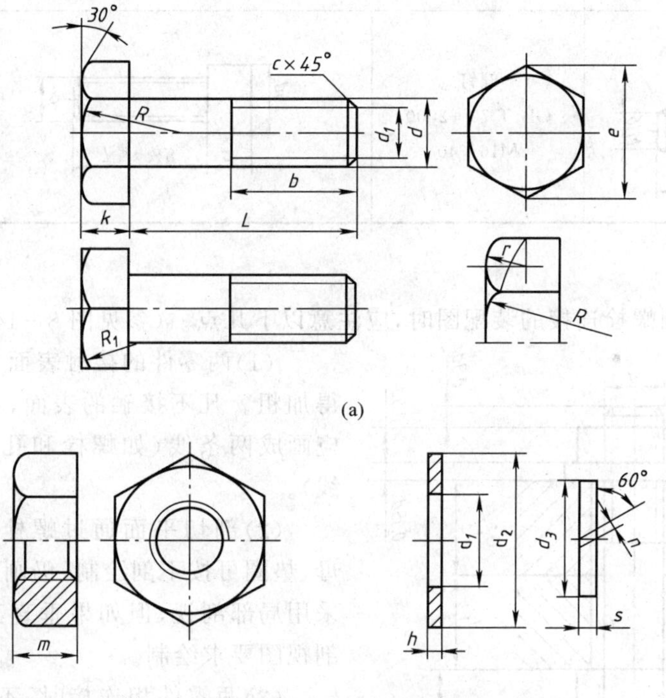

图 8-13　螺栓、螺母、垫圈的比例画法

(a)六角头螺栓的比例画法；(b)六角头螺母的比例画法；(c)垫圈的比例画法

螺纹紧固件的标记如表 8-1 所示。

表 8-1　螺纹紧固件标记示例

名称及视图	规定标记示例	比例画法
六角头螺栓 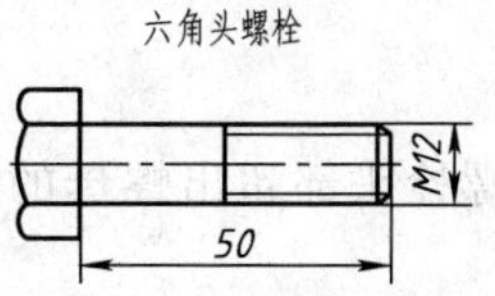 	螺栓 GB/T 5782—2000 M12×50	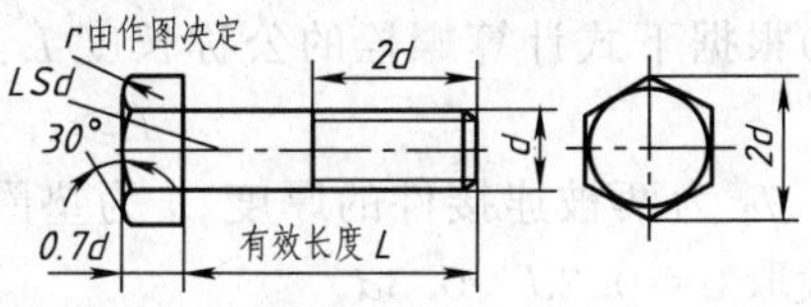
双头螺柱 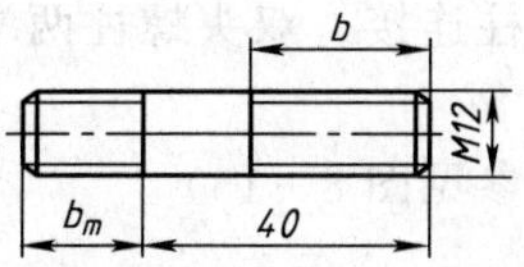 	螺柱 GB/T 899—1988 M12×40	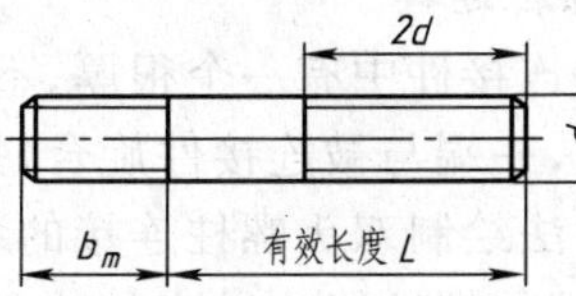

续表

名称及视图	规定标记示例	比例画法
开槽盘头螺钉 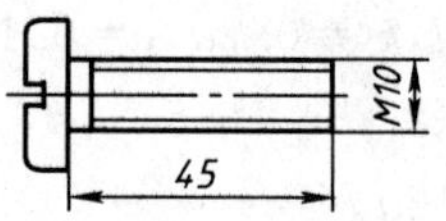	螺钉 GB/T 67—2000 M10×45	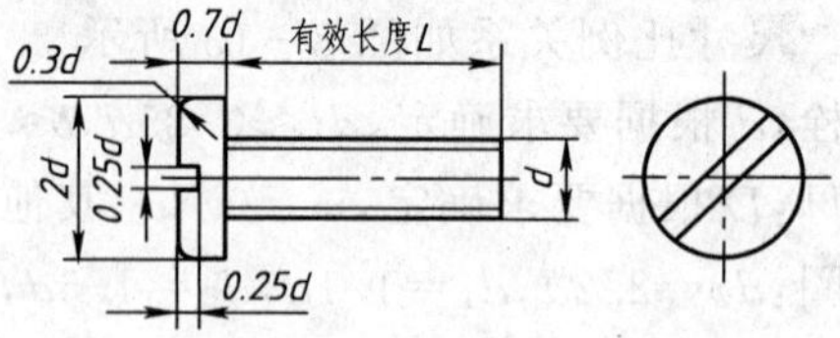
内六角圆柱头螺钉 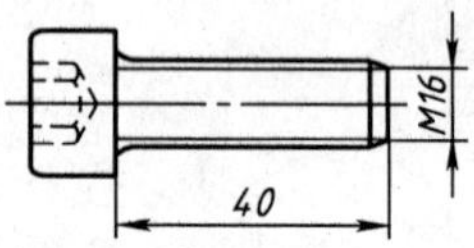	螺钉 GB/T 70—2000 M16×40	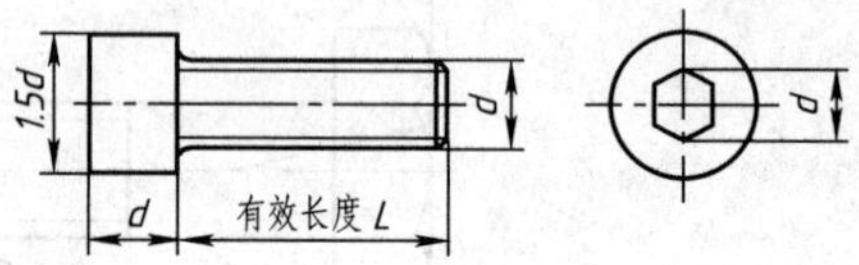

2. 螺栓连接

用比例画法画螺栓连接的装配图时,应注意以下几点。(参见图 8－14)

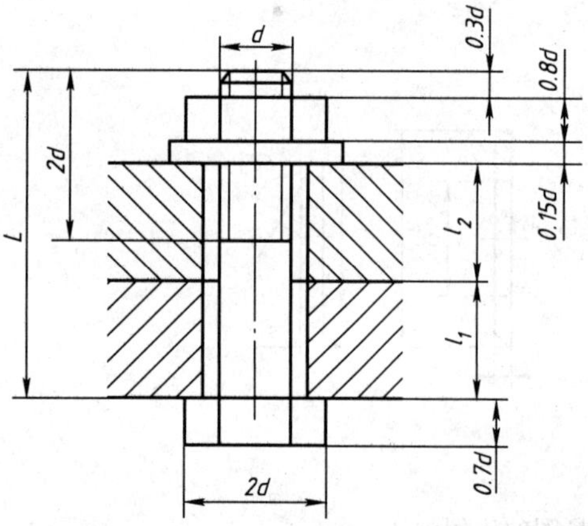

图 8－14　螺栓连接的比例画法

(1)两零件的接触表面只画一条线,且不得加粗。凡不接触的表面,不论间隙大小,都应画成两条线(如螺栓和孔之间应画成两条线)。

(2)剖切平面通过螺栓轴线时,螺栓、螺母、垫圈可按不剖绘制,仍画外形。必要时,可采用局部剖视,但如果垂直其轴线剖切,则按剖视图要求绘制。

(3)两零件相连接时,不同零件的剖面线方向应相反,或者方向一致而间隔不等。

(4)被连接件上加工的螺栓孔直径稍大于螺栓直径,一般取 $1.1d$。

选定螺栓连接需确定的内容如下。

(1)根据使用要求,选择螺栓的结构形式(即确定国标代号)。

(2)根据强度要求或结构要求,确定螺栓的公称直径(螺纹规格)d。

(3)根据下式计算螺栓的公称长度 L:

$$L \geqslant l_1 + l_2 + h + m + a$$

式中:l_1、l_2 为两被连接件的厚度;h 为垫圈厚度;m 为螺母厚度;a 为螺栓头部超出螺母的长度,一般取 $a=0.2d \sim 0.3d$。

3. 双头螺柱连接

当两个被连接件中有一个很厚,不允许钻成通孔时,常用双头螺柱连接。双头螺柱两端均加工有螺纹,一端与被连接件旋合,另一端与螺母旋合。

用比例画法绘制双头螺柱连接的装配图时,应注意以下几点。(参见图 8－15)

(1)旋入端的螺纹终止线应与结合面平齐。

(2)旋入端的长度 b_m 要根据被旋入件的材料而定。

①被旋入端的材料为钢、青铜或硬铝时，$b_m=1d$；

②被旋入端的材料为铸铁时，$b_m=1.25d\sim1.5d$；

③被旋入端的材料为铝、有色金属等较软材料时，$b_m=2d$。

(3)旋入端的螺孔深度取 $b_m+0.5d$，钻孔深度取 b_m+d。

(4)双头螺柱的公称长度 $L\geqslant\delta+$垫圈厚度$+$螺母厚度$+(0.2\sim0.3)d$，然后选取与估算值相近的标准长度值作为 L 值(δ 表示光孔件的厚度，由设计给定)。

4. 螺钉连接

在较厚的零件上加工出螺孔，而在另一个零件上加工成光孔，将螺钉穿过光孔而旋入螺孔，靠螺钉头部压紧使两个被连接零件连接在一起称为螺钉连接。螺钉连接一般用于受力不大又不需要经常拆卸的场合。用比例画法绘制螺钉连接，其旋入端与螺柱相同，被连接板的孔部画法与螺栓相同。常见螺钉连接的画法，如图 8-16 所示。

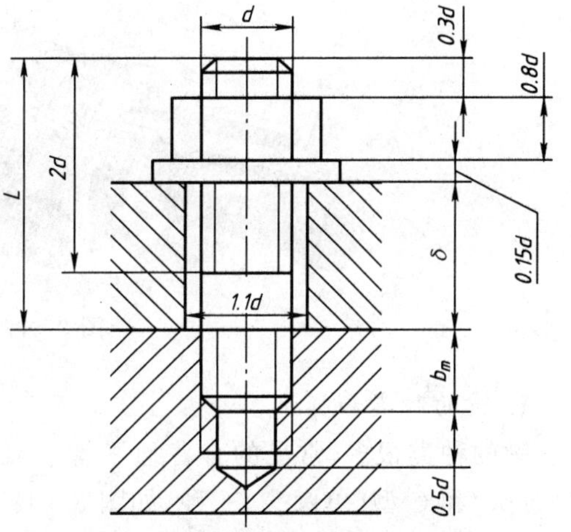

图 8-15　双头螺柱连接的比例画法

用比例画法画螺钉连接的装配图时，应注意以下几点。

(1)螺钉的螺纹终止线不能与结合面平齐，而应画在被连接板的范围内。

(2)具有一字旋具槽的螺钉头部，在主视图中应被放正，在俯视图中按规定画成45°倾斜。当一字旋具槽宽度小于 2 mm 时，可涂黑表示。

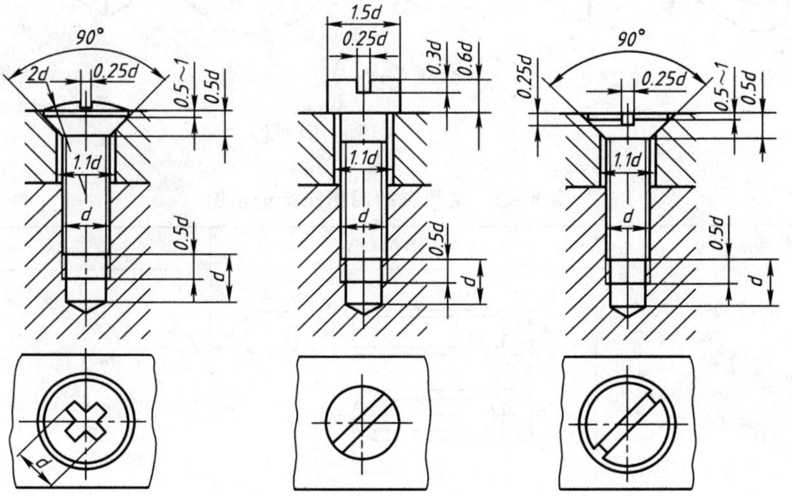

(a)　(b)　(c)

图 8-16　三种螺钉连接的比例画法

(a)半圆头螺钉；(b)开槽圆柱头螺钉；(c)开槽沉头螺钉

8.2 键连接和销连接

8.2.1 键连接

在机器中,通常用键来连接轴和轴上的零件(如齿轮、皮带轮等),使它们能一起转动,这种连接称为键连接,如图 8-17 所示。

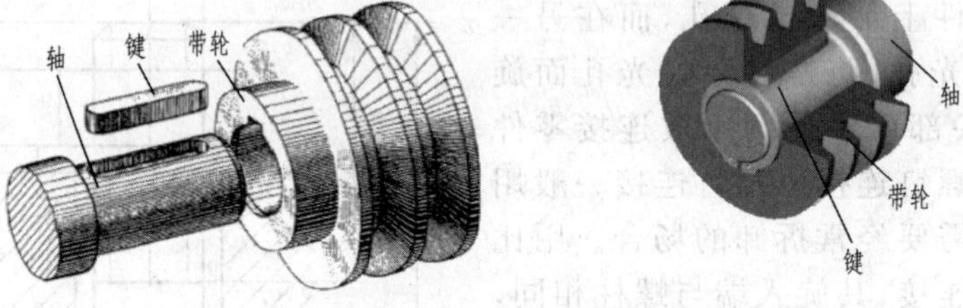

图 8-17 键和键连接

1. 键的种类和标记

键的种类很多,常见的有普通平键、半圆键和钩头楔键,普通平键又有 A 型(圆头)、B 型(方头)和 C 型(单圆头)三种,如图 8-18 所示。它们都已标准化,其标准编号、图例和标记示例如表 8-2 所示。除了上述三种常用键之外,还有花键。

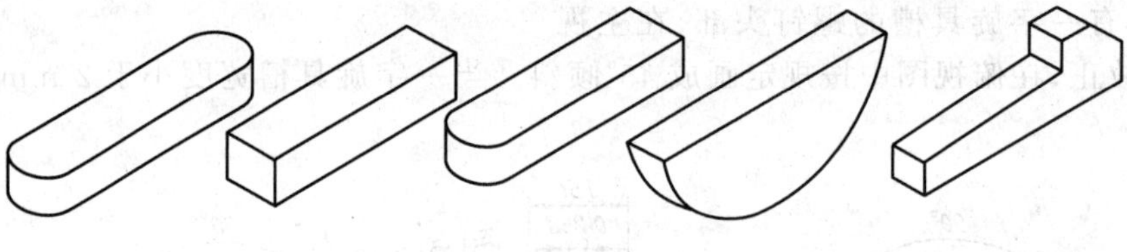

图 8-18 常用的几种键

表 8-2 常用键的图例和标记示例

名称及标准编号	图例	标记示例
普通平键 GB/T 1096—2003 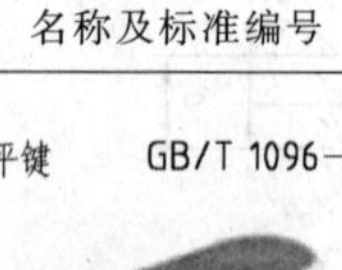	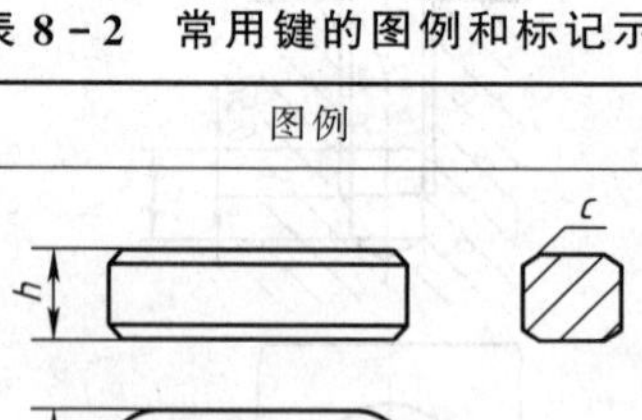	$b=8, h=7, L=25$ 的普通平键(A 型) GB/T 1096 键 8×7×25
半圆键 GB/T 1099—2003 	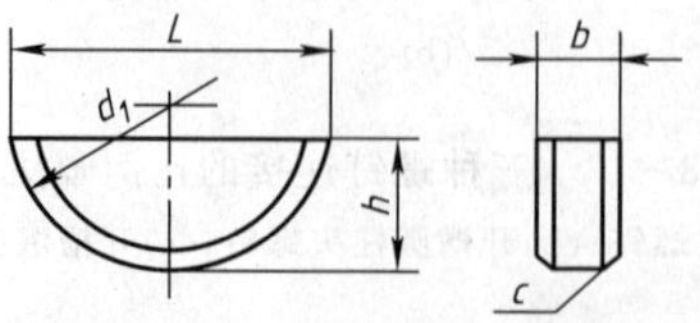	$b=8, h=10, d_1=25, L=24.5$ 的半圆键 GB/T 1099 键 8×10×25

续表

名称及标准编号	图例	标记示例
钩头楔键　GB/T 1565—2003 	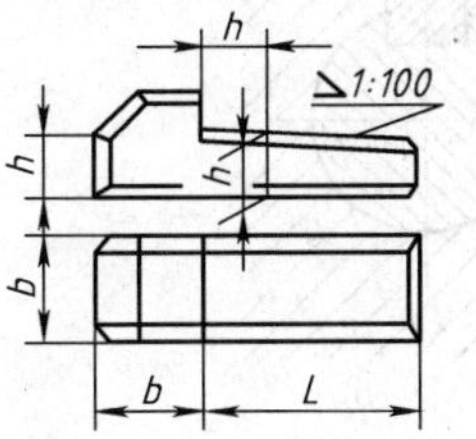	$b=18,h=11,L=100$ 的钩头楔键 GB/T 1565 键 18×11×100

2. 键连接的画法

1)普通平键连接

画平键连接的装配图前先要知道轴的直径和键的形式，然后查有关标准确定键的公称尺寸 b 和 h 及轴和轮子的键槽尺寸，并选定键的标准长度 L。在零件图中轴和轮毂上键槽的尺寸标注，如图 8-19 所示。

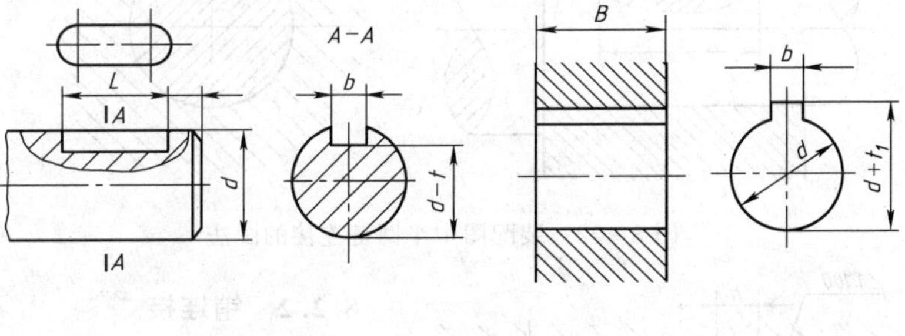

图 8-19　零件图中轴和轮毂上键槽尺寸标注

(a)轴上键槽的画法及尺寸注法；(b)轮毂上键槽的画法及尺寸注法

普通平键是用两侧面为工作面来作轴向固定及传递运动和动力的，因此，其两侧面和下底面均与轴、轮毂键槽的相应表面接触；而平键顶面与轮子键槽顶面之间不接触，留有间隙。其装配图画法如图 8-20 所示。

在装配图中，对于键等实心零件，当剖切平面通过其对称平面纵向剖切时，按不剖绘制。

2)半圆键连接

半圆键的两侧面为工作面，与轴和轮毂上的键槽两侧面接触；而半圆键的顶面与轮毂中键槽顶面之间不接触，留有间隙。由于半圆键在键槽中能绕槽底圆弧摆动，可以自动适应轮毂中键槽的斜度，因此适用于具有锥度的轴，如图 8-21 所示。

半圆键连接与普通平键连接相似，其装配图画法如图 8-22 所示。

3)钩头楔键连接

钩头楔键的上下两面是工作面，而键的两侧面为非工作面，楔键的上表面有 1∶100 的斜度，装配时打入轴和轮毂的键槽内，靠楔面作用传递扭矩，能轴向固定零件和传递单向的轴向力。钩头楔键连接的装配图画法如图 8-23 所示。

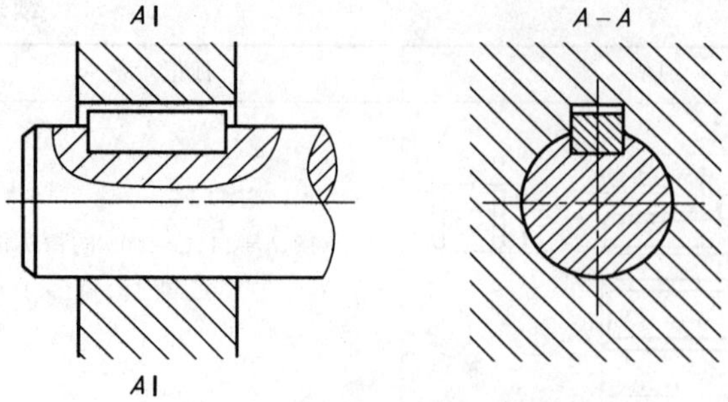

图 8-20　装配图中键连接的画法

图 8-21　半圆键的连接

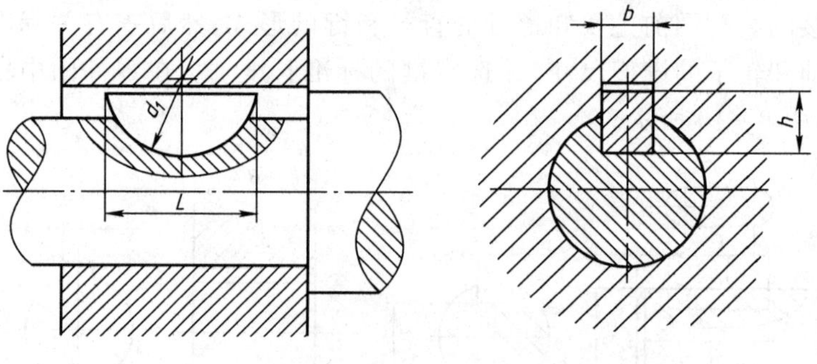

图 8-22　装配图中半圆键连接的画法

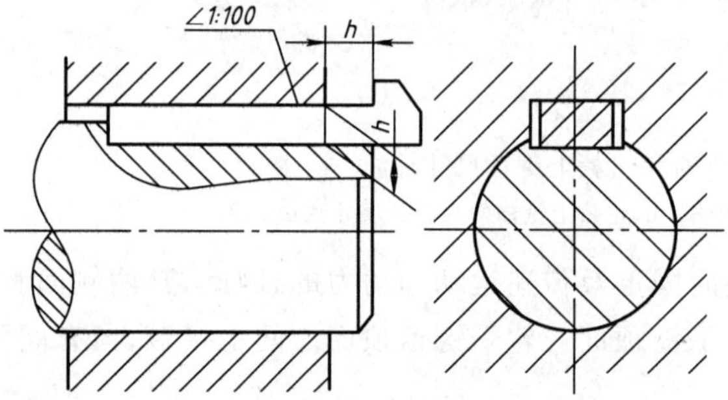

图 8-23　装配图中钩头楔键连接的画法

8.2.2　销连接

销可用于零件间的定位,也可用于零件间的连接,但只能传递不大的扭矩。常用的销有圆柱销、圆锥销和开口销等。

销是标准件,其结构形式、尺寸和标记都可以在相应的国家标准中查到,常用销的形式、图例、规定标记如表 8-3 所示。

表 8-3　常用销的图例和标记示例

名称及标准编号	图　例	标记及说明
圆柱销 GB/T 117—2000 	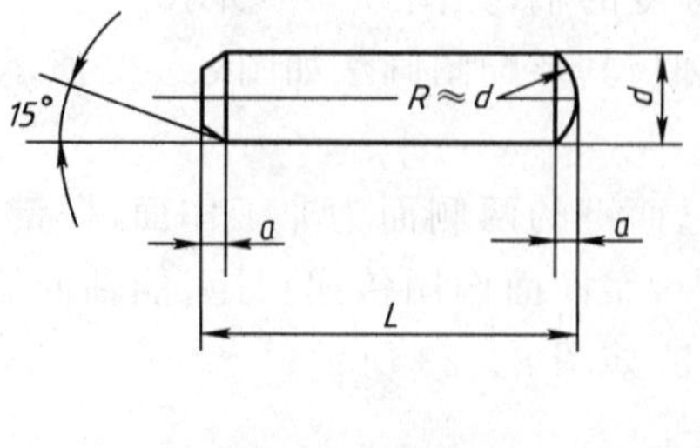	销　GB/T 119.1 A6×30 表示公称直径 $d=6$,公称长度 $L=30$,材料为钢,不淬火且表面氧化处理的 A 型圆柱销

续表

名称及标准编号	图　例	标记及说明
圆锥销 GB/T 117—2000 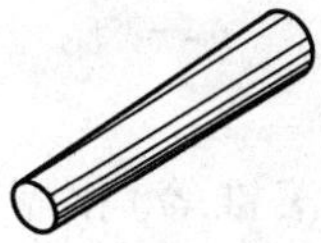	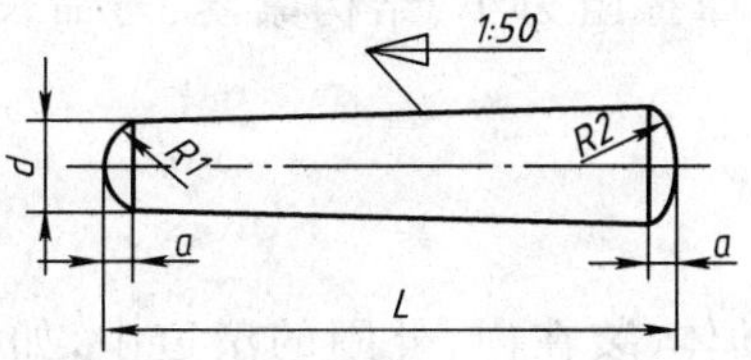	销　GB/T 117 A10×60 表示 A 型圆锥销，公称直径 $d=10$，公称长度 $L=60$，材料为 35 钢，热处理 28～38HRC、表面氧化
开口销 GB/T 91—2000 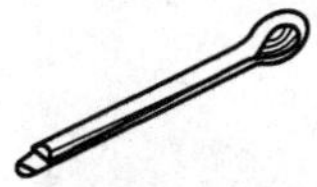		销　GB/T 91 5×50 表示开口销，公称直径 $d=5$，长度 $L=50$，材料为低碳钢，不经表面处理

圆柱销和圆锥销的画法与一般零件相同。如图 8－24 所示，在剖视图中，当剖切平面通过销的轴线时，按不剖绘制；当剖切平面与轴线垂直时，按剖切要求绘制。画轴上的销连接时，通常对轴采用局部剖，表示销和轴之间的配合关系。

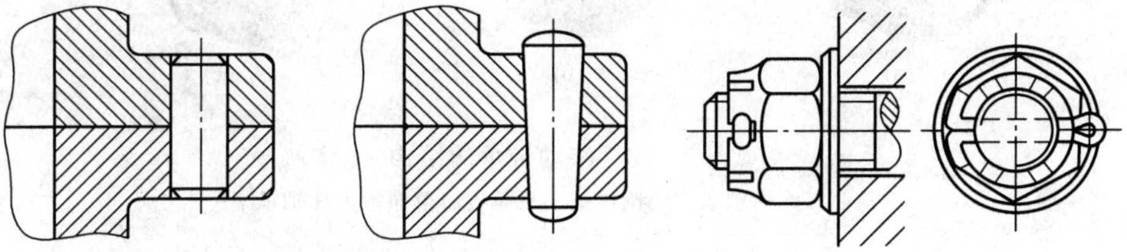

(a)　　(b)　　(c)

图 8－24　常用销连接的装配图画法

(a)圆柱销连接；(b)圆锥销连接；(c)开口销连接

用圆柱销和圆锥销连接零件时，装配要求较高，被连接零件的销孔一般在装配时加工，并在零件图上注明“与××件配作”，如图 8－25 所示。开口销常与槽形螺母配合使用，它穿过螺母上的槽和螺杆上的孔以防止螺母松动，如图 8－24 (c)所示。

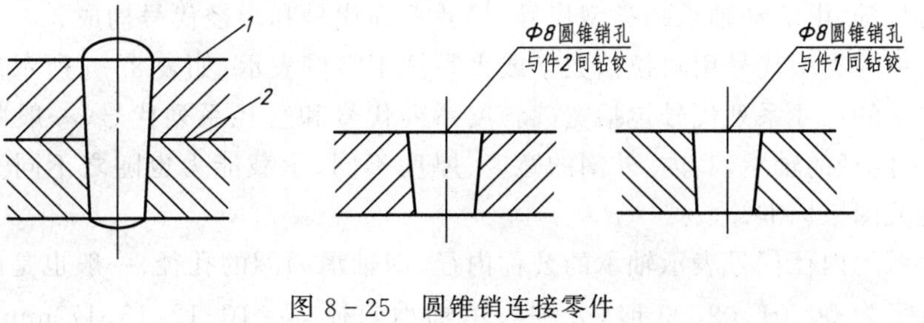

图 8－25　圆锥销连接零件

8.3 滚动轴承

滚动轴承是支承轴的组件,具有摩擦阻力小、结构紧凑、寿命长等优点,所以应用很广泛。它也是常用的标准件。

8.3.1 滚动轴承的结构和分类

滚动轴承通常由外圈、内圈、滚动体(装在内、外圈的滚道中,如滚珠、滚锥等)和隔离圈(又称保持架)等零件组成,如图 8-26 所示。

滚动轴承按其承受载荷的方向不同,可分为以下三类。

(1)向心轴承:主要用以承受径向载荷,如深沟球轴承。

(2)推力轴承:用以承受轴向载荷,如推力球轴承。

(3)向心推力轴承:同时承受径向载荷和轴向载荷,如圆锥滚子轴承。

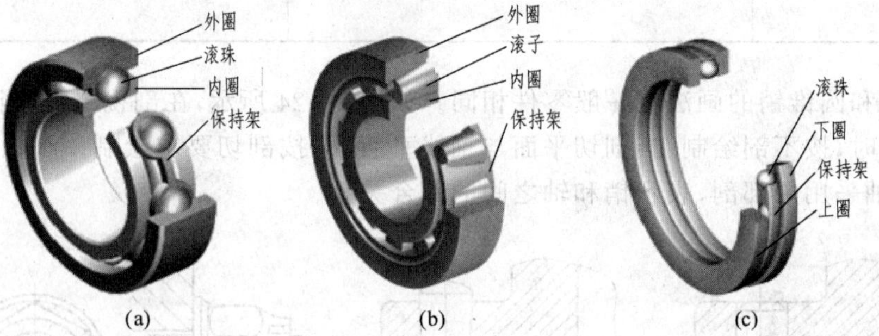

图 8-26 滚动轴承的结构

(a)深沟球轴承;(b)圆锥滚子轴承;(c)单向推力球轴承

8.3.2 滚动轴承的代号

国家标准规定滚动轴承的结构、尺寸、公差等级、技术性能等特性用字母和数字表示。滚动轴承的代号由前置代号、基本代号、后置代号组成。前置代号、后置代号是轴承在结构形状、尺寸、公差、技术要求等有所改变时,在其基本代号的左、右添加的补充代号,需要时可以查阅有关国家标准。

1. 基本代号

一般常用的轴承由基本代号表示。基本代号表示轴承的基本类型、结构和尺寸,是滚动轴承代号的基础,由滚动轴承的类型代号、尺寸系列代号和内径代号构成。

滚动轴承的类型代号用阿拉伯数字或大写拉丁字母表示,如表 8-4 所示。

滚动轴承的尺寸系列代号包括宽(高)度系列代号和直径系列代号,一般由两位数字组成,表示同一内径的轴承,其内、外圈的宽度、厚度不同,承载能力也随之不同。尺寸系列代号可查阅有关国家标准。

滚动轴承的内径代号表示轴承的公称内径,即轴承内圈的孔径,一般也是由两位数字组成。代号数字为 00、01、02、03 时,分别表示轴承内径 d=10、12、15、17 mm;代号数字为

04～96时，代号数字乘 5 即为轴承内径；轴承的公称内径为 1～9 mm 时，用公称内径数值来表示内径代号；轴承的公称内径为 22、28、32、500 mm 或大于 500 mm 时，用公称内径数值来表示内径代号，但与尺寸系列代号之间用“/”分开。

表 8-4　滚动轴承的类型代号

代号	轴承类型	代号	轴承类型
0	双列角接触球轴承	6	深沟球轴承
1	调心球轴承	7	角接触球轴承
2	调心滚子轴承和推力调心滚子轴承	8	推力圆柱滚子轴承
3	圆锥滚子轴承	N	圆柱滚子轴承（双列或多列用字母 NN 表示）
4	双列深沟球轴承	U	外球面球轴承
5	推力球轴承	QJ	四点接触球轴承

滚动轴承的规定标记示例如下。

(1)滚动轴承 6205(GB/T 276—1994)。

6——轴承类型代号，表示深沟球轴承；

2——尺寸系列代号为 02，宽度系列代号为“0”(省略)，表示窄系列，直径系列代号为“2”，表示轻系列；

05——轴承内径代号，内径 $d=5\times5=25$ mm。

(2)滚动轴承 32210(GB/T 297—1994)。

3——轴承类型代号，表示圆锥滚子轴承；

22——尺寸系列代号为 22，宽度系列代号“2”，表示宽系列，直径系列代号为“2”，表示轻系列；

10——轴承内径代号，内径 $d=5\times10=50$ mm。

2. 前置代号和后置代号

前置代号和后置代号是轴承在结构形状、尺寸、公差、技术要求等有改变时，在其基本代号左、右添加的补充代号。

1)前置代号用字母表示

例如：GS 8 11 07

GS——前置代号，表示推力圆柱滚子轴承座圈；

8——轴承类型代号，表示推力圆柱滚子轴承；

11——尺寸系列代号，表示宽度系列代号为 1，直径系列代号为 1；

07——轴承内径代号，内径 $d=5\times7=35$ mm。

2)后置代号用字母(或加数字)表示

例如：6 2 10 NR

6——轴承类型代号，表示深沟球轴承；

2——尺寸系列代号(02)，表示宽度系列代号为 0(省略)，直径系列代号为 2；

10——轴承内径代号，内径 $d=5\times10=50$ mm；

NR——后置代号，表示轴承外圈上有止动槽，并带止动环。

8.3.2 滚动轴承的画法

滚动轴承是标准件,其结构形式、尺寸和标记都已经标准化,画图时按国家标准的规定,可以采用简化画法和规定画法。一般在画图前,根据轴承代号从相应的国家标准中查出滚动轴承的外径 D、内径 d、宽度 B 后,按比例关系绘制。

1. 简化画法

简化画法又分为通用画法和特征画法两种,但在同一张图样中一般只采用其中一种画法。

1)通用画法

通用画法是最简便的一种画法,如图 8-27 所示。在装配图的剖视图中,当不需要表示其外形轮廓、载荷特性和结构特征时,采用图 8-27(a)的画法;当需要确切表示其外形时,采用图 8-27(b)的画法;图 8-27(c)给出了通用画法的尺寸比例。

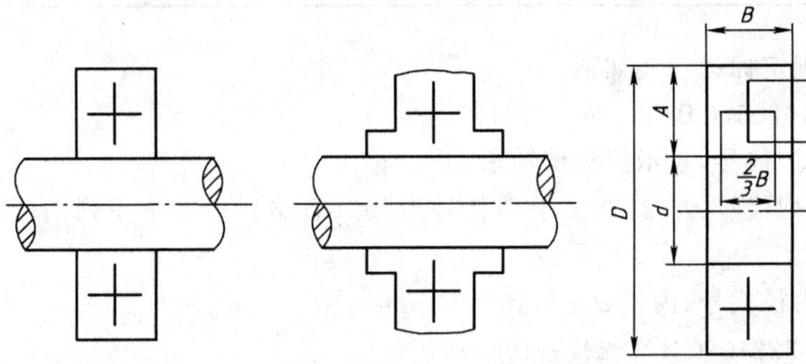

(a) (b) (c)

图 8-27 滚动轴承的通用画法

2)特征画法

特征画法既可形象地表示滚动轴承的结构特征,又可给出装配指示,比规定画法简便,如表 8-5 所示。

表 8-5 滚动轴承的画法

轴承名称及代号	规定画法 通用画法	特征画法	装配画法
深沟球轴承 6000 型	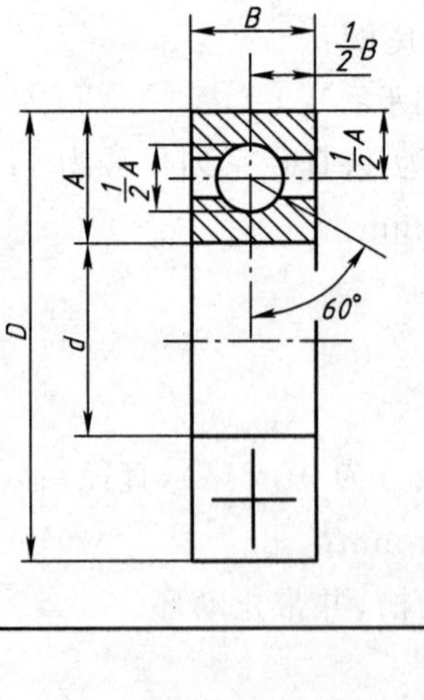	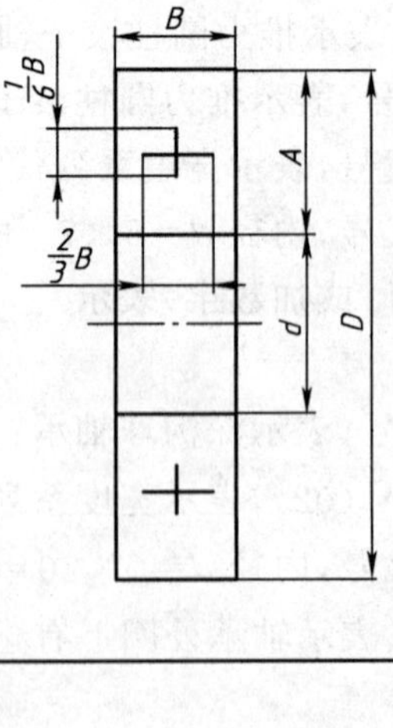	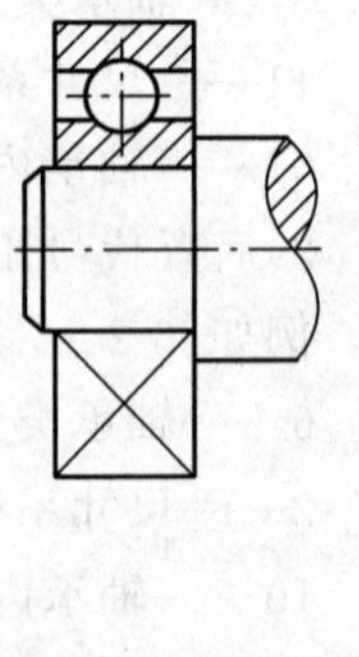

续表

轴承名称及代号	规定画法 通用画法	特征画法	装配画法
推力球轴承 50000 型	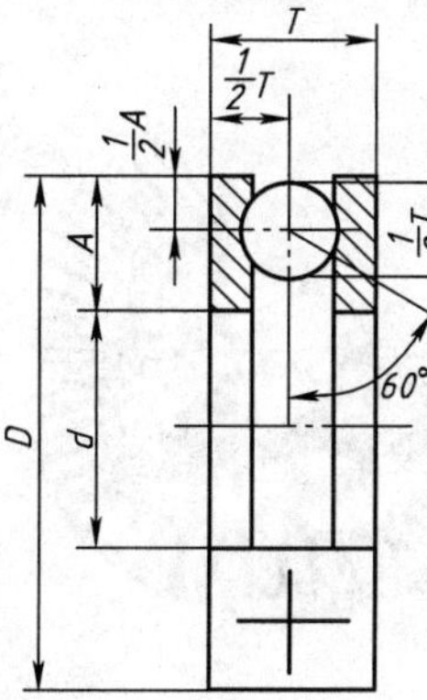	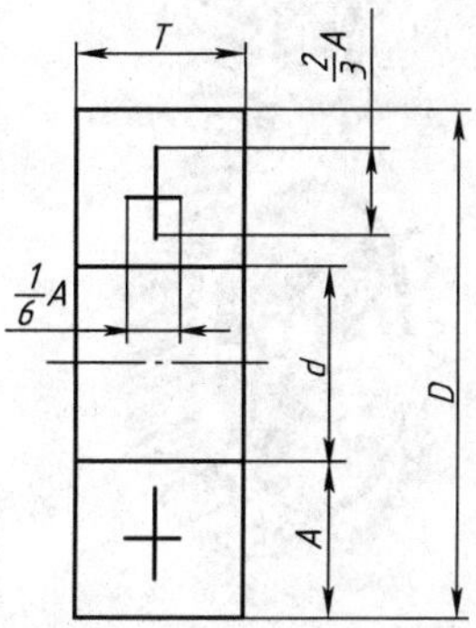	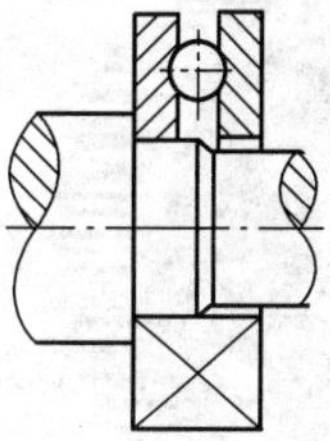
圆锥滚子轴承 30000 型	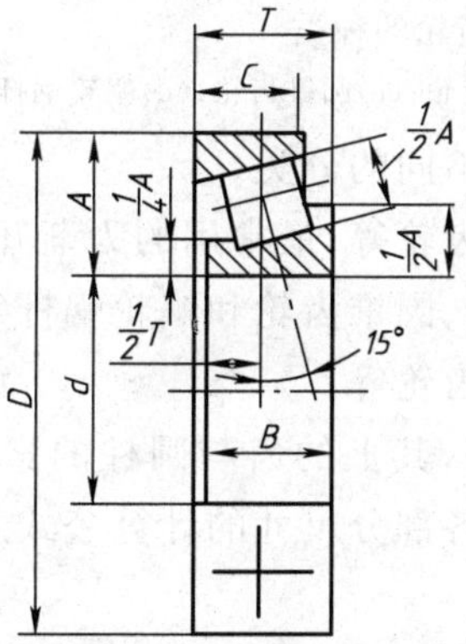	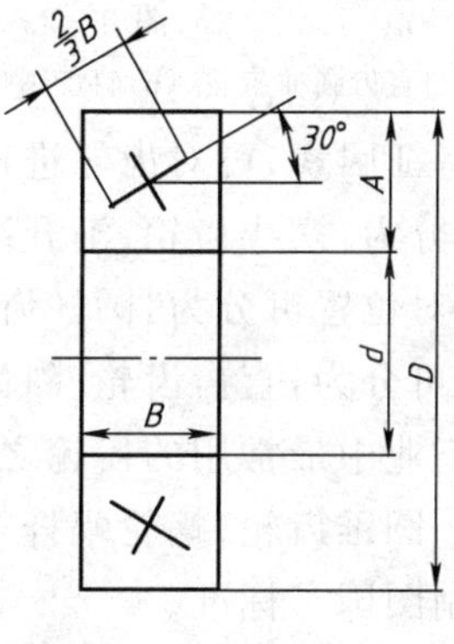	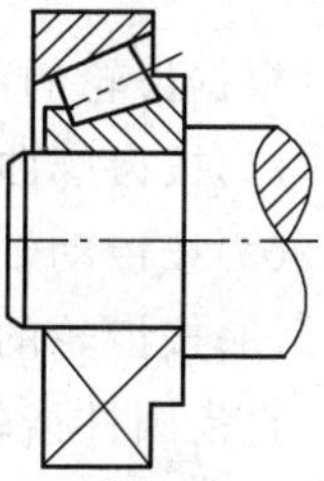

注：在规定画法、通用画法一列中，图样以轴线为界，上半部分为规定画法，下半部分为通用画法。

在垂直于轴线的投影面的视图中，无论滚动体的形状及尺寸如何，均只画出内、外两个圆和一个滚动体，如图 8-28 所示。

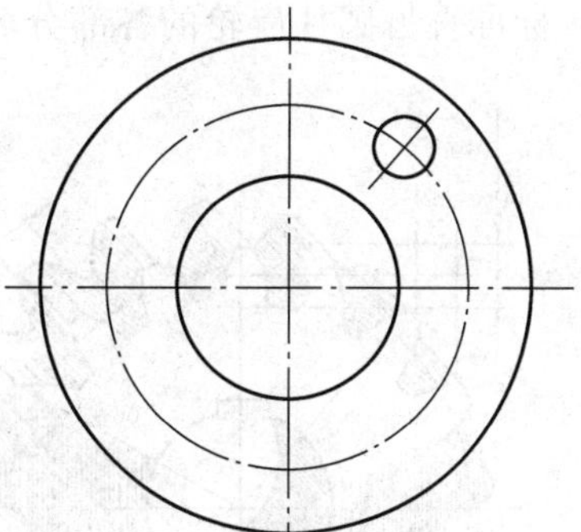

图 8-28　滚动轴承端视图的特征画法

2. 规定画法

规定画法接近于真实投影，但不完全是真实投影，规定画法一般画在轴的一侧，另一侧按通用画法绘制，如表 8-5 的规定画法、通用画法一列中上半部分所示。

3. 装配图画法

装配图是根据滚动轴承的外径、内径、宽度等几个主要尺寸，按示意图画法将其一半示意地画出结构特征，另一半画出其轮廓，并用细实线画上对角线，如表 8-5所示。在装配图的明细表中标出滚动轴承的标记。

8.4　齿　　轮

齿轮传动是各种机器中应用较为广泛的一种机械传动形式，它利用一对互相啮合的齿轮将一根轴的转动传递给另一根轴。它可以用来传递动力、改变运动方向和速度以及改变运动方式等。齿轮的种类很多,如图 8-29 所示。

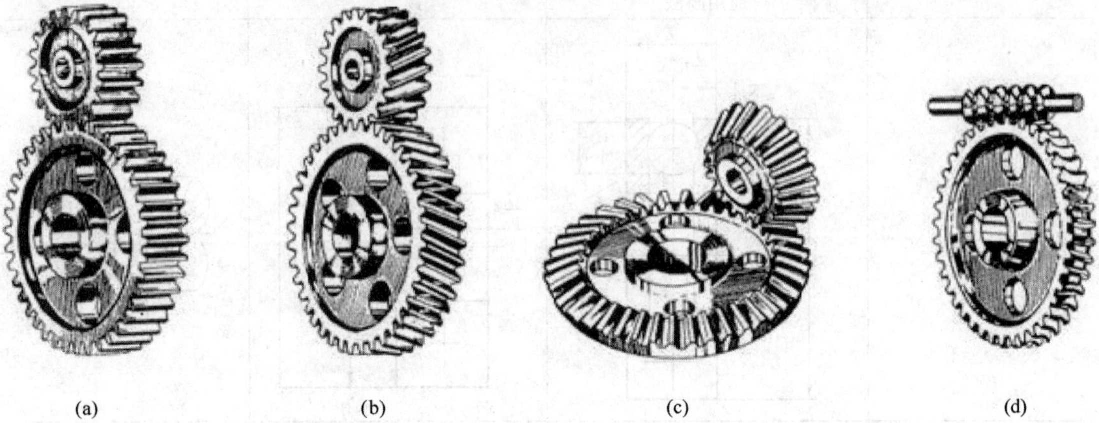

图 8-29 齿轮的种类

(a)直齿圆柱齿轮;(b)斜齿圆柱齿轮;(c)圆锥齿轮;(d)蜗轮蜗杆

根据齿轮的不同特征因素,可对齿轮进行不同的分类。

(1)按齿廓曲线可分为:摆线齿轮、渐开线齿轮等,最常用的为渐开线齿廓曲线的齿轮。

(2)按传动轴的相对位置可分为:圆柱齿轮、圆锥齿轮和蜗轮蜗杆等。

(3)按齿轮的齿形可分为:直齿齿轮、斜齿齿轮等。

直齿圆柱齿轮是工业中最常用的齿轮之一,其上的齿与圆柱的素线方向一致。本节主要介绍直齿圆柱齿轮。圆锥齿轮、蜗轮蜗杆等各部分尺寸的计算公式及画法,可参阅有关机械设计方面的书籍及制图国家标准。

8.4.1 直齿圆柱齿轮的基本参数

标准直齿圆柱齿轮的各部分名称、代号及尺寸计算,如图 8-30 所示。

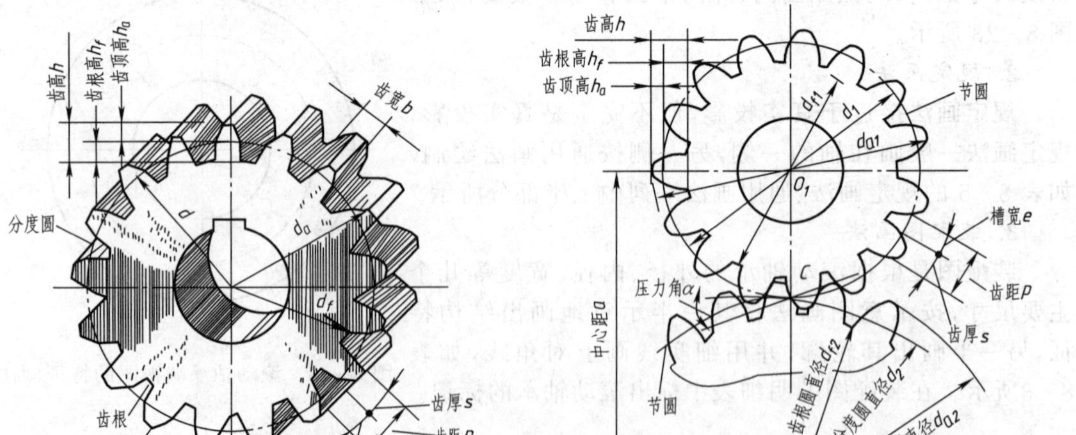

图 8-30 直齿圆柱齿轮各部分名称及代号

(1)齿顶圆：通过轮齿顶部的圆称为齿顶圆，其直径用 d_a 表示。

(2)齿根圆：通过轮齿根部的圆称为齿根圆，其直径用 d_f 表示。

(3)分度圆：是在齿顶圆和齿根圆之间的一个约定的假想圆。对标准齿轮来说，分度圆是齿厚和槽宽弧长相等处的一个圆，其直径用 d 表示。分度圆是齿轮设计和加工时计算尺寸的基准圆。

(4)齿高：齿顶圆与齿根圆之间的径向距离称为齿高，用 h 表示。分度圆将齿高分为两个不等的部分：齿顶圆与分度圆之间的径向距离称为齿顶高，用 h_a 表示；分度圆与齿根圆之间的经向距离称为齿根高，用 h_f 表示。齿高是齿顶高与齿根高之和，即

$$h=h_a+h_f$$

(5)齿距：分度圆上相邻两齿的对应点之间的弧长称为齿距，用 p 表示。

(6)模数：设齿轮的齿数为 z，则分度圆的周长 $=zp=\pi d$，即

$$d=p\times z/\pi$$

如果取 p 为有理数，那 d 就成了无理数。因此，为便于计算和测量，取 $m=p/\pi$，于是

$$d=mz$$

这样，若规定参数 m 为有理数，则 d 也为有理数，把 m 称为模数。由于模数是齿距 p 和 π 的比值，因此若齿轮的模数越大，其齿距就越大，齿轮的轮齿就越厚，齿轮能承受的力也就越大。

模数是设计和制造齿轮的基本参数。为了设计和制造方便，已经将模数标准化。模数的标准值如表 8-6 所示。

表 8-6　渐开线圆柱齿轮模数(GB/T 1357—1987)　　(单位：mm)

第一系列	1　1.25　1.5　2　2.5　3　4　5　6　8　10　12　16　20　25　32　40　50
第二系列	1.75　2.25　2.75　(3.25)　3.5　(3.75)　4.5　5.5　(6.5)　7　9　(11)　14　18　22　28　36　45

注：在选用模数时，应优先采用第一系列，其次是第二系列。括号内的模数，尽可能不采用。

(7)压力角：两个相啮合的轮齿齿廓在接触点 P 处的受力方向与运动方向的夹角称为压力角。若点 P 在分度圆上，压力角则为两齿廓公法线与两分度圆的公切线的夹角。我国标准渐开线齿轮的压力角为 20°。通常所说的压力角指分度圆压力角。且只有模数和压力角都相同的齿轮才能相互啮合。

8.4.2　直齿圆柱齿轮的各部分尺寸与模数的关系

在设计齿轮时要先确定模数和齿数，其他各部分尺寸都可由模数和齿数计算出来。标准直齿圆柱齿轮的计算公式如表 8-7 所示。

表 8-7　标准直齿圆柱齿轮的计算公式

各部分名称	代号	公式
分度圆直径	d	$d=mz$
齿顶高	h_a	$h_a=m$
齿根高	h_f	$h_f=1.25\,m$

续表

各部分名称	代号	公式
齿顶圆直径	d_a	$d_a = m(z+2)$
齿根圆直径	d_f	$d_f = m(z-2.5)$
齿距	p	$p = \pi m$
齿厚	s	$s = \pi m/2$
中心距	a	$a = (d_1+d_2)/2 = m(z_1+z_2)/2$

8.4.3 直齿圆柱齿轮的画法

按国家标准规定,对绘制齿轮的轮齿部分有以下规定,如图 8-31 所示。

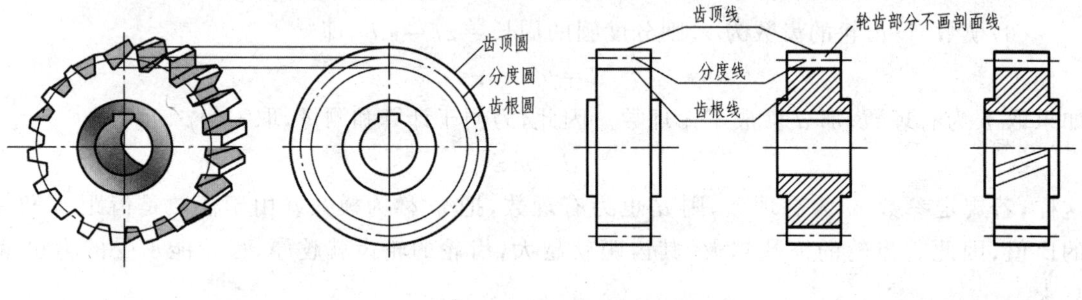

图 8-31 单个圆柱齿轮画法

(a)外形;(b)全剖;(c)半剖(斜齿轮)

1. 单个直齿圆柱齿轮的画法

单个直齿圆柱齿轮画法如下。

(1)在视图中,齿轮的轮齿部分按下列规定绘制:①齿顶圆和齿顶线用粗实线表示;②分度圆和分度线用细点画线表示(分度线应超出轮廓线 2~3 mm);③齿根圆和齿根线用细实线表示,如图 8-31 (a)所示,也可省略不画。如需表明齿形,可在图形中用粗实线画出一个或两个齿,或用适当比例的局部放大图表示。

(2)在剖视图中,当剖切平面通过齿轮的轴线时,轮齿一律按不剖处理。这时,齿根线用粗实线绘制,如图 8-31(b)所示。

(3)对于斜齿轮,可在非圆的外形图上用三条与轮齿倾斜方向相同的平行细实线表示轮齿的方向,如图 8-31(c)所示。

2. 直齿圆柱齿轮啮合的画法

两标准齿轮相互啮合时,它们的分度圆处于相切位置,啮合部分的规定画法如下。

(1)在投影为圆的视图上,两齿轮的分度圆应该相切。啮合区内的齿顶圆仍用粗实线画出,如图 8-32(a)所示;也可省略不画,如图 8-32(b)所示。

(2)在投影为非圆的视图上,啮合区内的齿顶线不需画出,分度线用粗实线画出,如图 8-32(c)及 8-32(d)所示。

(3)在剖视图中,当剖切平面通过两啮合齿轮的轴线时,在啮合区内,将一个齿轮的轮齿用粗实线绘制,另一个齿轮的轮齿被遮挡的部分用虚线绘制,如图 8-32(a)所示,也可以省略不画。

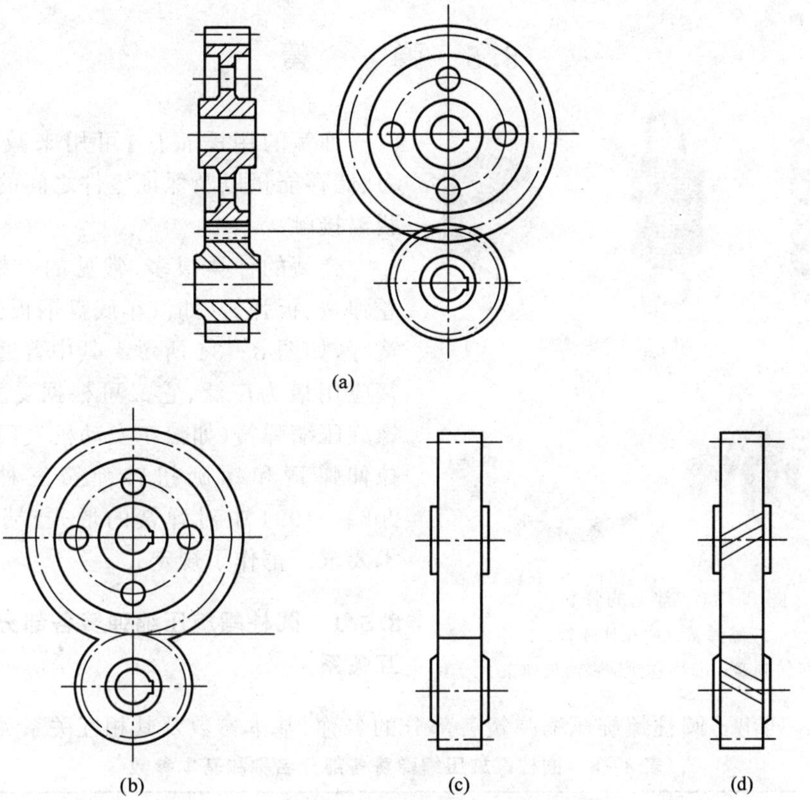

图 8-32　圆柱齿轮啮合的画法

(a)全剖图和左视图；(b)左视图的另一种画法；(c)未剖(直齿轮)；(d)未剖(斜齿轮)

(4)在剖视图中，当剖切平面不通过啮合齿轮的轴线时，齿轮一律按不剖绘制。

在齿轮零件图上不仅要表示出齿轮的形状、尺寸和技术要求，而且要列出制造齿轮所需要的参数和公差值，如图 8-33 所示。

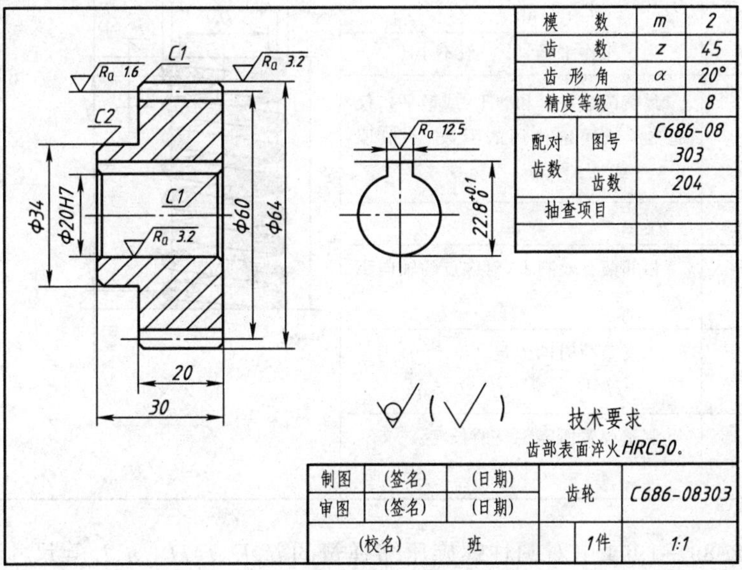

图 8-33　直齿圆柱齿轮的零件图

8.5 弹　　簧

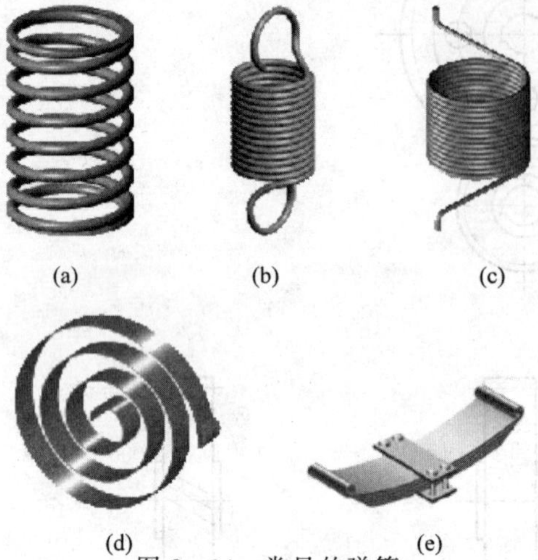

图 8-34　常见的弹簧
(a)压缩弹簧;(b)拉伸弹簧;
(c)扭转弹簧;(d)蜗卷弹簧;(e)板弹簧

弹簧的用途很广,可用来减震、夹紧、测力、储存能量以及保证零件之间的良好接触或脱离接触。

弹簧的种类很多,常见的有螺旋弹簧、蜗卷弹簧、板弹簧(如汽车底盘钢板弹簧)和片弹簧等,如图 8-34 所示。其中普通圆柱螺旋弹簧应用最为广泛,它又可根据受力不同,分为螺旋压缩弹簧(如汽车发动机气门弹簧)、螺旋拉伸弹簧和螺旋扭转弹簧三种。在 GB/T 2089—1994 中对弹簧的形式、端部结构及技术要求等都作了规定。

8.5.1　圆柱螺旋压缩弹簧各部分名称及其相互关系

表 8-8 列出了圆柱螺旋压缩弹簧各部分的名称、基本参数及其相互关系。

表 8-8　圆柱螺旋压缩弹簧各部分名称和基本参数

名称	符号	说明	图例
型材直径	d	制造弹簧用的材料直径	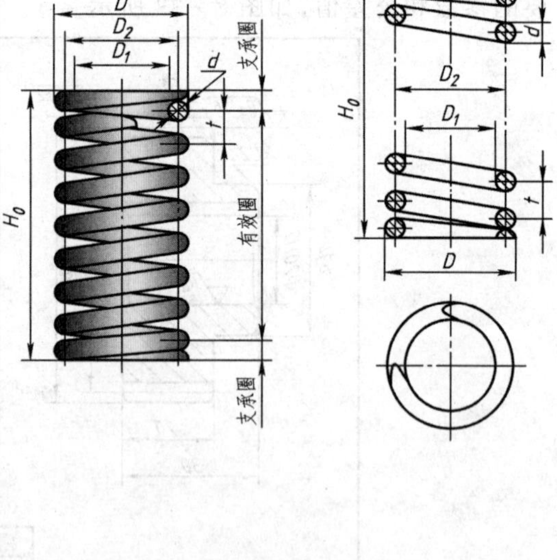
弹簧外径	D	弹簧的最大直径	
弹簧内径	D_1	弹簧的最小直径	
弹簧中径	D_2	$D_2 = D - d = D_1 + d = (D_1 + D)/2$	
有效圈数	n	为了工作平稳,n 一般不小于 3	
支承圈数	n_2	弹簧两端并紧和磨平(或锻平),仅起支承或固定作用的圈数(一般取 1.5、2 或 2.5)	
总圈数	n_1	$n_1 = n + n_2$	
节距	t	相邻两有效圈上,对应点的轴向距离	
自由高度	H_0	未受负荷时的弹簧高度 $H_0 = nt + (n_2 - 0.5)d$	
展开长度	L	制造弹簧所需钢丝的长度 $L \approx \pi D n_1$	

在 GB/T 2089—1994 中对圆柱螺旋压缩弹簧的 d、D、t、H_0、n、L 等尺寸都作了规定,使用时可查阅该标准。

8.5.2　圆柱螺旋压缩弹簧的规定画法

在国家标准中，对螺旋压缩弹簧的画法规定如下。（参见图 8－35）

(1)在平行于螺旋弹簧轴线的投影面的视图中，各圈的外轮廓线应画成直线。

(2)螺旋弹簧均可画成右旋，但左旋螺旋弹簧不论画成左旋或右旋，必须加写“左”字。

(3)对于螺旋压缩弹簧，如要求两端并紧且磨平时，不论支承圈数多少和末端贴紧情况如何，均按图 8－35（有效圈是整数，支承圈为 2.5 圈）的形式绘制，必要时也可按支承圈的实际结构绘制。

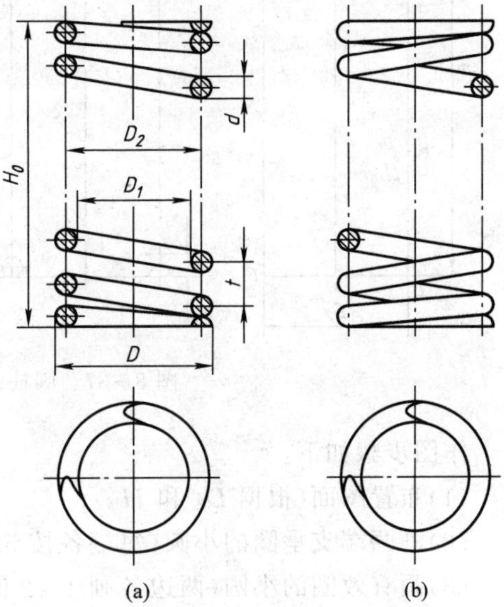

图 8－35　圆柱螺旋压缩弹簧的表示方法

(a) 剖视图；(b)视图

(4)当弹簧的有效圈数在 4 圈以上时，可以只画出两端的 1～2 圈（支承圈除外），中间部分省略不画，用通过弹簧钢丝中心的两条点画线表示，并允许适当缩短图形的长度。

(5)在装配图中，螺旋弹簧的型材直径或厚度在图形上等于或小于 1 mm 时，允许用示意图绘制，如图 8－36(a)所示；当弹簧被剖切时，剖面直径或厚度在图形上等于或小于 2 mm 时，也可用涂黑表示，且各圈的轮廓线不画，如图 8－36(b)所示。

(6)在装配图中，被弹簧挡住的结构一般不画出，可见部分应从弹簧的外轮廓线或从弹簧钢丝剖面的中心线画起，如图 8－36(c)所示。

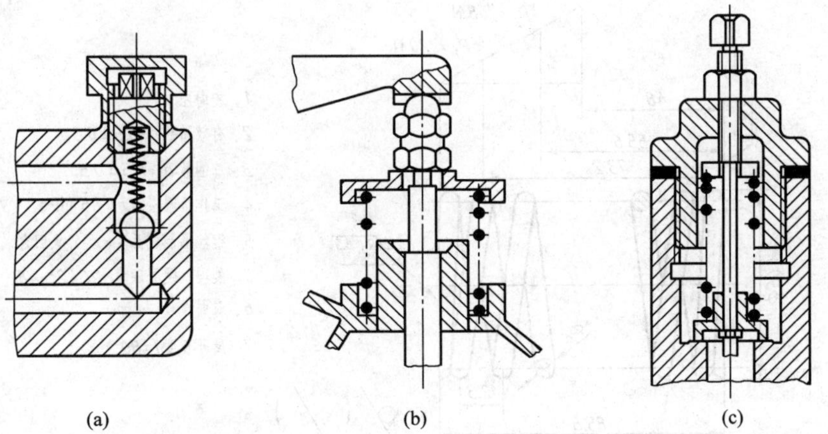

图 8－36　弹簧在装配图中的画法

8.5.3　圆柱螺旋压缩弹簧的画图步骤

当已知弹簧的型材直径 d、中径 D_2、自由高度 H_0（画装配图时，采用初压后的高度）、有效圈数 n、总圈数 n_1 和旋向后，即可计算出节距 t，其作图步骤如图 8－37 所示。

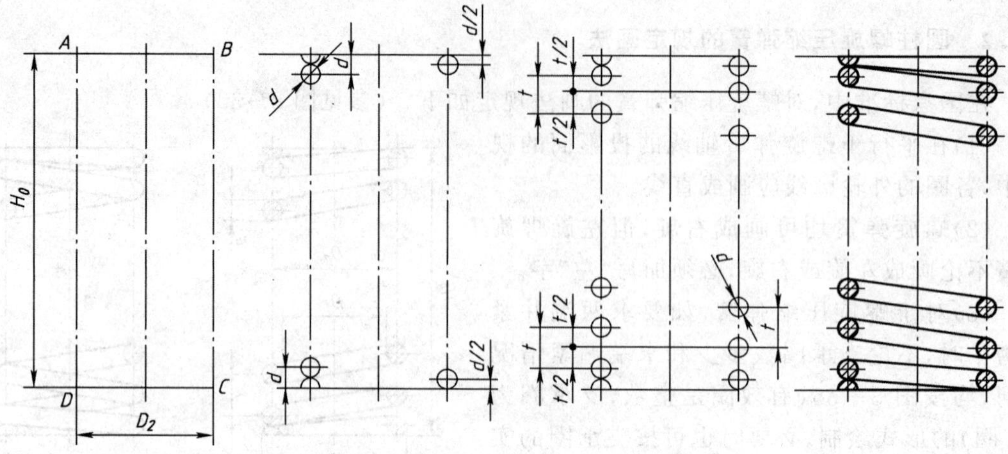

图 8-37　圆柱螺旋压缩弹簧的画图步骤

作图步骤如下：

(1)布置图面(根据 D_2 和 H_0)；

(2)画两端支承圈的小圆(每端各按 5/4 圈画)；

(3)画有效圈的小圆(两边各画 1～2 圈)；

(4)按右旋画相应小圆的外公切线；

(5)完成剖视图(画剖面线)。

如图 8-38 所示为圆柱螺旋压缩弹簧的零件图,主视图上方的三角形表示该弹簧的机械性能,其中 P_1、P_2 为弹簧的工作负荷,P_3 为工作极限负荷,73.2、55.6 表示相应工作负荷下的工作高度,48 表示工作极限负荷下的高度。

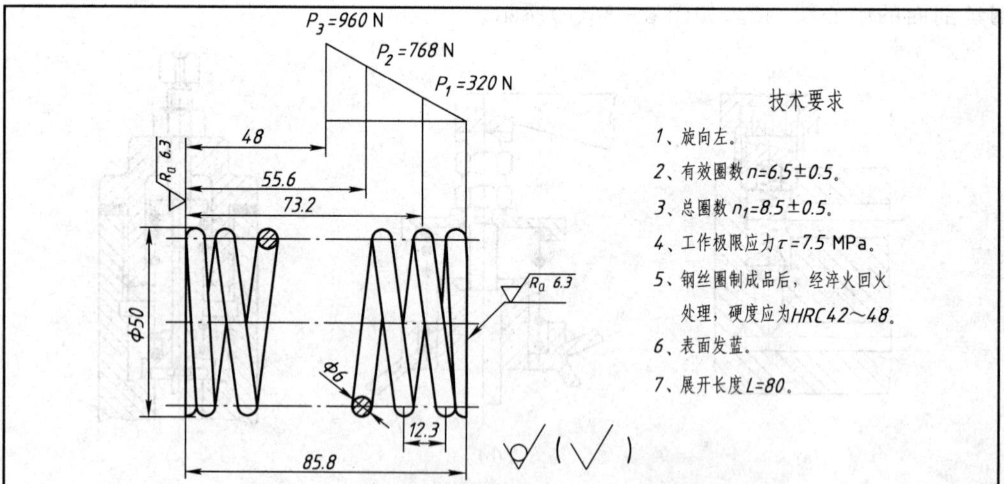

图 8-38　圆柱螺旋压缩弹簧的零件图

综合评价

通过本项目的学习，完成习题集的相关题目，对自己掌握的情况进行综合评价，完成下表。

评价内容	评价标准	个人评价	教师评价
螺纹的基本知识、种类、规定画法和尺寸标注	A. 优　B. 良　C. 中　D. 及格		
常用螺纹紧固件的标记及连接画法	A. 优　B. 良　C. 中　D. 及格		
键的标记及其连接画法	A. 优　B. 良　C. 中　D. 及格		
销的标记及其连接画法	A. 优　B. 良　C. 中　D. 及格		
齿轮的各部分名称及参数	A. 优　B. 良　C. 中　D. 及格		
直齿圆柱齿轮的画法和尺寸标注	A. 优　B. 良　C. 中　D. 及格		
弹簧的各部分名称及相互尺寸关系	A. 优　B. 良　C. 中　D. 及格		
圆柱螺旋压缩弹簧的画法和尺寸标注	A. 优　B. 良　C. 中　D. 及格		

任务九　识读零件图

任务描述

任何一辆汽车都是由若干零件按照一定的装配关系和技术要求装配而成的。设计师设计零件，工人生产零件，检验人员检验零件，所有过程的实施都是依靠零件图来完成的。如何读懂零件图及绘制简单零件图将是本任务的重点。

任务目标

(1)了解零件图的内容；

(2)掌握零件图的表达方法；

(3)掌握极限与配合、表面结构及形位公差的选择与标注；

(4)掌握零件尺寸的标注；

(5)掌握如何识读零件图。

相关知识

9.1　概　　述

9.1.1　零件图的作用

用于表达单个零件的结构形状、大小和技术要求的图样称为零件工作图(简称零件图)。在生产过程中，零件的制造和检验都是根据零件图的要求进行的。如图 9－1 所示为中型货车主减速器的主动圆柱齿轮轴的零件图，其生产过程是首先根据零件图上标注的材料、尺寸和数量等要求进行备料，然后根据工艺要求、尺寸精度、质量要求制订合理的加工工艺进行加工，最后进行校验。

9.1.2　零件图的内容

由图 9－1 可以看出，一张完整的零件图应该包括以下内容。

(1)一组视图，用来清晰、完整、准确地表达零件的所有结构形状。

(2)全部尺寸，完整、清晰、正确及合理地标注出制造和检验零件所需要的全部尺寸。

(3)技术要求，用代(符)号、数字和文字写出零件在制造和检验时应达到的一些质量要求，如表面结构、尺寸公差、形状与位置公差、材料的热处理等。

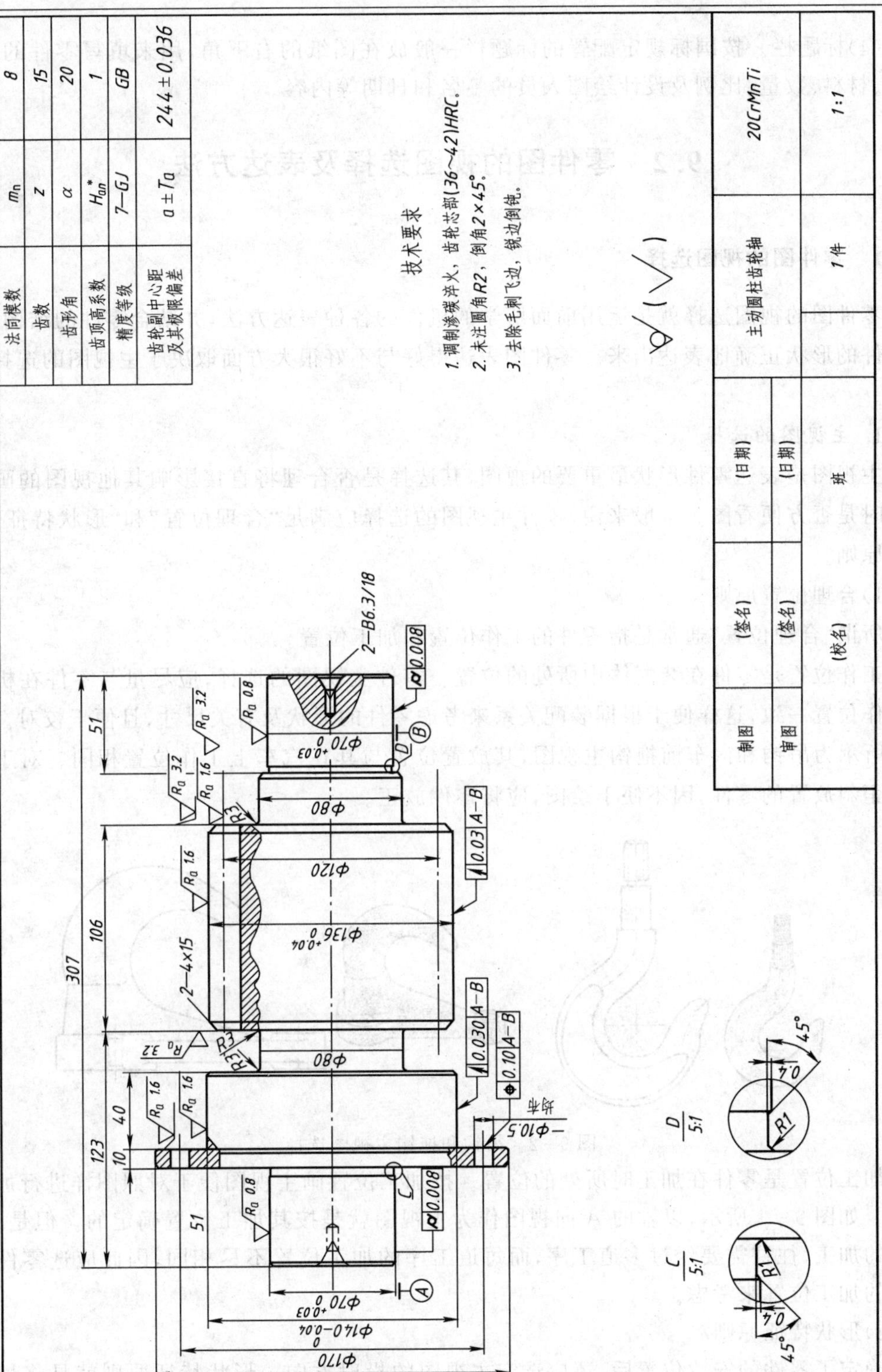

图 9-1 主动圆柱齿轮轴零件图

(4)标题栏。按国标规定配置的标题栏一般放在图纸的右下角,用来填写零件的名称、图号、材料、数量、比例及设计绘图人员的签名和日期等内容。

9.2 零件图的视图选择及表达方法

9.2.1 零件图的视图选择

零件图的视图选择就是运用前面所学的机件的各种表达方法,并结合零件的结构分析,将零件的形状正确地表达出来。零件图表达得好与不好很大方面取决于主视图的选择是否合理。

1. 主视图的选择

主视图是表达零件形状最重要的视图,其选择是否合理将直接影响其他视图的画法及加工时是否方便看图。一般来说,零件主视图的选择应满足“合理位置”和“形状特征”两个基本原则。

1)合理位置原则

所谓“合理位置”通常是指零件的工作位置和加工位置。

工作位置是零件在装配体中所处的位置。零件主视图的选择,应尽量与零件在机器中的工作位置一致,这样便于根据装配关系来考虑零件的形状及有关尺寸,且便于校对。如图9-2所示为吊钩和汽车前拖钩主视图,其放置位置与其在汽车上工作位置相同。对于工作位置歪斜放置的零件,因不便于绘图,应将零件放正。

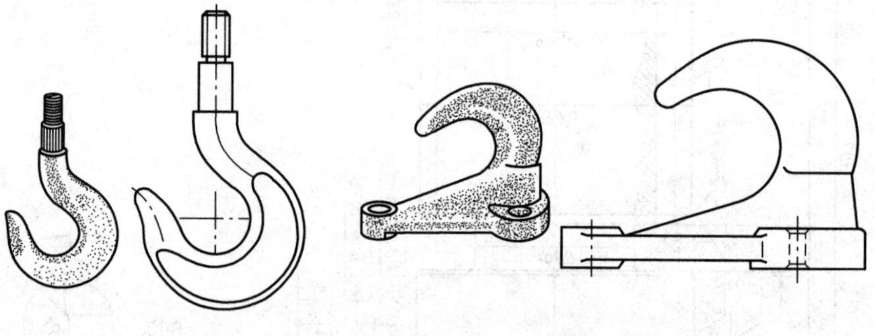

图 9-2 吊钩和拖钩主视图选择

加工位置是零件在加工时所处的位置。按加工位置画主视图便于对照图样进行加工和测量。如图 9-3 所示,以轴的 A 向视图作为主视图就是按其加工位置确定的。但是,一个零件的加工,往往需要经过多道工序,而每道工序的加工位置不尽相同,因此应选零件主要工序的加工位置来考虑。

2)形状特征原则

确定了零件的安放位置后,还应选定主视图的投射方向。形状特征原则就是将最能反映零件形状特征的方向作为主视图的投射方向,以满足表达零件清晰的要求。如图 9-4 所示阀体主视图,A 向视图比 B 向视图能更清楚地反映该零件的形状特征,因此宜选 A 向为主视图投射方向。

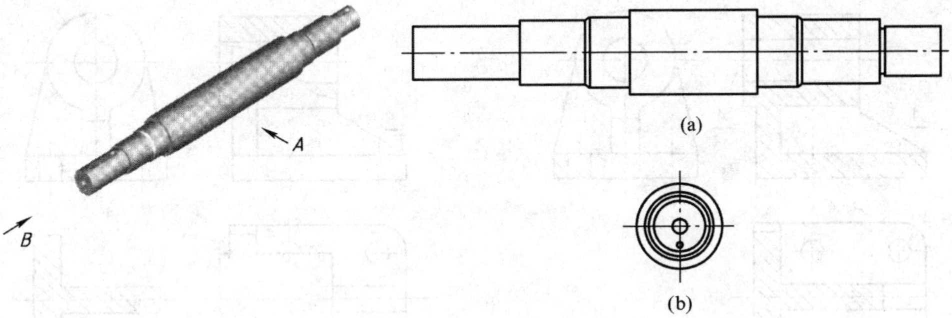

图 9-3　轴主视图选择

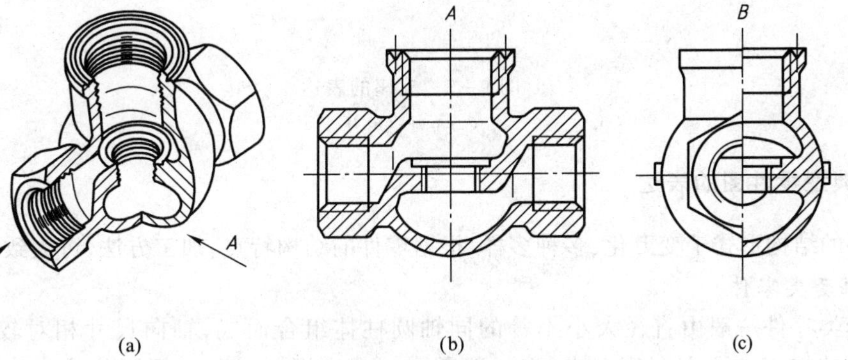

图 9-4　阀体主视图选择

2. 其他视图及表达方法的选择

主视图确定后，其他视图的选择应考虑以下几点。

(1)根据零件的复杂程度及内、外结构形状，全面地考虑还应需要的其他视图，使每个视图都有一个表达重点，但视图数目不宜过多和过于分散。

(2)优先考虑采用基本视图，当内部结构需要表达时，应尽量在基本视图上作剖视；对尚未表达清楚的局部结构和倾斜部分结构，可增加必要的局部(剖)视图、斜(剖)视图和局部放大图；有关的视图应尽量保持直接投影关系，绘制在相关视图附近。

(3)按照表达零件形状要正确、完整、清晰、简便的要求，进一步综合、比较、调整、完善，选出最佳的表达方案。

如图 9-5 所示支座零件的两种表达方法，从视图数量看，图 9-5(b)比图 9-5(a)多一个视图；但从表达来看，图 9-5(b)比图 9-5(a)要好，因为它清楚地表达了支座内部、外部及支撑断面的形状，易于读懂。

3. 选择零件表达方案时的注意事项

(1)视图的数量取决于零件结构的复杂程度，在完整、清晰地表达零件的前提下，力求减少视图数量。但对复杂形体和尚未表达确切的结构，适当的重复和增加视图是必要的。

(2)零件图应尽量少画或不画虚线。但当省略虚线会造成表达不清或要增加视图时，此虚线不能省略。

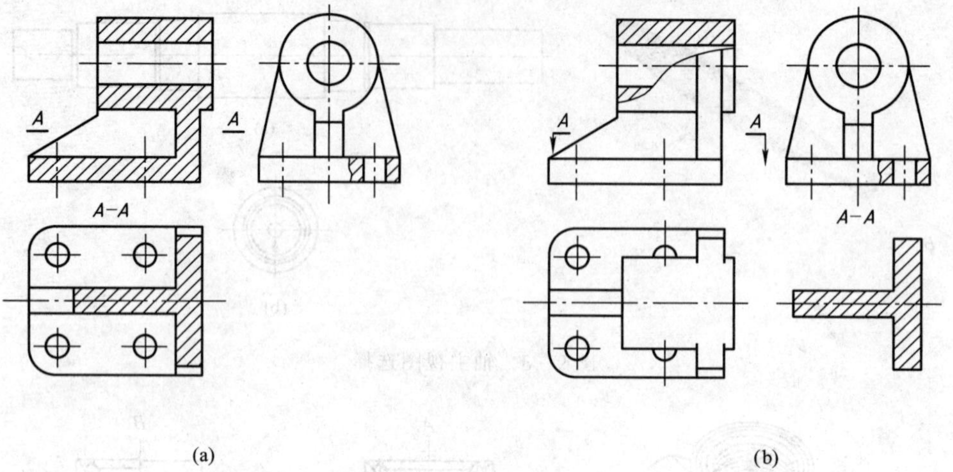

图 9-5　支座的表达

(a)不好;(b)好

9.2.2　典型零件图的表达

零件的结构形式千变万化、多种多样,根据零件的结构特点、加工方法,可大致分成四类。

1. 轴套类零件

轴套类零件一般由直径大小不等的同轴圆柱体组合而成,轴向尺寸相对较大且较多。该类零件的加工主要在车床上进行,一般需要一个主视图,俯、左视图往往省略不画,再加上若干个断面图、局部图就可以表达清楚了,如图 9-3 所示。

2. 盘盖类零件

盘盖类零件大多由回转体形成,相对于轴套类零件来说,其轴向尺寸较小。也有部分盘盖零件的端面形状是矩形、方形等非圆形状,较为复杂。一般需经车床、钻床、刨床等机床进行加工。这类零件一般需要两个视图来表达,主视图轴线放置于水平位置并用剖视图来表达,再加一个左视图来表达端面形状。如图 9-6 所示就是一简单端盖的两视图。

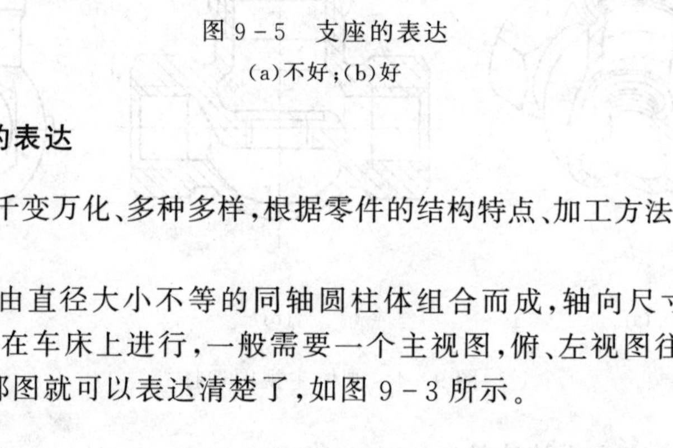

图 9-6　端盖视图

3. 叉架类零件

叉架类零件形状无规则,随零件的使用目的而定。一般可以将其分为工作部分、支承(安装)部分和连接部分三大部分。这类零件在通用机床上的加工不够经济,如果批量生产,往往需要制造专用的工装夹具。由于图样表达一般根据零件本身的工作位置原则,因此需要两个以上的视图才可以。如图 9-7 所示是一个拨叉零件的两个视图,主视图往往要画成剖视图,其他视图根据零件形体是否表达完整而定。

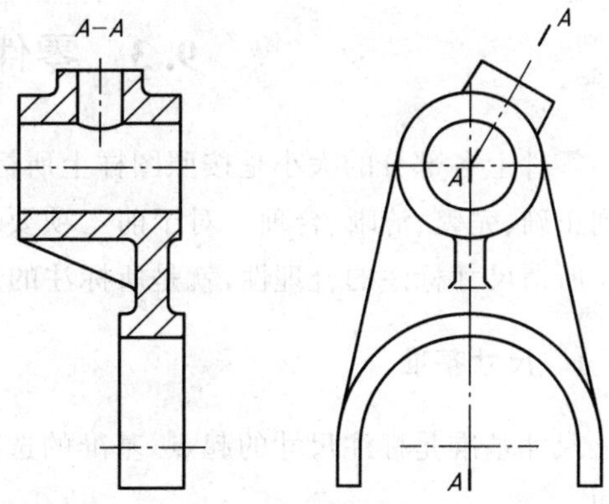

图 9-7　拨叉零件视图

4. 箱体类零件

箱体类零件是用来支承、包容、保护运动零件和其他零件的。这类零件的形状、结构比前述三类零件更复杂,加工方式变化更多。在选择主视图时主要考虑该类零件的工作位置和形状特征。其他视图应根据实际情况适当采用剖视图、断面图、局部视图和向视图等多种表达方式,以便清晰、完整地表达零件的内、外形状。如图 9-8 所示为涡轮减速器箱体视图。

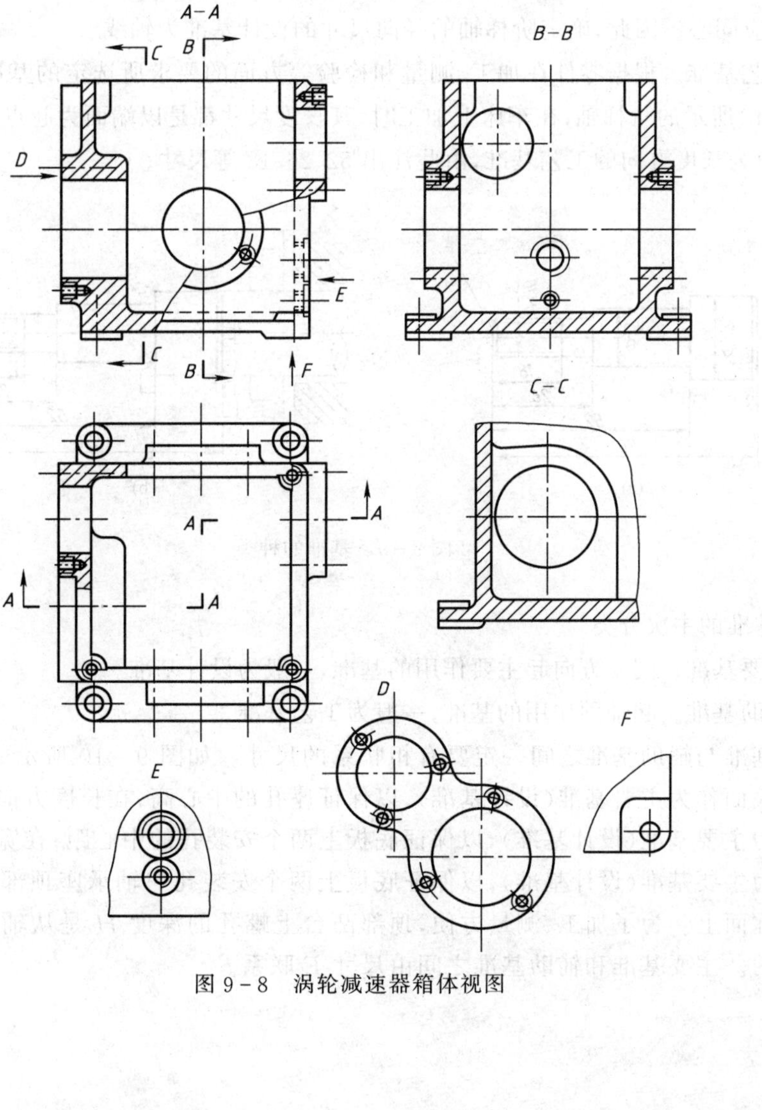

图 9-8　涡轮减速器箱体视图

9.3 零件图的尺寸标注

零件上各部分的大小是按照图样上所标注的尺寸进行制造和检验的。零件的尺寸标注要做到正确、完整、清晰、合理。对于前三项要求,前面已有介绍,这里主要讨论标注尺寸的合理性。所谓尺寸标注的合理性,就是所标注的尺寸能满足设计和制造的要求。

9.3.1 尺寸基准

尺寸基准是标注尺寸的起点,基准的选择直接影响设计能否达到要求及加工是否可行和方便。

1. 基准的分类

1)按用途分类

(1)设计基准。根据零件在机器中的作用、装配关系以及机器的结构特点对零件的设计要求等所选定的基准称为设计基准。如图 9-9 所示,在设计时,考虑到轴与轮类零件的孔相配合,轴与孔应同心。因此,确定阶梯轴的径向尺寸的设计基准为轴线。

(2)工艺基准。根据零件在加工、测量和检验等方面的要求所选定的基准称为工艺基准。如图 9-9(b)所示的阶梯轴,在车床上加工时,其长度尺寸都是以端面为起点来测定的。因此,确定右端面为长度方向的工艺基准,由此注出 52、26、18 等尺寸。

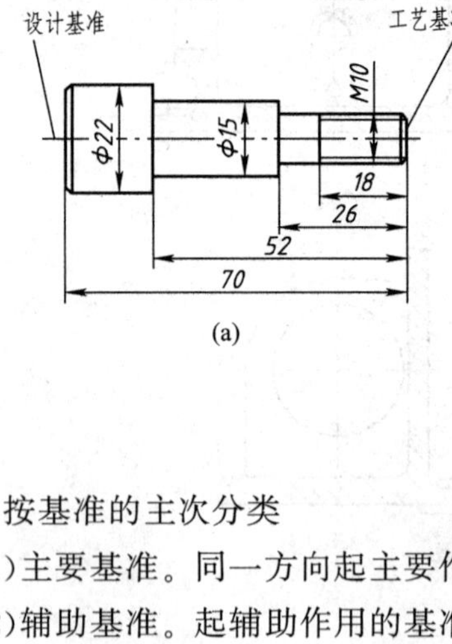

(a)

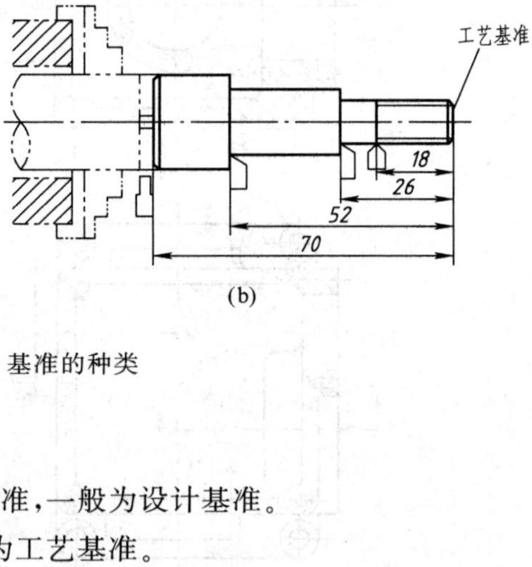

(b)

图 9-9 基准的种类

2)按基准的主次分类

(1)主要基准。同一方向起主要作用的基准,一般为设计基准。

(2)辅助基准。起辅助作用的基准,一般为工艺基准。

主要基准与辅助基准之间一定要有相联系的尺寸。如图 9-10 所示的轴承座,在高度方向选择底面作为主要基准(设计基准),以保证座孔的中心高;在长度方向选择左右方向的对称面作为主要基准(设计基准),以保证底板上两个安装孔的中心距;在宽度方向选择前后对称面作为主要基准(设计基准),以保证底板上两个安装孔与轴承座顶部凸台上的螺孔处于同一对称面上。为了加工、测量方便,顶部凸台上螺孔的深度 H 是从辅助基准(顶面)出发来注出的。主要基准和辅助基准之间由尺寸 E 联系。

9.3.2 尺寸的合理标注

1. 避免标注成封闭的尺寸链

如图 9－11 所示，a、b、c、d 四个尺寸首尾相接成为闭合的一组尺寸，每个尺寸是其中一环，形成封闭的尺寸链。如按这种方式标注尺寸，轴上各段尺寸可以得到保证，而总长尺寸则可能得不到保证。这是因为在加工中，各段的误差累积起来，最后都集中反映到总长尺寸上。因此，在标注尺寸时，对于有一定精确度要求的尺寸要直接注出，而让误差积累在不重要的一段上，如空出其中一段不注尺寸(称为开口环)，如图 9－12(a)所示。有时，为了设计和加工时参考，把开口环的尺寸加上括号标注出来，称为参考尺寸，如图 9－12(b)所示，生产中不检验参考尺寸。

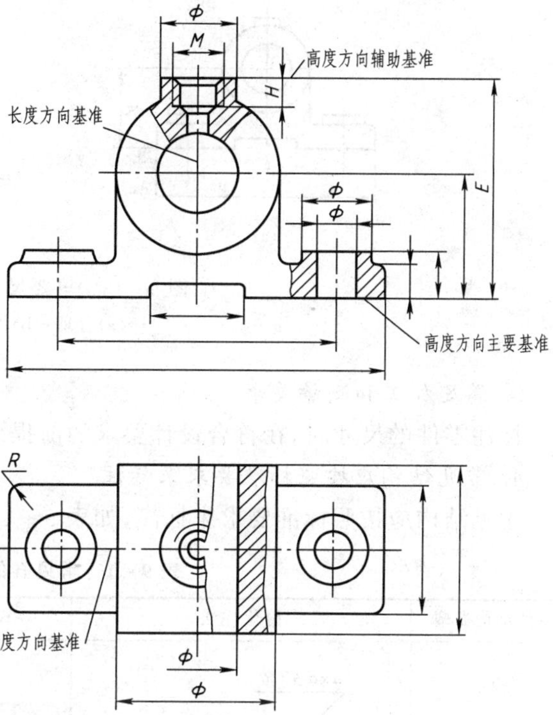

图 9－10 轴承座的尺寸基准

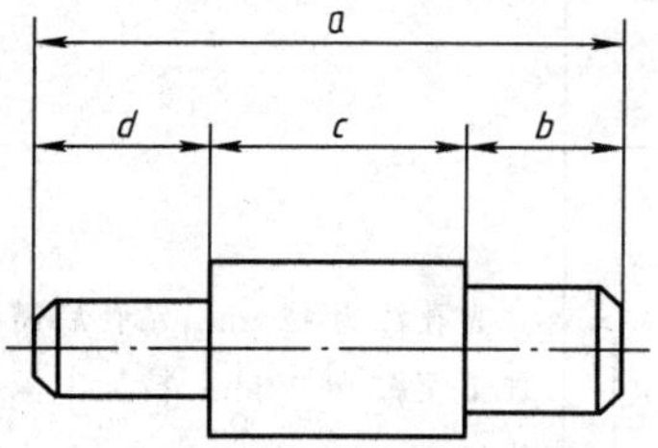

图 9－11 封闭尺寸链

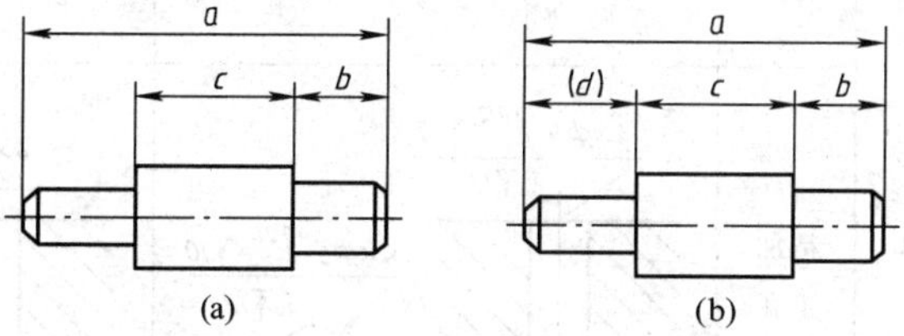

图 9－12 开口环的确定

2. 重要尺寸直接标注

重要尺寸是指零件上对机器(或部件)的使用性能和装配质量有影响的尺寸。如零件之间的配合尺寸，确定零件在机器或部件中的位置尺寸，反映零件所属机器(或部件)规格、性能的尺寸等，这些尺寸的加工和检验都比较严格。凡属零件的重要尺寸必须直接注出，而且尽可能从设计基准出发标注。

重要尺寸从主要基准注出可避免加工误差的累积，保证尺寸的精度。如图 9－13(a)所示，轴承孔的中心高 A 是重要尺寸，这是因为轴承座在工作中要求两轴承孔的轴线在同一条线上，这一尺寸是设计时需保证的重要尺寸。若将轴承孔中心高注成图 9－13(b)的形式，则尺寸 A 的误差是 B 和 C 的累积误差，因此不能保证重要尺寸 A 的精度，这样标注是不合理的。同理，两安装孔的中心距 L 也应从长度方向的基准直接注出，而不应采用图 9－13(b)的形式。

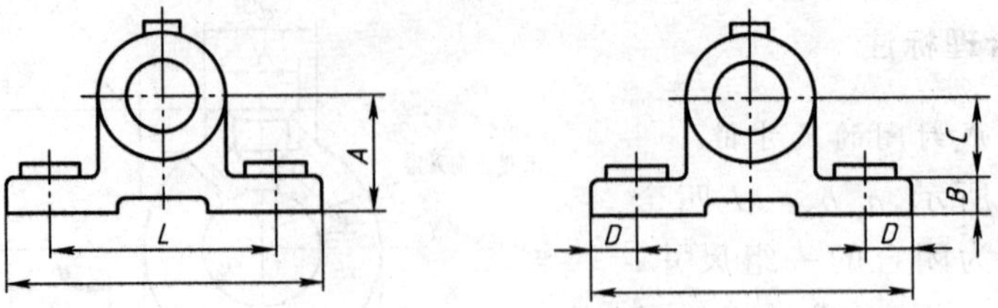

图 9-13　重要尺寸直接注出

(a)合理;(b)不合理

3. 满足加工和测量要求

标注零件的尺寸时,在符合设计要求的前提下,应考虑便于加工和测量。

4. 常见结构应按照标准要求来标注

常见结构应按照标准要求来标注,如表 9-1 列出了各种孔的标注方法。

表 9-1　常见孔的尺寸标注

零件结构类型		简化注法	一般注法	说　明
光孔	一般孔	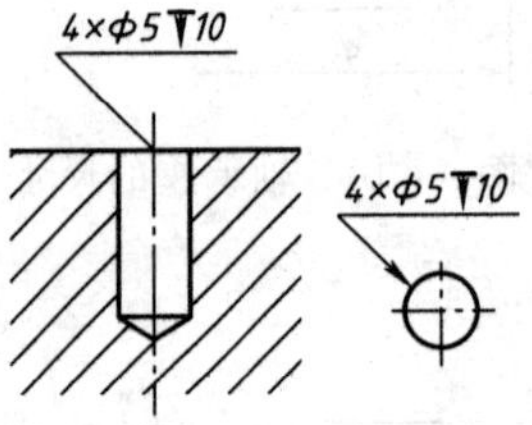	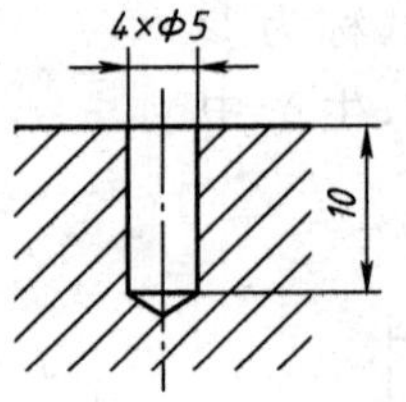	$4\times\phi5$ 表示直径为 5 mm、均匀分布的 4 个光孔,孔深可与孔径连注,也可分开注出
	精加工孔	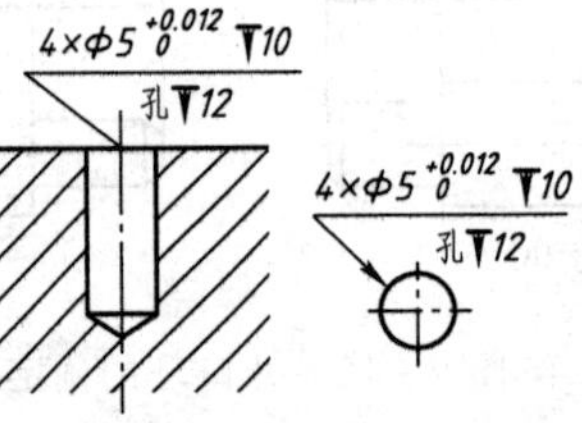	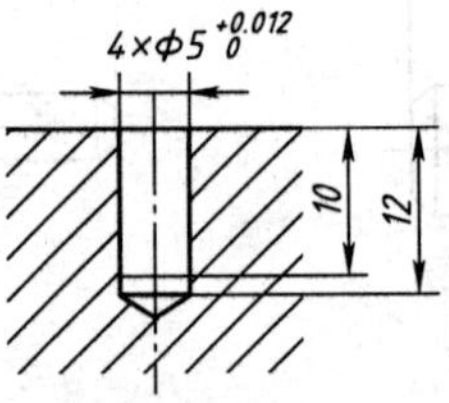	光孔深为 12 mm,钻孔后需精加工至$\phi5^{+0.012}_{0}$ mm,精加工深度为10 mm
	锥孔	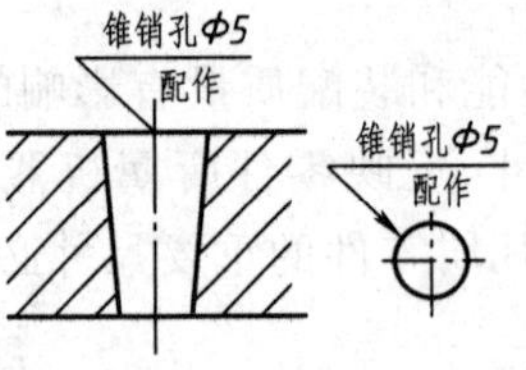	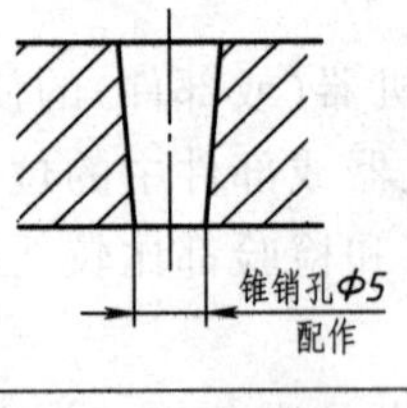	$\phi5$ mm 表示与锥销孔相配的圆锥销小头直径(公称直径),锥销孔通常是两零件装在一起后加工的
沉孔	锥形沉孔	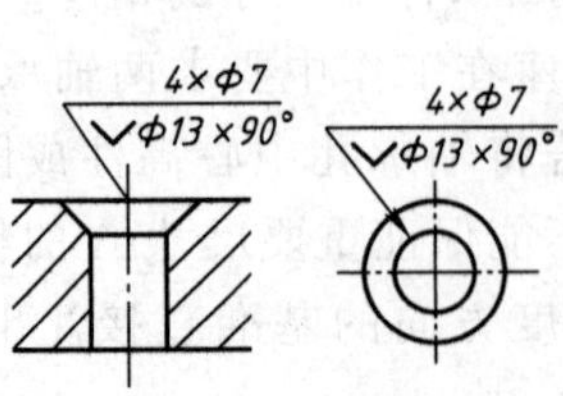	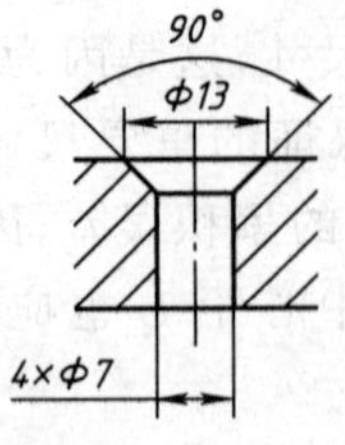	$4\times\phi7$ 表示直径为 7 mm、均匀分布的 4 个光孔,锥形沉孔可以旁注,也可直接注出

续表

零件结构类型		简化注法	一般注法	说　明
沉孔	柱形沉孔	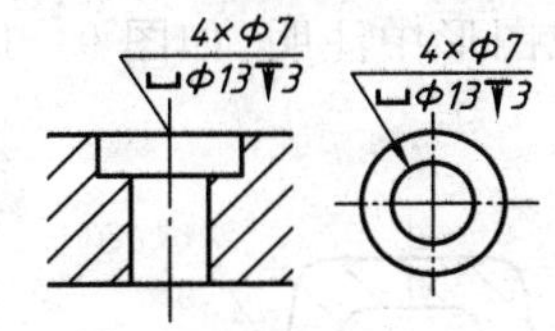	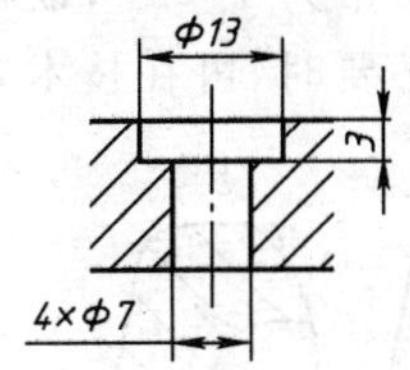	柱形沉孔的直径为 13 mm，深度为 3 mm，均需标注
	锪平沉孔	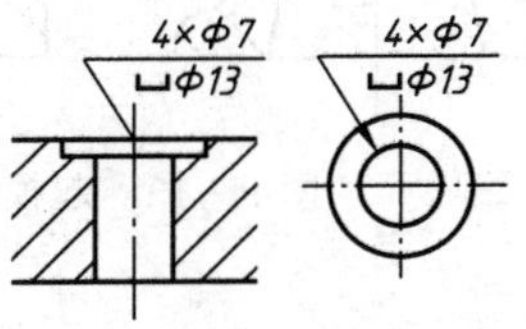	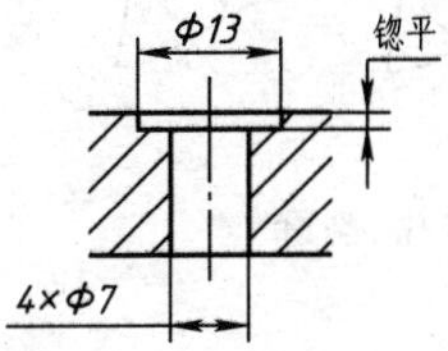	锪平面ϕ13 mm 的深度不必标注，一般锪平到不出现毛面为止
螺孔	通孔	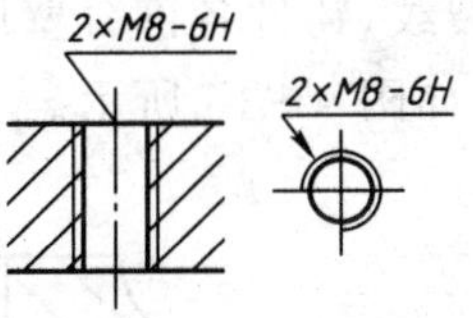	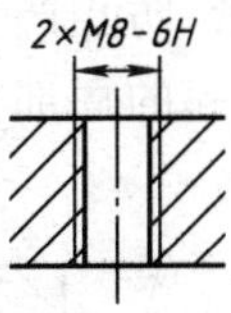	2×M8 表示公称直径为 8 mm 的两个螺孔，可旁注，也可以直接注出
	不通孔	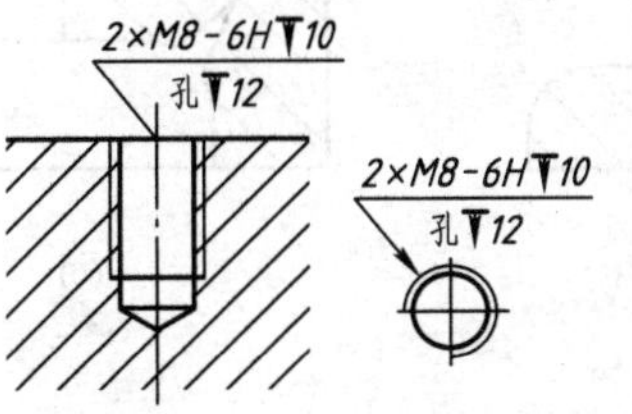	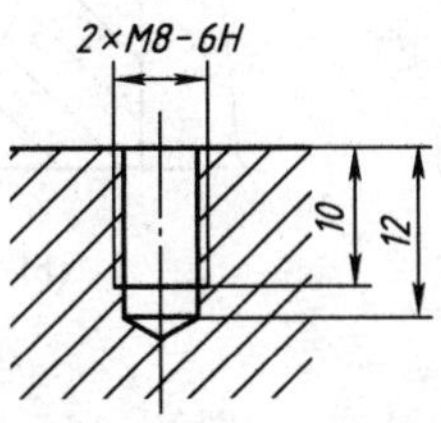	一般应分别注出螺纹光孔和孔的深度尺寸

9.4　零件图的常见工艺结构

零件上的结构主要是由设计要求决定的，但制造工艺对零件的结构也有要求。因此，在画零件图时，必须把这些带有特定几何形状的工艺结构合理、准确地表达出来，这对零件的设计和加工都有直接影响，如果结构不合理，会给加工带来困难。

9.4.1　铸造工艺结构

1. 铸造圆角

制造铸件时，为了避免浇注的液体冷却时产生裂纹以及取模时防止损坏砂型，在铸件各表面相交处都做成圆角过渡，这种圆角称为铸造圆角，如图 9－14 所示。零件图上的铸造圆角一般应画出，圆角半径大小须与铸件壁厚相适应。其半径值一般取 3～5 mm，可在技术要求中作统一说明。

2. 起模斜度

翻砂造型时,为了便于在砂型中取模,铸件沿起模方向上内外壁应有 1∶20 的斜度,叫做起模斜度。木模的起模斜度常为 1°～3°,金属模的起模斜度为 0.5°～2°。因斜度很小,通常在图样上不画,也不标注,必要时,可在技术要求或图形中注明,如图 9-15 所示。

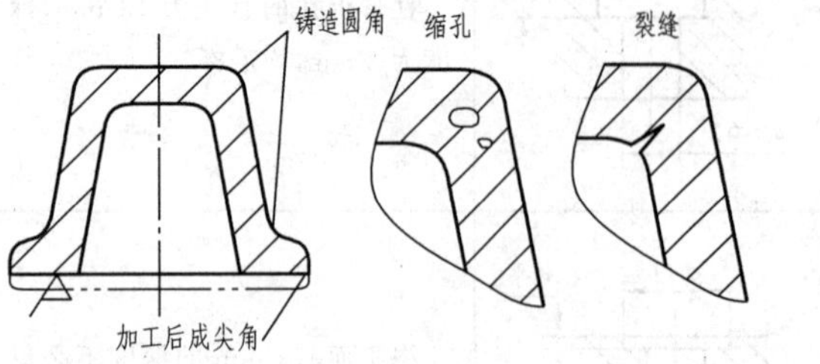

图 9-14　铸造圆角及缩孔、裂缝

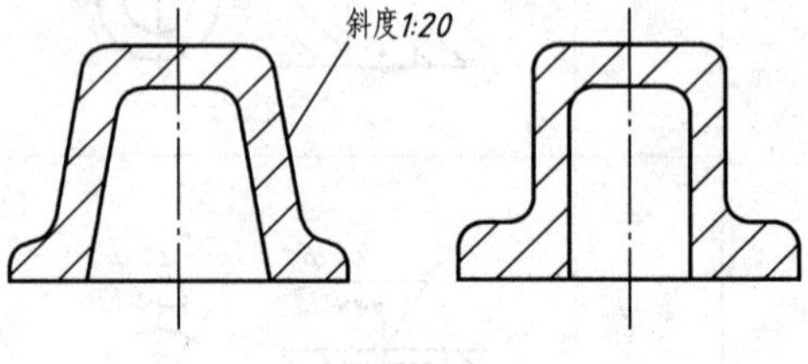

图 9-15　起模斜度

3. 铸件壁厚

铸件在浇注时,如果各部分冷却速度不同,容易在较厚处形成缩孔或在厚壁与薄壁的交界处产生裂纹。为了保证铸件质量,防止产生缩孔和裂纹,铸件各部分壁厚应保持大致相等或逐渐变化,避免突然改变壁厚引起的局部宽厚现象,如图 9-16 所示。

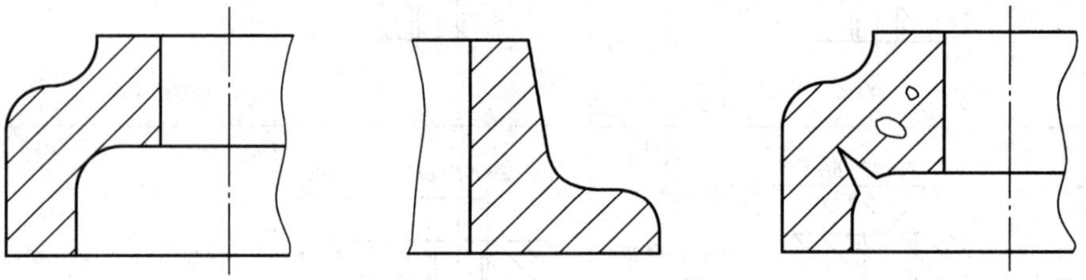

(a)　(b)　(c)

图 9-16　铸件壁厚

(a)壁厚均匀;(b)逐渐过渡;(c)产生裂缝和缩孔

4. 过渡线

由于铸件上有圆角、起模斜度存在,这时零件表面的交线就不十分明显,但为了增强图形的直观性,在相交处仍画出原有的交线,这种交线称为过渡线。

过渡线的画法与原有相贯线的画法相同,只是由于圆角的存在,使交线的两端不再与零件的轮廓线接触。作图时应先按没有圆角的情况画出相贯线的投影,然后在轮廓线相交处画出小圆角,如图 9-17(a)所示。根据最新国家标准(GB/T 4458.1—2002)的规定,过渡线应用细实线绘制,且不宜与轮廓线相连,因此图 9-17(a)的表示法应画成 9-17(b)。零件上常见的肋板与圆柱的组合如果是铸造成型,也会产生过渡线。从图 9-18 可以看出,过渡线的形状取决于肋板的断面形状及肋板与圆柱相交或相切的情况。

9.4.2　机械加工工艺结构

1. 倒角和倒圆

为了去除零件的毛刺、锐边,便于装配和保护装配面,轴或孔的端部一般都制成倒角,倒

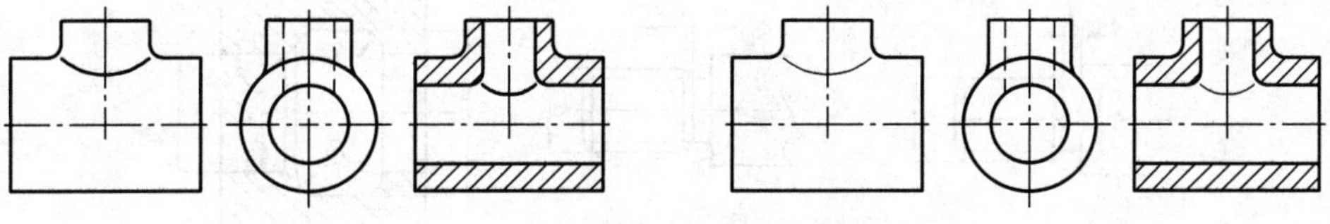

图 9-17　两圆柱相交时过渡线的画法
(a)过渡线画成粗实线；(b)过渡线画成细实线

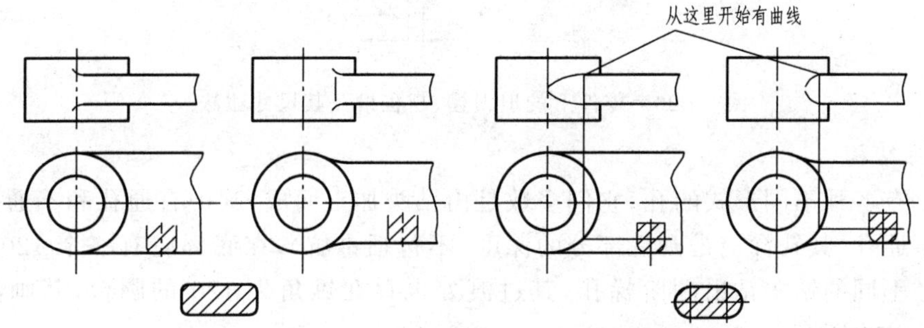

图 9-18　肋板与圆柱相交或相切时过渡线的画法

角一般为 45°，也可为 30°或 60°。倒角为 45°时，可与倒角的轴向尺寸连注(符号 C 后标上相应的倒角轴向尺寸数值)；倒角不是 45°时，要分开标注。为了避免因应力集中产生裂纹，轴肩处往往加工成圆角过渡的形式，称为倒圆。倒角和倒圆的结构如图 9-19 所示。

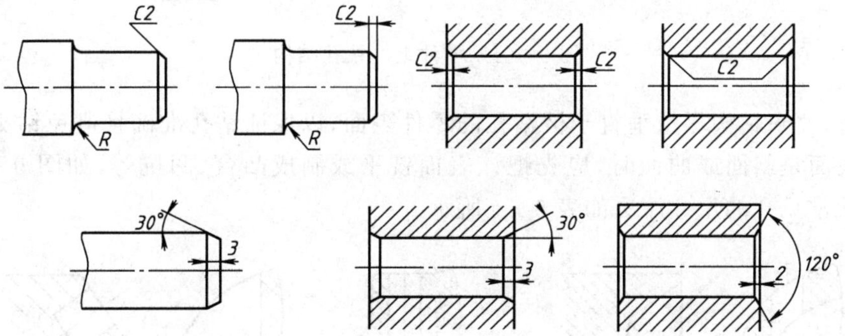

图 9-19　零件上倒角、倒圆及其尺寸注法

2. 退刀槽和越程槽

零件切削加工时，特别是车螺纹或磨削时，为了便于退出刀具或砂轮，可以稍微越过加工面，使刀具或砂轮不致于损坏以及在装配时保证相邻零件的紧靠，常在被加工零件的末端或台肩处预先加工出螺纹退刀槽和砂轮越程槽。其画法和尺寸注法如图 9-20 所示。其中，槽宽 b 应直接注出，这样便于选择割槽刀；槽的直径可直接注出，也可注出切入深度。螺纹退刀槽和砂轮越程槽的结构和尺寸系列可查阅相关的国家标准。

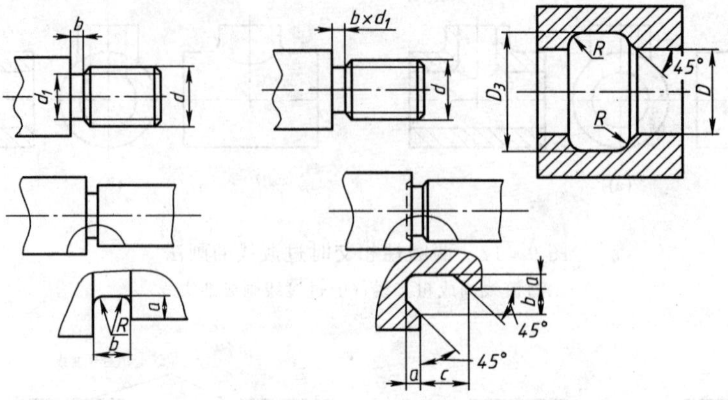

图 9-20 零件上的退刀槽、越程槽及其尺寸注法

3. 钻孔结构

零件上有各种不同形式的孔,它们多数是由钻头加工而成,其中有通孔和不通孔。用钻头加工的不通孔,其孔深应是圆柱部分的深度(不包括锥坑),在底部应有一个120°的锥角;用两个直径不同的钻头钻出的阶梯孔,其过渡处也存在锥角为120°的圆台,其画法及尺寸注法如图 9-21 所示。

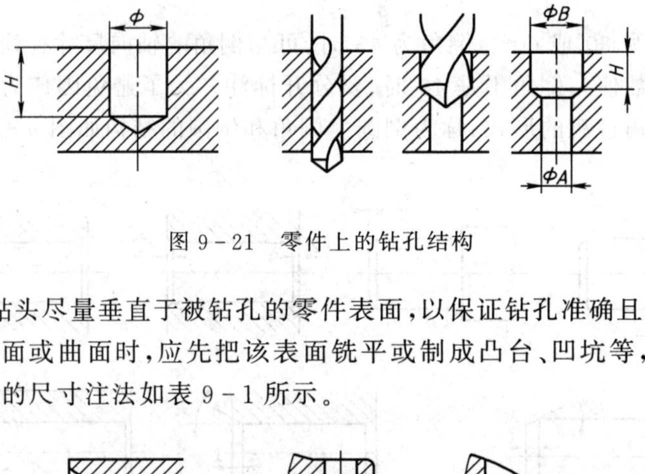

图 9-21 零件上的钻孔结构

钻孔时,要求钻头尽量垂直于被钻孔的零件表面,以保证钻孔准确且避免钻头折断。所以当孔端表面是斜面或曲面时,应先把该表面铣平或制成凸台、凹坑等,如图 9-22 所示。零件上各种常见孔的尺寸注法如表 9-1 所示。

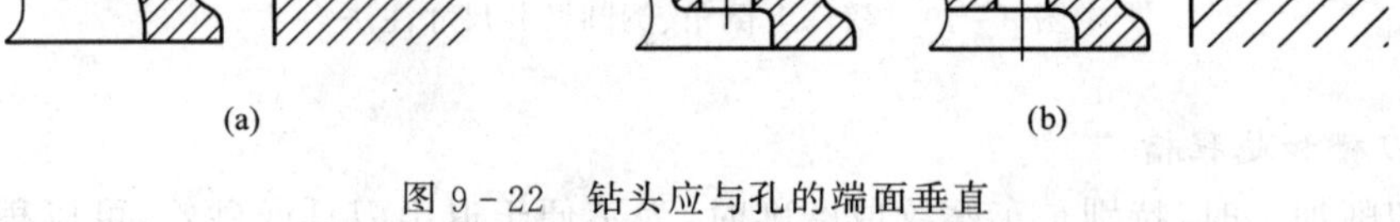

(a) (b)

图 9-22 钻头应与孔的端面垂直

(a)错误画法;(b)正确画法

4. 凸台和凹坑

为保证零件间接触良好,零件上凡与其他零件接触的表面一般都应加工。但为了降低零件的制造费用,在设计零件时应尽量减少加工面。因此,在零件上常有凸台和凹坑结构。而且凸台应在同一平面上,以保证加工方便,如图 9-23 所示。

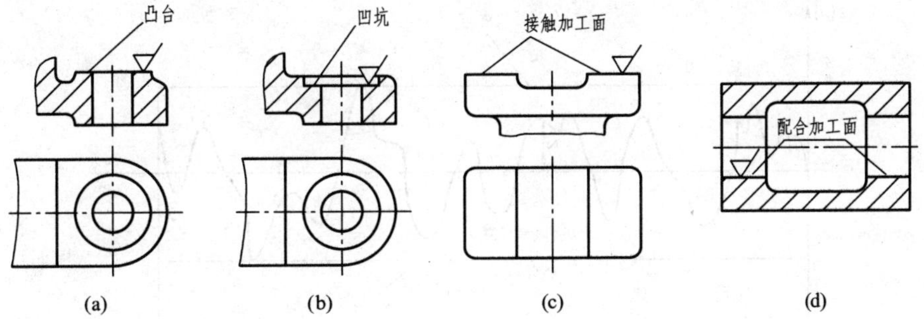

图 9-23　凸台、凹坑等结构

(a)凸台;(b)凹坑;(c)凹槽;(d)凹腔

9.5　零件图上的技术要求

9.5.1　表面结构要求

1. *表面结构的概念*

零件在机械加工过程中,由于机床、刀具的振动,材料被切削时产生的塑性变形以及刀痕等原因,其表面经放大后可以看到仍是高低不平的。通常用表面结构(粗糙度、波纹度和原始轮廓)来评定这种粗糙的程度。加工表面上具有的较小间距的峰谷所组成的微观几何形状特性,称为 R 轮廓(粗糙度),如图9-24所示。它对零件的使用性能有重要的影响,如对接触面的摩擦、运动磨损、贴合面的密封、配合面的性能稳定与可靠性以及疲劳强度、抗腐蚀性能、表面涂层的质量、产品外观等都有较大影响。因此,为保证产品质量、提高机械产品的使用寿命和降低生产成本,在设计零件时必须对其粗糙度提出合理的要求。

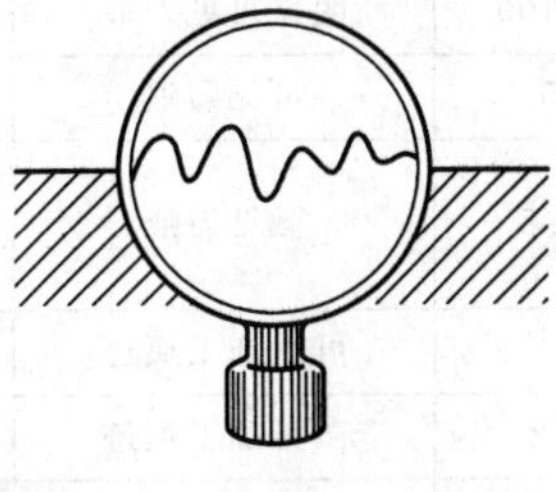

图 9-24　表面的微观几何形状

2. *表面粗糙度的评定*

国家标准 GB/T 3505—2000 中规定了评定表面粗糙度的各种参数,其中常用的是轮廓算术平均偏差 R_a。其值越小,表面质量越高,加工成本也就越高。因此,在满足使用要求的前提下,应尽量选用较大的 R_a,以降低生产成本。

轮廓算术平均偏差 R_a(单位 μm)是指在零件表面的一段取样长度 L(用于判别具有表面结构特征的一段基准线长度)内,轮廓线上的点沿测量方向(z 方向)至基准线的距离绝对值的算术平均值,其计算公式为

$$R_a = \frac{1}{L}\int_0^L | z(x) | \mathrm{d}x$$

或近似表示为

$$R_a = \frac{1}{n}\sum_{i=1}^{n} | z_i |$$

式中:z_i 为轮廓线上的点至基准线的距离;L 为取样长度,如图 9-25 所示。

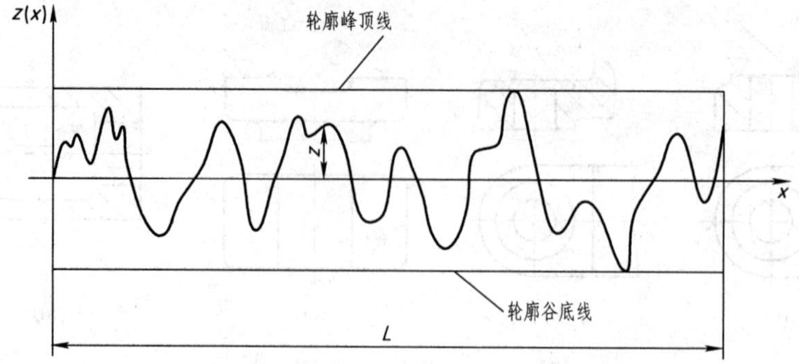

图 9-25　轮廓的形状曲线和表面结构参数

GB/T 131—2006 产品几何技术规范(GPS)技术产品文件中表面结构的表示方法中规定:常用的表面粗糙度评定参数除 R_a 外,还可以用 R_z(轮廓最大高度)作为表面粗糙度参数,新的 R_z 为原 R_y 的定义,原 R_y 符号不再使用。

表 9-2 给出了不同 R_a 值的表面外观情况以及与之对应的加工方法和应用举例,可供选用时参考。

表 9-2　R_a 参数值与应用举例

R_a/μm	表面特征	主要加工方法	应用举例
50、100	明显可见刀痕	粗车、粗铣、粗刨、钻、粗纹锉刀和粗砂轮加工	粗糙度最低的加工面,或称没有要求的自由表面,一般很少使用
25	可见刀痕		
12.5	微见刀痕	粗车、刨、立铣、平铣、钻	不接触表面、不重要的接触面,如螺钉孔、倒角、机座底面等
6.3	可见加工痕迹	精车、精铣、精刨、铰、镗、粗磨等	没有相对运动的零件接触面,如箱、盖、套筒、要求紧贴的表面、键和键槽工作表面;相对运动速度不高的接触面,如支架孔、衬套、带轮轴孔的工作表面等
3.2	微见加工痕迹		
1.6	看不见加工痕迹		
0.8	可辨加工痕迹方向	精车、精铰、精拉、精镗、精磨等	要求很好密合的接触面,如滚动轴承的配合表面、锥销孔等;相对运动速度较高的接触面,如滑动轴承的配合表面、齿轮轮齿的工作表面等
0.4	微辨加工痕迹方向		
0.2	不可辨加工痕迹方向		
0.1	暗光泽面	研磨、抛光、超级精细研磨等	精密量具的表面、极重要零件的摩擦面,如汽缸的内表面、精密机床的主轴颈、坐标镗床的主轴颈等

3. 标注表面结构的图形符号

国家标准 GB/T 131—2006 规定,在技术产品文件中对表面结构的要求可用几种不同的图形符号表示,每种符号都有特定含义。在特殊情况下,图形符号可以在技术图样中单独使用,以表达特殊意义。

1)基本图形符号

基本图形符号用于未指定工艺方法的表面,当有一个注释解释时可单独使用。它由两条不等长的与标注表面成 60°夹角的直线段构成,如图 9-26(a)所示。基本图形符号仅用于简化代号标注,没有补充说明时不能单独使用。

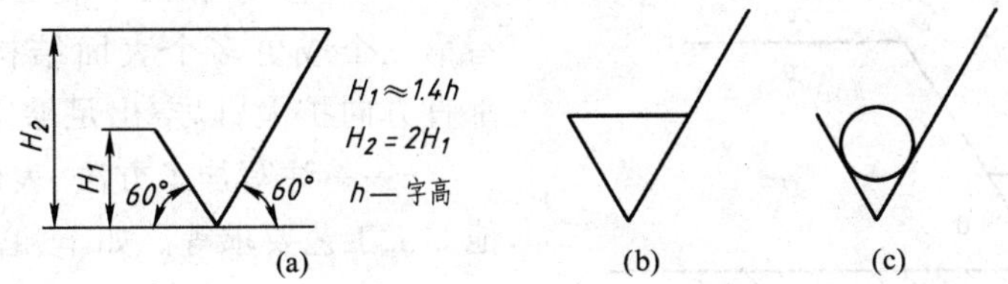

图 9-26　图形符号

(a)基本图形符号;(b),(c)扩展图形符号

2)扩展图形符号

(1)要求去除材料的图形符号。在基本图形符号上加一短横,表示指定表面是用去除材料的方法获得,如通过机械加工获得的表面,如图 9-26(b)所示。

(2)不允许去除材料的图形符号。在基本图形符号上加一个圆圈,表示指定表面是用不去除材料的方法获得,如图 9-26(c)所示。它也可用于表示保持上道工序形成的表面,如铸、锻、冲压成形、热轧、冷轧、粉末冶金等。

(3)完整图形符号。当要求标注表面结构特征的补充信息时,应在图 9-26 的图形符号的长边上加一横线,如图 9-27 所示。

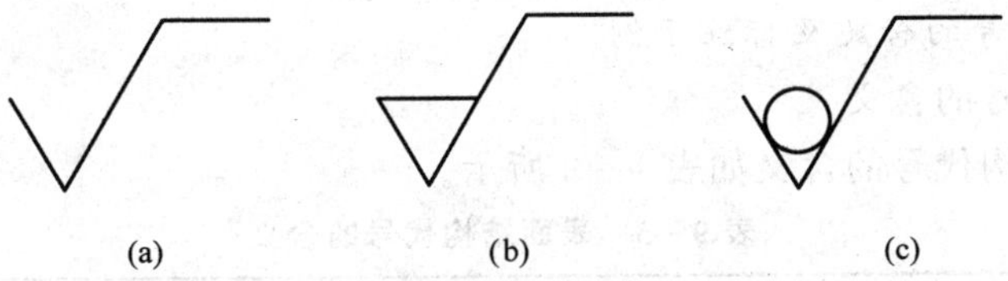

图 9-27　完整图形符号

(a)允许任何工艺;(b)去除材料;(c)未去除材料

(4)工件轮廓各表面的图形符号。当在图样某个视图上构成封闭轮廓的各表面有相同的表面结构要求时,应在图 9-27 的完整图形符号上加一圆圈,标注在图样中工件的封闭轮廓线上,如图 9-28 所示。如果标注会引起歧义,各表面应分别标注。

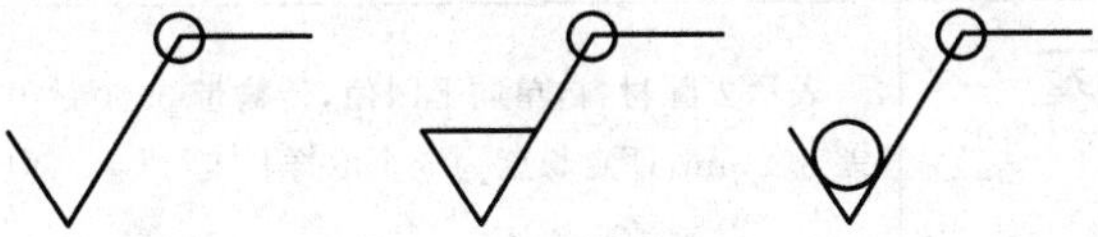

图 9-28　封闭轮廓的各表面有相同的表面结构要求的完整图形符号

在完整图形符号中,对表面结构的单一要求和补充要求应标注在如图 9-29 所示的指定位置。

a——注写表面结构的单一要求。根据标注表面结构参数代号、极限值和传输带或取样长度的规定,为了避免误解,在参数代号和极限值间应插入空格,传输带或取样长度后应有一斜线“/”,之后是表面结构参数代号,最后是数值。

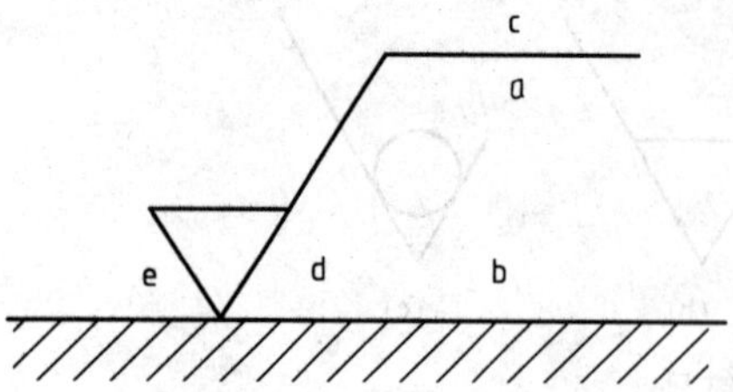

图 9-29 补充要求的注写位置

b——注写第二个表面结构。如果要注写第三个或更多个表面结构,图形符号应在垂直方向扩大,以空出足够空间。

c——注写加工方法、表面处理、涂层或其他加工工艺要求等。如车、磨、镀等加工方法。

d——注写纹理方向。

e——注写加工余量,以毫米为单位给出数值。

4. 图样上表面结构标注规则

图样上表面结构标注规则如下。

(1)在同一图样中,零件的每一表面都应标注相应的表面结构,每一表面的表面结构只能标注一次,并尽可能标注在具有确定该表面大小或位置尺寸的视图上,且代号应注在可见轮廓线、尺寸线、尺寸界线或其延长线上,必要时可注在指引线上。

(2)符号的尖端必须由材料外指向该表面。

(3)代号中的数字为表面结构参数允许值,其单位是微米(μm)。

(4)除非另有说明,所标注的表面结构是对完工零件表面的要求。

(5)表面结构符号、代号的标注位置和方向,总的原则是与尺寸的标注和读取方向一致。

5. 表面结构代号的含义及标注示例

1)表面结构代号的含义

常见的表面结构代号的含义如表 9-3 所示。

表 9-3 表面结构代号的含义

代 号	含 义
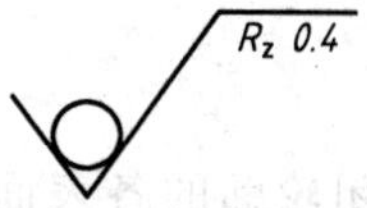	表示不允许去除材料,单向上限值,默认传输带,R 轮廓,粗糙度的最大高度为 0.4 μm,评定长度为 5 个取样长度(默认),"16%规则"(默认)
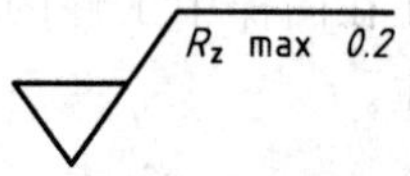	表示去除材料,单向上限值,默认传输带,R 轮廓,粗糙度最大高度的最大值为 0.2 μm,评定长度为 5 个取样长度(默认),"最大规则"
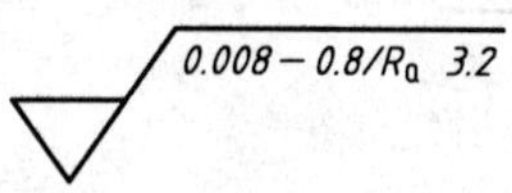	表示去除材料,单向上限值,传输带 0.008~0.8 mm,R 轮廓,算术平均偏差 3.2 μm,评定长度为 5 个取样长度(默认),"16%规则"(默认)
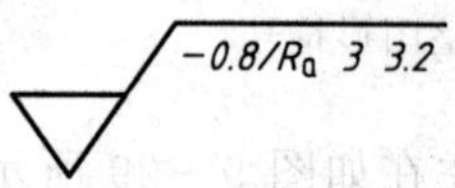	表示去除材料,单向上限值,传输带根据 GB/T 6062,取样长度为 0.8 μm(λ_s 默认 0.002 5 mm),R 轮廓,算术平均偏差 3.2 μm,评定长度包含 3 个取样长度,"16% 规则"(默认)
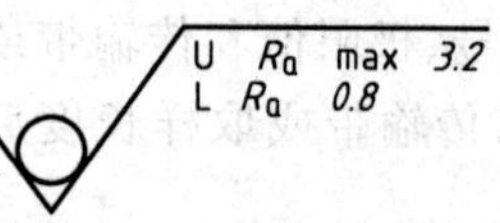	表示不允许去除材料,双向极限值,两极限值均使用默认传输带,R 轮廓,上限值的算术平均偏差 3.2 μm,评定长度为 5 个取样长度(默认),"最大规则";下限值的算术平均偏差 0.8 μm,评定长度为 5 个取样长度(默认),"16%规则"(默认)

续表

代　号	含　义
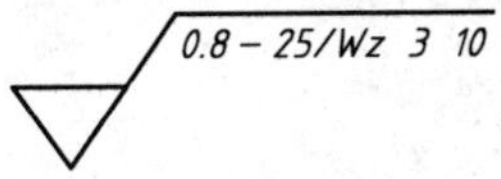	表示去除材料，单向上限值，传输带 0.8～25 mm，W 轮廓，波纹度最大高度 10 μm，评定长度包含 3 个取样长度，“16%规则”(默认)
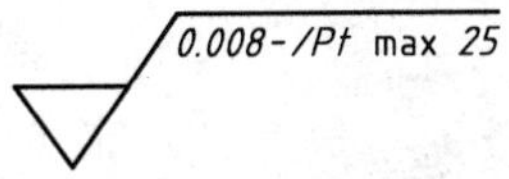	表示去除材料，单向上限值，传输带 λ_s＝0.008 mm，无长波滤波器，P 轮廓，轮廓总高 25 μm，评定长度等于工件长度(默认)，“最大规则”
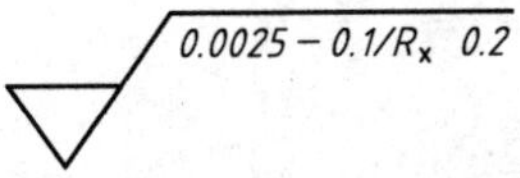	表示去除材料，单向上限值，传输带 λ_s＝0.002 5 mm，A＝0.1 mm，评定长度 3.2 mm(默认)，粗糙度图形参数，粗糙度图形最大深度 0.2 μm，“16%规则”(默认)
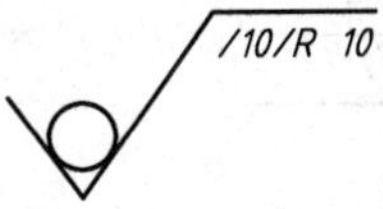	表示不允许去除材料，单向上限值，传输带 λ_s＝0.008 mm (默认)，A＝0.5 mm (默认)，评定长度 10 mm，粗糙度图形参数，粗糙度图形平均深度 10 μm，“16%规则”(默认)
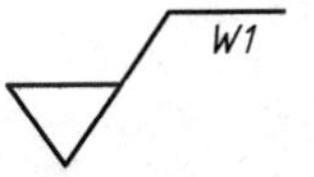	表示去除材料，单向上限值，传输带 A＝0.5 mm (默认)，B＝2.5 mm (默认)，评定长度 16 mm (默认)，波纹度图形参数，波纹度图形平均深度 1 mm，“16%规则”(默认)
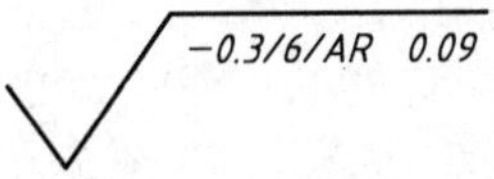	表示任意加工方法，单向上限值，传输带 λ_s＝0.008 mm (默认)，A＝0.3 mm(默认)，评定长度 6 mm，粗糙度图形参数，粗糙度图形平均间距 0.09 mm，“16%规则”(默认)

注：①当标注上限值或上限值与下限值时，允许实测值中有 16%的测值超差；

②当不允许任何实测值超差时，应在参数值的左侧加注 max 或同时标注 max 和 min。

2)表面结构要求在图样上的注法示例

表面结构要求对每一表面一般只标注一次，并尽可能注在相应的尺寸及其公差的同一视图上；除非另有说明，所标注的表面结构要求是对完工零件表面的要求。

(1)表面结构要求符号、代号的标注位置与方向。标注的总原则是根据 GB/T 4458.4—2003《机械制图尺寸注法》的规定，使表面结构要求的注写和读取方向与尺寸的注写和读取方向一致，如图 9－30 所示。

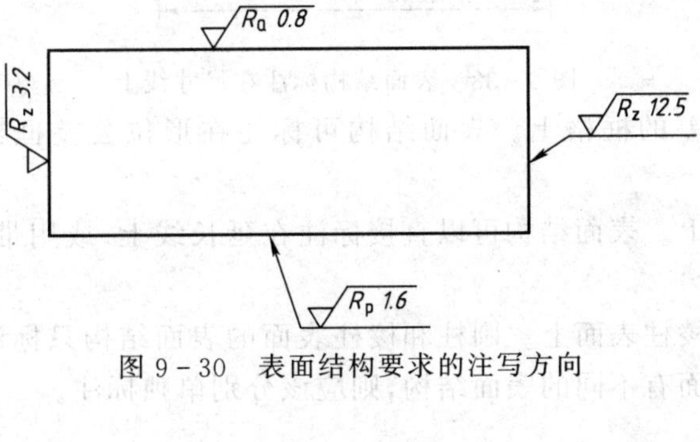

图 9－30　表面结构要求的注写方向

①标注在轮廓线上或指引线上。表面结构可标注在轮廓线上,其符号应从材料外指向该表面并接触表面。必要时,表面结构符号也可用带箭头或黑点的指引线引出标注,如图9-31和图9-32所示。

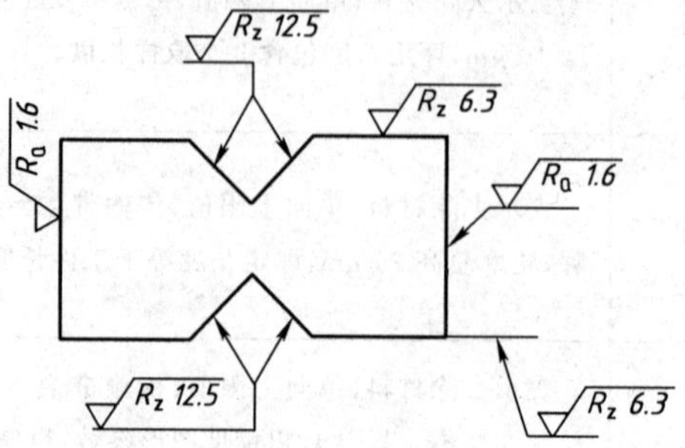

图9-31 表面结构在轮廓线上的标注

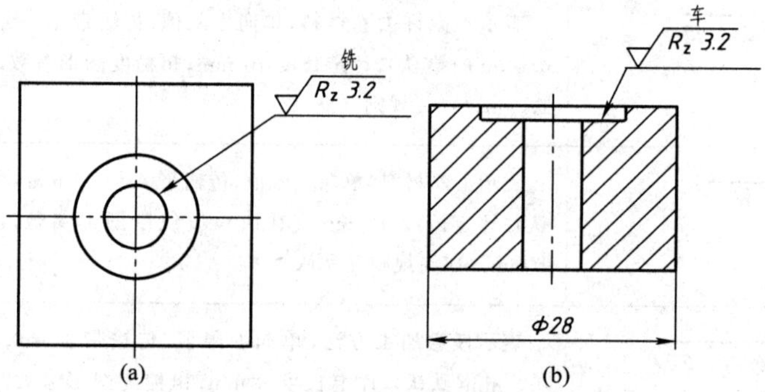

图9-32 用指引线引出标注表面结构

②标注在特征尺寸的尺寸线上。在不致引起误解时,表面结构可以标注在给定的尺寸线上,如图9-33所示。

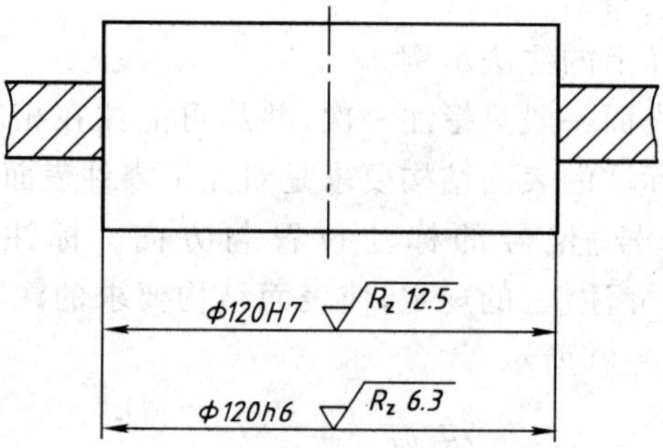

图9-33 表面结构标注在尺寸线上

③标注在形位公差的框格上。表面结构可标注在形位公差框格的上方,如图9-34所示。

④标注在延长线上。表面结构可以直接标注在延长线上,或用带箭头的指引线引出标注,如图9-35所示。

⑤标注在圆柱和棱柱表面上。圆柱和棱柱表面的表面结构只标注一次,如图9-36所示。如果每个棱柱表面有不同的表面结构,则应该分别单独标注。

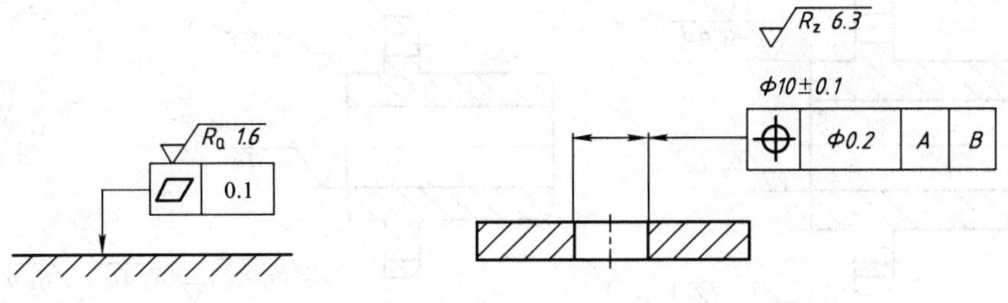

(a)　　　　(b)

图 9 - 34　表面结构标注在形位公差框格的上方

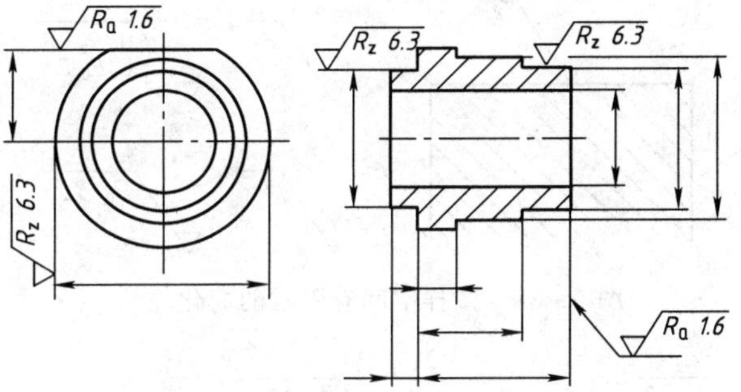

图 9 - 35　表面结构标注在圆柱的延长线上

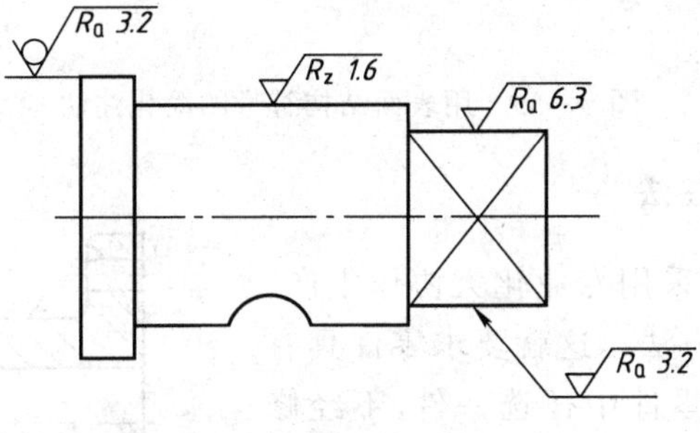

图 9 - 36　圆柱和棱柱的表面结构的注法

(2)表面结构要求的简化注法有以下两种情况。

①有相同表面结构的简化注法。如果在工件的多数(包括全部)表面有相同的表面结构要求,这个表面结构要求可统一标注在图样的标题栏附近。此时,表面结构要求的符号后面应有在圆括号内给出无任何其他标注的基本符号,如图 9 - 37(a)所示;在圆括号内给出不同的表面结构要求,如图 9 - 37(b)所示。不同的表面结构应直接标注在图形中,如图 9 - 37 所示。

②多个表面有共同要求的注法。当多个表面具有相同的表面结构或图样空间有限时,可以采用简化注法。如图 9 - 38 所示,可用带字母的完整符号,以等式的形式,在图形或标题栏附近,对有相同表面结构的表面进行简化标注。也可用表面结构符号,以等式的形式给出多个表面共同的表面结构,如图 9 - 39 所示。

(3)两种或多种工艺获得的同一表面的注法如下。

由几种不同的工艺方法获得的同一表面,当需要明确每种工艺方法的表面结构时,可按图9 - 40所示进行标注。

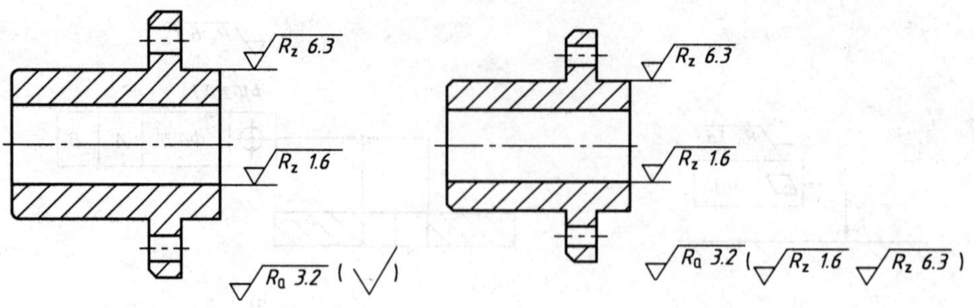

(a) (b)

图 9-37　多数表面有相同的表面结构的简化注法

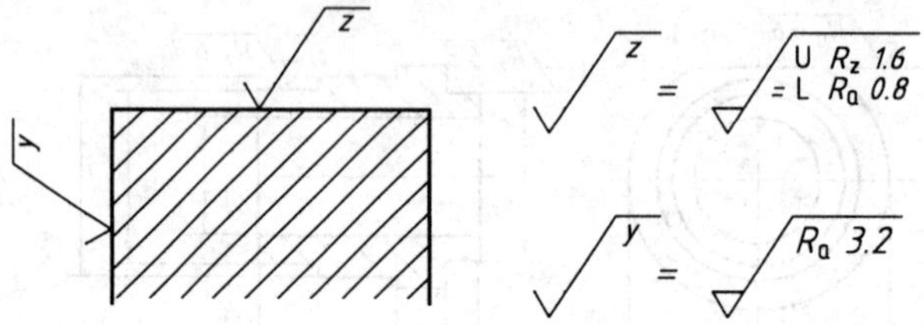

图 9-38　图样空间有限时的简化注法

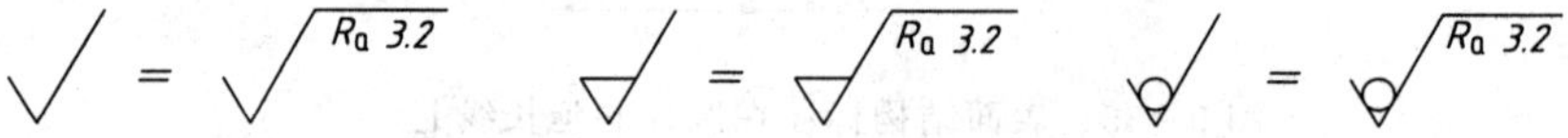

(a) (b) (c)

图 9-39　用表面结构符号的简化注法

9.5.2　极限与配合及其注法

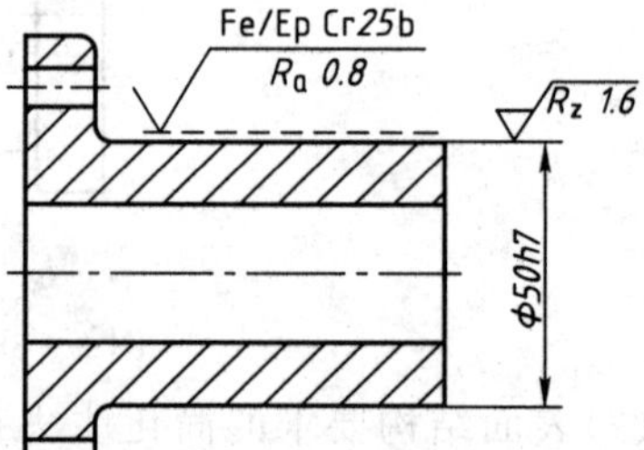

图 9-40　同时给出镀覆前后表面结构的注法

现代工业生产中通常采用专业化大协作生产，即分散制造、集中装配的方法。这就要求零件具有互换性，即从相同规格的零件中任选一件，不经修配，就能顺利进行装配，并符合规定的使用性能要求。为了保证零件具有互换性，重要的条件是必须保持零件尺寸的一致性。可在生产实践中，不可能也不必要把零件尺寸加工得绝对准确。为此，在满足使用要求的条件下，必须对零件尺寸的变动量规定一个许可范围。于是，满足互换性条件下，零件尺寸的允许变动量就叫尺寸公差，简称公差。

1. 尺寸公差的基本概念

基本尺寸：设计时给定的尺寸，如图 9-41 中的$\phi 20$。

极限尺寸：允许尺寸变化的两个极限值，它以基本尺寸为基数来确定。其中，较大的一个是最大极限尺寸，如$\phi 20.013$；较小的一个是最小极限尺寸，如$\phi 19.992$。

尺寸偏差(简称偏差)：某一极限尺寸减其基本尺寸所得的代数差。最大极限尺寸和最小极限尺寸减其基本尺寸所得的代数差，分别称为上偏差和下偏差，如图 9-41 所示。孔的上偏差和下偏差分别用 ES 和 EI 表示；轴的上偏差和下偏差分别用 es 和 ei 表示。其中：

上偏差＝20.013－20＝＋0.013

下偏差＝19.992－20＝－0.008

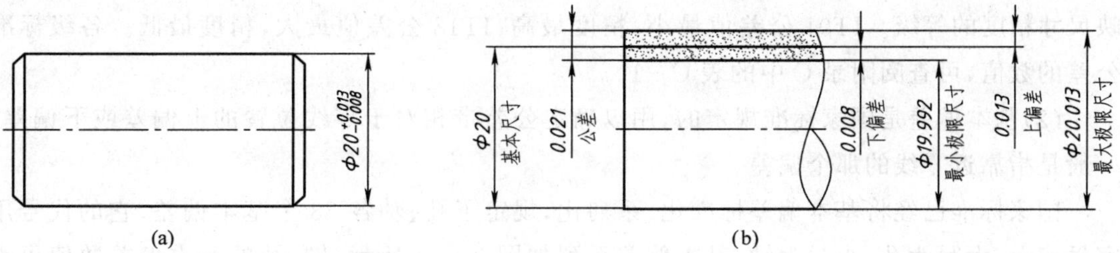

图 9－41　尺寸公差示意图

(a)标有尺寸偏差零件图；(b)公差带放大示意图

尺寸公差：允许尺寸的变动量。它等于最大极限尺寸与最小极限尺寸之差(如图 9－41 中，20.013－19.992＝0.021)；也等于上偏差与下偏差代数差的绝对值。

零线和公差带：图 9－42 表明了基本尺寸相同、相互配合的孔和轴之间极限尺寸、偏差与公差的相互关系。为了便于分析，一般将尺寸公差与基本尺寸的关系按放大比例画成简图，称为公差带图，图 9－42(b)就是图 9－42(a)的公差带图。

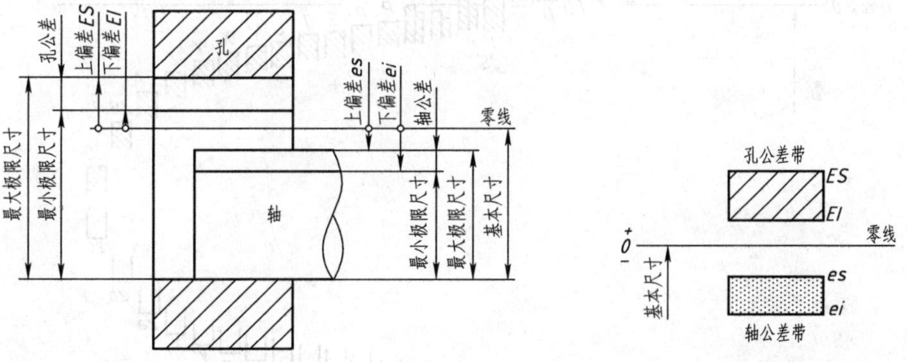

图 9－42　尺寸公差与偏差、公差带图

(a)尺寸公差与偏差；(b)公差带图

零线：公差带图中确定偏差的一条基准直线，即零偏差线。通常以零线表示基本尺寸，零线以上为正偏差，零线以下为负偏差。

公差带：由代表上、下偏差的两条直线限定的一个区域。上、下偏差的距离应成比例，公差带方框的左右长度可任意确定。一般用斜线表示孔的公差带，加点表示轴的公差带。

2. 标准公差和基本偏差

公差带由标准公差和基本偏差两个基本要素确定，标准公差确定公差带的大小；基本偏差确定公差带的位置，如图9－43所示。

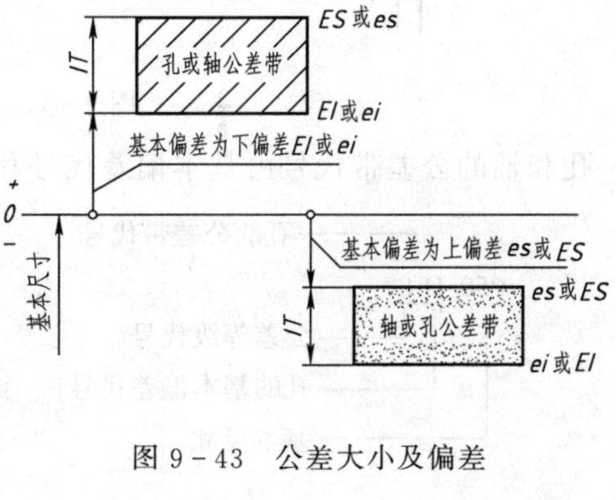

图 9－43　公差大小及偏差

(1)标准公差是由国家标准规定的,用以确定公差带大小的任一公差。标准公差分为20个等级,即IT01、IT0、IT1～IT18。IT表示标准公差,阿拉伯数字表示公差等级,它是反映尺寸精度的等级。IT01公差值最小,精度最高;IT18公差值最大,精度最低。各级标准公差的数值,可查阅附录C中的表C-1。

(2)基本偏差是国家标准规定的,用以确定公差带相对于零线位置的上偏差或下偏差。一般是指靠近零线的那个偏差。

国家标准已经将基本偏差标准化、系列化,规定了孔、轴各28个基本偏差,它的代号用字母表示,大写为孔,小写为轴,基本偏差系列如图9-44所示,轴、孔的基本偏差数值可查附录C中的表C-2和C-3。在图9-44中,各公差带仅有基本偏差一端封闭,另一端的位置取决于标准公差数值的大小。

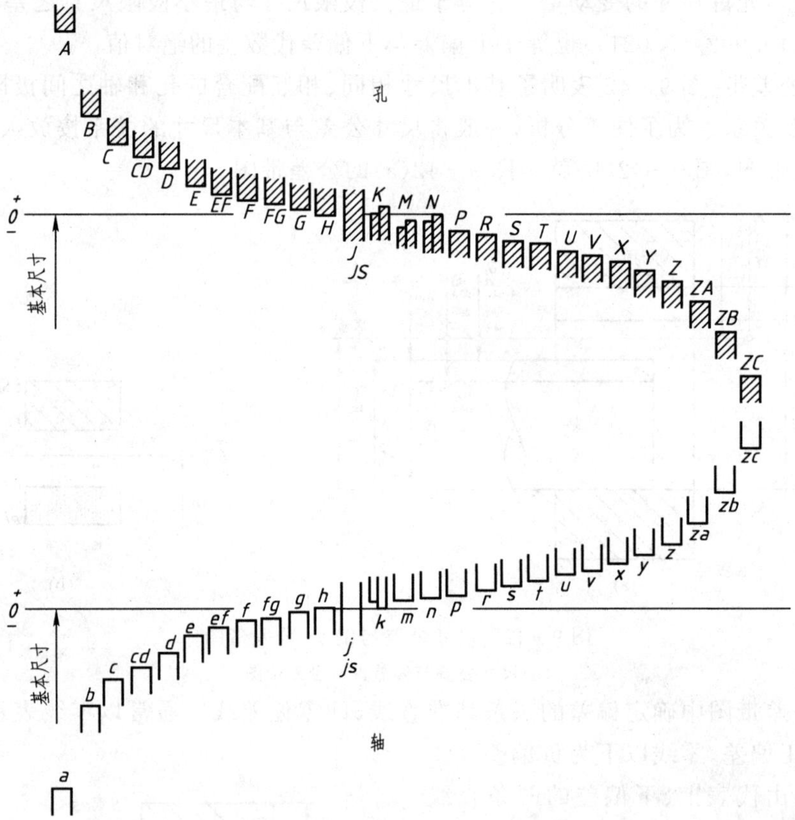

图9-44　基本偏差系列

孔和轴的公差带代号由基本偏差代号和公差等级代号组成,例如:

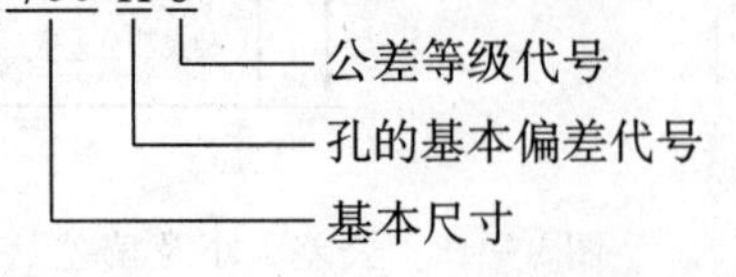

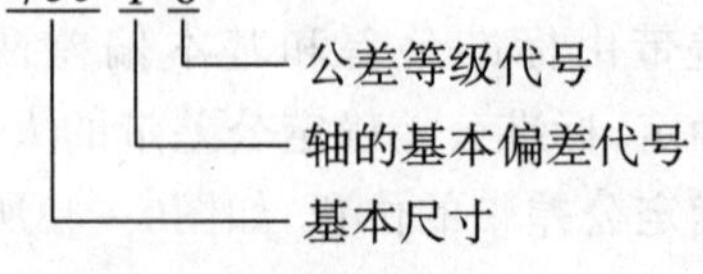

3. 配合

配合是指基本尺寸相同且相互结合的孔和轴公差带之间的关系。

1)配合种类

国家标准将配合分为以下三大类。

(1)间隙配合:孔的公差带完全在轴的公差带之上,任取其中一对孔和轴相配都成为具有间隙的配合(包括最小间隙为零),如图 9－45 所示。

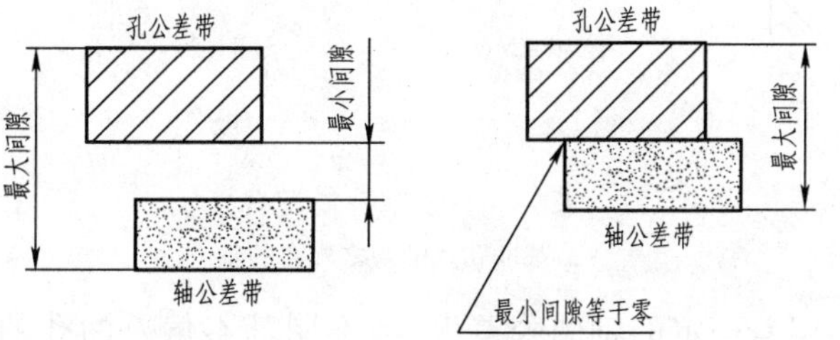

图 9－45　间隙配合

(2)过盈配合:孔的公差带完全在轴的公差带之下,任取其中一对孔和轴相配都成为具有过盈的配合(包括最小过盈为零),如图 9－46 所示。

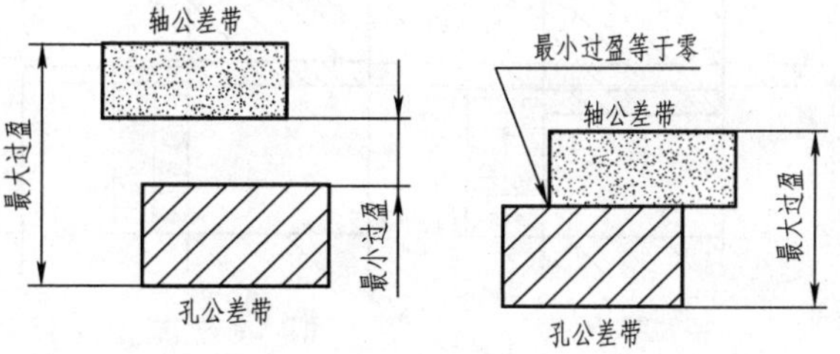

图 9－46　过盈配合

(3)过渡配合:孔和轴的公差带相互交叠,任取其中一对孔和轴配合,可能具有间隙配合,也可能存在过盈配合,如图 9－47 所示。

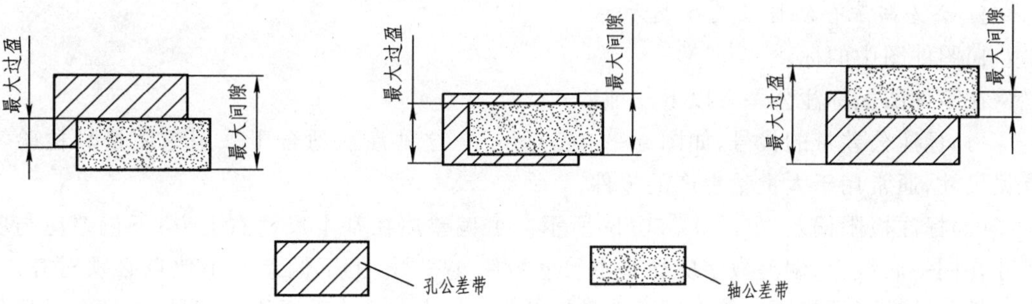

图 9－47　过滤配合

2)配合的基准制

国家标准规定了两种基准制,即基孔制和基轴制。

(1)基孔制:基本偏差一定的孔的公差带,与不同基本偏差的轴的公差带构成各种配合的制度称为基孔制。在同一基本尺寸的配合中,基孔制是将孔的公差带位置固定,通过变动轴的公差带位置,得到各种不同的配合,如图 9－48 所示。

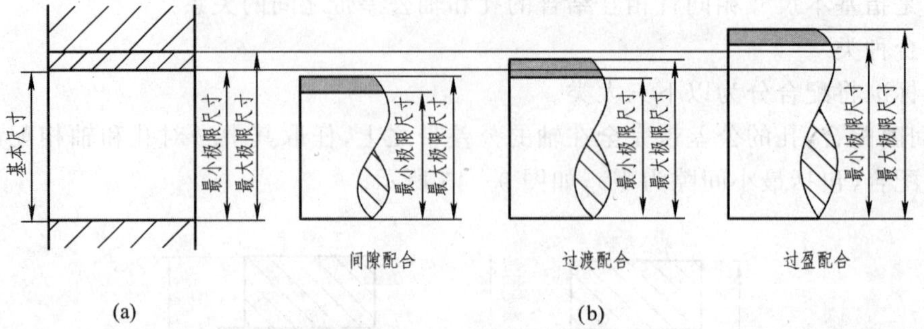

图 9-48 基孔制配合

(a)基准孔;(b)与之配合的轴

(2)基轴制:基本偏差一定的轴的公差带,与不同基本偏差的孔的公差带构成各种配合的制度称为基轴制。在同一基本尺寸的配合中,基轴制是将轴的公差带位置固定,通过变动孔的公差带位置,得到各种不同的配合,如图 9-49 所示。

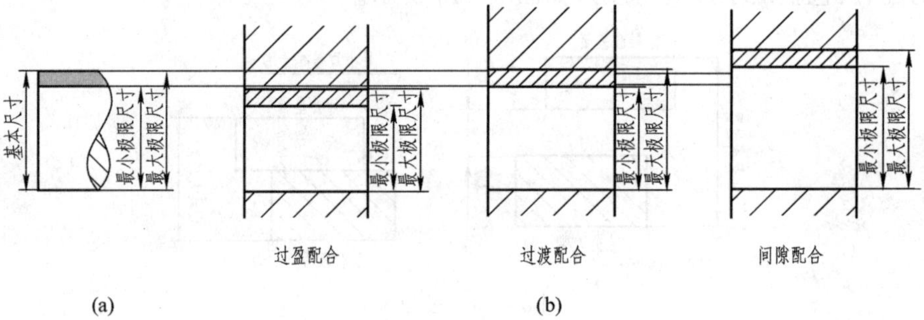

图 9-49 基轴制配合

(a)基准轴;(b)与之配合的孔

4. *公差与配合的标注及查表方法*

1)零件图中的标注

在零件图上标注公差有以下三种形式。

(1)标注公差带的代号,如图 9-50(a)所示。这种注法适合于采用专用量具检验零件有关尺寸,通常用于大批量生产的零件。

(2)标注极限偏差,如图 9-50(b)所示。上偏差注在基本尺寸右上方;下偏差应与基本尺寸在同一底线上,偏差数字应比基本尺寸数字小一号,上下偏差的小数点必须对齐,小数点后的位数也必须相同。若上下偏差数字相同,在基本尺寸后面注"±"号,再填写其后的偏差数字,如"30±0.010",其高度值与基本尺寸值相同。这种标注方式便于采用通用量具检验零件有关尺寸,适合于单件或小批量生产。

(3)同时标注公差带代号和相应极限偏差,这时偏差数值应加括号,如图 9-50(c)所示。

2)装配图中的标注

在装配图上标注两个零件的配合关系有以下两种形式。

(1)标注公差带代号,如图 9-51(a)所示。在基本尺寸的右边,用分数形式注出,分子

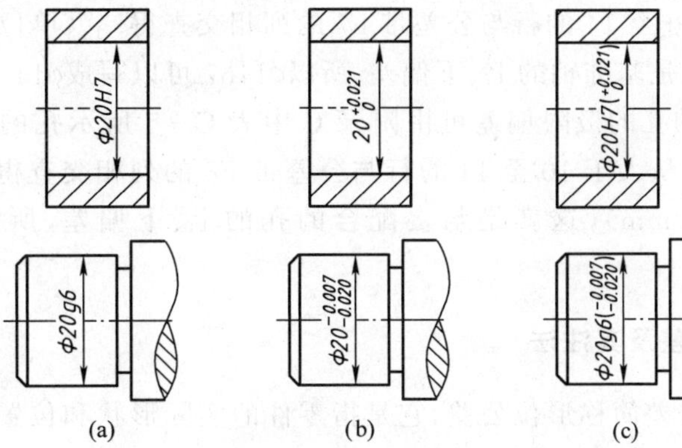

图 9-50　零件图中标注配合关系

(a)标注公差带代号；(b)标注极限偏差；(c)标注公差代号和极限偏差

为孔的公差带代号，分母为轴的公差带代号。对于基孔制的基准孔基本偏差用 H 表示；对于基轴制的基准轴基本偏差用 h 表示。

(2)标注极限偏差，如图 9-51(b)所示。尺寸线的上方为孔的极限偏差，尺寸线的下方为轴的极限偏差。

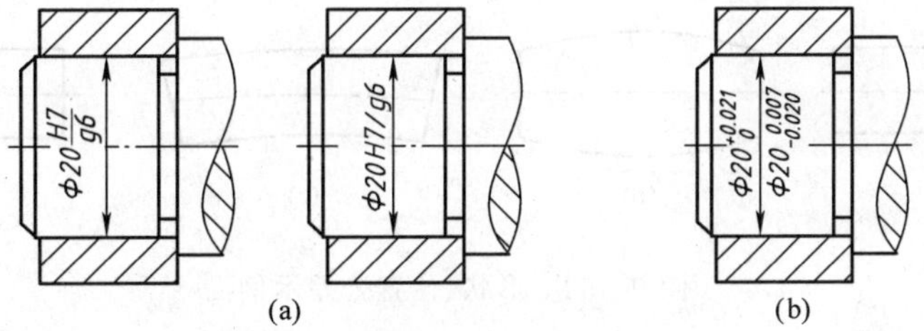

图 9-51　装配图中标注配合关系

(a)标注公差带代号；(b)标注极限偏差

3)查表方法

若已知基本尺寸和配合代号，如ϕ18H7/p6、ϕ14F8/h7，需要知道孔和轴的极限偏差时，可按下述方法查表。

(1)ϕ18H7/p6 是基孔制配合，其中 H7 是基准孔的公差带代号，p6 是与之相配合的轴的公差带代号。

ϕ18H7，基准孔的极限偏差可由附录 C 中表 C-5 所示孔的极限偏差数值表查得。通过表中基本尺寸从大于 14 至 18 的行与公差带 H7 的列相交查得$^{+18}_{0}$(单位是 μm，标在图样中要改单位为 mm)，这就是基准孔的上、下偏差，所以ϕ18H7 可以写成$\phi18^{+0.018}_{0}$。

ϕ18p6，与之配合的轴的极限偏差，可由附录 C 中表 C-4 所示轴的极限偏差数值表查得。通过表中基本尺寸从大于 14 至 18 的行与公差带 p6 的列相交查得$^{+29}_{+18}$(单位是 μm，标在图样中要改单位为 mm)，这就是与之配合的轴的上、下偏差，所以ϕ18p6 可以写成$\phi18^{+0.029}_{+0.018}$。

(2)ϕ14F8/h7 是基轴制配合，其中 h7 是基准轴的公差带代号，F8 是与之相配合的孔的公差带代号。

ϕ14h7，基准轴的极限偏差可由附录 C 中表 C-4 所示轴的极限偏差数值表查得。通过表中基本尺寸从大于 10 至 14 的行与公差带 h7 的列相交查得$_{-18}^{0}$(单位是 μm,标在图样中要改单位为 mm),这就是基准轴的上、下偏差,所以ϕ14h7 可以写成$\phi14_{-0.018}^{0}$。

ϕ14F8,与之配合的孔的极限偏差可由附录 C 中表 C－5 所示孔的极限偏差数值表查得。通过表中基本尺寸从大于 10 至 14 的行与公差带 F8 的列相交查得$_{+16}^{+43}$(单位是 μm,标在图样中要改单位为 mm),这就是与之配合的孔的上、下偏差,所以ϕ14F8 可以写成$\phi14_{+0.016}^{+0.043}$。

9.5.3 形状和位置公差及其注法

形状公差和位置公差简称形位公差,它是指零件的实际形状和位置相对理想形状和位置的允许变动量。

零件加工后,不仅存在尺寸误差,而且还会产生几何形状和相互位置误差。如图9－52(a)、(b)、(c)所示的圆柱体,加工后呈现中间粗、两头细或轴线弯曲的情况。这种在形状上出现的误差叫做形状误差。在加工阶梯轴时,可能会出现各段圆柱的轴线不在一条直线上,如图 9－52(d)所示。这种在相互位置上出现的误差叫做位置误差。如果零件在加工时所产生的形状和位置误差过大,将会影响零件的质量。因此,对加工的零件要根据实际需要,在图样上注出相应的形状公差和位置公差。

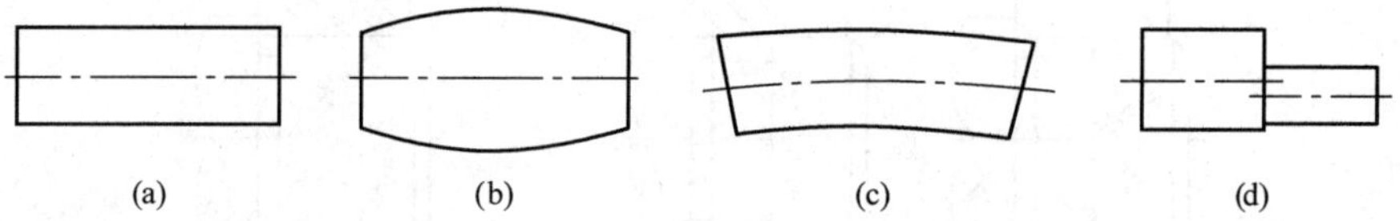

图 9－52 形状、位置公差示例

形位公差用代号标注。代号包括形位公差特征项目符号、形位公差框格及指引线、基准符号、形位公差数值和其他有关符号等,如图 9－53 所示。

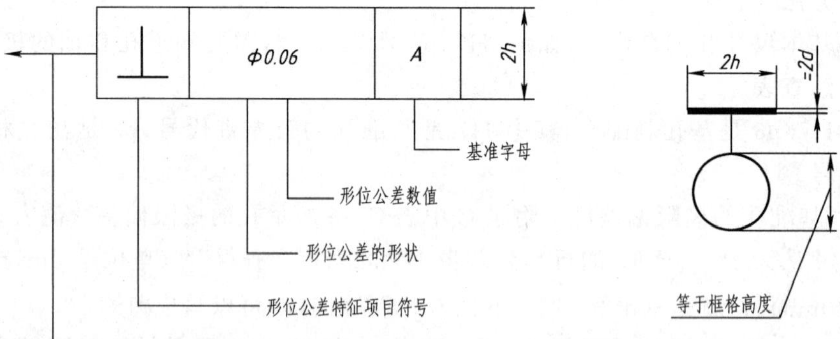

图 9－53 形位公差代号及基准符号

(a)形位公差代号;(b)基准符号

形位公差在图样上的标注应按照 GB/T 1182—1996 的规定进行。表 9－4 列举了常见的标注示例及其解释。

表 9－4 形位公差符号及代号标注示例

分类	特征项目及符号	标注示例	说明
形状公差	直线度 —	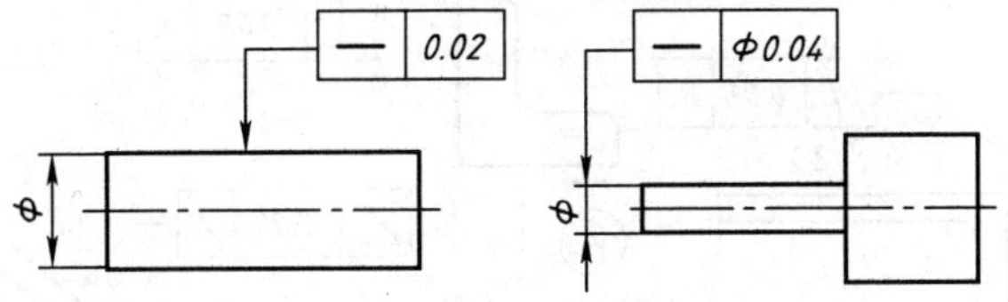	圆柱表面上任一素线的直线度公差为 0.02 mm（左图）； 圆柱轴线的直线度公差为 φ0.04 mm（右图）
	平面度 ▱	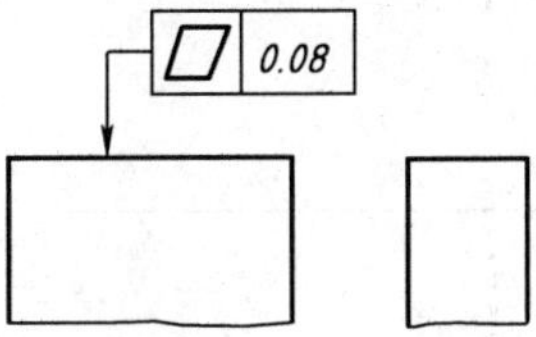	实际平面的形状所允许的变动全量为 0.08 mm
	圆度 ○	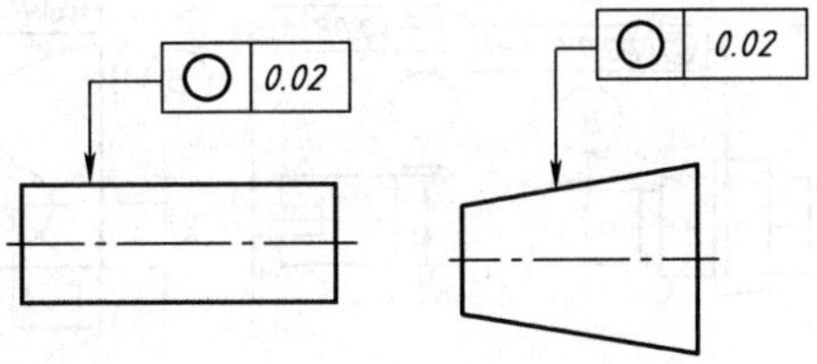	在垂直于轴线的任一正截面上实际圆的形状所允许的变动全量为 0.02 mm
	圆柱度 ⌭	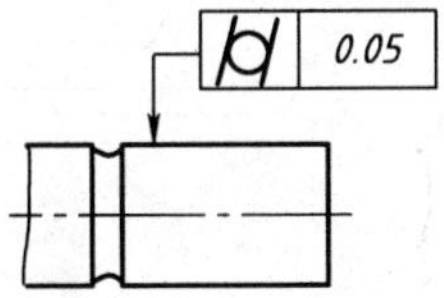	实际圆柱面的形状所允许的变动全量为 0.05 mm
形状或位置公差	线轮廓度 ⌒	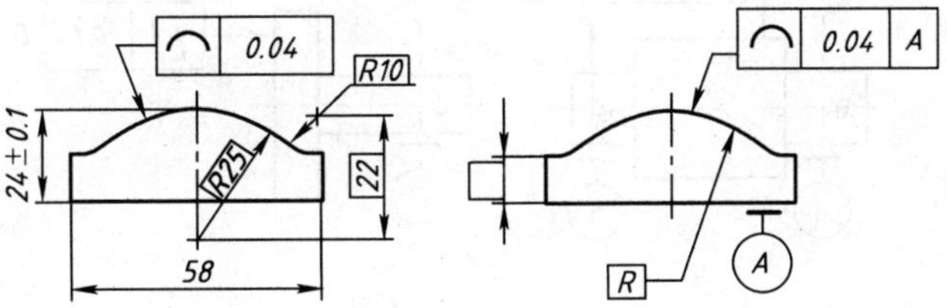	在零件宽度方向任一横截面上，实际线的轮廓形状（或对基准 A）所允许的变动全量为 0.04 mm（方框尺寸为理论正确尺寸）
	面轮廓度 ⌓	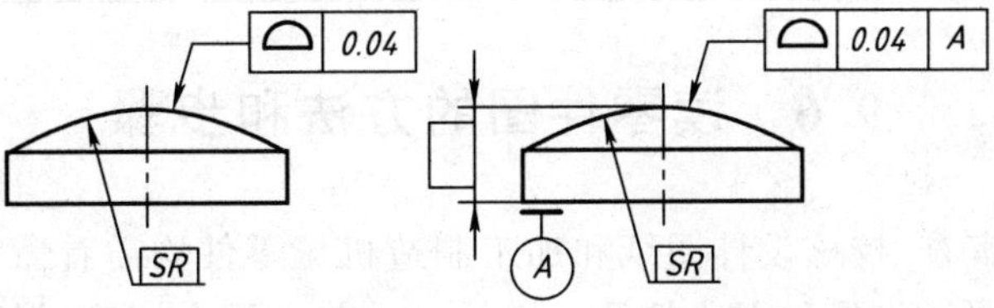	实际表面的轮廓形状（或对基准 A）所允许的变动全量为 0.04 mm

续表

分类	特征项目及符号		标注示例	说明
位置公差	定向	平行度 // 垂直度 ⊥ 倾斜度 ∠	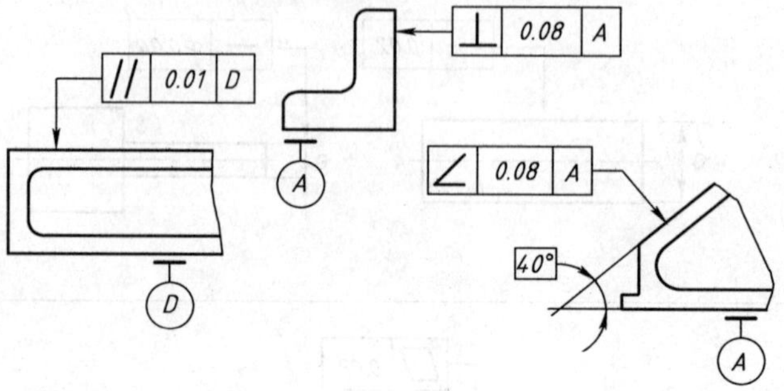	实际要素对基准在方向上所允许的变动全量, //为 0.01 mm, ⊥为 0.08 mm, ∠为 0.08 mm
	定位	同轴度 ◎ 对称度 ⌯ 位置度 ⌖	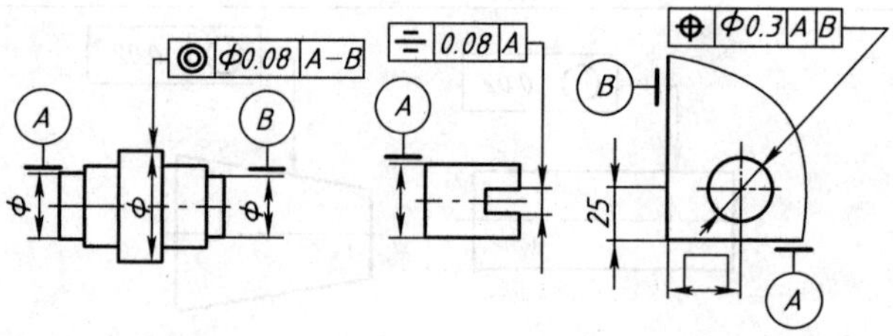	实际要素对基准在位置上所允许的变动全量, ◎为ϕ0.08 mm, ⌯为ϕ0.08 mm, ⌖为ϕ0.3 mm
	跳动	圆跳动 ↗ 全跳动 ⌰	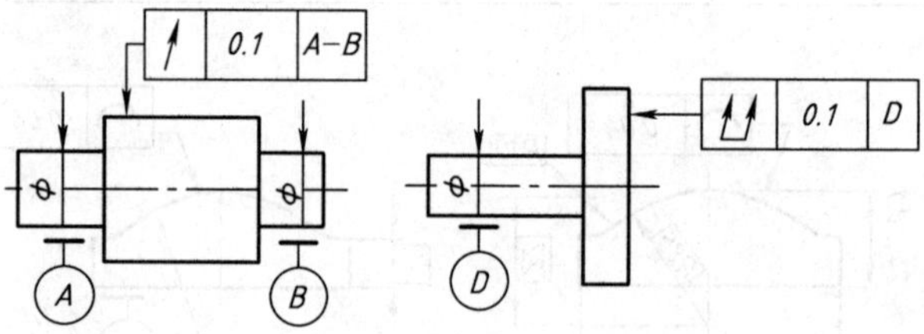	实际要素绕基准轴线回转一周时所允许的最大跳动量(圆跳动); 实际要素绕基准轴线连续回转时所允许的最大跳动量(全跳动)(图中所注左为径向圆跳动,右为端面全跳动)

9.6 读零件图的方法和步骤

在机械制造中,审查、校核设计图纸和加工制造机械零件均需看懂零件图。看图的要求虽然不尽相同,但看图的步骤和方法却是一样的。本节主要介绍读零件图的方法和步骤,根据具体实例，结合零件的结构分析、视图选择、尺寸标注和技术要求，构思出零件的结构形状，从而真正读懂零件图。

9.6.1　读图的方法与步骤

1. 看标题栏

通过看标题栏了解零件的名称、材料、画图的比例（可以对实物的大小有一个概念）、质量，同时，联系典型零件的分类，对这个零件有一个初步认识。

2. 分析视图，看懂零件的结构形状

看懂零件图的内、外形状和结构是读零件图的重点。组合体的看图方法仍然适用于读零件图。看图时往往先从主视图入手，再看其他视图，然后了解各视图间的投影对应关系、各视图的表达重点。还要结合剖视图了解零件的内部结构形状，结合局部视图、斜视图以及断面图等表达方法，看清零件各部分细节的特点。对于较为复杂的零件，可在看图时将其分为几个部分，想象出各部分结构形状，弄清它们之间的相对位置，最后综合起来想象出零件的整体形状。一般先看主要部分，后看次要部分；先看整体，后看细节。

3. 分析尺寸和技术要求

先确定该零件的尺寸基准，找出主要尺寸；然后进行形体分析和结构分析，确定该零件各部分结构的定位尺寸、定形尺寸及总体尺寸。还要看懂技术要求，如表面结构、公差与配合等内容，进一步了解零件结构作用，为制订加工工艺奠定基础。

4. 综合分析，看懂零件图

把看懂的零件的结构形状、尺寸标注和技术要求等内容综合起来，就能比较全面地读懂整张零件图。有时为了看懂比较复杂的零件图，还需要参考有关的技术资料，包括该零件所在部件的装配图以及与它有关的零件图。

9.6.2　读图示例

1. 读轴套类零件图

例 1　读轴零件图，如图 9－54 所示。

1)看标题栏

该零件的名称为轴，用优质碳素结构钢（45 钢）的材料来制造。联想到轴类零件的特点，对于该零件的表达方法、基准选择、尺寸注法和技术要求等就有了初步了解。

2)分析视图

轴采用一个基本视图（主视图）和若干辅助视图来表达。轴的两端是用局部剖视图表示键槽和螺孔、销孔；截面相同的较长段采用折断画法；用两个断面图分别表示轴的单键和双键的宽度和深度；用局部视图的简化画法表示键槽的形式；用局部放大图表示砂轮越程槽的结构。这是一张图样比较简单的零件图。

3)尺寸分析和技术要求

(1)以水平轴线为径向（高度和宽度方向）主要尺寸基准，由此直接注出与安装在轴上的零件（带轮、滚动轴承）的轴孔有配合要求的轴段尺寸，如ϕ28k7、ϕ35k6、ϕ25h6 等。

(2)以中间最大直径段的端面（可选择其中任一端面 N）为轴向（长度方向）主要尺寸基准，由此注出 23、95、$194_{-0.046}^{\ 0}$。再以轴的左、右端面以及 M 端面为长度方向的辅助基准，由右端注出 32、4、20,由左端面注出 55,由 M 面注出 7、40,尺寸 400 是主要基准和辅助基准之间的联系尺寸。

(3)轴上与标准件连接的结构,如键槽、销孔、螺纹孔的尺寸,由标准查表获得。

(4)轴向尺寸不能注成封闭尺寸链,选择不重要的轴段ϕ34 为尺寸开口环,不注长度方向尺寸,使长度方向的加工误差都集中在此段。

(5)凡注有公差带尺寸的轴段,均与其他零件有配合要求,如注有ϕ28k7、ϕ35k6、ϕ25h6 的轴段,表面结构要求较高。

(6)安装铣刀头的轴段ϕ25h6 尺寸线延长线上所指的形位公差的代号,其含义为ϕ25 圆柱的轴线相对于基准 $A-B$ 的同轴度误差不大于ϕ0.06。

(7)轴(45 钢)应经调质处理(硬度为 220～250HBS),以提高材料的韧性和强度。

4)综合分析来看懂零件图

在看懂零件形状、结构、尺寸、加工要求等项内容的基础上,结合有关的技术资料,了解它的用途,考虑它的加工,全面读懂零件图。

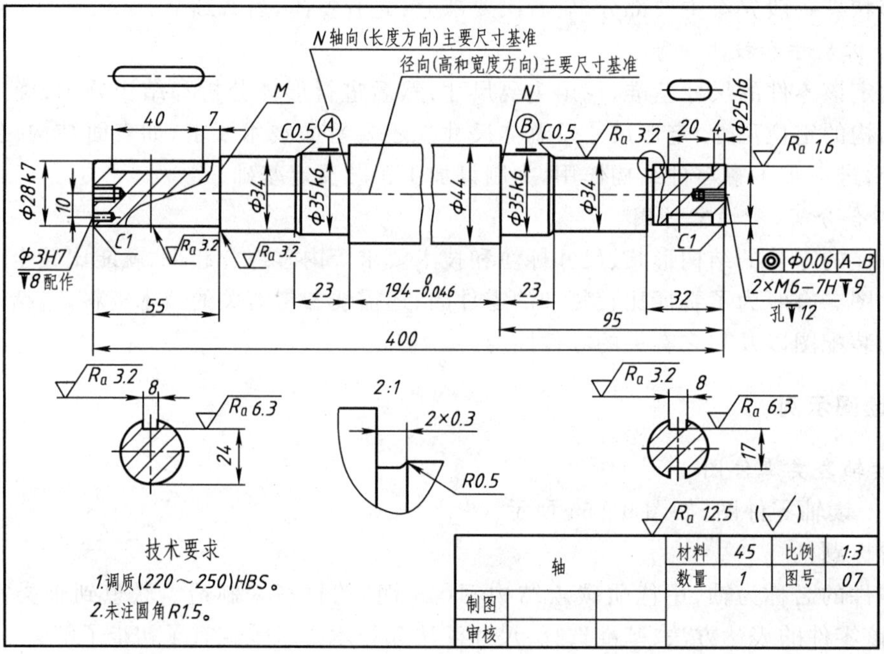

图 9-54 轴零件图

例 2 读曲轴零件图,如图 9-55 所示。

1)看标题栏

通过看标题栏可知,曲轴材料为球墨铸铁,数量为 1 件。该零件的特点是轴上的曲柄颈与主轴颈不在同一直线上,用扇形板将其连接在一起。

2)分析视图

曲轴零件图选用了两个基本视图,即主视图和左视图。主视图与曲轴加工位置一致,突出显示了曲轴的结构特点和大部分尺寸,左视图反映曲轴扇形板的结构形状及相互位置。另采用一个断面图表示右端圆锥体上键槽的宽度和深度。左视图上的局部剖视是为了表示主轴颈与曲柄颈间有一个$\phi5$斜孔供通润滑油用。另在曲柄颈中加工一个$\phi28$的孔，目的是为了平衡，保证曲轴的平稳运转，此孔的轴线与曲柄颈轴线平行，两者相距5。

3)尺寸分析和技术要求

主轴颈轴线为零件径向主要尺寸基准，曲柄颈轴线为辅助基准，两基准的联系尺寸为$57.5^{+0.120}_{0}$。曲柄颈$\phi65^{0}_{-0.019}$、主轴颈$\phi70^{0}_{-0.019}$均以各自轴线为径向基准。长度方向以曲轴左主轴颈的轴承定位端面为主要基准。右主轴颈的轴承定位端面与主要基准之间的距离为100 ± 0.075，并以它为辅助基准。曲轴上还有两处键槽，两端有B型中心孔，右端有外螺纹。

主轴颈、曲柄颈和锥度处尺寸精度和表面结构要求较高，而扇形板为保持原表面和R_a 12.5。主轴颈有圆柱度要求，曲柄颈有圆柱度和平行度要求，以及左端$\phi30$ mm圆柱面、右端$\phi50$ mm圆柱面和圆锥面均有圆跳动要求等。| // | 0.02 | A–B | 指被测要素曲柄颈$\phi65^{0}_{-0.019}$外圆轴线对基准要素主轴颈两个$\phi70^{0}_{-0.019}$外圆的公共轴线的平行度公差为0.02。技术要求表达了对铸件的质量要求及特殊要求，如平衡试验、磁力探伤等。

4)综合分析来看懂零件图

在看懂零件形状、结构、尺寸、加工要求等项内容的基础上，结合有关的技术资料，了解它的用途，考虑它的加工，全面读懂零件图。

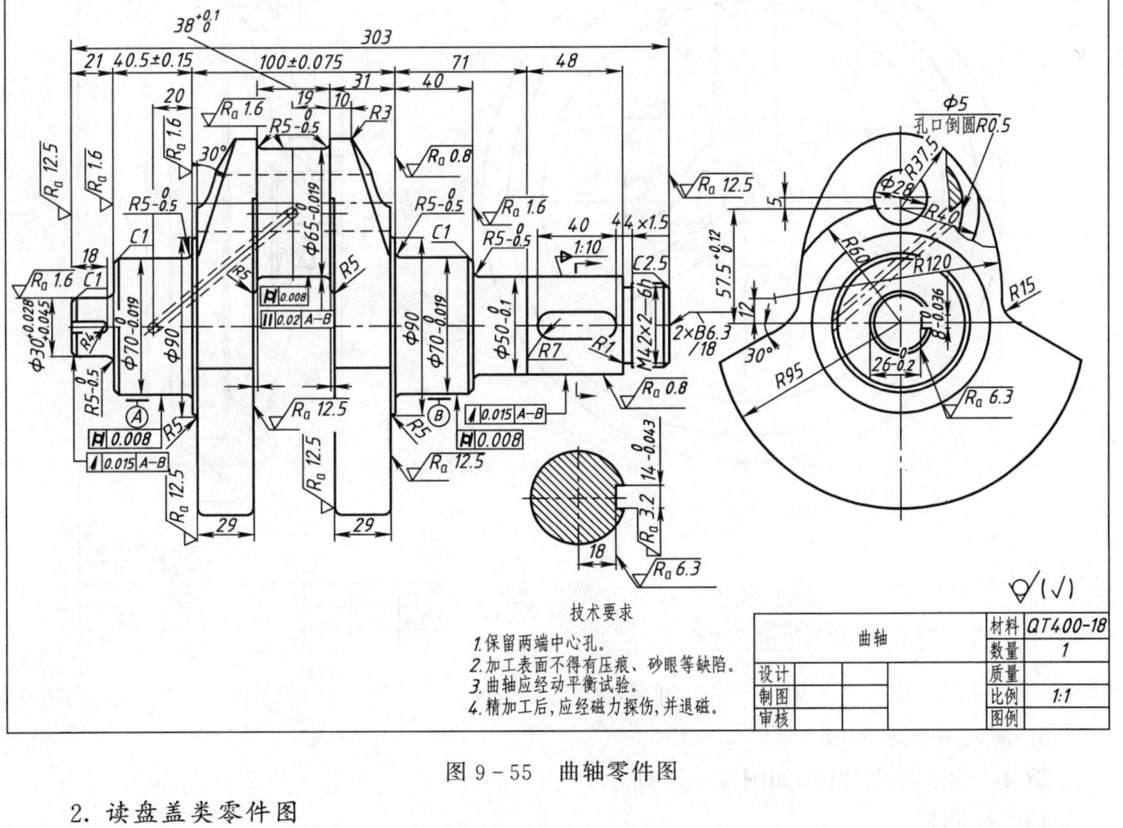

图 9-55　曲轴零件图

2. 读盘盖类零件图

例 3　读手轮零件图，如图 9-56 所示。

1)看标题栏

手轮材料为 HT100,数量为 1 件。

2)分析视图

因手轮制造的加工方向为多方向,因此使主视图与工作位置一致,反映手轮的外形,着重表达轮辐、孔的分布情况。另一图为侧面剖视图,表达螺孔、轮缘、键槽、孔的结构形状。轮辐按规定画成对称形式并不画剖面符号。还有两个断面图反映轮辐断面的变化规律。

3)尺寸分析和技术要求

$\phi18^{+0.027}_{0}$ 孔轴线为径向(长和高度方向)主要尺寸基准,轴向(宽度方向)主要尺寸基准为轮毂的后端面($\phi36$ 圆平面),并以其前端面为轴向辅助基准,联系尺寸为 $25^{0}_{-0.330}$。螺孔的定位尺寸为 $R80$。不切削表面保持铸件原形,切削加工部分才出现尺寸公差要求,表面结构要求也较高。铸件其他要求用文字说明。

4)综合分析来看懂零件图

在看懂零件形状、结构、尺寸、加工要求等项内容的基础上,结合有关的技术资料,了解它的用途,考虑它的加工,全面读懂零件图。

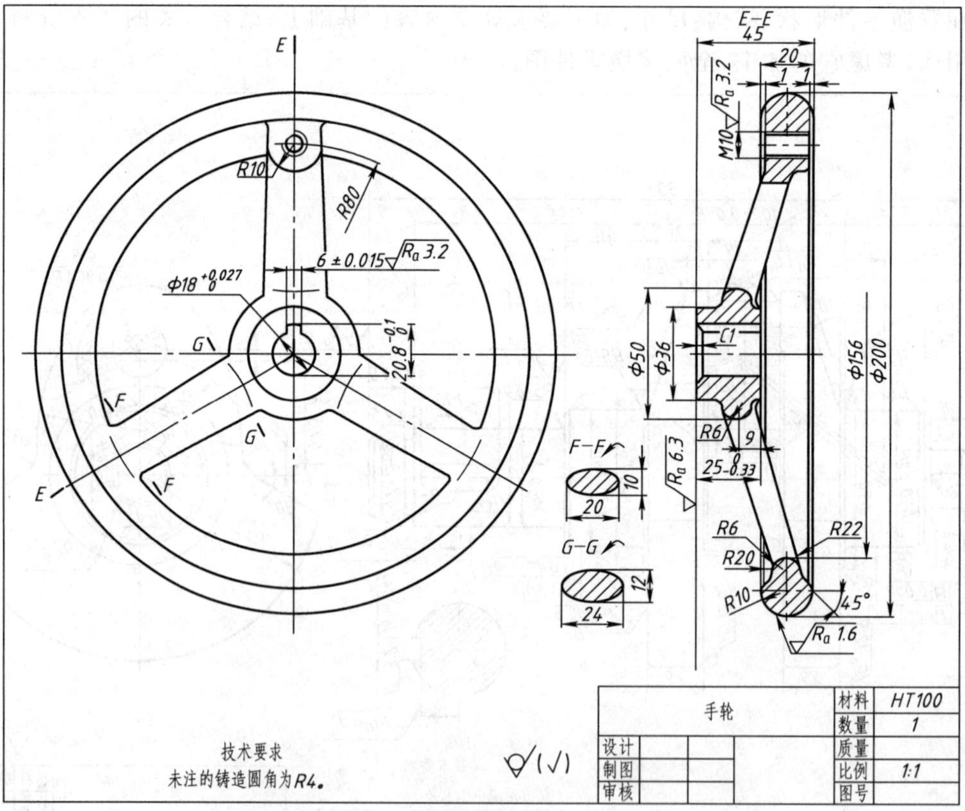

图 9-56　手轮零件图

3. 读叉架类零件图

例 4　读连杆零件图,如图 9-57 所示。

1)看标题栏

该零件图的名称是连杆,采用绘图比例 1∶1,零件用 35 钢经模锻后再切削加工而成。

2)分析视图

这组图共有 5 个图形:①主视图,它与零件工作位置一致,主视图中包括三处局部剖视图,一处在上,两处在下;②侧面局部剖视图;③斜视图 K,按投影关系配置;④斜剖视图 $A-A$,也按投影关系配置,因此,它的剖切符号(在主视图中)两端未画箭头;⑤$B-B$ 断面图,它未放置在剖切符号的延长线上,因此要标注字母 $B-B$。

该零件图形的线条较多,是因为模锻时有斜度存在。例如,主视图中工字形连接杆有六条竖线,通过 $B-B$ 断面图弄清楚其含义;斜视图 K 中,它右侧的槽,槽宽为 $5^{+0.120}_{0}$,槽的深度(1.5)要在主视图中的局部剖视里去找。还有它的左侧螺孔凸台的前后形状设计是不一样的,后面有销孔凸台,前面没有。连杆前后基本对称,在侧面上,画成局部剖视,是为了完整地显示螺孔凸台和销孔凸台的配置情况。

3)尺寸分析和技术要求

长度方向以 $\phi38^{+0.025}_{0}$ 孔轴线和 $\phi70^{+0.019}_{0}$ 半圆孔轴线形成的平面为主要基准;高度方向以 $\phi38^{+0.025}_{0}$ 孔轴线为主要基准,$\phi70^{+0.019}_{0}$ 半圆孔轴线为辅助基准;宽度方向以基本对称中心平面为主要尺寸基准。其余说明略。

切削加工面(上部孔和下部半圆孔、上部和下部端面)的表面结构要求较高,相应部位的尺寸精度也较高,并有形位公差的要求。文字说明的技术要求包括锻造的斜度、热处理调质要求、下部 $\phi70^{+0.019}_{0}$ 孔的加工方法和要求。

4)综合分析来看懂零件图

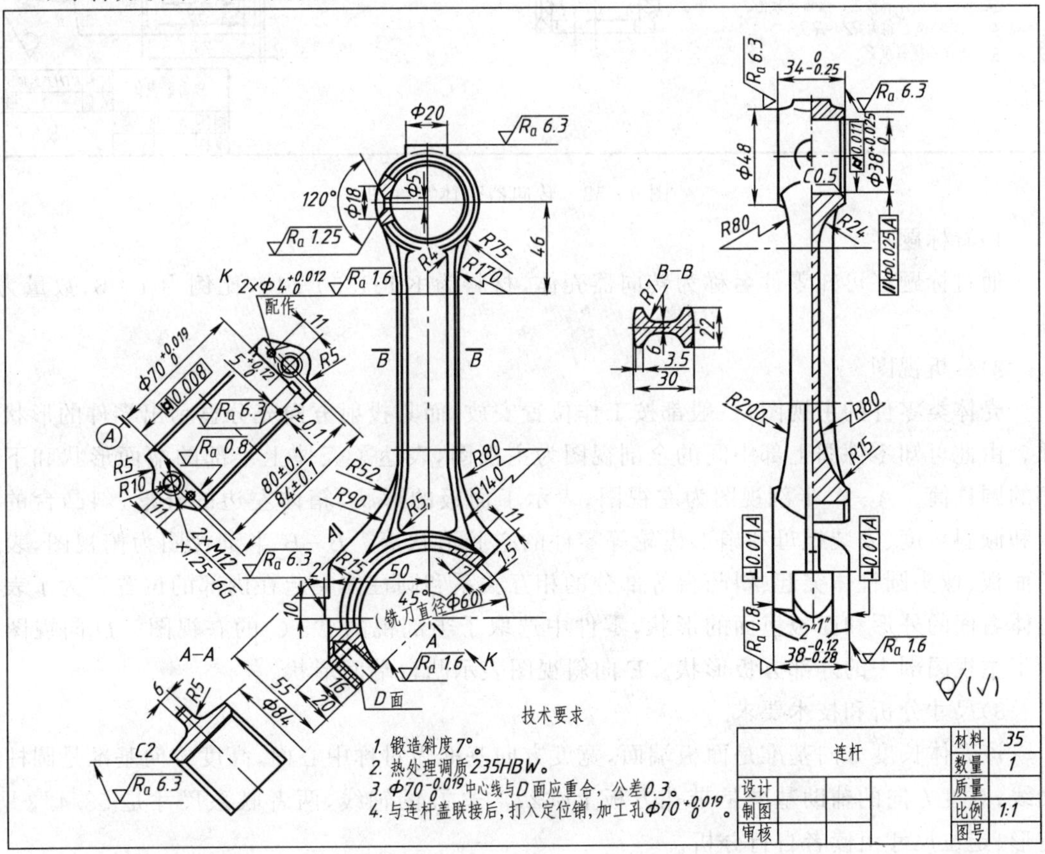

图 9-57　连杆零件图

4. 读箱体类零件图

例 5 读转向器壳体零件图,如图 9-58 所示。

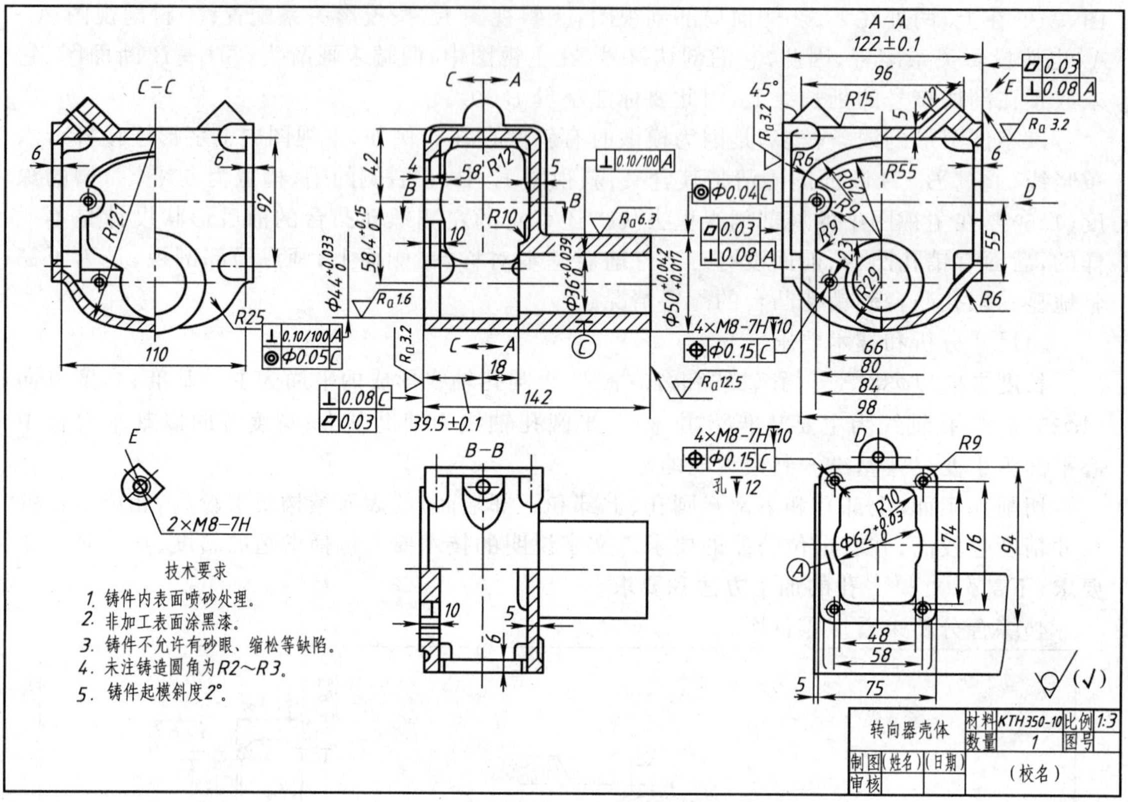

图 9-58　转向器壳体零件图

1)看标题栏

通过标题栏可知零件名称为转向器壳体,材料为 KTH350-10,比例为 1∶3,数量为 1 件。

2)分析视图

壳体类零件的主视图,一般都按工作位置安放,而其投射方向充分显示出零件的形状特征。由此可知零件图上部中间的全剖视图为主视图,表达了壳体上半部的端面形状和下半部的圆柱筒。*A-A* 半剖视图为左视图,表示了面板的形状、箱体左边的外形、斜凸台的位置和倾斜角度、安装螺母和扇形齿轮等零件的空腔形状等。*B-B* 半剖视图为俯视图,表达了面板、球头圆柱体突起、斜凸台等部分的相互关系和圆柱体突起在内部的位置。为了表示壳体右面的外形和面板里面的形状,零件中选取了半剖视的 *C-C* 的右视图。*D* 向视图表示了主视图剖去的外部方板形状。*E* 向斜视图表示凸台端面形状。

3)尺寸分析和技术要求

该壳体长度方向基准是面板端面,宽度方向基准为对称中心面,高度方向基准是圆柱筒轴线,高度方向的辅助基准是带孔方板上 $\phi 62^{+0.030}_{0}$ 孔的轴线,两者联系尺寸是 $58.4^{+0.150}_{0}$。定形、定位尺寸由读者自行分析。

该零件需要加工的表面较多,对各方面精度要求也较高。加工表面的 R_a 值最小的是

1.6。标有尺寸公差的尺寸有圆柱筒的内外圆直径$\phi36^{+0.039}_{0}$、$\phi50^{+0.042}_{+0.017}$；主要基准与辅助基准的联系尺寸为 $58.4^{+0.150}_{0}$；带孔方板上的圆孔尺寸为$\phi62^{+0.030}_{0}$、圆孔轴线的定位尺寸为 39.5±0.1。面板下部半圆孔直径为$\phi44^{+0.033}_{0}$；箱体宽度方向尺寸为 122±0.1。

形位公差较多，有面板端面平面度公差 0.03 mm、面板端面对$\phi36^{+0.039}_{0}$孔轴线的垂直度公差 0.08 mm；带孔方板两端面的平面度公差 0.03 mm、该两端面对$\phi62^{+0.030}_{0}$孔轴线的垂直度公差 0.08 mm；$\phi36^{+0.039}_{0}$孔轴线对$\phi62^{+0.030}_{0}$孔轴线垂直度公差 0.10/100；$\phi50^{+0.042}_{+0.017}$圆柱面轴线对$\phi36^{+0.039}_{0}$孔轴线的同轴度公差ϕ0.04 mm；面板下部$\phi44^{+0.033}_{0}$半圆孔轴线对$\phi62^{+0.030}_{0}$孔轴线垂直度公差 0.01/100、半圆孔轴线对$\phi36^{+0.039}_{0}$孔轴线同轴度公差ϕ0.05 mm；面板上 4×M8 螺孔轴线对$\phi36^{+0.039}_{0}$孔轴线的位置度公差ϕ0.15 mm；带孔方板上 4×M8 螺孔轴线对$\phi62^{+0.030}_{0}$孔轴线的位置度公差ϕ0.15 mm。

4)综合分析来看懂零件图

综合评价

通过本项目的学习，在完成习题集中的相关题目后，不妨利用下表对自己的掌握情况进行一次综合评价。

评价内容	评价标准	个人评价	教师评价
零件图的内容	A.优　B.良　C.中　D.及格		
零件图视图选择	A.优　B.良　C.中　D.及格		
零件图常用表达方法	A.优　B.良　C.中　D.及格		
常见工艺结构	A.优　B.良　C.中　D.及格		
常见装配结构	A.优　B.良　C.中　D.及格		
表面结构	A.优　B.良　C.中　D.及格		
极限与配合	A.优　B.良　C.中　D.及格		
形位公差	A.优　B.良　C.中　D.及格		
识读零件图	A.优　B.良　C.中　D.及格		

任务十　识读装配图

任务描述

现代汽车结构复杂、零件种类繁多，在汽车设计、制造、检验、安装、使用、维修以及改进、仿制时都要用到装配图。如图 10－1 所示是汽车上常用的柱塞式输油泵的装配图。本项目的任务就是通过对装配图相关知识的学习，最终完成识读装配图的任务。

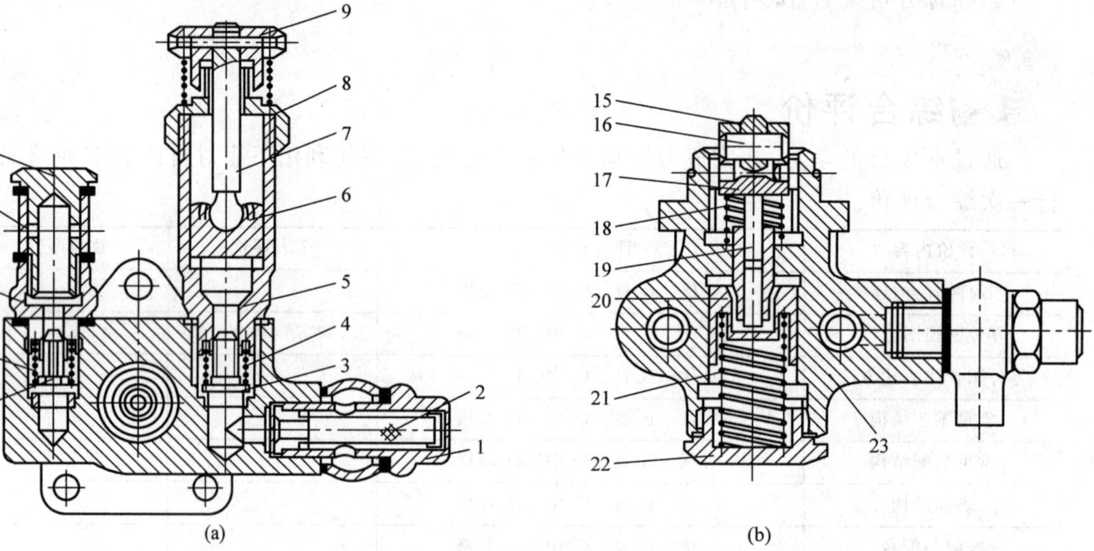

图 10－1　柱塞式输油泵的装配图

1—进油管接头；2—滤网；3—进油阀；4—进油阀弹簧；5—手油泵体；6—手油泵活塞；7—泵杆；8—手油泵盖；9—手柄；10—出油管接头；11—保护套；12—接头；13—出油阀弹簧；14—出油阀；15—滚轮；16—滚轮销；17—挺杆；18—挺杆弹簧；19—推杆；20—柱塞；21—柱塞弹簧；22—螺塞；23—泵体

任务目标

(1)掌握装配图的内容；

(2)掌握装配图的常见表达方法；

(3)掌握装配图的尺寸和技术要求；

(4)了解常见装配结构；

(5)了解画装配图的基本方法；

(6)掌握识读装配图的方法。

相关知识

装配图是用于表达机器或部件的工作原理、结构以及各组成零件之间的配合、连接固定关系和零件的相对位置等装配关系的图样，和零件图一样是生产实践中的重要技术文件。在设计新产品，或对已有产品进行仿制、改进时，一般是首先画出表达机器或部件各组成部分的装配图，再根据装配图画出零件图。装配图是进行机器或部件装配、检验和安装时的技术依据，也是使用和维修过程中了解机器或部件的结构和工作原理所必备的重要技术文件。

10.1　装配图的内容

汽车上曲轴的支承（如图 10－2(a)所示）、曲轴与连杆的连接（如图 10－2(b)所示）用的都是滑动轴承。如图 10－3 所示为滑动轴承轴测图。如图 10－4 所示为滑动轴承的装配图，从图中可以看出一张完整的装配图应具有以下内容。

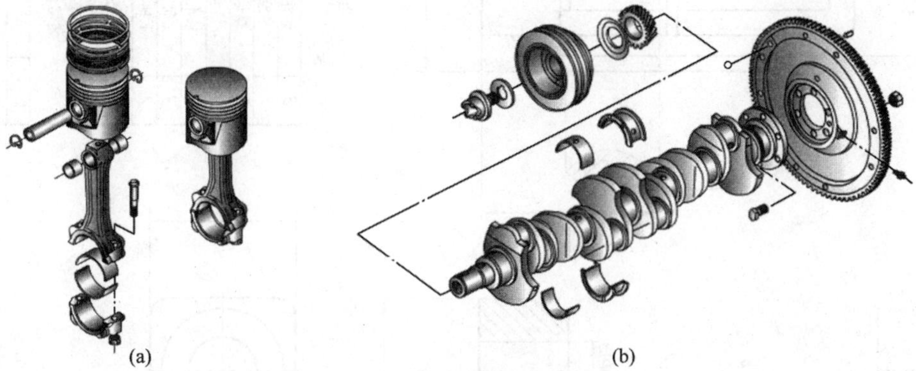

图 10－2　曲柄连杆机构轴测图
(a)活塞连杆组；(b)曲轴飞轮组

1. 一组视图

装配图应有一组用各种常用表达方法和特殊表达方法，准确、完整、清楚和简便地表达出机器（或部件）的工作原理、结构、零件之间的装配连接关系和零件的结构形状等的视图。

2. 必要的尺寸

装配图上应注出机器（或部件）有关性能、规格、安装、外形、配合和连接关系等方面的尺寸。

3. 技术要求

装配图中应有用文字或符号注写机器（或部件）装配、检验、调试和使用等方面的要求。

4. 零件编号、明细栏和标题栏

装配图中要说明零件名称、数量、材料、标准规格和标准代号以及部件名称、主要责任人名单等，供组织管理、生产、备料、存档查阅之用。

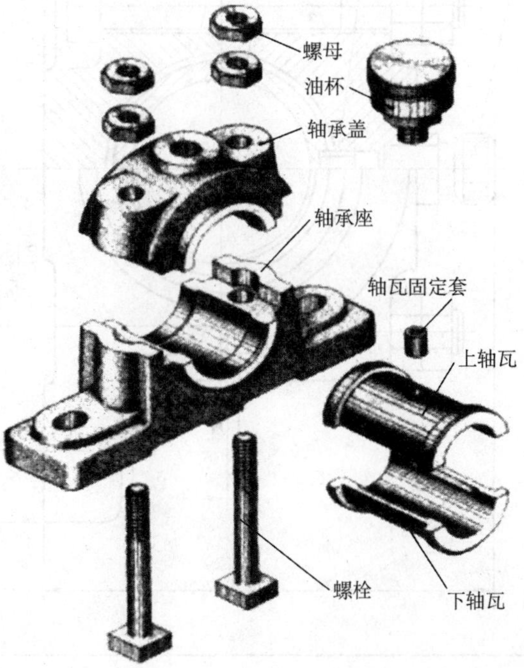

图 10－3　滑动轴承轴测图

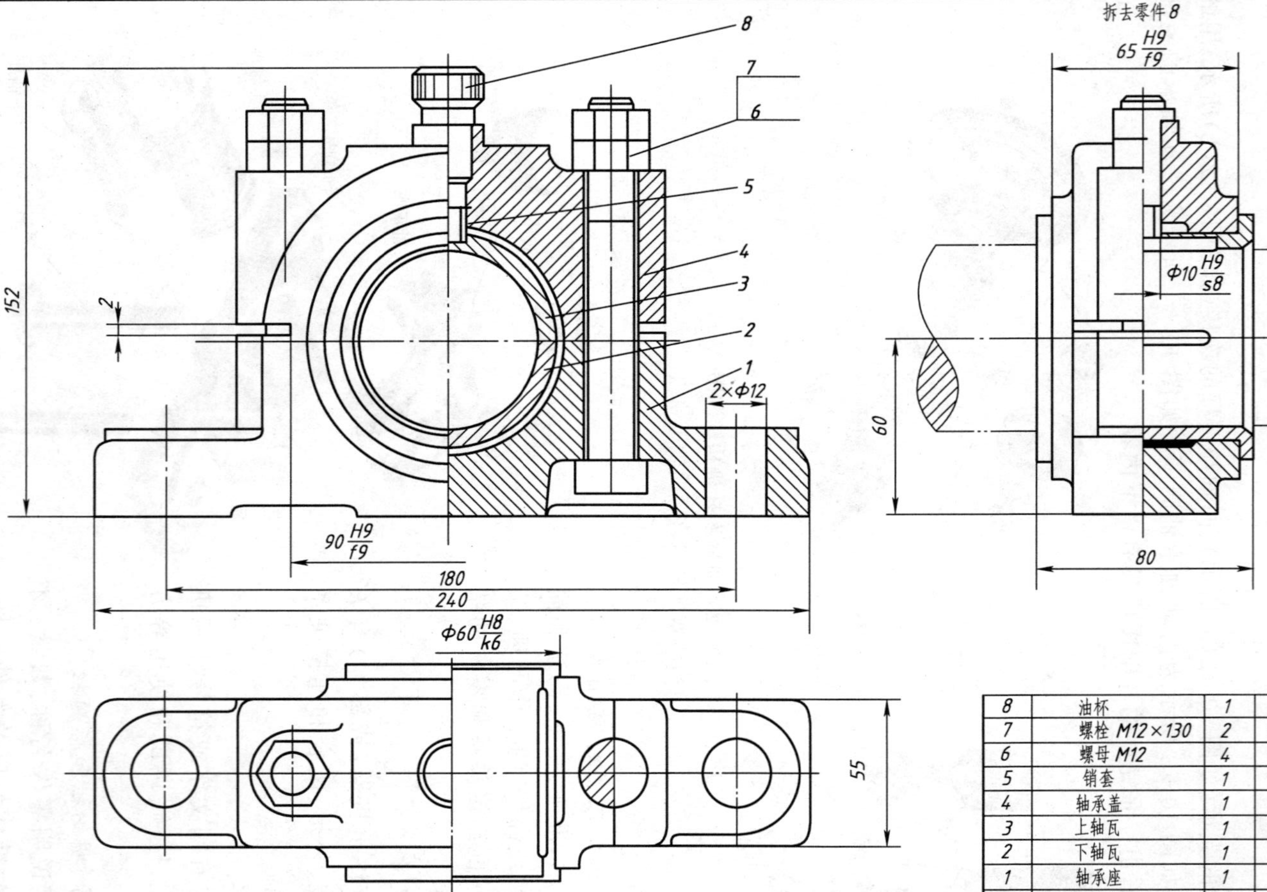

序号	零件名称	数量	材料	备注及标准
8	油杯	1	Q235	
7	螺栓 M12×130	2	Q235	GB 8-88
6	螺母 M12	4	Q235	GB 6170-86
5	销套	1	45	
4	轴承盖	1	HT150	
3	上轴瓦	1	ZQA19-4	
2	下轴瓦	1	ZQA19-4	
1	轴承座	1	HT150	

滑动轴承		比例	1:1	(图号)
		数量		
制图		材料		
校对		(单位)		
审核				

技术要求

1. 用着色法检查轴衬和轴承座接触情况：下轴衬与轴承座接触面积不得小于整个面积的50%；上轴衬与轴承座接触面积不得小于40%。
2. 调整试转后，零件用煤油清洗，工作面涂一层薄干油。

图 10-4　滑动轴承装配图

10.2　装配图的表达方法

表示零件图的各种表达方法同样适用于表示装配图，如各种视图、剖视图、断面图等。但是由于装配图的表达对象和作用与零件图不同，所以表示装配图还有一些规定画法和特殊画法。

10.2.1　规定画法

1. 相邻零件轮廓线

相邻两零件的接触面和配合面只画一条粗实线；不接触表面和非配合面，应画两条粗实线，如图 10－5(a)所示。

2. 相邻零件剖面线

两个或两个以上表面相互邻接时，剖面线的倾斜方向应当相反，或方向相同而间隔错开，稀密度不等，如图 10－5(b)所示。

3. 标准件和实心件

当剖切平面通过螺钉、螺母、垫圈、键、销等标准连接件和轴、手柄、连杆等实心件的轴线或纵向对称面时，这些零件均按不剖绘制，如图 10－5(c)所示。若这些零件的局部结构，如孔、键槽等需要表示时，可采用局部剖视。当剖切平面垂直于这些零件的轴线或通过横向断面时，则应画剖面线。

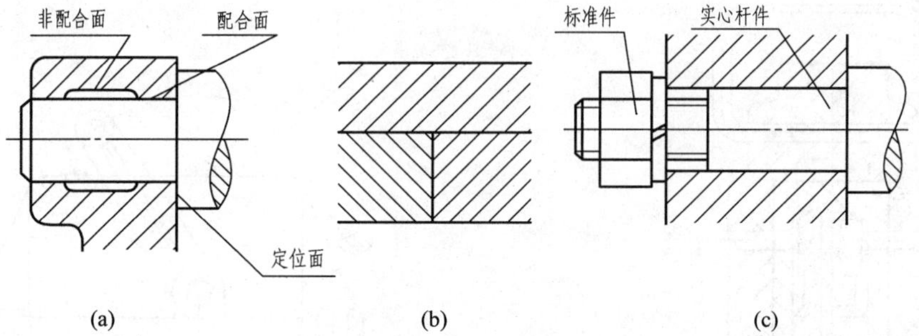

图 10－5　规定画法

(a)相邻零件轮廓线；(b)相邻零件剖面线；(c)标准件和实心件

4. 薄壁零件剖面线

在剖视图中，若零件厚度小于 2 mm，允许以涂黑表示剖面线，如图 10－8 所示。

10.2.2　特殊画法

1. 沿零件结合面剖切或拆卸画法

为了表示部件的内部情况，在装配图中可以假想沿某些零件结合面剖切绘制图形，此时结合面上不画剖面线，但在其他被切断的零件剖面上应画出剖面线；若假想将可拆零件拆去画图，应注明“拆去××”，如图 10－6 所示。

2. 假想画法

在装配图中，为了表示本部件与其他零、部件的安装和连接关系，可把与本部件有密切

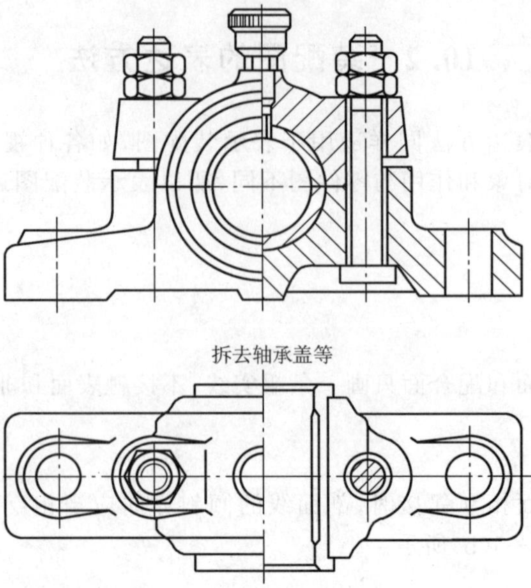

图 10－6　拆卸画法举例

关系的其他相关零、部件,用双点画线画出其轮廓。图 10－7(a)中的限压阀安装在高压锅的锅盖上,锅盖用双点画线画出。当需要表示零件的运动范围和极限位置时,也可用双点画线画出某一极限位置的轮廓,如图 10－7(b)所示。

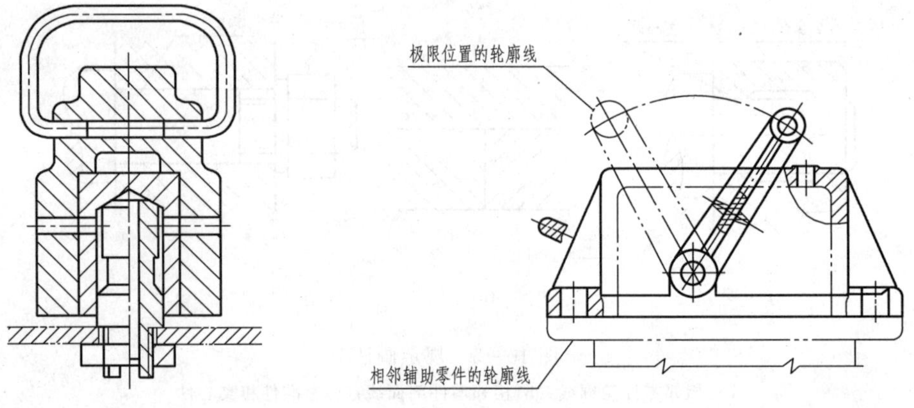

图 10－7　假想画法举例

3. 夸大画法

装配图中的薄片、小间隙等,若按实际尺寸无法画出,可采用夸大画法,如图 10－8 所示的垫片。

4. 简化画法

(1)对于装配图中若干相同的零件组,可以详细地画出一处或几处,其余只需用点画线表示出中心位置即可,如图 10－8 所示的螺钉连接。

(2)在装配图中,滚动轴承可以只画一半详细图形,另一半用简化画法画出,如图 10－8 所示。

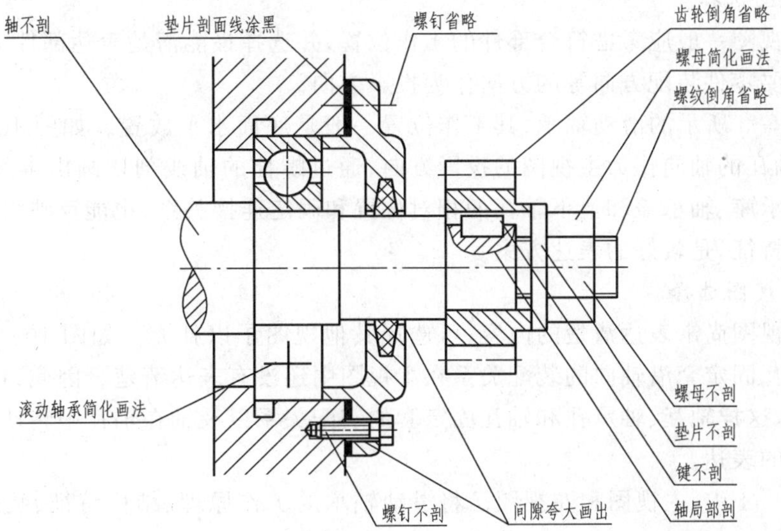

图 10－8　规定画法与特殊画法综合举例

(3)在装配图中，零件的工艺结构，如倒角、退刀槽等允许不画出。

5. 单独画法

对于个别比较复杂或被其他零件遮住而又需要清晰地表示其结构形状的零件，可将该零件某个方向的视图单独画出，并在零件上方注明该零件的序号和投影方向。

10.2.3　装配图的视图选择

装配图的视图在表达上和零件图一样，应“完整、正确、清楚”，但表达的内容不同。装配图的视图表达要求如下。

(1)部件的功用、工作原理、结构和零件之间的装配关系等要表达得“完整”。

(2)对部件的视图、剖视、规定画法等的表示方法要“正确”，符合国家标准规定。

(3)图样要“清楚”易懂，便于读图。

装配图主要表达机器或部件的工作原理和零件间的装配连接关系等。所以，选择表示部件的方法时，先要了解并分析部件的功用、性能及工作原理，再分析各零件间的装配关系。先选主视图，再选其他视图及表达方法，力求视图数量适当、作图简便、看图方便。现以图 10－3 和 10－4 所示滑动轴承为例说明视图选择的方法和步骤。

1. 部件分析

从图 10－3 所示可以看出，滑动轴承是用来支承轴及轴上转动零件的一种装置，主要由轴承座、轴承盖、上下轴瓦、轴瓦固定套以及标准件螺栓、螺母和标准组合件油杯等组成。

轴瓦由耐磨材料制成，为了便于安装轴，轴瓦做成上下结构，安装在轴承座与轴承盖之间。轴瓦两端凸缘的侧面与轴承座和轴承盖的两端面配合，防止轴瓦轴向窜动；轴承座和轴承盖之间相互配合的凹凸结构可防止其横向移动；轴瓦固定套用于确定轴瓦的轴向位置，防止其发生相对转动。轴承座和轴承盖用两个螺栓、螺母连接固定，其中方形螺栓头可防止拧紧螺母时螺栓跟转，两个螺母并紧可防止螺母松动。油杯装在轴承盖顶部的螺孔上，可向轴瓦和轴之间注入润滑油，起润滑作用。轴承座底板两边的通孔用于固定滑动轴承。

2. 主视图选择

选择主视图一般应考虑符合部件的工作位置,并选择最能清楚表达部件工作原理、结构特征以及主要零件装配方向等的方向作为投影方向。

如图 10 - 3 所示的滑动轴承,其工作位置一般是底面水平放置。如图 10 - 4 所示的主视图,选择轴瓦的轴向作为主视图的投影方向,通过螺栓的轴线剖切画出半剖视图,既能清楚地表达轴承座、轴承盖和上下轴瓦的相对位置和固定连接关系,也能反映滑动轴承的工作原理和结构特征,是较好的表达方案。

3. 其他视图选择

对于主视图尚未表达清楚的内容,可选择其他视图予以补充。如图 10 - 4 所示,轴瓦、轴承孔和轴瓦固定套沿轴向的装配关系在主视图中还没有表达清楚。因此,补充左视图,并用全剖画出,这样轴瓦、轴承孔和轴瓦固定套的装配关系以及轴在轴瓦中转动的工作状况都得到了充分的表达。

在图 10 - 4 中,主视图和左视图已将滑动轴承的工作原理、结构特征、装配关系以及安装关系等基本表达清楚,但为了更清楚地表达外形特征,方便读图,又增加了俯视图,并沿轴承盖与轴承座结合面剖切画出半剖俯视图。

10.3 装配图的尺寸标注、技术要求以及零件序号和明细栏

10.3.1 装配图的尺寸标注

装配图标注尺寸的目的并不是为了制造单个零件,其重点在于表达机器或部件的结构和各零件间的装配关系。因此,装配图只需注出与性能、规格、装配、安装、运输等有关的尺寸即可。装配图上应标注下列几类尺寸。

1. 性能和规格尺寸

性能和规格尺寸是表明机器或部件的规格和使用性能的尺寸,它是设计和选择相应部件的依据。如图10 - 4中的轴瓦内径ϕ50H8,可以确定其所支承的轴的直径,并据此选定油杯型号。

2. 装配尺寸

装配尺寸是用来保证机器或部件的工作精度和性能要求的尺寸,包括以下两种。

(1)配合尺寸:表示零件间配合性质的尺寸。如图 10 - 4 中的 90H9/f9,ϕ60H8/k6,ϕ10H9/s8 等都是配合尺寸。

(2)相对位置尺寸:表示零件间或部件间比较重要的相对位置的尺寸,是装配时必须保证的尺寸。如图 10 - 4 中,轴承孔的中心高 60、轴承座与轴承盖的间隙 2 就是相对位置尺寸。

3. 外形尺寸

外形尺寸是表示机器或部件总体的长、宽、高的尺寸,它是包装、运输、安装和厂房设计的依据。如图 10 - 4 中,240、152 和 80 就是外形尺寸。

4. 安装尺寸

安装尺寸是表示机器或部件安装到地基、机座或其他零件上所需要的尺寸。如图10 - 4中,轴承座底板上两螺栓孔的中心距 180、螺栓通孔直径ϕ12 就是安装尺寸。

5. 其他尺寸

其他尺寸是指在机器或部件的设计中，经计算或选定，但又未包括在上述几类尺寸之中的尺寸。这类尺寸在拆画零件图时不能改变，如运动零件的极限位置尺寸、主要零件的重要结构尺寸等。

以上五类尺寸，并不是任何一张装配图上都全部标注，要根据具体要求而定。值得指出的是，某一具体尺寸有时可能有几种含义。

10.3.2　技术要求

装配图上一般应注写以下几方面的技术要求。

(1)装配要求：装配过程中的注意事项和装配后应满足的要求等。

(2)检验、试验的条件和要求：机器或部件装配后对基本性能的检验、试验方法及技术指标等的要求与说明。如图 10－4 中要求用着色法检查轴衬和轴承座的接触情况，下轴衬与轴承座接触面积不得小于整个面积的 50%。

(3)其他要求：包括部件的性能、规格参数、包装、运输及使用时的注意事项和涂装要求等。

总之，图上所需填写的技术要求，应根据部件的要求而定。

10.3.3　装配图的零件序号和明细栏

装配图中所有零件和部件都必须编注序号或代号，并在标题栏上方编制相应的明细栏，填写零件和部件的有关内容，以便统计零件数量，进行生产的准备工作。同时，在看装配图时，也可根据零件序号查阅明细栏，以了解零件的名称、材料和数量等。

1. 零件序号的编写

机器或部件中每种零件都要编号。形状、尺寸相同的零件只编一个号，数量填写在明细栏内；形状相同、尺寸不同的零件要分别编号。零件序号编写的形式如图 10－9 所示。

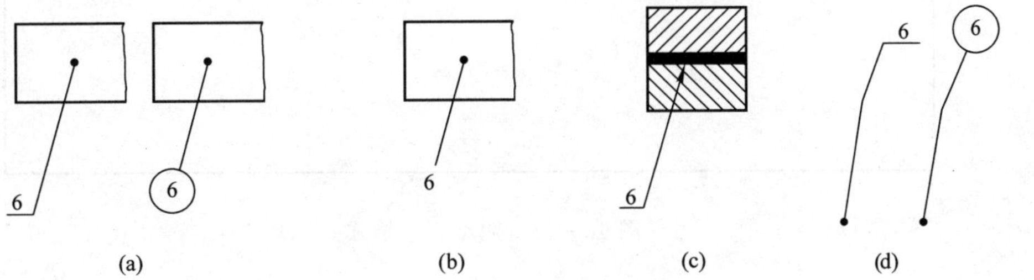

图 10－9　零件序号的编写形式

指引线应指在零件可见轮廓线内，并在起始处画一小圆点，如遇涂黑表示的零件不宜画圆点时，可用箭头指向轮廓线，如图 10－9(c)所示；指引线用细实线画，自零件表达得最清晰的视图引出，并尽可能少穿过其他零件；指引线不应相交；当穿过有剖面线的区域时，应避免与剖面线平行，必要时可画成折线，但只能折一次，如图 10－9(d)所示。

对于一组紧固件或装配关系清楚的零件组，可采用公共的指引线，如图 10－10 所示。序号的字体应比尺寸数字大一号，并按顺时针或逆时针方向顺序整齐地排列在水平线或垂直线上。

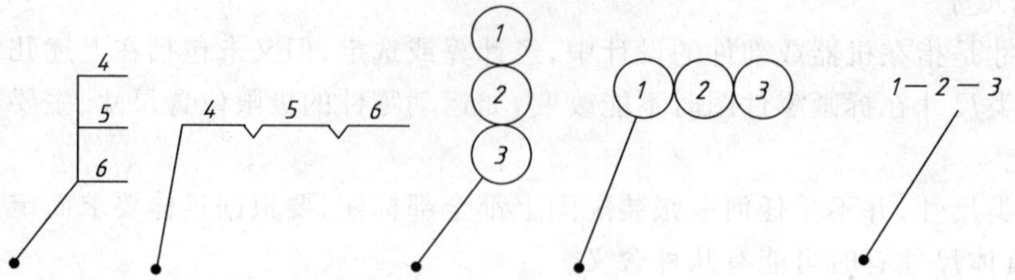

图 10-10　指引线及其画法

2. 明细栏的编制

明细栏是装配图中全部零件和部件的详细目录,其内容包括:零件的序号、代号、名称、数量、材料、备注和标准,其格式如图 10-11 所示。

明细栏一般画在标题栏上方,其中的零件序号自下往上填写,以便增加或漏编零件时,可以向上添加。若上方位置不够,则可移一部分紧接标题栏左边继续填写。

明细栏中的零件序号应与视图中标注的序号一致,因此,应先在视图上编写零件序号,再填明细栏。

标准件应填写其形式规格和标准号,有些零件的重要参数(如齿轮的齿数、模数等)可填入备注栏内。

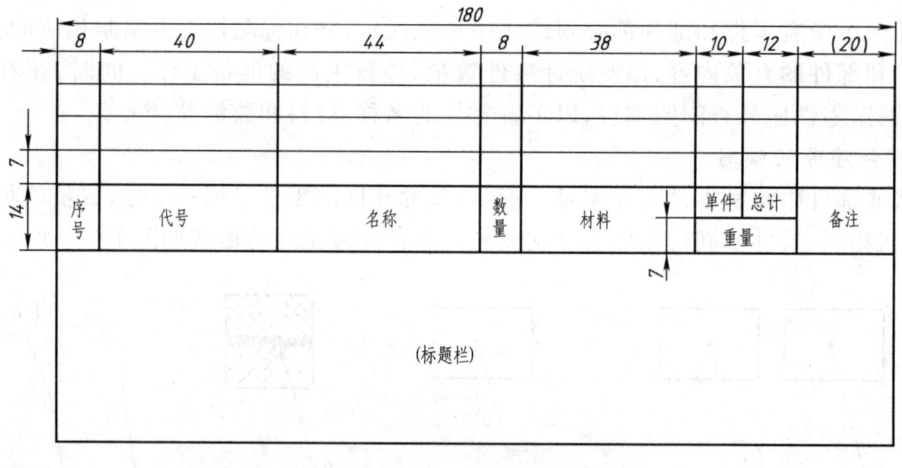

图 10-11　明细栏的格式

10.4　装配结构的合理性

画部件装配图时,必须根据装配工艺的要求考虑部件结构的合理性。不合理的结构不仅影响装配性能和精度设计的要求,而且给装配、修理、操作带来困难。下面介绍几种常见的装配结构。

10.4.1　零件接触面的结构

当两零件接触时,在同一方向上接触面的数量一般只有一个,要避免两对表面同时接触,否则会给加工、装配带来困难,如图 10-12 所示。

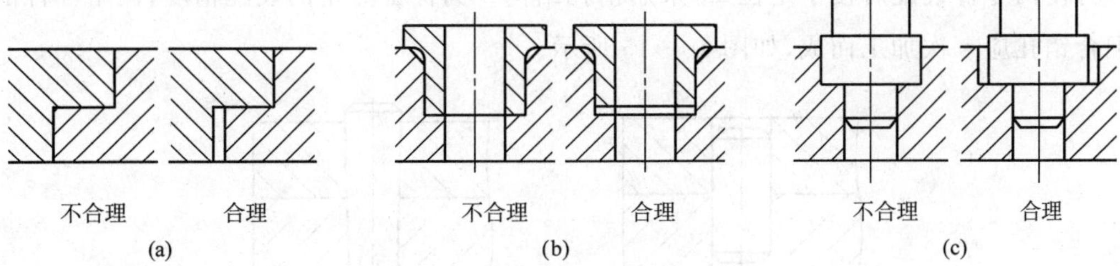

图 10－12　两零件接触面的结构

为保证轴肩断面和孔断面接触良好，应在孔的端面加工出倒角、圆角等结构，或在轴肩处加工出退刀槽、轴颈切槽等结构，如图 10－13 所示。

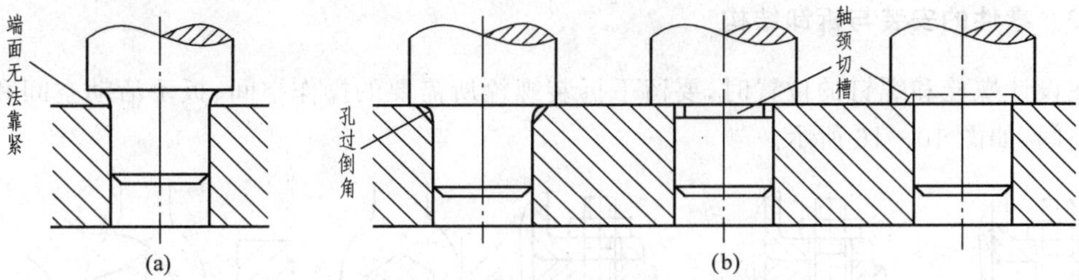

图 10－13　两零件接触面转角处的结构

(a)不合理；(b)合理

10.4.2　零件的紧固与定位结构

为了防止轴上零件产生轴向窜动，通常要对轴上零件采用正确的定位与固定，常见的定位与固定方式如图 10－14 所示。

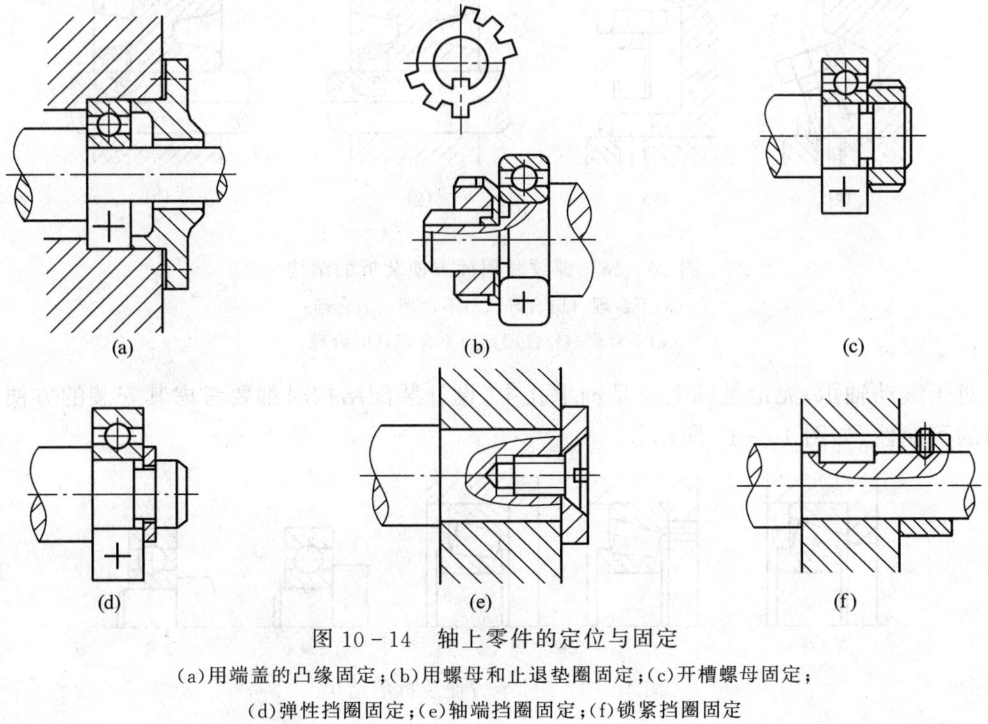

图 10－14　轴上零件的定位与固定

(a)用端盖的凸缘固定；(b)用螺母和止退垫圈固定；(c)开槽螺母固定；

(d)弹性挡圈固定；(e)轴端挡圈固定；(f)锁紧挡圈固定

为使两零件装配时便于定位,常采用销孔结构。为保证一定的装配精度,两个零件的同一配合销孔应一次加工而成,如图 10－15 所示。

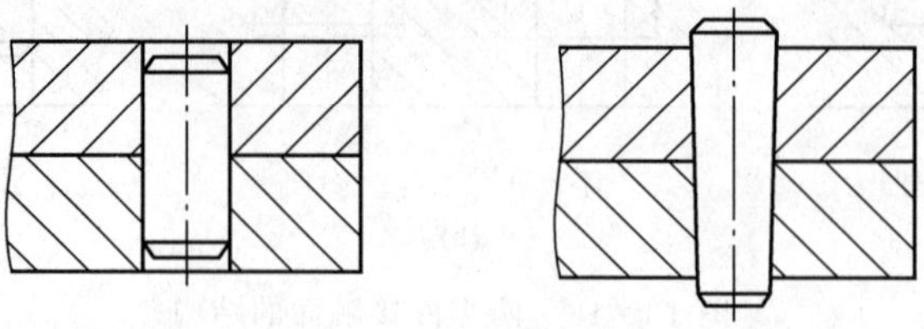

图 10－15 销孔定位与固定

10.4.3 零件的安装与拆卸结构

在设计螺栓和螺钉的位置时,要留下拆装螺栓所需要的操作空间、扳手活动空间和螺钉拆装空间,如图 10－16 所示。

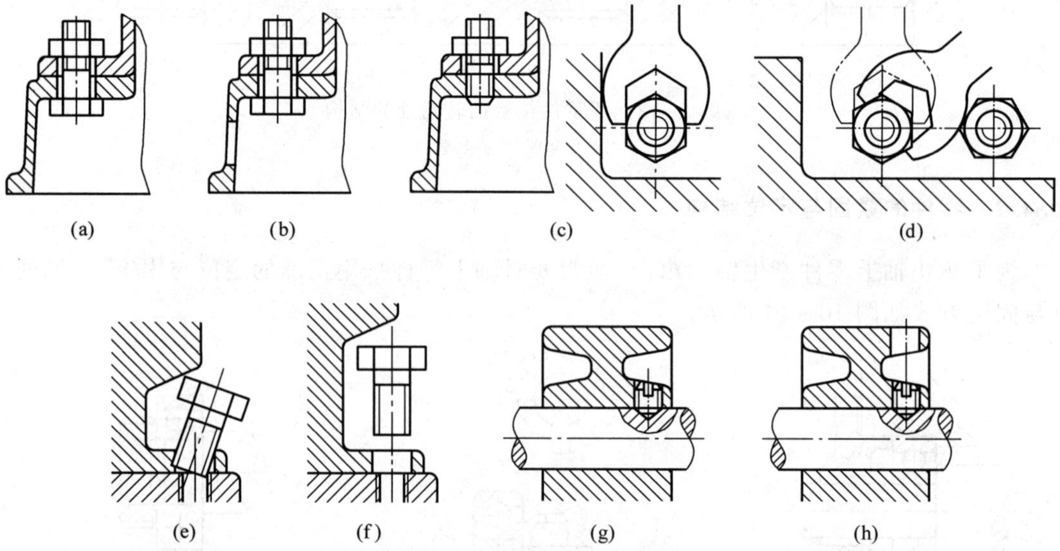

图 10－16 螺纹紧固件方便装拆的结构

(a)不合理;(b)合理;(c)不合理;(d)合理;

(e)不合理;(f)合理;(g)不合理;(h)合理

对于滚动轴承,无论是轴上还是轴承孔中,设计装配结构时都要考虑其安装的方便性和拆卸的可能性,如图 10－17 所示。

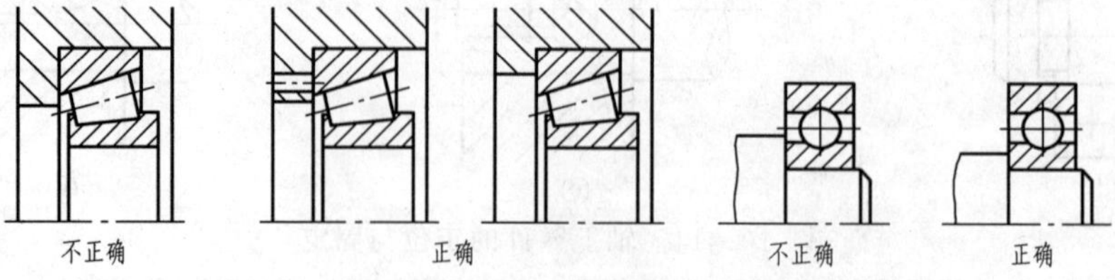

图 10－17 轴承方便装拆的结构

10.5　画装配图

如图 10－18(a)所示的齿轮油泵是汽车上的常用部件。汽车发动机上的机油泵(如图 10－19 所示)和自动变速器上的液压油泵都采用类似的结构。下面就以图 10－18 所示的简单齿轮油泵为例,说明画装配图的方法和步骤。

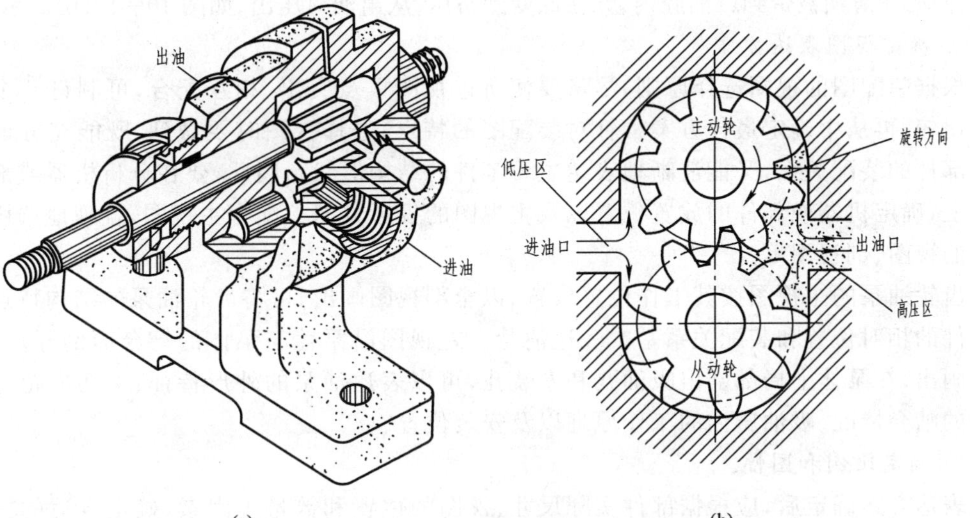

(a)　　　　(b)

图 10－18　齿轮油泵及其工作原理图

(a)齿轮油泵轴测图;(b)齿轮泵工作原理图

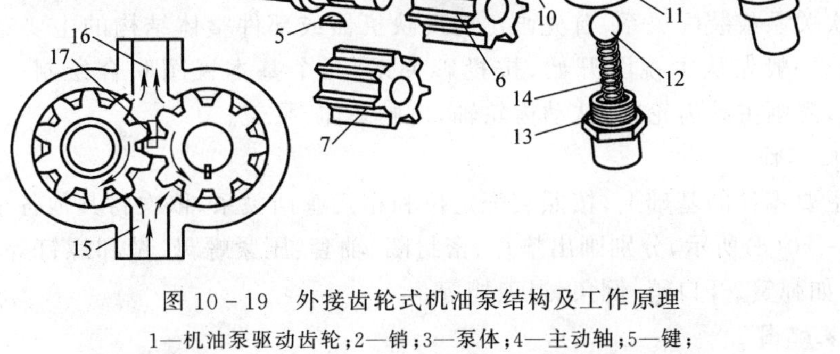

图 10－19　外接齿轮式机油泵结构及工作原理

1—机油泵驱动齿轮;2—销;3—泵体;4—主动轴;5—键;

6—主动齿轮;7—从动齿轮;8—从动齿轮轴;9—泵腔;10—密封垫;

11—泵盖;12—限压阀;13—螺塞;14—限压阀弹簧;15—进油腔;16—出油腔;17—卸压槽

1. 分析部件

齿轮油泵是汽车润滑系统中的一种重要供油装置,其作用是将润滑油从油底壳送到有关运动部件需要润滑的部位,减少零件的摩擦和磨损。该齿轮油泵由主动齿轮轴、从动齿轮轴、泵体、泵盖等主要功能件,以及垫片、密封圈、轴套、压紧螺母、销和螺钉等密封、固定、连接零件组成。

齿轮油泵的工作原理是:外部动力通过驱动齿轮传递转矩给主动齿轮轴,主动齿轮轴带动与之啮合的从动齿轮轴旋转,使吸油腔形成部分真空,润滑油被吸入并充满齿槽,由于齿轮旋转,齿间的润滑油被带到压油腔内,并在此受到挤压,从出油口压出,如图 10-18(b)所示。

2. 确定视图表达方案

根据装配图的视图选择原则,尽量要使所选视图重点突出、相互配合,可制订几个方案进行比较,再从中确定最佳方案。针对装配图的特点,选择视图时要做到,既能充分地表达各零部件的装配关系,又能清晰地表达主要零件的结构形状。因此,要在分析机器或部件的基础上,确定机器或部件的放置位置以及主视图的投影方向。配合主视图,合理地选用其他必要的视图、剖视图等。

齿轮油泵的主视图按其工作位置放置,以全剖视图画出,可将齿轮油泵的结构特点和主要零件的相对位置和装配关系基本表达清楚。左视图沿泵盖与泵体的结合面剖开,以半剖视图画出,在泵体上局部剖出吸油孔和安装孔,可以表达油泵的外形特征、主动齿轮与从动齿轮的啮合情况、吸油压油的工作原理以及安装位置。

3. 确定比例和图幅

表达方案确定后,应根据部件实际尺寸、视图的位置和数量等因素,确定合适的比例和图幅大小。在选择图幅大小时,还应考虑留出标注尺寸、零件序号、技术要求以及标题栏、明细栏的位置,并注意尽量选用标准图幅。

4. 布置视图

根据视图的数量及其轮廓尺寸,确定各视图的具体位置,画出各视图的主要基准线,如主要的中心线、对称线或两端面的轮廓线等。确定主要基准线时,各视图之间应留有足够的间隔以便标注尺寸和编号等,如图 10-20(a)所示。除了要考虑安排注写技术要求以及标题栏、明细栏的位置外,还应注意各视图之间要留出适当的位置,以便标注尺寸和编写零件序号。

5. 画主要零件

按照主次关系或装配关系,首先画出能反映机器或部件整体结构的主要零件或装配基准件的轮廓。一般先从主视图开始,按投影关系,几个基本视图联合绘制。如图 10-20(b)、(c)所示,先画主动齿轮轴、从动齿轮轴,再画泵体、泵盖。

6. 画其他零件

在已画主要零件的基础上,按照装配定位和相互遮挡关系,依次将其他各个零件表达出来。如图 10-20(d)所示,分别画出垫片、密封圈、轴套、压紧螺母、销和螺钉等零件,以及零件轮廓细节,如弹簧、开口销、倒角、退刀槽等。

7. 完成装配图

标注尺寸,写技术要求;校对图形,加深图线;编写零件序号,填写明细栏、标题栏,完成装配图,如图 10-21 所示。

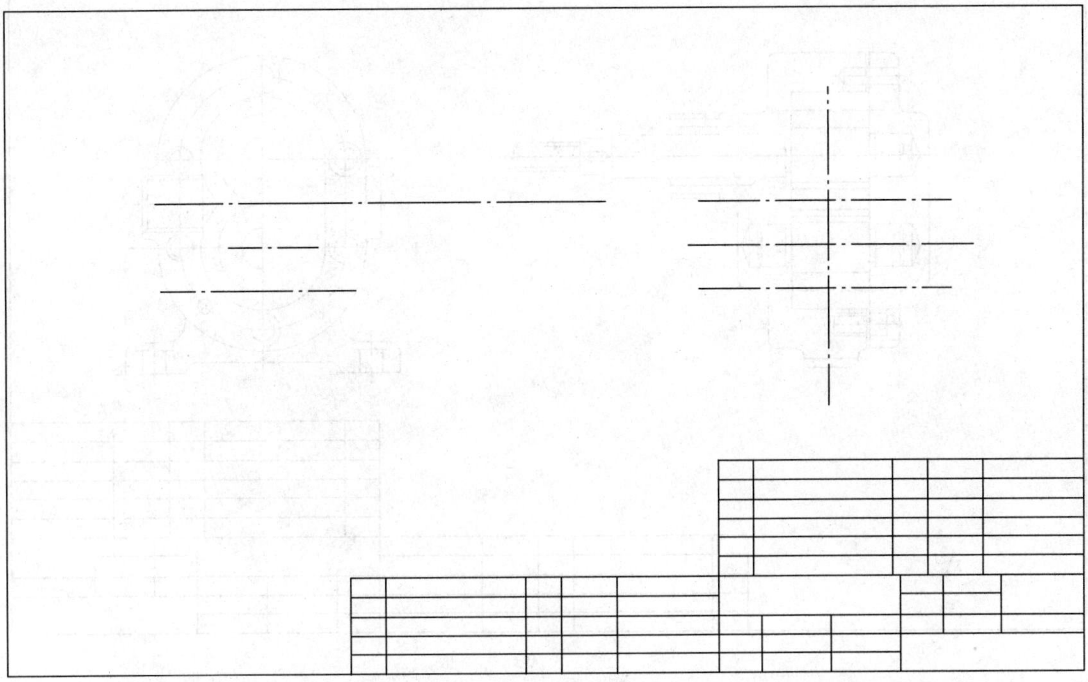

(a)

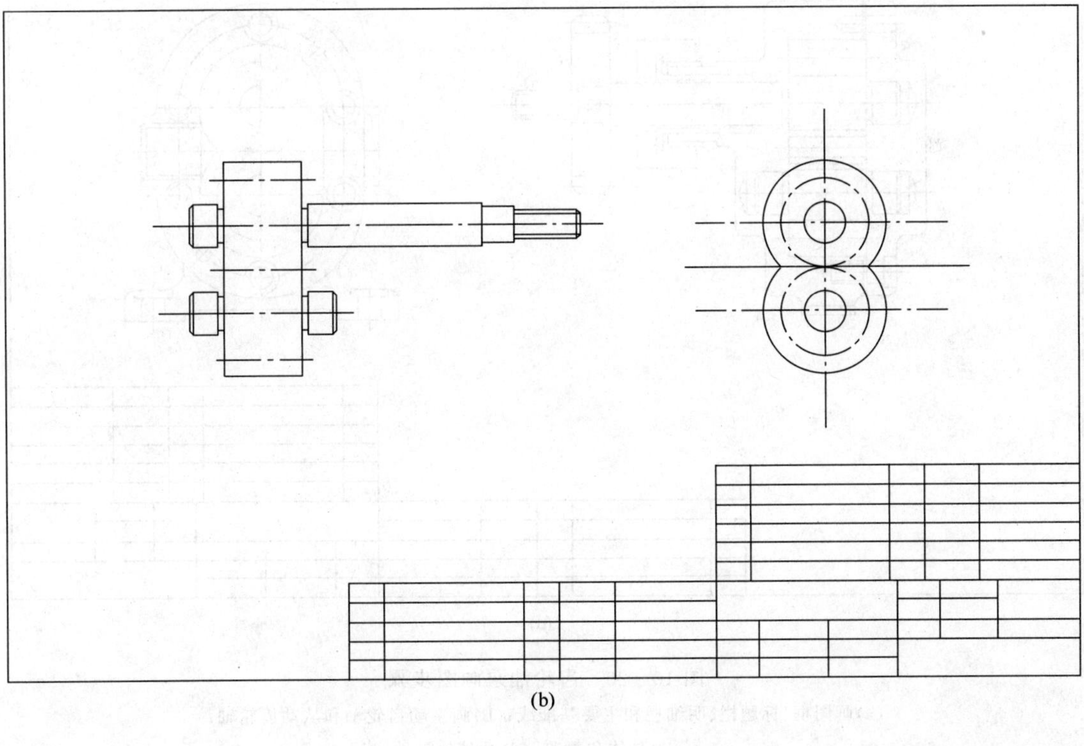

(b)

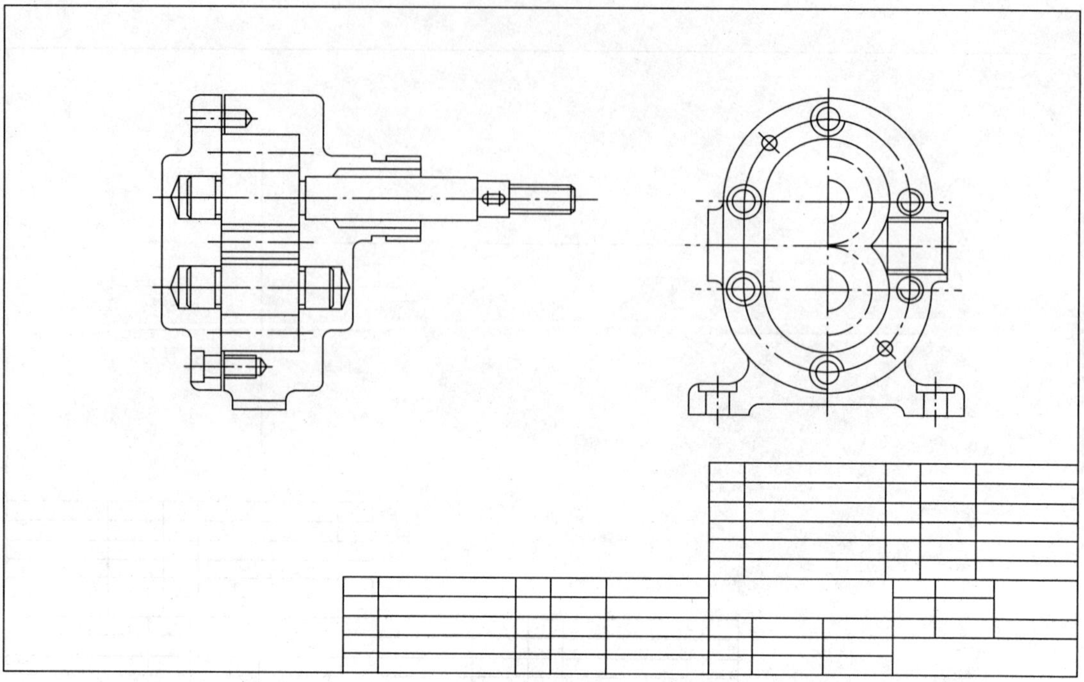

(c)

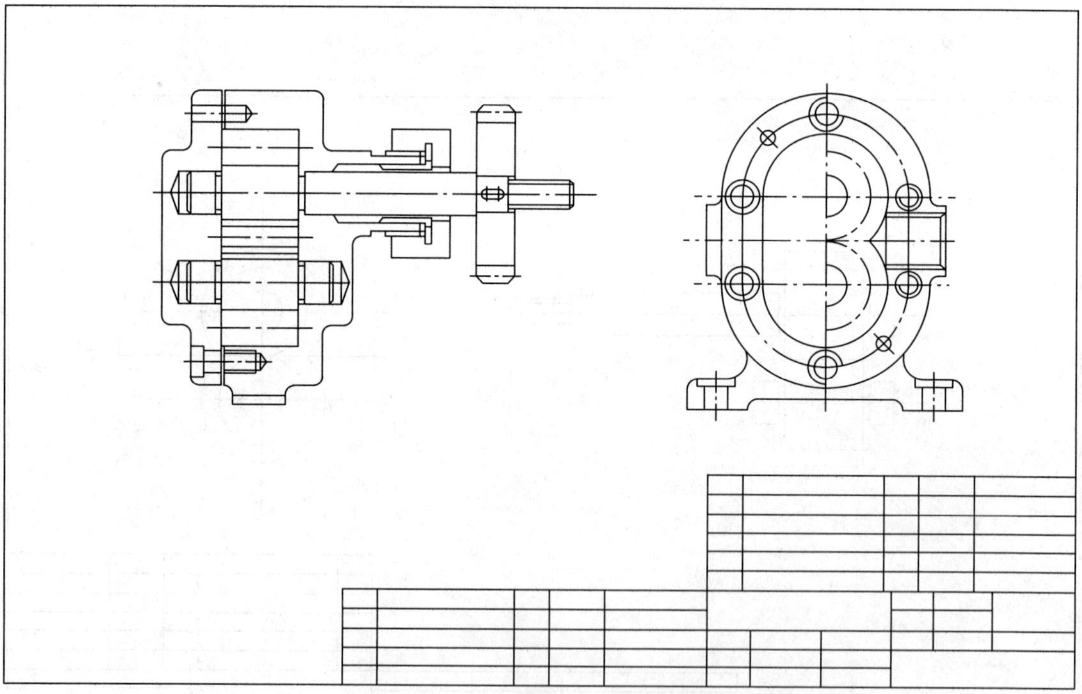

(d)

图 10－20　齿轮油泵画图步骤

(a)画图框、标题栏、明细栏和主要基准线；(b)画主动齿轮轴和从动齿轮轴；

(c)画泵体和泵盖；(d)画其他零件

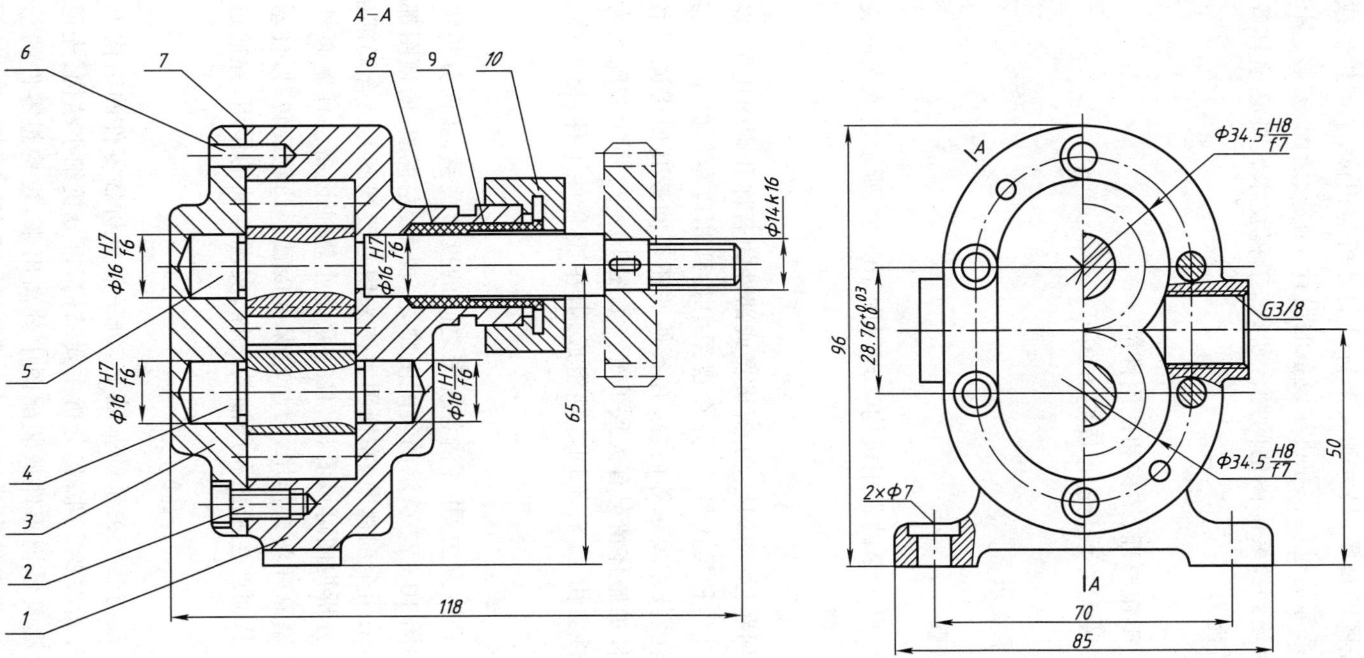

技术要求

1. 齿轮安装后，用手转动主动齿轮轴时，应旋转灵活。
2. 两齿轮轮齿的啮合面应占齿长的3/4以上。

序号	零件名称	数量	材料	备注及标准
10	压紧螺母轴	1	Q235-A	
9	轴套	1	Qsn6-6-3	
8	密封圈	1	毛毡	
7	垫片	1	工业用纸	
6	销B5×20	1	45	
5	主动齿轮轴	1	45	m=3, z=9
4	从动齿轮轴	1	45	m=3, z=9
3	泵盖	1	HT200	
2	螺钉 M6×16	12	Q235-A	
1	泵体	1	HT200	

齿轮油泵		比例	1:1	（图号）
		数量	1	
制图		材料		
校对		（单位）		
审核				

图 10-21 齿轮油泵装配图

10.6　识读装配图和由装配图拆画零件图

识读装配图就是通过对装配图的视图、尺寸和文字符号的分析与识读，了解机器或部件的名称、用途、工作原理、装配关系等的过程。在机械设备的设计、制造、装配、安装、调试、使用、维修以及技术交流中，经常要遇到读装配图的问题。所以，工程技术人员必须具备识读装配图和由装配图拆画零件图的能力。

识读装配图的具体要求如下。

(1)了解机器或部件的用途、工作原理、结构和使用性能。

(2)了解各零件的相对位置、装配关系及连接固定方式等。

(3)了解零件的结构形状。

(4)了解主要装配尺寸和技术要求等。

10.6.1　识读装配图的方法和步骤

柱塞泵是汽车柴油机输油泵、喷油泵的常用机构。现以图 10-22 所示柱塞泵的装配图为例，说明识读装配图的方法与步骤。

1. 概括了解

读装配图时，首先应通过看标题栏、明细栏，了解机器或部件的名称和画图比例，以及所有零件的名称、数量、材料、标准件的种类代号等，并在视图中找到相应零件的位置。其次，大致浏览一下所有视图、尺寸标注、技术要求等内容，有条件的还可阅读其使用说明书及相关的技术资料，以便对机器或部件的整体情况有大致了解。如图 10-22 所示装配图为柱塞泵，采用 1∶1 的比例画图，该部件共由 21 种不同零件组成，其中组合件 1 种、标准件 5 种，还有 15 种非标准件。

2. 分析工作原理和装配关系

首先了解装配图采用了哪些表达方法，并弄清各视图之间的投影关系，从而分析机器或部件的工作原理和装配关系。如图 10-22 所示的装配图中，主视图、左视图、俯视图都采用了局部剖视，主视图、俯视图主体采用全剖视图，左视图主体采用一般视图并结合局部剖视，充分表现了柱塞泵的整体结构。分析视图可以看出，柱塞泵是个输油设备。柱塞泵外动力由轴 5 传入，带动凸轮 8 旋转，柱塞靠弹簧 3 作用，与凸轮保持接触。凸轮旋转时，柱塞产生往复运动，使泵腔容积发生变化，从而产生吸油和压油的过程，实现输油的作用，并通过两个单向阀的配合，控制油流方向。

3. 分析零件

在了解机器或部件的工作原理与装配关系的基础上，进一步分析各零件的结构形状和作用。一般先分析主要零件，后分析次要零件；先分析主要结构，再分析细小结构；先通过剖面线的疏密程度和方向，利用投影关系把零件从装配图中分离出来，再构想零件的结构形状。如图 10-22 所示柱塞泵中，主要零件有泵体、泵套、柱塞、轴、凸轮、单向阀体等。

4. 综合归纳，看懂全图

在以上分析的基础上，还应把机器或部件的作用、结构、装配、操作、维修等几方面的问

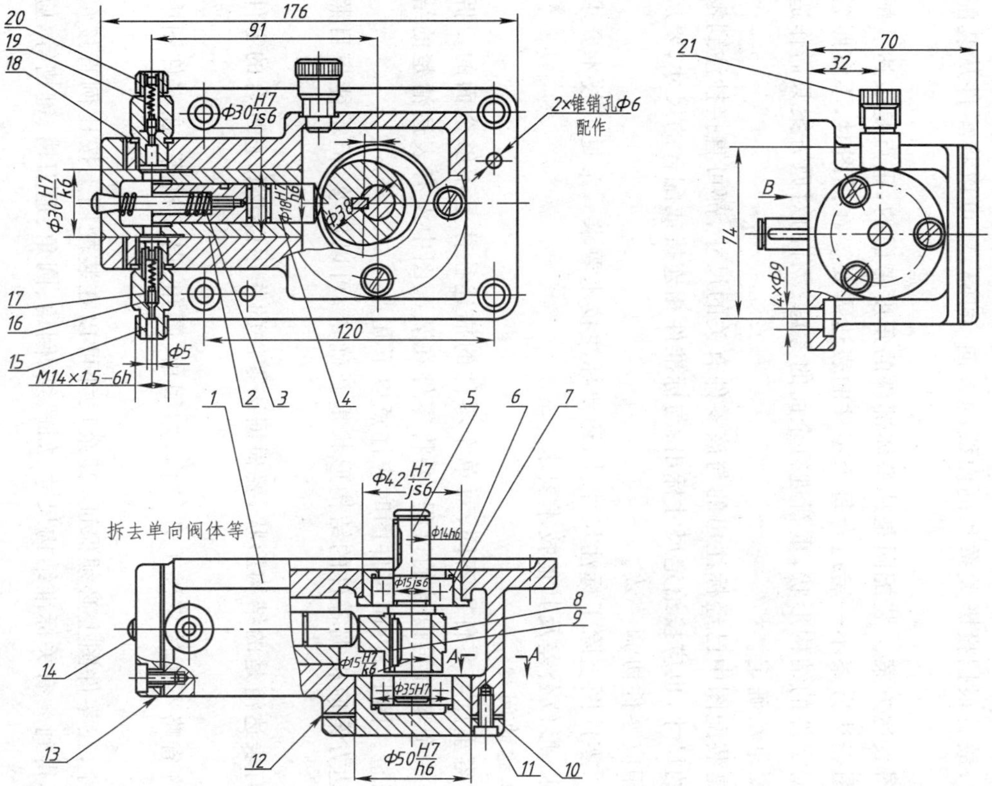

工作原理

柱塞泵外动力由轴5传入，带动凸轮8旋转，柱塞靠弹簧3作用，使与凸轮保持接触。凸轮旋转时，柱塞产生往复运动，使泵腔容积变化，从而产生吸油和压油过程，实现输送油流的工作。使用两个单向阀控制油流方向。

技术要求

1. 泵工作时，两单向阀体要求一吸一排，如不符合要求，可调整弹簧19；钢球16与阀体接触处应冷压一球痕，保证钢球的定位和开启作用。

2. 部件在0.5MPa下进行试验，要能从喷油嘴喷出雾状油液，方可使用。

序号	名称	件数	材料	备注
21	油　杯1.5	1		GB 1154—89
20	调 节 塞	2	Q235－A	
19	弹　簧	2	QSi3－1	
18	封油圈22×14	2	工业用革	
17	球　托	2	Q235－A	
16	钢球Φ5	2		QB 308—89
15	单向阀体	2	45	
14	螺 塞R3/8	1	Q235－A	
13	垫 片	1	塑料纸	
12	垫 片	1	塑料纸	
11	螺钉M6×16	7	Q235－A	GB 67—85
10	衬 盖	1	HT200	
9	键 5×20	1	45	GB 1096—79
8	凸 轮	1	CCr15	
7	轴承 6202	2		GB/T 276—93
6	衬 套	1	HT200	
5	轴	1	40Cr	
4	柱 塞	1	CCr15	
3	弹 簧	1	QSi3－1	
2	泵 套	1	45	
1	泵 体	1	HT200	

柱　塞　泵		比例	1:1	11—00
		件数		
制图		重量		共1张 第1张
审核		（校名）		

图 10－22　柱塞泵装配图

题联系起来思考,进行综合归纳,达到看懂全图的目的。例如弄清楚该机器或部件结构有何特点,能否实现工作要求,怎样进行装拆、操作和维修是否方便,密封和防漏是否可靠等等,对部件有一个全面的认识。柱塞泵是用来实现输油的一个部件,为了控制输油方向,要求两个单向阀一吸一排,在 0.5 MPa 下进行试验,要能从喷油嘴喷出雾状油液。

10.6.2 由装配图拆画零件图

根据装配图拆画零件图,是设计过程中一个重要的环节。在进行产品设计时,一般首先画出装配图,再根据装配图拆画零件图,通常称为拆图。拆图要在看懂装配图的基础上进行,并按零件图的内容与要求画出零件工作图。

1. 根据装配图拆画零件图的方法和步骤

(1)读懂装配图。首先要根据前面介绍的看装配图的方法和步骤,看懂装配图。

(2)分离零件。基本看懂装配图后就可以从装配图中把要拆画的零件分离出来。首先从零件的序号和明细栏中找到要分离零件的序号和名称;然后根据该序号的指引线找到该零件在装配图中的位置;最后根据投影关系和剖面线的方向、间隔,就可以将零件从装配图中顺利地分离出来。

(3)确定零件的视图表达方案。装配图是从整体部件的角度考虑的,重点是表达装配关系。因此,装配图的视图表达方案不一定适合每个零件的表达需要。在拆图时,不宜照搬装配图中的方案,而应根据零件的结构形状,重新进行全面的考虑。有的对原方案只需作适当调整或补充,有的则需要重新确定。

(4)标注尺寸。凡是装配图中已经标注出的与该零件有关的尺寸,都可直接抄注到零件图上;凡明细栏中给定的尺寸,也应按给定尺寸标出;与标准件相连接或配合的尺寸,要从相应的标准中查取,并与相应零件协调一致。

(5)标注技术要求。零件图上除了标注尺寸外,还要标注技术要求。常见的技术要求有尺寸公差、表面结构要求、形位公差及其他技术要求。

2. 拆画零件图应注意的问题

装配图所表达的内容重点与零件图不同,对单个零件的描述往往是不够全面的。拆画零件图的过程实际上是一个零件再设计的过程,要将零件在装配图中没有表达清楚的结构形状和其他内容补充完整。因此,拆画零件图时应注意以下几点。

(1)零件的视图表达方案应根据零件的结构形状重新确定,可以借鉴,但不能盲目照抄装配图。

(2)在装配图中没有表达清楚的结构形状,要根据该零件的作用以及和它配合的零件之间的关系补画出来。

(3)在装配图中允许省略不画的零件工艺结构,如倒角、圆角、退刀槽等,在零件图中应全部画出。

(4)装配图中的尺寸,在零件图上必须保证,其余尺寸可以在装配图上按比例直接量取并加以取整或经过计算得到。有关标准结构尺寸,如螺纹、倒角、圆角、退刀槽、键槽等,应查阅相关标准后标注。

(5)零件之间有配合要求的表面,其基本尺寸必须相同,并标注出公差带代号和极限偏差数值。

(6)根据零件的作用和加工工艺的要求，合理地标注出表面结构要求、尺寸公差、形位公差、热处理要求等技术要求。

图 10－23 是根据图 10－22 所示的装配图拆画出来的泵体的零件图。

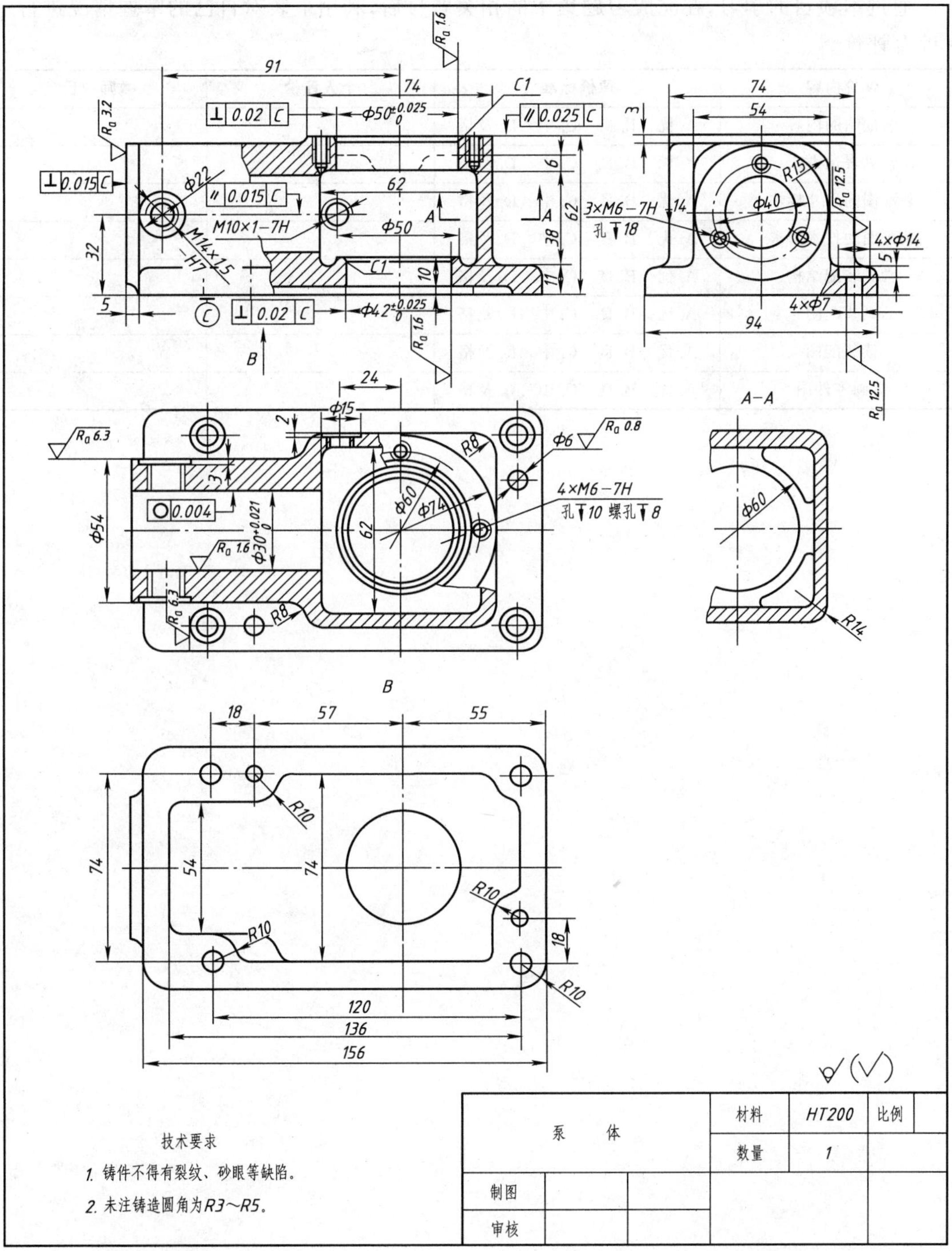

图 10－23　泵体零件图

综合评价

通过本项目的学习,在完成习题集中的相关题目后,利用下表对自己的掌握情况进行一次综合评价。

评价内容	评价标准	个人评价	教师评价
装配图的内容	A.优　B.良　C.中　D.及格		
常见表达方式	A.优　B.良　C.中　D.及格		
装配图的尺寸标注	A.优　B.良　C.中　D.及格		
装配图的技术要求	A.优　B.良　C.中　D.及格		
常见装配结构	A.优　B.良　C.中　D.及格		
画装配图	A.优　B.良　C.中　D.及格		
读装配图	A.优　B.良　C.中　D.及格		
拆画零件图	A.优　B.良　C.中　D.及格		

项目三　计算机绘图基础

任务十一　计算机绘图基础

任务描述

随着计算机技术的不断发展，计算机技术在工程中的应用越来越广泛。在绘图方面也是如此，伴随而来的是大量的绘图软件不断出现。计算机绘图相对于手工绘图最主要的特点是：高效率、高质量、易于修改、周期短。

此项目将介绍计算机绘图的基本知识，简要介绍几种常用的计算机绘图软件，为以后深入学习计算机绘图打下基础。

任务目标

(1)了解计算机绘图系统的组成与分类；

(2)了解 AutoCAD 软件的基本功能；

(3)了解常用的几种计算机绘图软件。

相关知识

计算机绘图是 20 世纪 50 年代在美国由数控机床演变而来的。1952 年，美国麻省理工学院研制了第一台用语言加工的数控铣床。奥地利人根据数控加工原理为美国波音公司生产了第一台平台式绘图机。1959 年，美国的卡尔康公司根据打印机原理研制了第一台滚筒式绘图机。这样，人工绘图开始进入计算机绘图，且快速发展起来。

11.1　计算机绘图的基本知识

计算机绘图是应用计算机及图形输入、输出设备实现图形辅助设计的计算机技术，它建立在图形学、应用数学及计算机科学三者结合的基础上，是 CAD/CAM 的基础和主要组成部分。计算机绘图具有绘图速度快、作图精度高等特点，已广泛应用于航空、造船、机械、电子、建筑、气象等部门。

计算机绘图系统是基于计算机的系统，由软件系统和硬件系统组成。其中，软件是计算机绘图系统的核心，而相应的系统硬件设备则为软件的正常运行提供了基础保障和运行环境。然而,任何功能强大的计算机绘图系统都只是一个辅助工具,系统的运行离不开系统使用人员的创造性思维活动。因此,使用计算机绘图系统的技术人员也属于系统组成的一部分,将软件、硬件和人这三者有效地融合在一起,是发挥计算机绘图系统强大功能的前提。

11.1.1 计算机绘图系统的硬件组成

通常,将用户可进行计算机绘图作业的独立硬件环境称做计算机绘图的硬件系统。计算机绘图系统的硬件主要由主机、输入设备(键盘、鼠标、扫描仪等)、输出设备(显示器、绘图仪、打印机等)、信息存储设备(主要指外存,如硬盘、软盘、光盘等)以及网络设备、多媒体设备等组成。计算机绘图系统的基本硬件构成如图 11-1 所示。

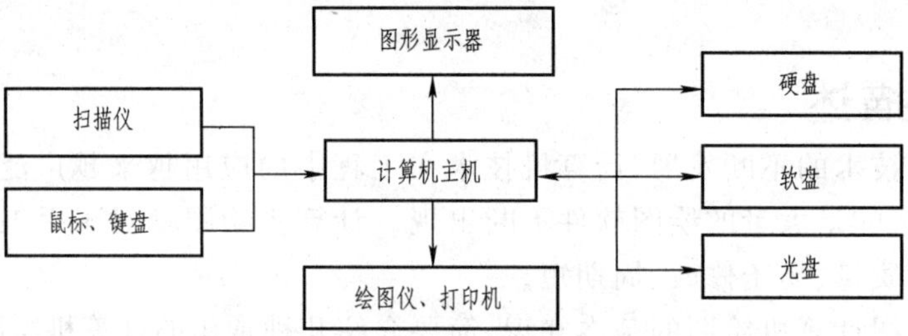

图 11-1 计算机绘图系统的基本硬件组成

1. 主机

主机由计算机的中央处理器(CPU)和内存储器(简称为内存)等组成,它是控制和指挥整个系统运行并执行实际运算、逻辑分析的装置,是系统的核心。

2. 外存储器

外存储器简称为外存。虽然内存储器可以直接和运算器、控制器交换信息,存取速度很快,但内存储器成本较高,且其容量受到 CPU 直接寻址能力的限制。外存作为内存的后援,使计算机绘图系统将大量的程序、数据库、图形库存放在外存储器中,待需要时再调入内存进行处理。外存储器通常包括硬盘、软盘、光盘等。

3. 图形输入设备

图形输入设备在计算机绘图的硬件系统中占有重要地位。目前,常用的输入设备有键盘、鼠标和扫描仪等。

4. 图形输出设备

图形输出设备包括图形显示器、绘图仪、打印机等。

11.1.2 计算机绘图系统的软件组成

计算机软件是指控制计算机运行,并使计算机发挥最大功效的各种程序、数据及文档的集合。在计算机绘图系统中,软件配置水平决定着整个计算机绘图系统的性能优劣。因此,可以说硬件是计算机绘图系统的物质基础,而软件则是计算机绘图系统的核心。从计算机绘图系统的发展趋势来看,软件占据着愈来愈重要的地位。

计算机绘图系统的软件可以分为三个层次,即系统软件、支撑软件和应用软件。

系统软件是与计算机硬件直接关联的软件,一般由专业的软件开发人员研制,它起着扩充计算机功能以及合理调度与使用计算机的作用。系统软件有两个特点:一是公用性,无论哪个应用领域都要用到它;二是基础性,各种支撑软件及应用软件都需要在系统软件的支持下运行。

支撑软件是在系统软件的基础上研制的,它包括进行计算机绘图作业时所需的各种通用软件。

应用软件是在系统软件和支撑软件的基础上,针对某一专门应用领域而开发的软件。这类软件通常由用户结合当前绘图工作的需要自行研究开发或委托开发商进行开发,此项工作又称为“二次开发”。能否充分发挥已有计算机绘图系统的功能,应用软件的技术开发工作是很重要的,也是计算机绘图从业人员的主要任务之一。

计算机绘图技术经过几十年的发展,出现了大量优秀的计算机绘图软件,如 AutoCAD、开目 CAD、Solid Works、Pro/E、UG、CAXA 等等,以下部分将对其中几个作简要介绍。

11.2　AutoCAD 2014 绘图软件

AutoCAD 2014 是由美国 Autodesk 公司开发研制的计算机辅助设计绘图软件,它凭借其精确的数据运算能力和高效的图形处理能力,被广泛应用于机械、建筑、园林、模具、服装等诸多设计领域,使广大设计人员能够轻松高效地进行图形的设计。

较之以前版本,AutoCAD 2014 的新功能主要体现在以下几个方面。

(1)即时交流社会化合作设计。可以在 AutoCAD 2014 中使用类似 QQ 的即时通信工具,图形及图形内的图元图块等都可以通过网络交互的方式交换设计方案。

(2)实景地图,现实场景中建模。可以将.dwg 图形与现实的实景地图结合在一起,利用 GPS 等定位方式直接定位到指定的位置上去。

(3)命令行得到了增强,命令行的输入提示也更加人性化,如自动完成、自动更正、字符搜索、自动适配等功能,可以更智能、更高效地访问命令、系统变量、联网帮助等。

(4)新增文件选项卡功能,以方便文件之间的相互切换。还提供了图形化切换同一文件中的不同空间布局的方案。

(5)图层管理器与外部参照增强。图层的显示数量增加了,并且图层以数字顺序自然排序。“图层管理器”新增了合并选择功能,可以把一个或多个图层上的对象合并到另一个图层上,而被合并的图层将会自动被清理掉。

11.2.1　启动与退出 AutoCAD 2014

1. *启动* AutoCAD 2014

当成功安装 AutoCAD 2014 绘图软件之后,可通过以下几种方式启动 AutoCAD 2014 软件。一是双击桌面上的软件图标;二是选择桌面任务栏【开始】/【程序】【Autodesk】/【AutoCAD 2014】中的【 AutoCAD 2014－简体(Simplified Chinese)】选项。三是选择“*.dwg”格式的文件,并双击。

启动 AutoCAD 2014 绘图软件之后,即可进入如图 11-2 所示的经典工作空间,同时自动打开一个名为“AutoCAD 2014 Drawingl.dwg”的默认绘图文件。

AutoCAD 2014 绘图软件为用户提供了多种工作空间,如图 11-2 所示为“AutoCAD 经典”工作空间。如果用户为 AutoCAD 软件的初始用户,那么启动 AutoCAD 2014 软件后,则会进入如图 11-3 所示的“草图与注释”工作空间,这两种工作空间比较适合于二维制图,至于使用哪种工作空间,可以根据自己的作图习惯而定。

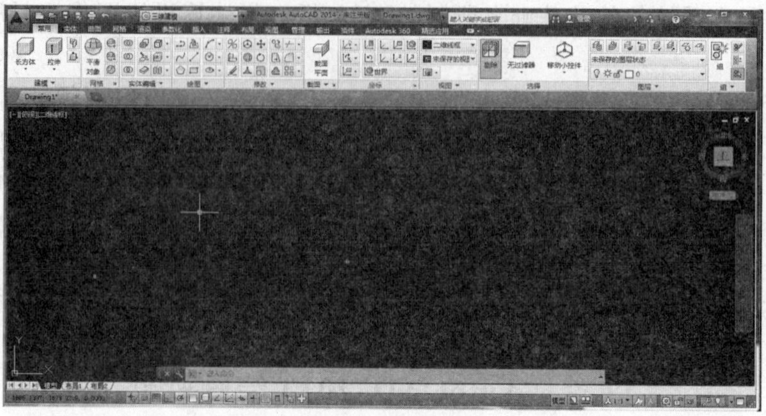

图 11-2 “AutoCAD 经典”工作空间

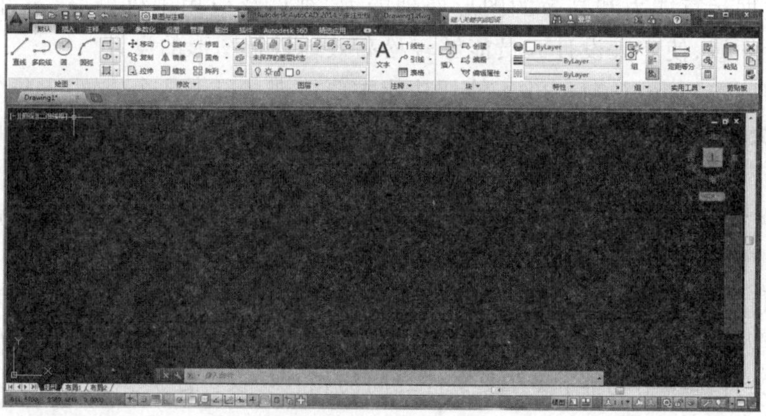

图 11-3 “草图与注释”工作空间

除了“AutoCAD 经典”和“草图与注释”两种工作空间外,AutoCAD 2014 软件还为用户提供了“三维基础”和“三维建模”两种工作空间,“三维基础”工作空间在三维基础制图方面比较方便。在如图 11-4 所示的“三维建模”工作空间内可以非常方便地访问新的三维功能,

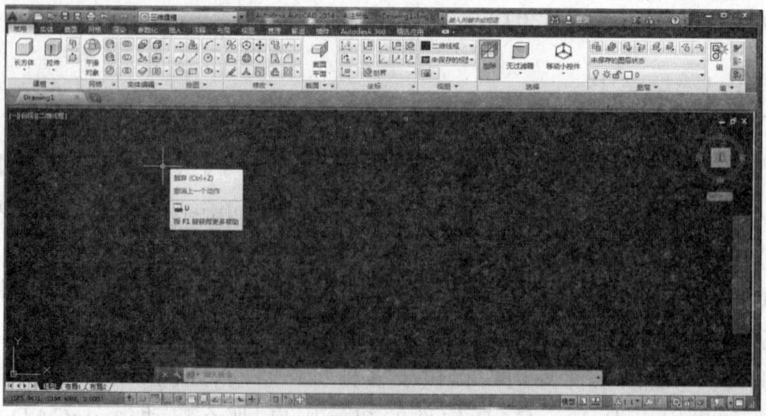

图 11-4 “三维建筑”工作空间

而且新窗口中的绘图区可以显示出渐变背景色、地平面或工作平面及新的矩形栅格，这将增强三维效果和三维模型的构造。

2. 退出 AutoCAD 2014

当用户想要退出 AutoCAD 2014 绘图软件时，首先需要退出当前的 AutoCAD 文件，如果当前的绘图文件已经存盘，那么用户可以使用以下几种方式退出 AutoCAD 绘图软件。一是单击 AutoCAD 2014 标题栏上的控制按钮；二是按 Alt＋F4 组合键；三是选择菜单【文件】/【退出】命令；四是在命令行中输入 Quit 或 Exit 后，按 Enter 键；五是展开“应用程序菜单”，单击【退出 AutoCAD 2014】按钮。

11.2.2　AutoCAD 2014 工作界面

AutoCAD 2014 具有良好的人性化用户界面，从图 11-2 和图 11-3 中可以看出，AutoCAD 2014 界面主要包括标题栏、菜单栏、工具栏、绘图区、命令行、状态栏、功能区等，如图 11-5 所示。

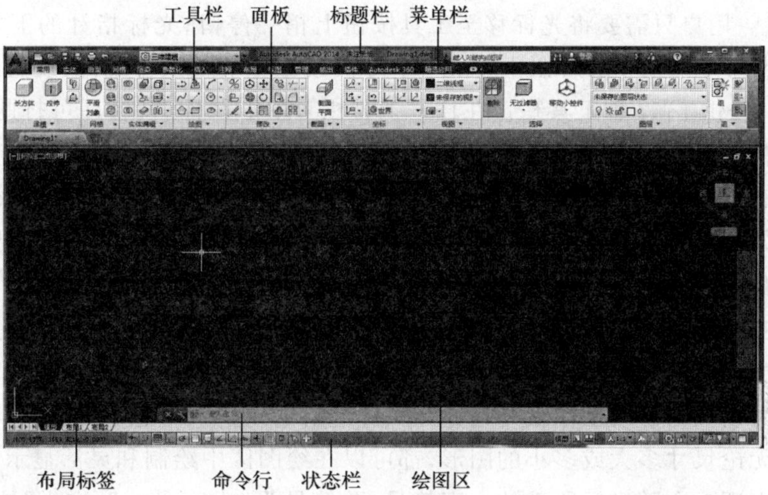

图 11-5　AutoCAD 2014 工作界面

1. 标题栏

标题栏位于 AutoCAD 2014 操作界面的最顶部。标题栏主要包括应用程序菜单、工具栏、程序名称显示区、信息中心和窗口控制按钮。

2. 菜单栏

菜单栏位于标题栏的下方，AutoCAD 的常用制图工具和管理编辑等工具都分门别类地排列在这些主菜单中，用户可以非常方便地启动各主菜单中的相关菜单项。

AutoCAD 2014 为用户提供了【文件】、【编辑】、【视图】、【插入】、【格式】、【工具】、【绘图】、【标注】、【修改】、【参数】、【窗口】和【帮助】共 12 个主菜单。各菜单的主要功能如下。

【文件】菜单主要用于对图形文件进行设置、保存、清理、打印、发布等。

【编辑】菜单主要用于对图形进行一些常规的编辑，包括复制、粘贴、链接等命令。

【视图】菜单主要用于调整和管理视图，以方便视图内图形的显示，便于查看和修改图形。

【插入】菜单用于向当前文件中引用外部资源，如块、参照、图像、布局、超链接等。

【格式】菜单用于设置与绘图环境有关的参数、样式等,如绘图单位、颜色、线型及文字、尺寸样式等。

【工具】菜单为用户设置了一些辅助工具和常规的资源组织管理工具。

【绘图】菜单是一个二维和三维图元的绘制菜单,几乎所有的绘图和建模工具都在此菜单中。

【标注】菜单是一个专门用于为图形标注尺寸的菜单,它包含了所有与尺寸标注相关的工具。

【修改】菜单是一个很重要的菜单,用于对图形进行修整、编辑和完善。

【参数】菜单是一个新增的菜单,主要用于为图形添加几何约束、标注约束等。

【窗口】菜单用于对 AutoCAD 文档窗口和工具栏状态进行控制。

【帮助】菜单主要用于为用户提供一些帮助性的信息。

3. 工具栏

工具栏位于绘图窗口的两侧和上方,以按钮的形式出现。使用工具栏执行命令,是最常用的一种方式。用户只需要将光标移至工具按钮上稍一停留,光标指针的下方就会出现此按钮所代表的命令名称,在按钮上单击,即可快速激活该命令。默认设置下,AutoCAD 2014 共为用户提供了 52 种工具栏。在任一工具栏上单击鼠标右键,即可打此菜单,然后在所需要打开的选项上单击,即可打开相应的工具栏。

在工具栏右键菜单中选择【锁定位置】/【固定的工具栏/面板】选项,可以将绘图区四周的工具栏固定,并且工具栏一旦被固定,是不可以拖动的。另外,用户也可以单击状态栏上的按钮,从弹出的按钮菜单中进行控制工具栏和窗口的固定状态。

4. 绘图区

绘图区位于界面的正中央,即被工具栏和命令行所包围的整个区域,此区域是用户的工作区域,图形的设计与修改工作就是在此区域内进行的。默认状态下,绘图区是一个无限大的电子屏幕,无论尺寸多大或多小的图形,都可以在绘图区中绘制和灵活显示。当移动鼠标时,绘图区会出现一个随光标移动的十字符号,此符号为"十字光标",它由"拾取点光标"和"选择光标"叠加而成,其中"拾取点光标"是点的坐标拾取器,当执行绘图命令时,显示为拾点光标;"选择光标"是对象拾取器,当选择对象时,显示为选择光标;当没有任何命令执行的前提下,显示为十字光标,

在绘图区左下部有 3 个标签,即模型、布局 1 和布局 2,分别代表了两种绘图空间,即模型空间和布局空间。模型标签代表了当前绘图区窗口是处于模型空间,通常在模型空间进行绘图。布局 1 和布局 2 是默认设置下的布局空间,主要用于图形的打印输出。用户可以通过单击标签,在这两种操作空间中进行切换。

5. 命令行

命令行是用户与 AutoCAD 软件进行数据交流的平台,主要功能就是用于提示和显示用户当前的操作步骤。

"命令行"位于绘图区的下方,它主要包括"命令输入窗口"和"命令历史窗口"两部分,上面几行为"命令历史窗口",用于记录执行过的操作信息;下面一行则是"命令输入窗口",用于提示用户输入命令或命令选项。

6. 状态栏

状态栏位于AutoCAD操作界面的最底部,它由坐标读数器、辅助功能区和状态栏快捷菜单3部分组成。

在辅助功能区左侧的按钮,是一些重要的辅助绘图功能按钮,主要用于控制点的精确定位和追踪;中间的按钮主要用于快速查看布局、查看图形、定位视点、注释比例等;右端的按钮主要用于对工具栏、窗口等固定、工作空间切换、绘图区的全屏显示等,都是一些辅助绘图的功能。

单击状态栏右侧的小三角,可打开快捷菜单,菜单中的各选项与状态栏上的各按钮功能一致,用户也可以通过各菜单项及菜单中的各功能键控制各辅助功能的开关状态。

7. 功能区

"功能区"主要出现在"草图与注释"、"三维建模"、"三维基础"等工作空间内,它代替了AutoCAD众多的工具栏,以面板的形式将各工具按钮分门别类地集合在选项卡内。

11.2.3　AutoCAD 2014 命令的调用方式

一般情况下,软件与用户交流的方式大都通过"对话框"或"命令面板"的方式进行,但是AutoCAD除了上述方式外,还有其他交流方式。

1. 菜单栏与右键快捷菜单

单击"菜单栏"中的命令选项,是一种比较传统、常用的命令启动方式。另外,为了更加方便启动某些命令或命令选项,AutoCAD为用户提供了右键快捷菜单。

2. 工具栏与功能区

单击工具栏或功能区上的命令按钮,也是一种常用、快捷的命令启动方式。通过形象而直观的按钮代替AutoCAD的每个命令,用户只需将光标放在命令按钮上,系统就会自动显示出该按钮所代表的命令,单击按钮即可激活该命令。

3. 命令表达式

所谓"命令表达式",指的就是AutoCAD的命令,用户只需在命令行的输入窗口中输入CAD命令的英文表达式,然后再按键盘上的Enter键,就可以启动命令。

4. 功能键及快捷键

"功能键与快捷键"是最快捷的一种命令启动方式。每一种软件都配置了一些命令快捷键,如表11-1所示为AutoCAD自身设置的一些命令快捷键,在执行这些命令时只需要按下相应的键即可。

表11-1　AutoCAD功能键与快捷键

功能键	功能	快捷键	功能
F1	AutoCAD帮助	Ctrl+N	新建文件
F2	文本窗口开关	Ctrl+O	打开文件
F3	对象捕捉开关	Ctrl+S	保存文件
F4	三维对象捕捉开关	Ctrl+P	打印文件
F5	等轴测平面转换	Ctrl+Z	撤销上一步操作
F6	动态 UCS	Ctrl+Y	重复撤销的操作

（续）

功能键	功能	快捷键	功能
F7	栅格开关	Ctrl＋X	剪切
F8	正交开关	Ctrl＋C	复制
F9	捕捉开关	Ctrl＋V	粘贴
F10	极轴开关	Ctrl＋K	超级链接
F11	对象跟踪开关	Ctrl＋0	全屏
F12	动态输入	Ctrl＋1	特性管理器
Delete	删除	Ctrl＋2	设计中心
Ctrl＋A	全选	Ctrl＋3	特性
Ctrl＋4	图纸集管理器	Ctrl＋5	信息选项板
Ctrl＋6	数据库链接	Ctrl＋7	标记集管理器
Ctrl＋8	快速计算器	Ctrl＋9	命令行
Ctrl＋W	选择循环	Ctrl＋ shift＋P	快捷特性
Ctrl＋shift＋1	推断约束	Ctrl＋ shift＋C	带基点复制
Ctrl＋ shift＋V	粘贴为块	Ctrl＋ shift＋S	另存为

11.2.4 AutoCAD 基本操作

1. 直线命令

【直线】命令是一个常用的画线工具，使用此命令可以绘制闭合或不闭合的线图形，不过所绘制的各条直线段系统将其分别看作是一个独立的对象。

执行【直线】命令有以下几种方式。

· 菜单栏：选择菜单栏中的【绘图】/【直线】命令。

· 工具栏：单击【绘图】工具栏上的按钮。

· 命令行：在命令行输入“Line”后按 Enter 键。

· 快捷键：在命令行输入“L”后按 Enter 键。

· 功能区：单击【默认】选项卡/【绘图】面板上的按钮。

下面通过绘制长度为 150、宽度为 100 的矩形，学习【直线】命令的使用方法和绘制过程。

步骤 1：单击【绘图】工具栏上的按钮，执行【矩形】命令。

步骤 2：执行【直线】命令后，根据 AutoCAD 命令行的提示，使用坐标输入功能精确绘图，结果如图 11-6 所示。命令行提示如下：

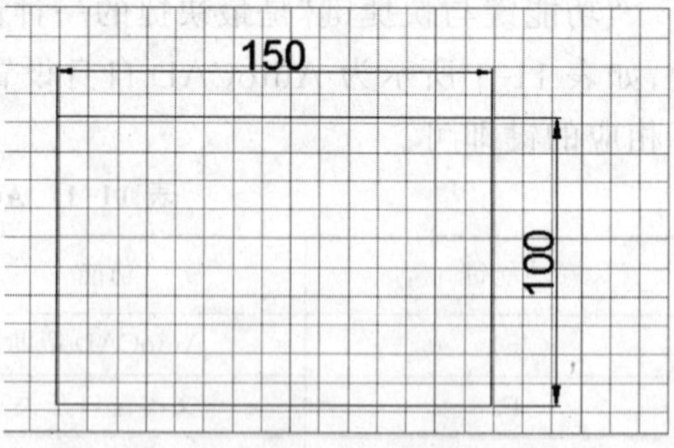

图 11-6　绘制结果

命令：—line

指定第一点：　　　　　　　　　//在绘图区单击鼠标，拾取一点作为起点

指定下一点或[放弃(U)]　　　　　　　　　　　　//@150,0 enter 定位第二点
指定下一点或[放弃(U)]：　　　　　　　　　　　//@0,100 enter 定位第三点
指定下一点或[闭合(C)/放弃(U)]：　　　　　　　//@－150,0 enter 定位第四点
指定下一点或[闭合(C)/放弃(U)]：　　　　　　　//c enter,闭合图形

2. 删除命令

【删除】命令主要用于删除多余的图形。当激活该命令后，选择需要删除的图形，单击鼠标或按 Enter 键，即可将图形删除。此工具起到的作用，相当于手工绘图时的橡皮擦，用于擦除无用图形。

执行【删除】命令主要有以下几种方式。

- 菜单栏：选择菜单栏中的【修改】/【删除】命令。
- 工具栏：单击【修改】工具栏上的按钮。
- 命令行：在命令行输入 Erase 后按 Enter 键。
- 命令行：在命令行输入 E 后按 Enter 键。
- 功能区：单击【默认】选项卡/【修改】面板上的按钮。

3. 放弃与重做命令

当用户需要撤消或恢复已执行过的操作步骤时，可以使用【放弃】和【重做】命令，其中【放弃】用于撤消所执行的操作；【重做】命令用于恢复所撤消的操作。AutoCAD 支持用户无限次放弃或重做操作，而且【重做】必须紧跟【放弃】命令。

单击【标准】工具栏中的按钮，或者选择菜单栏中的【编辑】/【放弃】命令，或者直接在命令行中输入“Undo”或“u”，即可执行【放弃】命令。同样，单击【标准】工具栏中的键按钮，或者选择菜单栏中的【编辑】/【重做】命令，或者直接在命令行中输入“Redo”，可执行【重做】命令，恢复放弃的操作。

4. 数据点的精确输入

(1)绝对坐标点的输入。绝对坐标点的输入功能主要有“绝对直角坐标点的输入”和“绝对极坐标点的输入”两种类型。

①绝对直角坐标点的输入。绝对直角坐标是以原点(0,0,0)为参照点，进行定位所有的点。用户可以通过输入点的实际 x、y、z 坐标值来定义点的坐标。

②绝对极坐标点的输入。绝对极坐标是以原点作为极点，通过相对于原点的极长和角度来定义点的。其表达式为($L<a$)。

(2)相对坐标点的输入。“相对坐标点的输入”包括“相对直角坐标点的输入”和“相对极坐标点的输入”两种类型。

①相对直角坐标点的输入。相对直角坐标就是某一点相对于对照点 X 轴、Y 轴和 Z 轴 3 个方向上的坐标变化。其表达式为(@x,y,z)。在实际绘图中常把上一点看作参照点，后续绘图操作是相对于前一点进行的。例如 C 点的绝对坐标为(6,4)，如果以 A(4,4)作为参照点，使用相对直角坐标表示 C 点，那么表达式则为(@6－4,4－4)＝(@2,0)。

②相对极坐标点的输入。相对极坐标是通过相对于参照点的极长距离和偏移角度来表示的，其表达式为(@$L<a$)，L 表示极长，a 表示角度。

11.3 计算机辅助三维实体建模基础

11.3.1 Pro/E 概述

Pro/E 是 Pro/ENGINEER 的简称,它是美国参数技术公司(Parametric Technology Corporation,简称 PTC)为工业产品设计提供解决方案而推出的 CAD 系统的最新软件,使用它可以进行造型设计、机械设计、模具设计、加工制造、机构分析、有限元分析、关系数据库管理等。Pro/E 软件可以在工作站或 PC 上运行,操作系统可为 Unix、Windows NT 或 Windows 9x。

Pro/E 是一套由设计至生产的机械自动化软件,是新一代产品造型系统,是一个参数化、基于特征的实体造型系统,并且具有数据库功能。Pro/E 是采用参数化设计的、基于特征的实体模型化系统,工程设计人员采用具有智能特性的基于特征的功能去生成模型,即造型是通过各种不同的设计专用功能来实现,其中包括:筋(ribs)、槽(slots)、倒角(chamfers)和抽空(shells)等,采用这种手段来建立形体,对于工程师来说是更自然,更直观,无须采用复杂的几何设计方式。

Pro/E 具有如下功能。

(1)特征驱动(如凸台、槽、倒角、腔、壳等)。

(2)参数化(参数=尺寸、图样中的特征、载荷、边界条件等)。

(3)通过零件的特征值之间、载荷/边界条件与特征参数之间(如表面积等)的关系来进行设计。

(4)支持大型、复杂组合件的设计。

(5)贯穿所有应用的完全相关性(任何一个地方的变动都将引起与之有关的每个地方的变动),其它辅助模块将进一步提高扩展 Pro/E 的基本功能。

Pro/E 内部包含了三种功能模式,即 part(零件设计)、assembly(装配设计)、drawing(工程图设计)模式,这是 Pro/E 在机械设计方面最基本的三个功能。

11.3.2 Mastercam 简介

Mastercam 是美国 CNC Software NC 公司研制与开发的 CAD/CAM 一体化软件。自 1981 年推出第一代产品开始就以其强大的加工功能闻名于世。利用该软件,可以辅助使用者完成产品的“设计—工艺规划—制造”全过程中最核心的问题,而且轻松、精确、高效、直观。

Mastercam 主要完成以下三个方面的工作。

1. 二维绘图和三维造型

Mastercam 可以非常方便地完成各种平面图形的绘制工作,并能方便地对它进行尺寸标注、图案填充等工作;可以非常随意地创建各种基本实体,联合多种编辑功能可以创建任意复杂程度的实体并可灵活地进行修改。

2. 生成刀具路径

Mastercam 的最终目的是将设计出来的作品进行加工,在电脑上仅能完成模拟的加工,但能产生在数控机床上真实加工时所必需的加工程序单。

Mastercam 可以生成二维的刀具路径，即只有 X、Y 方向联动。Mastercam 中为三维面的加工规划了 10 多种加工方式，如放射状铣削、流线铣削、投影铣削等，利用刀具运动的不同轨迹和姿态加工出高质量的三维面。

3. 生成数控程序，并模拟加工过程

Mastercam 可以在图形和刀具路径的基础上，进一步自动和迅速地生成符合 ISO 标准的 G 代码程序，即数控程序，并允许根据经验或加工实际条件对它进行修改和调整。

生成的数控程序可以直接传送到与计算机相连的机床，数控机床将按照程序进行加工，加工过程和在屏幕上看到的一样。

除了以上主要功能，Mastercam 还可以完成一系列辅助工作，如与别的一些软件进行数据交换、坐标查询、计算面积等。

Mastercam 包括 4 大模块：Design、Lathe、Mill 和 Wire。Design 模块用于被加工零件的造型设计，Mill 模块主要用于生成铣削加工刀具路径，Lathe 模块主要用于生成车削加工刀具路径，Wire 模块主要用于生成线切割刀具路径。这四个模块可单独使用，在 Mill 模块，Lathe 模块和 Wire 模块中也可以进行 Design 模块中的完整的造型设计，在其中一个模块中就可以实现造型设计与加工过程的统一。

11.4　Solid Edge 简介

UGS 公司的 Solid Edge 也是一款功能强大的三维计算机辅助设计软件。其卓越的性能、优异的实体和曲面造型功能、专业化的设计环境和有口皆碑的易学易用性，赢得了业界广泛的赞誉。

Solid Edge 主要功能模块包括零件设计、装配设计、钣金设计、焊接设计、工程制图、管道与线缆设计、干涉分析及测量工具、运动模拟、虚拟现实、机构仿真、数据转换、INSIGHT PDM、二次开发接口、CREAT 3D(二维转三维)、工程设计手册、网络发布、特征识别等。与现有的其他三维 CAD 软件相比，Solid Edge 具有如下的独特功能。

(1)独有的内置 PDM 系统。Solid Edge 拥有独特的内置 PDM(产品数据管理)系统 Insight，Insight 使 Solid Edge 超越了传统的 PDM 功能，提供了能随时查看三维零件、装配体、二维工程图以及产品结构的独特解决方案。

(2)与其他系统的良好集成。Solid Edge 不但是一个独特的 CAD 系统，同时又是实现系统集成的基础，基于 Solid Edge 的 CAM\CAE 软件丰富多样，尤其是高端产品 UG，都能与 Solid Edge 无缝结合。

(3)出色的钣金设计。Solid Edge 拥有出色的钣金设计模块，从钣金件的设计到成型开发和工程图的建立，都有一套优秀高效的完整解决方案。

(4)精确直观的动静态分析。有限元分析软件 FEMAP 专门为 Solid Edge 提供非常简便、精确、有效的动静态分析解决方案。

(5)优秀的工程图技术。Solid Edge 具有强大而灵活的三维—二维转换功能，实现了与 AutoCAD 的无缝连接，可提供多种模式和标准的二维工程图，可以随意截取剖面图，可同时制作多角度视图等。

综合评价

通过本项目的学习,在完成习题集中的相关题目后,对自己掌握的情况进行综合评价,完成下表。

评价内容	评价标准	个人评价	教师评价
计算机绘图系统的硬件及软件组成功能	A.优 B.良 C.中 D.及格		
AutoCAD 2007 的基本绘图	A.优 B.良 C.中 D.及格		
AutoCAD 2007 的图形修改	A.优 B.良 C.中 D.及格		
AutoCAD 2007 的图形尺寸标注	A.优 B.良 C.中 D.及格		
了解计算机辅助三维实体建模	A.优 B.良 C.中 D.及格		

附录A 螺 纹

表 A-1 普通螺纹直径与螺距系列(GB/T 193—1981)、基本尺寸(GB/T 196—1981)摘编

(mm)

公称直径 D、d		螺距 P		粗牙中径	粗牙小径
第一系列	第二系列	粗 牙	细 牙	D_2、d_2	D_1、d_1
3		0.5	0.35	2.675	2.459
	3.5	(0.6)		3.110	2.850
4		0.7	0.5	3.545	3.242
	4.5	(0.75)		4.013	3.688
5		0.8		4.480	4.134
6		1	0.75,(0.5)	5.350	4.917
8		1.25	1,0.75,(0.5)	7.188	6.647
10		1.5	1.25,1,0.75,(0.5)	9.026	8.376
12		1.75	1.5,1.25,1,(0.75),(0.5)	10.863	10.106
	14	2	1.5,(1.25)*,1,(0.75),(0.5)	12.701	11.835
16		2	1.5,1,(0.75),(0.5)	14.701	13.835
	18	2.5	2,1.5,1,(0.75),(0.5)	16.376	15.294
20		2.5		18.376	17.294
	22	2.5	2,1.5,1,(0.75),(0.5)	20.376	19.294
24		3	2,1.5,1,(0.75)	22.051	20.752
	27	3	2,1.5,1,(0.75)	25.051	23.752
30		3.5	(3),2,1.5,1,(0.75)	27.727	26.211
	33	3.5	(3),2,1.5,1,(0.75)	30.727	29.211
36		4	3,2,1.5,(1)	33.402	31.670
	39	4		36.402	34.670
42		4.5	(4),3,2,1.5,(1)	39.077	37.129
	45	4.5		42.077	40.129
48		5		44.752	42.587
	52	5		48.752	46.587
56		5.5	4,3,2,1.5,(1)	52.428	50.046
	60	5.5		56.428	54.046
64		6		60.103	57.505
	68	6		64.103	61.505

注:(1)优先选用第一系列,括号内尺寸尽可能不用,第三系列未列入;

(2)* M14×1.25 仅用于火花塞。

表 A－2　55°密封管螺纹

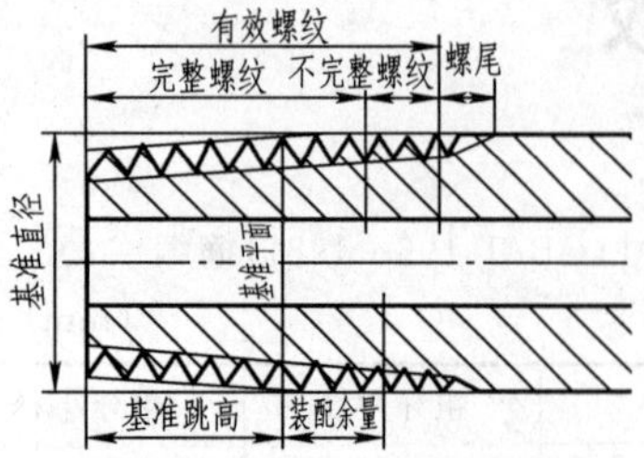

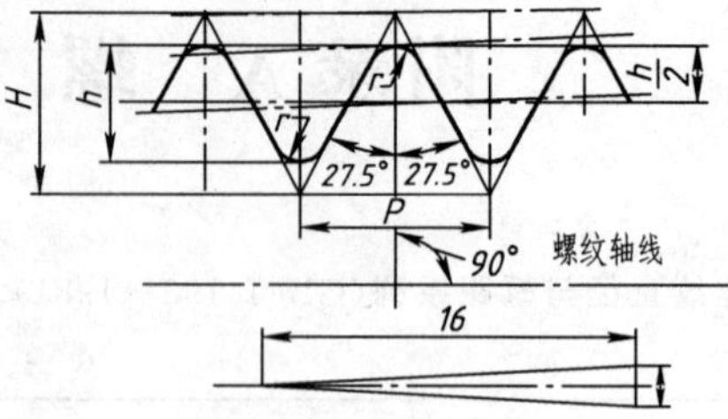

圆锥螺纹的设计牙型 ◁ 1:16

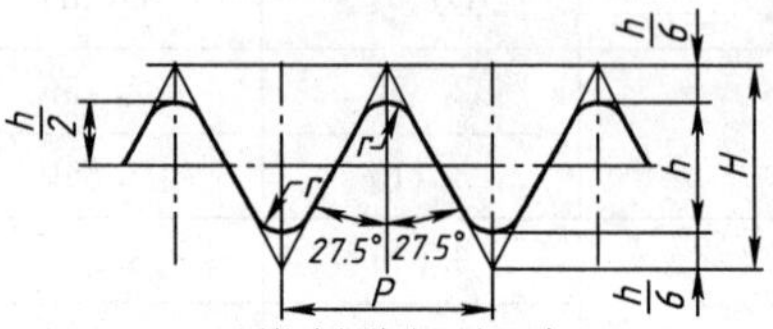

圆柱内螺纹的设计牙型

标记示例

GB/T 7306.1—2000	GB/T 7306.2—2000
尺寸代号 3/4，右旋，圆柱内螺纹：$R_p3/4$	尺寸代号 3/4，右旋，圆锥内螺纹：$R_e3/4$
尺寸代号 3，右旋，圆柱外螺纹：R_13	尺寸代号 3，右旋，圆锥外螺纹：R_23
尺寸代号 3/4，左旋，圆柱内螺纹：$R_p3/4LH$	尺寸代号 3/4，左旋，圆锥内螺纹：$R_e3/4LH$
右旋圆锥外螺纹、圆柱内螺纹螺纹副：R_p/R_13	右旋圆锥内螺纹、圆锥外螺纹螺纹副：R_e/R_23

尺寸代号	每 25.4 mm 内所含的牙数 n	螺距 P /mm	牙高 h /mm	基准平面内的基本直径			基准距离（基本）/mm	外螺纹的有效螺纹不小于 /mm
				大径（基准直径）$d=D$ /mm	中径 $d_2=D_2$ /mm	小径 $d_1=D_1$ /mm		
1/16	28	0.907	0.581	7.723	7.142	6.561	4	6.5
1/8	28	0.907	0.581	9.728	9.147	8.566	4	6.5
1/4	19	1.337	0.856	13.157	12.301	11.445	6	9.7
3/8	19	1.337	0.856	16.662	15.806	14.950	6.4	10.1
1/2	14	1.814	1.162	20.955	19.793	18.631	8.2	13.2
3/4	14	1.814	1.162	26.441	25.279	24.117	9.5	14.5
1	11	2.309	1.479	33.249	31.770	30.291	10.4	16.8
11/4	11	2.309	1.479	41.910	40.431	38.952	12.7	19.1
11/2	11	2.309	1.479	47.803	46.324	44.845	12.7	19.1
2	11	2.309	1.479	59.614	58.135	56.656	15.9	23.4
21/2	11	2.309	1.479	75.184	73.705	72.226	17.5	26.7
3	11	2.309	1.479	87.884	86.405	84.926	20.6	29.8
4	11	2.309	1.479	113.030	111.551	110.072	25.4	35.8
5	11	2.309	1.479	138.430	136.951	135.472	28.6	40.1
6	11	2.309	1.479	163.830	162.351	160.872	28.6	40.1

表 A-3 55°非密封管螺纹(GB/T 7307—2001)摘编

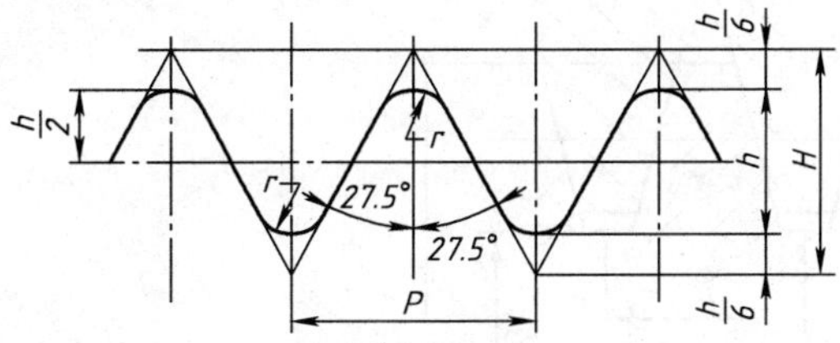

螺纹的设计牙型

标记示例

尺寸代号 2,右旋,圆柱内螺纹:G2

尺寸代号 3,右旋,A 级圆柱外螺纹:G3A

尺寸代号 2,左旋,圆柱内螺纹:G2 LH

尺寸代号 4,左旋,B 级圆柱外螺纹:G4B LH

尺寸代号	每 25.4 mm 内所含的牙数 n	螺距 P /mm	牙高 h /mm	基本直径		
				大径(基准直径) $d=D$ /mm	中径 $d_2=D_2$ /mm	小径 $d_1=D_1$ /mm
1/16	28	0.907	0.581	7.723	7.142	6.561
1/8	28	0.907	0.581	9.728	9.147	8.566
1/4	19	1.337	0.856	13.157	12.301	11.445
3/8	19	1.337	0.856	16.662	15.806	14.950
1/2	14	1.814	1.162	20.955	19.793	18.631
3/4	14	1.814	1.162	26.441	25.279	24.117
1	11	2.309	1.479	33.249	31.770	30.291
11/4	11	2.309	1.479	41.910	40.431	38.952
11/2	11	2.309	1.479	47.803	46.324	44.845
2	11	2.309	1.479	59.614	58.135	56.656
21/2	11	2.309	1.479	75.184	73.705	72.226
3	11	2.309	1.479	87.884	86.405	84.926
4	11	2.309	1.479	113.030	111.551	110.072
5	11	2.309	1.479	138.430	136.951	135.472
6	11	2.309	1.479	163.830	162.351	160.872

表 A-4　梯形螺纹基本尺寸(GB/T 5796.3—1986 摘编)

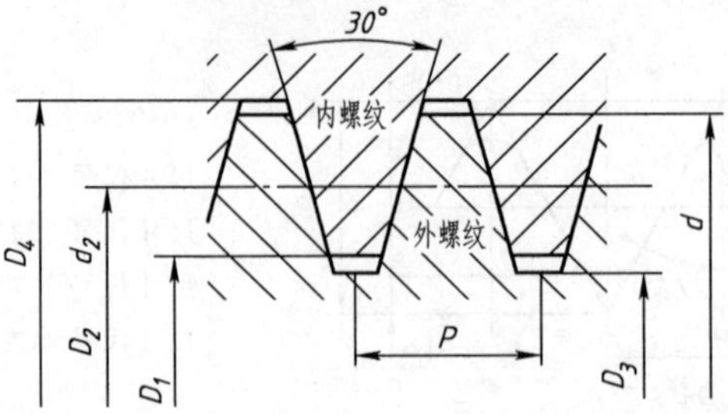

公称直径 d		螺距 P /mm	中径 $d_2=D_2$ /mm	大径 D_4 /mm	小径		公称直径 d		螺距 P /mm	中径 $d_2=D_2$ /mm	大径 D_4 /mm	小径	
第一系列	第二系列				D_3 /mm	D_1 /mm	第一系列	第二系列				D_3 /mm	D_1 /mm
8		1.5	7.25	8.30	6.20	6.50		26	3	24.50	26.50	22.50	23.00
	9	1.5	8.25	9.30	7.20	7.50			5	23.50	26.50	20.50	21.00
		2	8.00	9.50	6.50	7.00			8	22.00	27.00	17.00	18.00
10		1.5	9.25	10.30	8.20	8.50	28		3	26.50	28.50	24.50	25.00
		2	9.00	10.50	7.50	8.00			5	25.50	28.50	22.50	23.00
25.00	11	2	10.00	11.50	8.50	9.00			8	24.00	29.00	19.00	20.00
		3	9.50	11.50	7.50	8.00		30	3	28.50	30.50	26.50	30.00
12		2	11.00	12.50	9.50	10.00			6	27.00	31.00	23.00	24.00
		3	10.50	12.50	8.50	9.00			10	25.00	31.00	19.00	20.00
	14	2	13.00	14.50	11.50	12.00	32		3	30.50	32.50	28.50	29.00
		3	12.50	14.50	10.50	11.00			6	29.00	33.00	25.00	26.00
16		2	15.00	16.50	13.50	14.00			10	27.00	33.00	21.00	22.00
		4	14.00	16.50	11.50	12.00		34	3	32.50	34.50	30.50	31.00
	18	2	17.00	18.50	15.50	16.00			6	31.00	35.00	27.00	28.00
		4	16.00	18.50	13.50	14.00			10	29.00	35.00	23.00	24.00
20		2	19.00	20.50	17.50	18.00	36		3	34.50	36.50	32.50	31.00
		4	18.00	20.50	15.50	16.00			6	33.00	37.00	29.00	30.00
	22	3	20.50	22.50	18.50	19.00			10	31.00	37.00	25.00	26.00
		5	19.50	22.50	16.50	17.00		38	3	36.50	38.50	34.50	35.00
		8	18.00	23.00	13.00	14.00			7	34.50	39.00	30.00	31.00
24		3	22.50	24.50	20.50	21.00			10	33.00	39.00	27.00	28.00
		5	21.50	24.50	18.50	19.00	40		3	38.50	40.50	36.50	37.50
									7	36.50	41.00	32.00	33.00
		8	20.00	25.00	15.00	16.00			10	35.00	41.00	29.00	30.00

附录B　常用标准件

常用标准件的国家标准如表 B-1～B-17 所示。

表 B-1　六角头螺栓——A 和 B 级(GB/T 5782—2000)

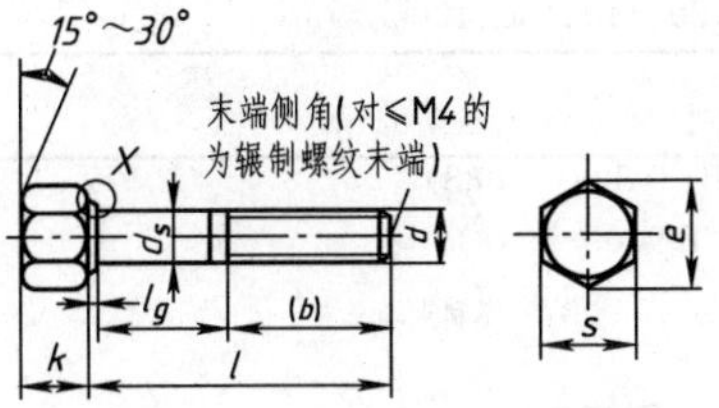

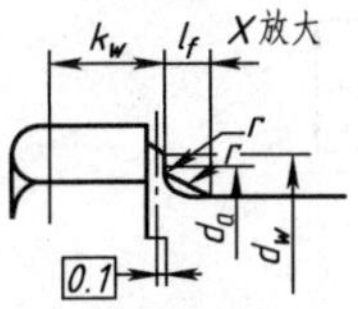

标记示例

螺纹规格 d=M12、公称长度 l=80 mm、性能等级为 8.8 级、表面氧化、产品等级为 A 级的六角头螺栓：

螺栓　GB/T 5782　　M12×80

(mm)

螺纹规格 d				M3	M4	M5	M6	M8	M10	M12	M16	M20	M24	M30	M36	M42	M48
螺距 P				0.5	0.7	0.8	1	1.25	1.5	1.75	2	2.5	3	3.5	4	4.5	5
$b_{参考}$	$l_{公称}\leqslant 125$			12	14	16	18	22	26	30	38	46	54	66	—	—	—
	$125<l_{公称}\leqslant 200$			18	20	22	24	28	32	36	44	52	60	72	84	96	108
	$l_{公称}>200$			31	33	35	37	41	45	49	57	65	73	85	97	109	121
c	max			0.4	0.4	0.5	0.5	0.6	0.6	0.60	0.8	0.8	0.8	0.8	0.8	1.0	1.0
	min			0.15	0.15	0.15	0.15	0.15	0.15	0.15	0.2	0.2	0.2	0.2	0.2	0.3	0.3
d_a	max			3.6	4.7	5.7	6.8	9.2	11.2	13.7	17.7	22.4	26.4	33.4	39.4	45.6	52.6
d_s	公称=max			3.00	4.00	5.00	6.00	8.00	10.00	12.00	16.00	20.00	24.00	30.00	36.00	42.00	48.00
	min	产品等级	A	2.86	3.82	4.82	5.82	7.78	9.78	11.73	15.73	19.67	23.67	—	—	—	—
			B	2.75	3.70	4.70	5.70	7.64	9.64	11.57	15.57	19.48	23.48	29.48	35.48	41.48	47.38
d_w	min	产品等级	A	4.57	5.88	6.88	8.88	11.63	14.63	16.63	22.49	28.19	33.61	—	—	—	—
			B	4.45	5.74	6.74	8.74	11.47	14.47	16.47	22	27.7	33.25	42.75	51.11	59.95	69.45
e	min	产品等级	A	6.01	7.66	8.79	11.05	14.38	17.77	20.03	26.75	33.53	39.98	—	—	—	—
			B	5.88	7.50	8.63	10.89	14.20	17.59	19.85	26.17	32.95	39.55	50.85	60.79	71.3	82.6
l_f	max			1	1.2	1.2	1.4	2	2	3	3	4	4	6	6	8	10
k	公称			2	2.8	3.5	4	5.3	6.4	7.5	10	12.5	15	18.7	22.5	26	30
	产品等级	A	max	2.15	2.925	3.65	4.15	5.45	6.58	7.68	10.18	12.715	15.215	—	—	—	—
			min	1.875	2.675	3.35	3.85	5.15	6.22	7.32	9.82	12.285	14.785	—	—	—	—
		B	max	2.2	3.0	3.26	4.24	5.54	6.69	7.79	10.29	12.85	15.35	19.12	22.92	26.42	30.42
			min	1.8	2.6	2.35	3.76	5.06	6.11	7.21	9.71	12.15	14.65	18.28	22.08	25.58	29.58
k_w	min	产品等级	A	1.31	1.87	2.35	2.70	3.61	4.35	5.12	6.87	8.6	10.35	—	—	—	—
			B	1.26	1.28	2.28	2.63	3.54	4.28	5.05	6.8	8.51	10.26	12.8	15.46	17.91	20.71

续表

r	min			0.1	0.2	0.2	0.25	0.4	0.4	0.6	0.6	0.8	0.8	1	1	1.2	1.6
s	公称=max			5.50	7.00	8.00	10.00	13.00	16.00	18.00	24.00	30.00	36.00	46	55.0	65.0	75.0
	min	产品等级	A	5.32	6.78	7.78	9.78	12.73	15.73	17.73	23.67	29.67	35.38	—	—	—	—
			B	5.20	6.64	7.64	9.64	12.57	15.57	17.57	23.16	29.16	35.00	45	53.8	63.1	73.1
l(商品规格范围)				20~30	25~40	25~40	30~60	40~80	45~100	50~120	65~160	80~200	90~240	110~300	140~360	160~440	180~480
l(系列)				20、25、30、35、40、45、50、60、65、70、80、90、100、110、120、130、140、150、160、180、200、220、240、260、280、300、320、340、360、380、400、420、440、460、480													

表 B-2 双头螺柱

$b_m=1d$ (GB/T 897—1988) $b_m=1.25d$ (GB/T 898—1988)

$b_m=1.5d$ (GB/T 899—1988) $b_m=2d$ (GB/T 900—1988)

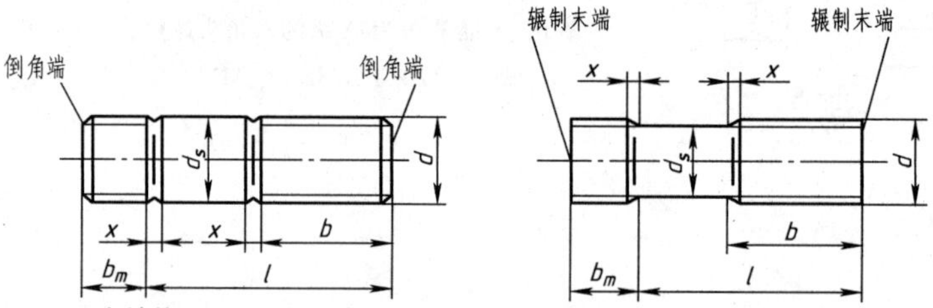

末端按 GB/T 2—1985 的规定;d_s≈螺纹中径(仅适用于 B 型)

标记示例

两端均为粗牙普通螺纹,$d=10$ mm、$l=50$mm、性能等级为 4.8 级、不经表面处理、B 型、$b_m=1d$ 的双头螺柱:

螺柱 GB/T 897 M10×50

旋入机件一端为粗牙普通螺纹,旋螺母一端为螺距 $P=1$ mm 的细牙普通螺纹,$d=10$ mm、$l=50$ mm,性能等级为 4.8 级、不经表面处理、A 型、$b_m=1d$ 的双头螺柱:

螺柱 GB/T 897 AM10-M10×1×50

(mm)

螺纹规格 d	b_m(公称)				l/b
	GB/T 897—1988	GB/T 898—1988	GB/T 899—1988	GB/T 900—1988	
M2			3	4	12~16/6、20~25/10
M2.5			3.5	5	16/8、20~30/11
M3			4.5	6	16~20/6、25~40/12
M4			6	8	16~20/8、25~40/14
M5	5	6	8	10	16~20/10、25~50/16
M6	6	8	10	12	20/10、25~30/14、35~70/18
M8	8	10	12	16	20/12、25~30/16、35~90/22
M10	10	12	15	20	25/14、30~35/16、40~120/30、130/32
M12	12	15	18	24	25~30/16、35~40/20、45~120/30、130~180/36
M16	16	20	24	32	30~35/20、40~50/30、60~120/38、130~200/44
M20	20	25	30	40	35~40/25、45~60/35、70~120/46、130~200/52
M24	24	30	36	48	45~50/30、60~70/45、80~120/54、130~200/60
M30	30	38	45	60	60/40、70~90/50、100~120/66、130~200/72、210~250/85
M36	36	45	54	72	70/45、80~110/60、120/78、130~200/84、210~300/109
M42	42	52	63	84	70~80/50、90~110/70、120/90、130~200/96、210~300/109
M48	48	60	72	96	80~90/60、100~110/80、120/102、130200/108、210~300/121
l(系列)	12、16、20、25、30、35、40、45、50、60、70、80、90、100、110、120、130、140、150、160、170、180、190、200、210、220、230、240、250、260、280、300				

表 B-3　开槽螺钉

开槽圆柱头螺钉(GB/T 65—2000)、开槽沉头螺钉(GB/T 68—2000)、开槽盘头螺钉(GB/T 67—2000)

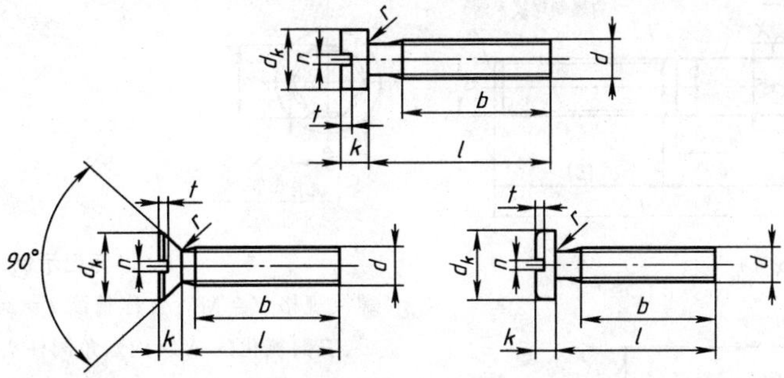

标记示例

螺纹规格 d=M5、公称长度 l=20 mm、性能等级为 4.8 级、不经表面处理的 A 级开槽圆柱头螺钉：

螺钉　GB/T 65　M5×20

螺纹规格 d=M5、公称长度 l=20 mm、性能等级为 4.8 级、不经表面处理的 A 级开槽盘头螺钉：

螺钉　GB/T 67　M5×20

(mm)

螺纹规格 d		M1.6	M2	M2.5	M3	M4	M5	M6	M8	M10
GB/T 65—2000	d_k	—	—	—	—	7	8.5	10	13	16
	k	—	—	—	—	2.6	3.3	3.9	5	6
	t_{min}	—	—	—	—	1.1	1.3	1.6	2	2.4
	r_{min}	—	—	—	—	0.2	0.2	0.25	0.4	0.4
	l	—	—	—	—	5~40	6~50	8~60	10~80	12~80
	全螺纹时最大长度	—	—	—	—	40	40	40	40	40
GB/T 68—2000	d_k	3.2	4	5	5.6	8	9.5	12	16	23
	k	1	1.3	1.5	1.8	2.4	3	3.6	4.8	6
	t_{min}	0.35	0.5	0.6	0.7	1	1.2	1.4	1.9	2.4
	r_{min}	0.1	0.1	0.1	0.1	0.2	0.2	0.25	0.4	0.4
	l	2~16	2.5~20	3~25	4~30	5~40	6~50	8~60	10~80	12~80
	全螺纹时最大长度	30	30	30	30	40	40	40	40	40
GB/T 67—2000	d_k	3	3.8	4.7	5.5	8.4	9.3	11.3	15.8	18.3
	k	1	1.2	1.5	1.65	2.7	2.7	3.3	4.65	5
	t_{min}	0.32	0.4	0.5	0.6	1	1.1	1.2	1.8	2
	r_{min}	0.4	0.5	0.6	0.8	1	1.3	1.5	2	2.5
	l	2.5~16	3~20	4~25	5~30	6~40	8~50	8~60	10~80	12~80
	全螺纹时最大长度	30	30	30	30	45	45	45	45	45
n		0.4	0.5	0.6	0.8	1.2	1.2	1.6	2	2.5
b		25				38				
l(系列)		2、2.5、3、4、5、6、8、10、12、(14)、16、20、25、30、35、40、45、50、(55)、60、(65)、70、(75)、80								

表 B-4　内六角圆柱头螺钉(GB/T 70.1—2000)

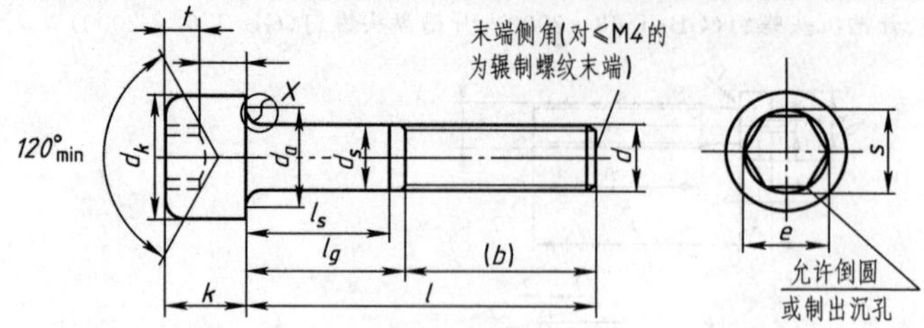

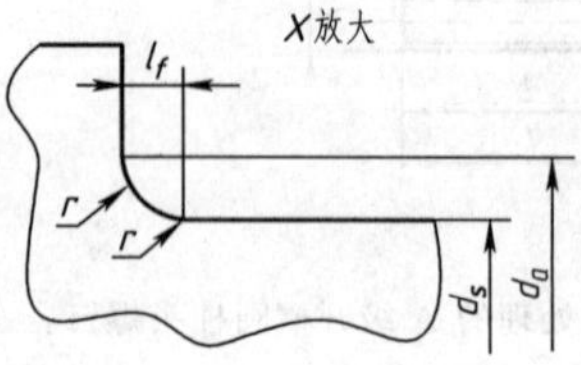

标记示例

螺纹规格 d=M5、公称长度 l=20 mm、性能等级为 8.8 级、表面氧化的 A 级内六角圆柱头螺钉：

螺钉　GB/T 70.1　M5×20

(mm)

螺纹规格 d		M3	M4	M5	M6	M8	M10	M12	M16	M20	M24
螺距 P		0.5	0.7	0.8	1	1.25	1.5	1.75	2	2.5	3
$b_{参考}$		18	20	22	24	28	32	36	44	52	60
d_k	max	5.50	7.00	8.50	10.00	13.00	16.00	18.00	24.00	30.00	36.00
	min	5.32	6.78	8.28	9.78	12.73	15.73	17.73	23.67	29.67	35.61
d_a	max	3.6	4.7	5.7	6.8	9.2	11.2	13.7	17.7	22.4	26.4
d_s	max	3.00	4.00	5.00	6.00	8.00	10.0	12.00	16.00	20.00	24.00
	min	2.86	3.82	4.82	5.82	7.78	9.78	11.73	15.73	19.67	23.67
e	min	2.87	3.44	4.58	5.72	6.86	9.15	11.43	16	19.44	21.73
l_f	max	0.51	0.6	0.6	0.68	1.02	1.02	1.45	1.45	2.04	2.04
k	max	3.00	4.00	5.00	6.0	8.00	10.00	12.00	16.00	20.00	24.00
	min	2.86	3.82	4.82	5.7	7.64	9.64	11.57	15.57	19.48	23.48
r	min	0.1	0.2	0.2	0.25	0.4	0.4	0.6	0.6	0.8	0.8
s	公称	2.5	3	4	5	6	8	10	14	17	19
	max	2.58	3.080	4.095	5.140	6.140	8.175	10.175	14.212	17.23	19.275
	min	2.52	3.020	4.020	5.020	6.020	8.025	10.025	14.032	17.05	19.065
t	min	1.3	2	2.5	3	4	5	6	8	10	12
d_w	min	5.07	6.53	8.03	9.38	12.33	15.33	17.23	23.17	28.87	34.81
w	min	1.15	1.4	1.9	2.3	3.3	4	4.8	6.8	8.6	10.4
l(商品规格范围)		5~30	6~40	8~50	10~60	128~0	16~100	20~120	25~160	30~200	40~200
l≤表中数值时，螺纹制到距头部 3P 以内		20	25	25	30	35	40	50	60	70	80
l(系列)		5、6、8、10、12、16、20、25、30、35、40、45、50、60、65、70、80、90、100、110、120、130、140、150、160、180、200									

注：(1)l_g 与 l_s 表中未列出；

(2)s_{max}用于除 12.9 级以外的其他性能等级；

(3)d_k max 对光滑头部未列出。

表 B－5　开槽紧定螺钉

开槽锥端紧定螺钉（GB/T 71—1985）　　开槽平端紧定螺钉（GB/T 73—1985）　　开槽长圆柱端紧定螺钉（GB/T 75—1985）

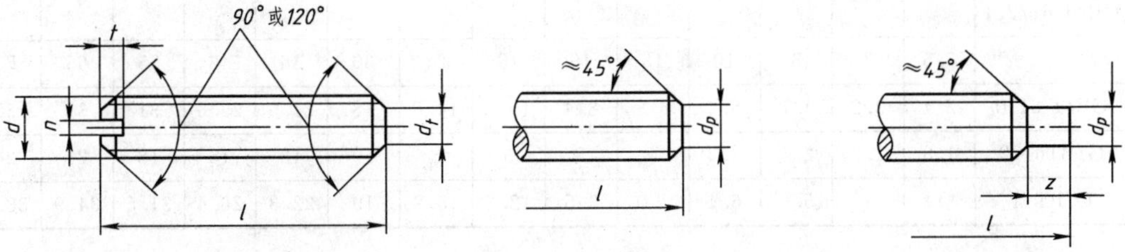

标记示例

螺纹规格 d＝M5
公称长度 l＝12 mm
性能等级为 14H 级
螺钉 GB/T 71　M5×12

标记示例

螺纹规格 d＝M5
公称长度 l＝12 mm
性能等级为 14H 级
螺钉 GB/T 73　M5×12

标记示例

螺纹规格 d＝M5
公称长度 l＝12 mm
性能等级为 14H 级
螺钉 GB/T 75　M5×12

（mm）

螺纹规格 d		M1.6	M2	M2.5	M3	M4	M5	M6	M8	M10	M12
P（螺距）		0.35	0.4	0.45	0.5	0.7	0.8	1	1.25	1.5	1.75
n		0.25	0.25	0.4	0.4	0.6	0.8	1	1.2	1.6	2
t		0.74	0.84	0.95	1.05	1.42	1.63	2	2.5	3	3.6
d_t		0.16	0.2	0.25	0.3	0.4	0.5	1.5	2	2.5	3
d_p		0.8	1	1.5	2	2.5	3.5	4	5.5	7	8.5
z		1.05	1.25	1.25	1.75	2.25	2.75	3.25	4.3	5.3	6.3
l	GB/T 71—1985	2～8	3～10	3～12	4～16	6～20	8～25	8～30	10～40	12～50	14～60
	GB/T 73—1985	2～8	2～10	2.5～12	3～16	4～20	5～25	6～30	8～40	10～50	12～60
	GB/T 75—1985	2.5～8	3～10	4～12	5～16	6～20	8～25	8～30	10～40	12～50	14～60
l（系列）		2、2.5、3、4、5、6、8、10、12、(14)、16、20、25、30、35、40、45、50、(55)、60									

表 B－6　Ⅰ型螺母——C 级（GB/T 41—2000）、Ⅰ型六角螺母（GB/T 6170—2000）、六角薄螺母（GB/T 6172.1—2000）

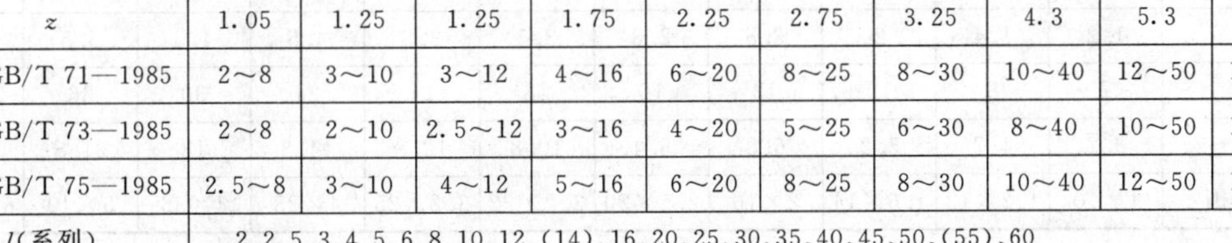

标记示例

螺纹规格 D＝M12、性能等级为 5 级、不经表面处理、C 级的Ⅰ型六角螺母：

螺母　GB/T 41　M12

(mm)

螺纹规格 D		M3	M4	M5	M6	M8	M10	M12	M16	M20	M24	M30	M36	M42	M48
e_{min}	GB/T 41	—	—	8.63	10.89	14.20	17.59	19.85	26.17	32.95	39.55	50.85	60.79	71.3	82.6
	GB/T 6170	6.01	7.66	8.97	11.05	14.38	17.77	20.03	26.75	32.95	39.55	50.85	60.75	71.3	82.6
	GB/T 6172.1														
s		5.5	7	8	10	13	16	18	24	30	36	46	55	65	75
m_{max}	GB/T 6170	2.4	3.2	4.7	5.2	6.8	8.4	10.8	14.8	18	21.5	25.6	31	34	38
	G/BT6172	1.8	2.2	2.7	3.2	4	5	6	8	10	12	15	18	21	24
	G/BT41	*	*	5.6	6.4	7.9	9.5	12.2	15.9	19	22.3	26.4	31.5	34.9	38.9

表 B-7　I 型六角开槽螺母——A 和 B 级(GB/T 6178—1996)

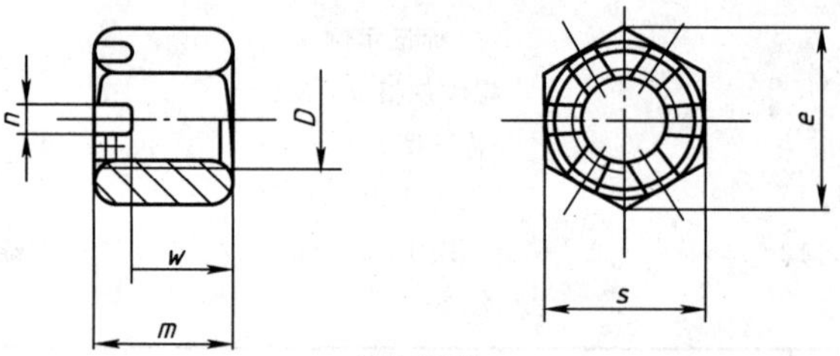

标记示例

螺纹规格　D=M5、性能等级为 8 级、不经表面处理、A 级的 I 型六角开槽螺母：

螺母　GB/T 6178　M5

(mm)

螺纹规格 D	M4	M5	M6	M8	M10	M12	(M14)	M16	M20	M24	M30
e	7.7	8.8	11	14	17.8	20	23	26.8	33	39.6	50.9
m	6	6.7	7.7	9.8	12.4	15.8	17.8	20.8	24	29.5	34.6
n	1.2	1.4	2	2.5	2.8	3.5	3.5	4.5	4.5	5.5	7
s	7	8	10	13	16	18	21	24	30	36	46
w	3.2	4.7	5.2	6.8	8.4	10.8	12.8	14.8	18	21.5	25.6
开口销	1×10	1.2×12	1.6×14	2×16	2.5×20	3.2×22	3.2×25	4×28	4×36	5×40	6.3×50

注：(1)尽可能不采用括号内的规格；

(2)A 级用于 $D \leqslant 16$ 的螺母，B 级用于 $D>16$ 的螺母。

表 B-8　小垫圈——A 级(GB/T 848—1985)、**平垫圈——A 级**(GB/T 97.1—1985)、**平垫圈　倒角型——A 级**(GB/T 97.2—1985)、**大垫圈——A 级**(GB/T 96—1985)

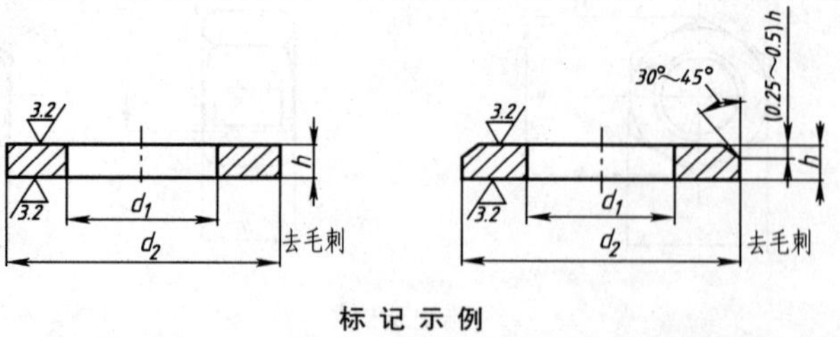

标 记 示 例

标准系列、规格 8 mm、性能等级为 140HV 级、不经表面处理的平垫圈：

垫圈　GB/T 97.1　8

（mm）

规格（螺纹大径）			3	4	5	6	8	10	12	14	16	20	24	30	36
内径 d_1	公称（min）	GB/T 848—1985	3.2	4.3	5.3	6.4	8.4	10.5	13	15	17	21	25	31	37
		GB/T 97.1—1985													
		GB/T 97.2—1985													
		GB/T 96—1985	3.2	4.3								22	26	33	39
	max	GB/T 848—985	3.38	4.48	5.48	6.62	8.62	10.77	13.27	15.27	17.27	21.33	25.33	31.39	37.62
		GB/T 97.1—1985													
		GB/T 97.2—1985	—	—											
		GB/T 96—1985	3.38	4.48								—	—	—	—
	公称（max）	GB/T 848—1985	6	8	9	11	15	18	20	24	28	34	39	50	60
		GB/T 97.1—1985	7	9	10	12	16	20	24	28	30	37	44	56	66
		GB/T 97.2—1985	—	—											
		GB/T 96—1985	9	12	15	18	24	30	37	44	50	60	72	92	110
	min	GB/T 848—1985	5.7	7.64	8.64	10.57	14.57	17.57	19.48	23.48	27.48	33.38	38.38	49.38	58.8
		GB/T 97.1—1985	6.64	8.64	9.64	11.57	15.57	19.48	23.48	27.48	29.48	36.38	43.38	55.26	64.8
		GB/T 97.2—1985	—	—											
		GB/T 96—1985	8.64	11.57	14.57	17.57	23.48	27.48	33.38	38.38	49.38	58.1	70.1	89.8	107.8
厚度 h	公称	GB/T 848—1985	0.5	0.5	1	1.6	1.6	1.6	2	2.5	2.5	3	4	4	5
		GB/T 97.1—1985		0.8				2	2.5		3				
		GB/T 97.2—1985	—	—											
		GB/T 96—1985	0.8	1	1.2	1.6	2	2.5	3	3	3	4	5	6	8
	max	GB/T 848—1985	0.55	0.55	1.1	1.8	1.8	1.8	2.2	2.7	2.7	3.3	4.3	4.3	5.6
		GB/T 97.1—1985		0.9				2.2	2.7		3.3				
		GB/T 97.2—1985	—	—											
		GB/T 96—1985	0.9	1.1	1.4	1.8	2.2	2.7	3.3	3.3	3.3	4.6	6	7	9.2
	min	GB/T 848—1985	0.45	0.45	0.9	1.4	1.4	1.4	1.8	2.3	2.3	2.7	3.7	3.7	4.4
		GB/T 97.1—1985		0.7				1.8	2.3		2.7				
		GB/T 97.2—1985	—	—											
		GB/T 96—1985	0.7	0.9	1	1.4	1.8	2.3	2.7	2.7	2.7	3.4	4	5	6.8

表 B-9　标准型弹簧垫圈（GB/T 93—1987）、轻型弹簧垫圈（GB/T 859—1987）

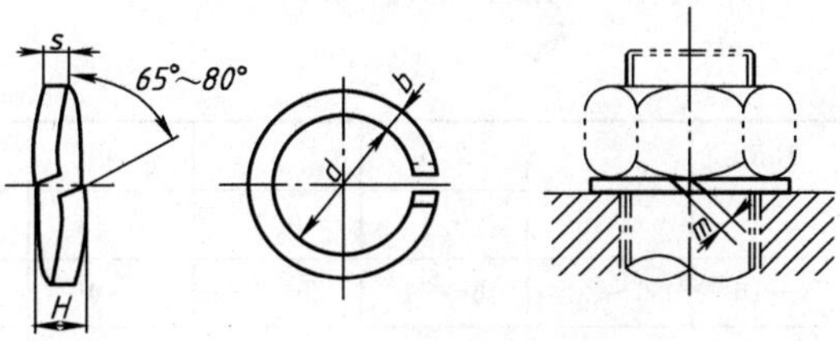

标记示例

规格 16 mm、材料为 65Mn、表面氧化的标准型弹簧垫圈：

垫圈 GB/T 93 16

规格 16 mm、材料为 65Mn、表面氧化的轻型弹簧垫圈：

垫圈 GB/T 859 16

(mm)

规格螺纹(大径)			2	2.5	3	4	5	6	8	10	12	16	20	24	30	36	42	48
d	min		2.1	2.6	3.1	4.1	5.1	6.1	8.1	10.2	12.2	16.2	20.2	24.5	30.5	36.5	42.5	48.5
	max		2.35	2.85	3.4	4.4	5.4	6.68	8.68	10.9	12.9	16.9	21.04	25.5	31.5	37.7	43.7	49.7
$s(b)$ 公称	GB/T 93—1987		0.5	0.65	0.8	1.1	1.3	1.6	2.1	2.6	3.1	4.1	5	6	7.5	9	10.5	12
s 公称	GB/T 859—1987		—	—	0.6	0.8	1.1	1.3	1.6	2	2.5	3.2	4	5	6	—	—	—
b 公称			—	—	1	1.2	1.5	2	2.5	3	3.5	4.5	5.5	7	9	—	—	—
H	GB/T 93—1987	min	1	1.3	1.6	2.2	2.6	3.2	4.2	5.2	6.2	8.2	10	12	15	18	21	24
		max	1.25	1.63	2	2.75	3.25	4	5.25	6.5	7.75	10.25	12.5	15	18.75	22.5	26.25	30
	GB/T 859—1987	min	—	—	1.2	1.6	2.2	2.6	3.2	4	5	6.4	8	10	12	—	—	—
		max	—	—	1.5	2	2.75	3.25	4	5	6.25	8	10	12.5	15	—	—	—
$m\leqslant$	GB/T 93—1987		0.25	0.33	0.4	0.55	0.65	0.8	1.05	1.3	1.55	2.05	2.5	3	3.75	4.5	5.25	6
	GB/T 859—1987		—	—	0.3	0.4	0.55	0.65	0.8	1	1.25	1.6	2	2.5	3	—	—	—

注：m 应大于零。

表 B-10 圆柱销 不淬硬钢和奥氏体不锈钢(GB/T 119.1—2000)

圆柱销 淬硬钢和马氏体不锈钢(GB/T 119.2—2000)

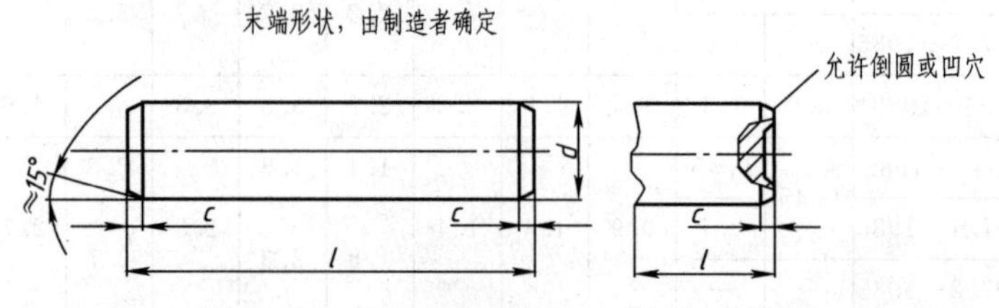

标记示例

公称直径 d=6 mm、公差 m6、公称长度 l=30 mm、材料为钢、不经淬火、不经表面处理的圆柱销：

销 GB/T 119.1 6m 6×30

公称直径 d=6 mm、公差 m6、公称长度 l=30 mm、材料为钢、普通淬火(A 型)、表面氧化处理的圆柱销：

销 GB/T 119.2 6×30

(mm)

l(公称)		1.5	2	2.5	3	4	5	6	8
$c\approx$		0.3	0.35	0.4	0.5	0.63	0.8	1.2	1.6
l(商品长度范围)	GB/T 119.1	4～16	6～20	6～24	8～30	8～40	10～50	12～60	14～80
	GB/T 119.2	4～16	5～20	6～24	8～30	10～40	12～50	14～60	18～80

续表

l(公称)		10	12	16	20	25	30	40	50
$c\approx$		2	2.5	3	3.5	4	5	6.3	8
l(商品长度范围)	GB/T 119.1	18～95	22～140	26～180	35～200以下	50～200以下	60～200以下	80～200以下	95～200以下
	GB/T 119.2	22～100以下	26～100以下	40～100以下	50～100以下	—	—	—	—
l(系列)	3、4、5、6、8、10、12、14、16、18、20、22、24、26、28、30、32、35、40、45、50、55、60、65、70、80、85、90、95、100、120、140、160、180、200、……								

注:(1)公称直径 d 的公差,GB/T 119.1—2000 规定为 m6 和 m8,GB/T 119.2—2000 仅为 m6,其他公差由供需双方协议;

(2)GB/T 119.2—2000 中淬硬钢按淬火方法不同,分为普通淬火(A 型)和表面淬火(B 型);

(3)公称长度大于 200 mm,按 20 mm 递增。

表 B-11　圆锥销(GB/T 117—2000)

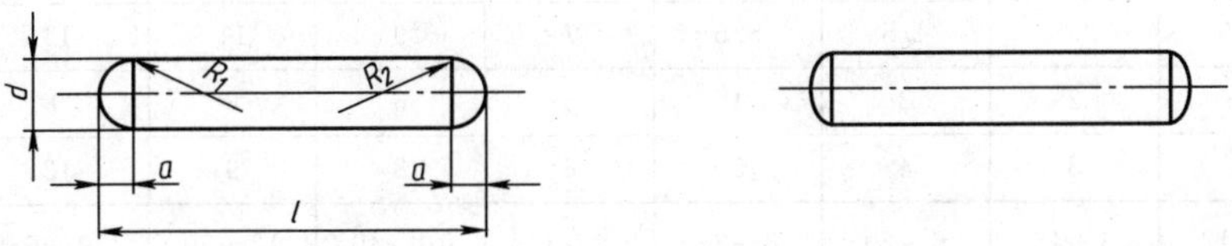

$R_1\approx d$

$R_2\approx\frac{a}{2}+d+\frac{(0.02l)^2}{8a}$

锥面粗糙度见附注

标记示例

公称直径 d=6 mm、公称长度 l=30 mm、材料为 35 号钢、热处理硬度(28～38)HRC、表面氧化处理的 A 型圆锥销:

销 GB/T 117　6×30

(mm)

d(公称)	0.6	0.8	1	1.2	1.5	2	2.5	3	4	5
$a\approx$	0.08	0.1	0.12	0.16	0.2	0.25	0.3	0.4	0.5	0.63
l(商品长度范围)	4～8	5～12	6～16	6～20	8～24	10～35	10～35	12～45	14～55	18～60
d(公称)	6	8	10	12	16	20	25	30	40	50
$a\approx$	0.8	1	1.2	1.6	2	2.5	3	4	5	6.3
l(商品长度范围)	22～90	22～120	22～160	32～180	40～200以上	45～200以上	50～200以上	55～200以上	60～200以上	65～200以上
l(系列)	2、3、4、5、6、8、10、12、14、16、18、20、22、24、26、28、30、32、35、40、45、50、55、60、65、70、75、80、85、90、95、100、120、140、160、180、200、……									

注:(1)公称直径 d 的公差规定为 h10,其他公差如 a11、c11 和 8 由供需双方协议;

(2)圆锥销有 A 型和 B 型,A 型为磨削,锥面表面粗糙度 R_a=0.8 μm,B 型为切削或冷镦,锥面表面粗糙度 R_a=3.2 μm;

(3)公称长度大于 200 mm, 按 20 mm 递增。

表 B-12 开口销(GB/T91—2000)

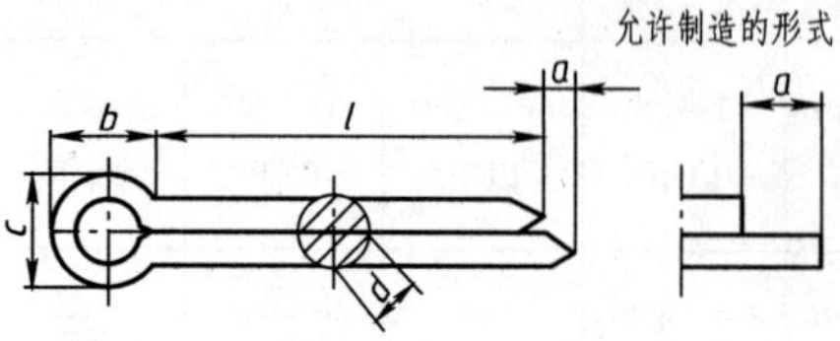

标记示例

公称规格为 5 mm、公称长度 l=50 mm、材料为 Q215、不经表面处理的开口销：

销 GB/T 91 5×50

(mm)

公称规格			0.6	0.8	1	1.2	1.6	2	2.5	3.2
d	max		0.5	0.7	0.9	1.0	1.4	1.8	2.3	2.9
	min		0.4	0.6	0.8	0.9	1.3	1.7	2.1	2.7
a	max		1.6	1.6	1.6	2.50	2.50	2.50	2.50	3.2
b≈			2	2.4	3	3	3.2	4	5	6.4
c	max		1.0	1.4	1.8	2.0	2.8	3.6	4.6	5.8
适用的直径	螺栓	>	—	2.5	3.5	4.5	5.5	7	9	11
		≤	2.5	3.5	4.5	5.5	7	9	11	14
	U形销	>	—	2	3	4	5	6	8	9
		≤	2	3	4	5	6	8	9	12
l(商品长度单位)			4～12	5～16	6～20	8～25	8～32	10～40	12～50	14～63
公称规格			4	5	6.3	8	10	13	16	20
d	max		3.7	4.6	5.9	7.5	9.5	12.4	15.4	19.3
	min		3.5	4.4	5.7	7.3	9.3	12.1	15.1	19.0
a	max		4	4	4	4	6.30	6.30	6.30	6.30
b≈			8	10	12.6	16	20	26	32	40
c	max		7.4	9.2	11.8	15.0	19.0	24.8	30.8	38.5
适用的直径	螺栓	>	14	20	27	39	56	80	120	170
		≤	20	27	39	56	80	120	170	—
	U形销	>	12	17	23	29	44	69	110	160
		≤	17	23	29	44	69	110	160	—
l(商品长度单位)			18～20	22～100	32～125	40～160	45～200	71～250	112～280	160～280
l(系列)			4、5、6、8、10、12、14、16、18、20、22、25、28、32、36、40、50、56、63、71、80、90、100、112、125、140、160、180、200、224、250、280							

注:(1)公称规格等于开口销孔的直径,对销孔直径推荐的公差如下为公称规格≤1.2 取 H13, 公称规格>1.2 取 H14,根据供需双方协议,允许采用公称规格为 3、6 和 12 mm 的开口销;

(2)用于铁道和在 U 形销中开口销承受交变横向力的场合,推荐使用的开口销规格应较本表规定的加大一档。

表 B-13　普通平键键槽的尺寸与公差(GB/T 1095—2003、GB/T 1096—2003)

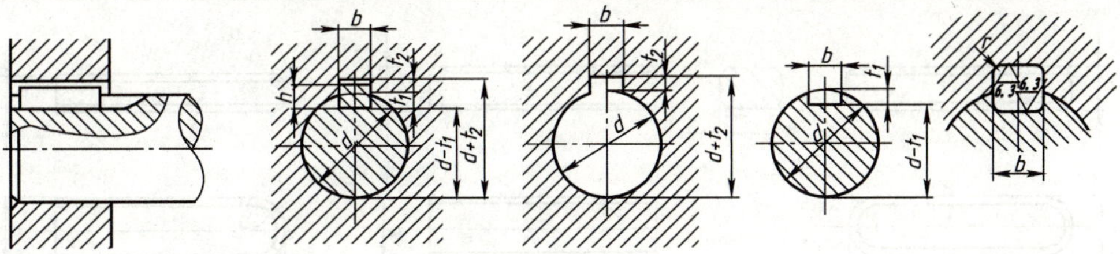

注:在工作图中轴槽深用 t 或($d-t$)标注,轮辋槽深用($d+t$)标注。

(mm)

轴	键		键槽											
			宽度 b						深度				半径 r	
				极限偏差										
公称直径 d	公称尺寸 $b\times h$	长度 L	公称尺寸 b	较松键连接		一般键连接		较紧键联结	轴 t_1		毂 t_2			
				轴 H9	毂 D10	轴 N9	毂 JS9	轴和毂 P9	公称尺寸	极限偏差	公称尺寸	极限偏差	最小	最大
自 6~8	2×2	6~20	2	+0.025	+0.060	−0.004	±0.0125	−0.006	1.2	+0.1	1	+0.1	0.08	0.16
>8~10	3×3	6~36	3	0	+0.020	−0.029		−0.031	1.8	0	1.4	0		
>10~12	4×4	8~45	4	+0.030	+0.078	0	±0.015	−0.012	2.5		1.8			
>12~17	5×5	10~56	5	0	+0.030	−0.030		−0.042	3.0		2.3		0.16	0.25
>17~22	6×6	14~70	6						3.5		2.8			
>22~30	8×7	18~90	8	+0.036	+0.098	0	±0.018	−0.015	4.0	+0.2	3.3	+0.2		
>30~38	10×8	22~110	10	0	+0.040	−0.036		−0.051	5.0	0	3.3	0	0.25	0.40
>38~44	12×8	28~140	12		+0.0120	0	±0.026	+0.018	5.0		3.3			
>44~50	14×9	36~160	14	+0.043	+0.050	−0.043		−0.061	5.5		3.8			
>50~58	16×10	45~180	16	0					6.0		4.3			
>58~65	18×11	50~200	18						7.0		4.4			
>65~75	20×12	56~220	20		+0.0149	0	±0.031	+0.022	7.5		4.9		0.40	0.60
>75~85	22×14	63~250	22	+0.052	+0.065	−0.052		−0.0047	9.0		5.4			
>85~95	25×14	70~280	25	0					9.0		5.4			
>95~110	28×16	80~320	28						10.0		6.4			
>110~130	32×18	90~360	32		+0.0180	0	±0.037	−0.026	11.0		7.4			
>130~150	36×20	100~400	36	+0.062	+0.080	−0.062		−0.08	12.0	+0.3	8.4	+0.3	0.70	1.0
>150~170	40×22	100~400	40	0					13.0	0	9.4	0		
>170~200	45×25	110~450	45						15.0		10.4			

注:(1)($d-t$)和($d+t_1$)两组组合尺寸的极极偏差按相应的 t 和 t_1 的极限偏差选取,但($d-t$)极限偏差应取负号(−);

(2)l 系列 6、8、10、12、14、16、18、20、22、25、28、32、36、40、45、50、56、63、70、80、90、100、110、125、140、160、180、200、250、280、320、360、400、450、500;

(3)平键轴槽的长度公差用 H14。

表 B-14　普通平键键槽的尺寸与公差(GB/T 1096—2003)

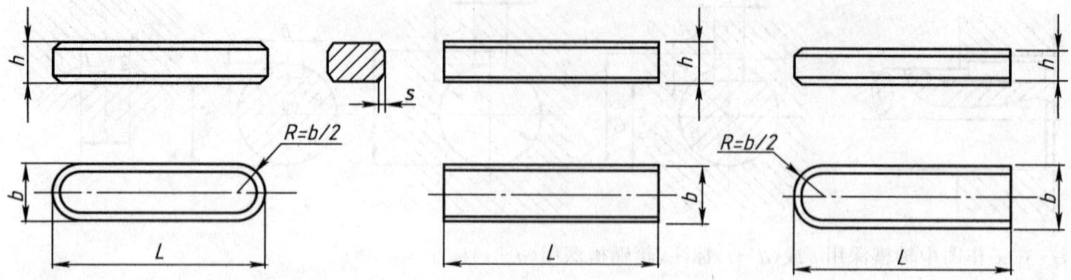

(mm)

宽度 b	基本尺寸		2	3	4	5	6	8	10	12	14	16	18	20	22
	极限偏差(b8)		0			0			0			0		0	
高度 h	基本尺寸		2	3	4	5	6	7	8	8	9	10	11	12	14
	极限偏差	矩形	—			—					0			0	
		方形	0			0					—			—	
倒角或圆角 s			0.16～0.25			0.25～0.40				0.40～0.60				0.60～0.80	
长度 L															
基本尺寸	极限偏差														
6	0 −0.36				—	—	—	—	—	—	—	—	—	—	—
8						—	—	—	—	—	—	—	—	—	—
10						—	—	—	—	—	—	—	—	—	—
12	0 −0.48							—	—	—	—	—	—	—	—
14								—	—	—	—	—	—	—	—
16									—	—	—	—	—	—	—
18									—	—	—	—	—	—	—
20	0 −0.52								—	—	—	—	—	—	—
22			—			标准				—	—	—	—	—	—
25			—							—	—	—	—	—	—
28			—								—	—	—	—	—
32	0 −0.62		—								—	—	—	—	—
36			—									—	—	—	—
40			—	—								—	—	—	—
45			—	—				长度					—	—	—
50	0 −0.74		—	—	—									—	—
56			—	—	—										—
63			—	—	—	—									
70			—	—	—	—									
80			—	—	—	—	—								
90	0 −0.87		—	—	—	—	—				范围				
100			—	—	—	—	—	—							
110			—	—	—	—	—	—							
125	0 −1.00		—	—	—	—	—	—	—						
140			—	—	—	—	—	—	—						
160			—	—	—	—	—	—	—	—					
180			—	—	—	—	—	—	—	—	—				
200	0 −1.15		—	—	—	—	—	—	—	—	—	—			
220			—	—	—	—	—	—	—	—	—	—	—		
250			—	—	—	—	—	—	—	—	—	—	—	—	

表 B-15 深沟球轴承(GB/T 276—1994)

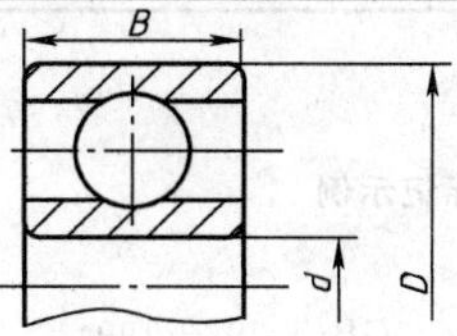

标记示例

6000 型

滚动轴承 6012 GB/T 276—1994

(mm)

轴承代号	d	D	B	轴承代号	d	D	B
01 系列				03 系列			
606	6	17	6	634	4	16	5
607	7	19	6	635	5	19	6
608	8	22	7	6300	11	35	11
609	9	24	7	6301	12	37	12
6000	10	26	8	6302	15	42	13
6001	12	28	8	6303	17	47	14
6002	15	32	9	6304	20	52	15
6003	17	35	10	6305	25	62	17
6004	20	42	12	6306	30	72	19
6005	25	47	12	6307	35	80	21
6006	30	55	13	6308	40	80	23
6007	35	62	14	6309	45	100	25
6008	40	68	15	6310	50	110	27
6009	45	75	16	6311	55	120	29
6010	50	80	16	6312	60	130	31
6011	55	90	18				
6012	60	95	18				
02 系列				04 系列			
623	3	10	4	6403	17	62	17
624	4	13	5	6404	20	72	19
625	5	16	5	6405	25	80	21
626	6	19	6	6406	30	90	23
627	7	22	7	6407	35	100	25
628	8	24	8	6408	40	110	27
629	9	26	8	6409	45	120	29
6200	10	30	9	6410	50	130	31
6201	12	32	10	6411	55	140	33
6202	15	35	11	6412	60	150	35
6203	17	40	12	6413	65	160	37
6204	20	47	14	6414	70	180	42
6205	25	52	15	6415	75	190	45
6206	30	62	16	6416	80	200	48
6207	35	72	17	6417	85	210	52
6208	40	80	18	6418	90	225	54
6209	45	85	19	6419	95	240	55
6210	50	90	20				
6211	55	100	21				
6212	60	110	22				

表 B-16　圆锥滚子轴承(GB/T 297—1994)

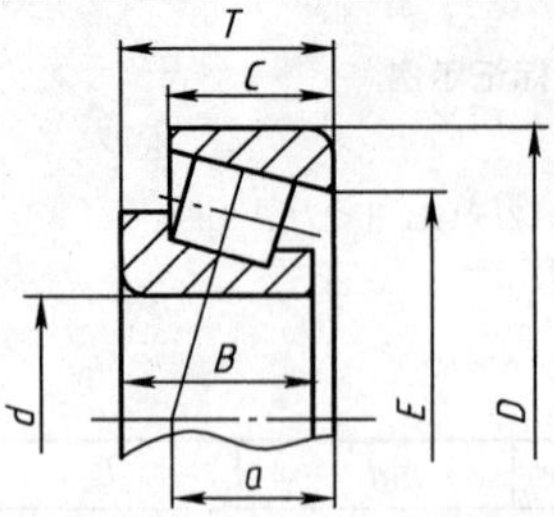

标记示例

3000 型

滚动轴承　30204　GB/T 297—1994

(mm)

轴承	d	D	T	B	C	E	a	轴承	d	D	T	B	C	E	a
02 系列								22 系列							
30204	20	47	15.25	14	12	37.3	11.2	32206	30	62	21.25	20	17	48.9	15.4
30205	25	52	16.25	15	13	41.1	12.6	32207	35	72	24.25	23	19	57	17.6
30206	30	62	17.25	16	14	49.9	13.8	32208	40	80	24.75	23	19	64.7	19
30207	35	72	18.25	17	15	58.8	15.3	32209	45	85	24.75	23	19	69.6	20
30208	40	80	19.75	18	16	65.7	16.9	32210	50	90	24.75	23	19	74.2	21
30209	45	85	20.75	19	16	70.4	18.6	32211	55	100	26.75	25	21	82.8	22.5
30210	50	90	21.75	20	17	75	20	32212	60	110	29.75	28	24	90.2	24.9
30211	55	100	22.75	21	18	84.1	21	32213	65	120	32.75	31	27	99.4	27.2
30212	60	110	23.75	22	19	91.8	22.4	32214	70	125	33.25	31	27	103.7	28.6
30213	65	120	24.75	23	20	101.9	24	32215	75	130	33.25	31	27	108.9	30.2
30214	70	125	26.25	24	21	105.7	25.9	32216	80	140	33.25	33	28	117.4	31.3
30215	75	130	27.25	25	22	110.4	27.4	32217	85	150	38.5	36	30	124.9	34
30216	80	140	28.75	26	22	119.1	28	32218	90	160	42.5	40	34	132.6	36.7
30217	85	150	30.5	28	24	126.6	29.9	32219	95	170	45.5	43	37	140.2	39
30218	90	160	32.5	30	26	134.9	32.4	32220	100	180	49	46	39	148.1	41.8
30219	95	170	34.5	32	27	143.3	35.1								
30220	100	180	37	34	29	151.3	36.5								
03 系列								23 系列							
30304	20	52	16.25	15	13	41.3	11	32304	20	52	22.25	21	18	39.5	13.4
30305	25	62	18.25	17	15	50.6	13	32305	25	62	25.25	24	20	48.6	15.5
30306	30	72	20.75	19	16	58.2	15	32306	30	72	28.75	27	23	55.7	18.8
30307	35	80	22.75	21	18	65.7	17	32307	35	80	32.75	31	25	62.8	20.5
30308	40	90	25.25	23	20	72.7	19.5	32308	40	90	33.25	33	27	69.2	23.4
30309	45	100	27.75	25	22	81.7	21.5	32309	45	100	38.25	36	31	78.3	25.6
30310	50	110	29.25	27	23	90.6	23	32310	50	110	42.25	40	33	86.2	28
30311	55	120	31.5	29	25	99.1	25	32311	55	120	45.5	43	35	94.3	30.6
30312	60	130	33.5	31	26	107.7	26.5	32312	60	130	48.5	46	37	102.9	32
30313	65	140	36	33	28	116.8	29	32313	65	140	51	48	39	111.7	34
30314	70	150	38	35	30	125.2	30.6	32314	70	150	54	51	40	119.7	36.5
30315	75	160	40	37	31	134	32	32315	75	160	58	55	42	127.8	39
30316	80	170	42.5	39	33	143.1	34	32316	80	170	61.5	58	45	136.5	42
30317	85	180	44.5	41	34	150.4	36	32317	85	180	63.5	60	48	144.2	43.6
30318	90	190	46.5	43	36	159	37.5	32318	90	190	67.5	64	49	151.7	46
30319	95	200	49.5	45	38	165.8	40	32319	95	200	71.5	67	53	160.3	49
30320	100	215	51.5	47	39	178.5	42	32320	100	215	77.5	73	55	171.6	53
													60		

表 B－17　推力球轴承(GB/T 301—1995)

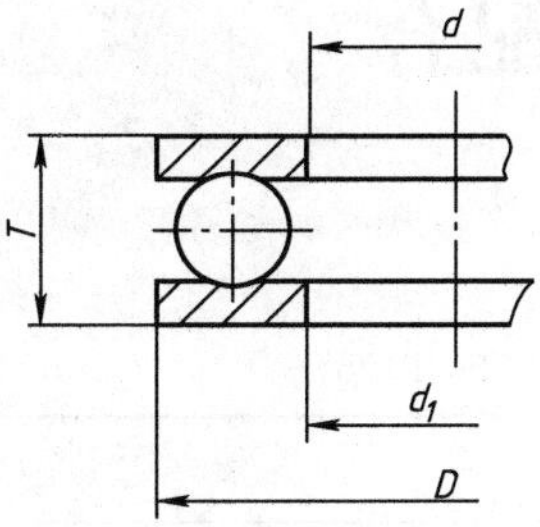

标记示例

50000 型

滚动轴承　51214　GB/T 301—1995

(mm)

轴承代号	d	d_1	D	T
11 系列				
51100	10	11	24	9
51101	12	13	26	9
51102	15	16	28	9
51103	17	18	30	9
51104	20	21	35	10
51105	25	26	42	11
51106	30	32	47	11
51107	35	37	52	12
51108	40	42	60	13
51109	45	47	65	14
51110	50	52	70	14
51111	55	57	78	16
51112	60	82	85	17
51113	65	65	90	18
51114	70	72	95	18
51115	75	77	100	19
51116	80	82	105	19
51117	85	87	110	19
51118	90	92	120	22
51120	100	102	135	25
12 系列				
51200	10	12	26	11
51201	12	14	28	11
51202	15	17	32	12
51203	17	19	35	12
51204	20	22	40	14
51205	25	27	47	15
51206	30	32	52	16
51207	35	37	62	18
51208	40	42	58	19
51209	45	47	73	20
51210	50	52	78	22
51211	55	57	90	25
51212	60	62	95	26
51213	65	67	100	27
51214	70	72	105	27
51215	75	77	110	27
51216	80	82	115	28
51217	85	88	125	31
51218	90	93	135	35
51219	100	103	150	38
13 系列				
51304	20	22	47	18
51305	25	27	52	18
51306	30	32	60	21
51307	35	37	68	24
51308	40	42	78	26
51309	45	47	85	28
51310	50	52	95	31
51311	55	57	105	35
51312	60	62	110	35
51313	65	67	115	36
51314	70	72	125	40
51315	75	77	135	44
51316	80	82	140	44
51317	85	88	150	49
14 系列				
51405	25	27	60	24
51406	30	32	70	28
51407	35	37	80	32
51408	40	42	90	36
51409	45	47	100	39
51410	50	52	110	43
51411	55	57	120	48
51412	60	62	130	51
51413	65	68	140	56
51414	70	73	150	60
51415	75	78	160	65
51416	80	83	170	68
51417	85	88	180	72

附录C 极限与配合

极限与配合相关的国家标准如表 C－1～C－6。

表 C－1 标准公差数值(GB/T 1800.3—1998)

基本尺寸/mm		标准公差等级																	
		IT1	IT2	IT3	IT4	IT5	IT6	IT7	IT8	IT9	IT10	IT11	IT12	IT13	IT14	IT15	IT16	IT17	IT18
大于	至	μm											mm						
—	3	0.8	1.2	2	3	4	6	10	14	25	40	60	0.1	0.14	0.25	0.4	0.6	1	1.4
3	6	1	1.5	2.5	4	5	8	12	18	30	48	75	0.12	0.18	0.3	0.48	0.75	1.2	1.8
6	10	1	1.5	2.5	4	6	9	15	22	36	58	90	0.15	0.22	0.36	0.58	0.9	1.5	2.2
10	18	1.2	2	3	5	8	11	18	27	43	70	110	0.18	0.27	0.43	0.7	1.1	1.8	2.7
18	30	1.5	2.5	4	6	9	13	21	33	52	84	130	0.21	0.33	0.52	0.84	1.3	2.1	3.3
30	50	1.5	2.5	4	7	11	16	25	39	62	100	160	0.25	0.39	0.62	1	1.6	2.5	3.9
50	80	2	3	5	8	13	19	30	46	74	120	190	0.3	0.46	0.74	1.2	1.9	3	4.6
80	120	2.5	4	6	10	15	22	35	54	87	140	220	0.35	0.54	0.87	1.4	2.2	3.5	5.4
120	180	3.5	5	8	12	18	25	40	63	100	160	250	0.4	0.63	1	1.6	2.5	4	6.3
180	250	4.5	7	10	14	20	29	46	72	115	185	290	0.46	0.72	1.15	1.85	2.9	4.6	7.2
250	315	6	8	12	16	23	32	52	81	130	210	320	0.52	0.81	1.3	2.1	3.2	5.2	8.1
315	400	7	9	13	18	25	36	57	89	140	230	360	0.57	0.89	1.4	2.3	3.6	5.7	8.9
400	500	8	10	15	20	27	40	63	97	155	250	400	0.63	0.97	1.55	2.5	4	6.3	9.7
500	630	9	11	16	22	32	44	70	110	175	280	440	0.7	1.1	1.75	2.8	4.4	7	11
630	800	10	13	18	25	36	50	80	125	200	320	500	0.8	1.25	2	3.2	5	8	12.5
800	1 000	11	15	21	28	40	56	90	140	230	360	560	0.9	1.4	2.3	3.6	5.6	9	14
1 000	1 250	13	18	24	33	47	66	105	165	260	420	660	1.05	1.65	2.6	4.2	6.6	10.5	16.5
1 250	1 600	15	21	29	39	55	78	125	195	310	500	780	1.25	1.95	3.1	5	7.8	12.5	19.5
1 600	2 000	18	25	35	46	65	92	150	230	370	600	920	1.5	2.3	3.7	6	9.2	15	23
2 000	2 500	22	30	41	55	78	110	175	280	440	700	1 100	1.75	2.8	4.4	7	11	17.5	28
2 500	3 150	26	36	50	68	96	135	210	330	540	860	1 350	2.1	3.3	5.4	8.6	13.5	21	33

注：(1)基本尺寸大于 500 mm 的 IT1 至 IT5 的标准公差数值为试行的；

(2)基本尺寸≤1 mm 时，无 IT14 至 IT18。

表 C-2 轴的基本偏差数值(GB/T 1800.3—1998)

基本尺寸/mm		上偏差 es												下偏差 ei				
		所有标准公差等级												IT5 和 IT6	IT7	IT8	IT4 至 IT7	≤IT3 >IT7
大于	至	a	b	c	cd	d	e	ef	f	fg	g	h	js	j			k	
—	3	−270	−140	−60	−34	−20	−14	−10	−6	−4	−2	0		−2	−4	−6	0	0
3	6	−270	−140	−70	−46	−30	−20	−14	−10	−6	−4	0		−2	−4		+1	0
6	10	−280	−150	−80	−56	−40	−25	−18	−13	−8	−5	0		−2	−5		+1	0
10	14	290	−150	−95		−50	−32		−16		−6	0		−3	−6		+1	0
14	18																	
18	24	−300	−160	−110		−65	−40		−20		−7	0		−4	−8		+2	0
24	30																	
30	40	−310	−170	−120		−80	−50		−25		−9	0		−5	−10		+2	0
40	50	−320	−180	−130														
50	65	−340	−190	−140		−100	−60		−30		−10	0		−7	−12		+2	0
65	80	−360	−200	−150														
80	100	−380	−220	−170		−120	−72		−36		−12	0	偏差＝$\pm\frac{ITn}{2}$ 式中 ITn 是 IT 值数	−9	−15		+3	0
100	120	−410	−240	−180														
120	140	−460	−260	−200		−145	−85		−43		−14	0		−11	−18		+3	0
140	160	−520	−280	−210														
160	180	−580	−310	−230														
180	200	−660	−340	−240		−170	−100		−50		−15	0		−13	−21		+4	0
200	225	−740	−380	−260														
225	250	−820	−420	−280										−16	−26		+4	0
250	280	−920	−480	−300		−190	−110		−56		−17	0		−18	−28		+4	0
280	315	−1 050	−540	−330														
315	355	−1 200	−600	−360		−210	−125		−62		−18	0		−20	−32		+5	0
355	400	−1 350	−680	−400														
400	450	−1 500	−760	−440		−230	−135		−68		−20	0						
450	500	−1 650	−840	−480														

注:(1)基本尺寸小于或等于 1 mm 时,基本偏差 a 和 b 均不采用;

(2)公差带 js7 至 js11,若 ITn 值数是奇数,则取偏差＝$\pm\frac{ITn-1}{2}$。

续表

基本尺寸/mm		下偏差 ei													
		所有标准公差等级													
大于	至	m	n	p	r	s	t	u	v	x	y	z	za	zb	zc
—	3	+2	+4	+6	+10	+14		+18		+20		+26	+32	+40	+60
3	6	+4	+8	+12	+15	+19		+23		+28		+35	+42	+50	+80
6	10	+6	+10	+15	+19	+23		+28		+34		+42	+52	+67	+97
10	14	+7	+12	+18	+23	+28		+33		+40		+50	+64	+90	+130
14	18								+39	+45		+60	+77	+108	+150
18	24	+8	+15	+22	+28	+35		+41	+47	+54	+63	+73	+98	+136	+188
24	30						+41	+48	+55	+64	+75	+88	+118	+160	+218
30	40	+9	+17	+26	+34	+43	+48	+60	+68	+80	+94	+112	+148	+200	+274
40	50						+54	+70	+81	+97	+114	+136	+180	+242	+325
50	65	+11	+20	+32	+41	+53	+66	+87	+102	+122	+144	+172	+226	+300	+405
65	80				+43	+59	+75	+102	+120	+146	+174	+210	+274	+360	+480
80	100	+13	+23	+37	+51	+71	+91	+124	+146	+178	+214	+258	+335	+445	+585
100	120				+54	+79	+104	+144	+172	+210	+254	+310	+400	+525	+690
120	140	+15	+27	+43	+63	+92	+122	+170	+202	+248	+300	+365	+470	+620	+800
140	160				+65	+100	+134	+190	+228	+280	+340	+415	+535	+700	+900
160	180				+68	+108	+146	+210	+252	+310	+380	+465	+600	+780	+1 000
180	200	+17	+31	+50	+77	+122	+166	+236	+284	+350	+425	+520	+670	+880	+1 150
200	225				+80	+130	+180	+258	+310	+385	+470	+575	+740	+960	+1 250
225	250				+84	+140	+196	+284	+340	+425	+520	+640	+820	+1 050	+1 350
250	280	+20	+34	+56	+94	+158	+218	+315	+385	+475	+580	+710	+920	+1 200	+1 550
280	315				+98	+170	+240	+350	+425	+525	+650	+790	+1 000	+1 300	+1 700
315	355	+21	+37	+62	+108	+190	+268	+390	+475	+590	+730	+900	+1 150	+1 500	+1 900
355	400				+114	+208	+294	+435	+530	+660	+820	+1 000	+1 300	+1 650	+2 100
400	450	+23	+40	+68	+126	+230	+330	+490	+595	+740	+920	+1 100	+1 450	+1 850	+2 400
450	500				+132	+252	+360	+540	+660	+820	+1 000	+1 250	+1 600	+2 100	+2 600

表 C-3 孔的基本偏差数值(GB/T 1800.3—1998)

基本尺寸/mm		下偏差 EI												下偏差 ES								
		所有标准公差等级												IT6	IT7	IT8	≤IT8	>IT8	≤IT8	>IT8	≤IT8	>IT8
大于	至	A	B	C	CD	D	E	EF	F	FG	G	H	JS	J			K		M		N	
—	3	+270	+140	+60	+34	+20	+14	+10	+6	+4	+2	0		+2	+4	+6	0	0	−2	−2	−4	−4
3	6	+270	+140	+70	+46	+30	+20	+14	+10	+6	+4	0		+5	+6	+10	−1+Δ		−4+Δ	−4	−8+Δ	0
6	10	+280	+150	+80	+56	+40	+25	+18	+13	+8	+5	0		+5	+8	+12	−1+Δ		−6+Δ	−6	−10+Δ	0
10	14	+290	+150	+95		+50	+32		+16		+6	0		+6	+10	+15	−1+Δ		−7+Δ	−7	−12+Δ	0
14	18																					
18	24	+300	+160	+110		+65	+40		+20		+7	0		+8	+12	+20	−2+Δ		−8+Δ	−8	−15+Δ	0
24	30																					
30	40	+310	+170	+120		+80	+50		+25		+9	0		+10	+14	+24	−2+Δ		−9+Δ	−9	−17+Δ	0
40	50	+320	+180	+130																		
50	65	+340	+190	+140		+100	+60		+30		+10	0	偏差 $=\pm\frac{ITn}{2}$ 式中 IT*n* 是 IT 值数	+13	+18	+28	−2+Δ		−11+Δ	−11	−20+Δ	0
65	80	+360	+200	+150																		
80	100	+380	+220	+170		+120	+72		+36		+12	0		+16	+22	+34	−3+Δ		−13+Δ	−13	−23+Δ	0
100	120	+410	+240	+180																		
120	140	+460	+260	+200		+145	+85		+43		+14	0		+18	+26	+41	−3+Δ		−15+Δ	−15	−27+Δ	0
140	160	+520	+280	+210																		
160	180	+580	+310	+230																		
180	200	+660	+340	+240		+170	+100		+50		+15	0		+22	+30	+47	−4+Δ		−17+Δ	+17	−31+Δ	0
200	225	+740	+380	+260																		
225	250	+820	+420	+280																		
250	280	+920	+480	+300		+190	+110		+56		+17	0		+25	+36	+55	−4+Δ		−20+Δ	−20	−34+Δ	0
280	315	+1 050	+540	+330																		

续表

基本尺寸/mm		下偏差 EI												下偏差 ES								
		所有标准公差等级												IT6	IT7	IT8	≤IT8	>IT8	≤IT8	>IT8	≤IT8	>IT8
大于	至	A	B	C	CD	D	E	EF	F	FG	G	H	JS	J			K		M		N	
315	355	+1 200	+600	+360		+210	+125		+62		+18	0	偏差 $=\pm\frac{ITn}{2}$ 式中 IT*n* 是 IT 值数	+29	+39	+60	$-4+\Delta$		$-21+\Delta$	−21	$-37+\Delta$	0
355	400	+1 350	+680	+400																		
400	450	+1 500	+760	+440		+230	+135		+68		+20	0		+33	+43	+66	$-5+\Delta$		$-23+\Delta$	−23	$-40+\Delta$	0
450	500	+1 650	+840	+480																		

注：(1)基本尺寸小于或等于 1 mm 时，基本偏差 A 和 B 及大于 IT8 的 N 均不采用；

(2)公差带 JS7 至 JS11，若 IT*n* 值数是奇数，则取偏差 $=\pm\frac{ITn-1}{2}$；

(3)对小于或等于 IT8 的 K、M、N 和小于或等于 INT7 的 P 至 ZC，所需 Δ 值从右侧选取，如 18～30 mm 段的 K7，$\Delta=8\ \mu m$，所以 $ES=-2+8=+6\ \mu m$，18～30 mm 段的 S6，$\Delta=4\ \mu m$，所以 $ES=-35+4=-31\ \mu m$；

(4)特殊情况下，250～315 mm 段的 M6，$ES=-9\ \mu m$(代替 $-11\ \mu m$)。

续表

基本尺寸/mm		上偏差 ES												Δ值					
		≤IT7	标准公差等级大于 IT7											标准公差等级					
大于	至	P 到 ZC	P	R	S	T	U	V	X	Y	Z	ZA	AB	ZC	IT3	IT4	IT5	IT6	IT7	IT8
—	3	在大于IT7的相应数值上增加一个Δ值	−6	−10	−14		−18		−20		−26	−32	−40	−60	0	0	0	0	0	0
3	6		−12	−15	−19		−23		−28		−35	−42	−50	−80	1	1.5	1	3	4	6
6	10		−15	−19	−23		−28		−34		−42	−52	−67	−97	1	1.5	2	3	6	7
10	14		−18	−23	−28		−33		−40		−50	−64	−90	−130	1	2	3	3	7	9
14	18							−39	−45		−60	−77	−108	−150						
18	24		−22	−28	−35		−41	−47	−54	−63	−73	−98	−136	−188	1.5	2	3	4	8	12
24	30					−41	−48	−56	−64	−75	−88	−118	−160	−218						
30	40		−26	−34	−43	−48	−60	−68	−80	−94	−112	−148	−200	−274	1.5	3	4	5	9	14
40	50					−54	−70	−81	−97	−114	−136	−180	−242	−325						
50	65		−32	−41	−53	−66	−87	−102	−122	−144	−172	−226	−300	−405	2	3	5	6	11	16
65	80			−43	−59	−75	−102	−120	−146	−174	−210	−274	−360	−480						
80	100		−37	−51	−71	−91	−124	−146	−178	−214	−258	−335	−445	−585	2	4	5	7	13	19
100	120			−54	−79	−104	−144	−172	−210	−254	−310	−400	−525	−690						
120	140		−43	−63	−92	−122	−170	−202	−248	−300	−365	−470	−620	−800	3	4	6	7	15	23
140	160			−65	−100	−134	−190	−228	−280	−340	−415	−535	−700	−900						
160	180			−68	−108	−146	−210	−252	−310	−380	−465	−600	−780	−1 000						
180	200		−50	−77	−122	−166	−236	−284	−350	−425	−520	−670	−880	−1 150	3	4	6	9	17	26
200	225			−80	−130	−180	−258	−310	−385	−470	−575	−740	−960	−1 250						
225	250			−84	−140	−196	−284	−340	−425	−520	−640	−820	−1 050	−1 350						
250	280		−56	−94	−158	−218	−315	−385	−475	−580	−710	−920	−1 200	−1 550	4	4	7	9	20	29
280	315			−98	−170	−240	−350	−425	−525	−650	−790	−1 000	−1 300	−1 700						

续表

基本尺寸/mm		上偏差 ES												Δ值					
		≤IT7	标准公差等级大于 IT7											标准公差等级					
大于	至	P 到 ZC	P	R	S	T	U	V	X	Y	Z	ZA	AB	ZC	IT3	IT4	IT5	IT6	IT7	IT8
315	355	在大于 IT7 的相应数值上增加一个 Δ 值	−62	−108	−190	−268	−390	−475	−590	−730	−900	−1 150	−1 500	−1 900	4	5	7	11	21	32
355	400			−114	−208	−294	−435	−530	−660	−820	−1 000	−1 300	−1 650	−2 100						
400	450		−68	−126	−232	−330	−490	−595	−740	−920	−1 100	−1 450	−1 850	−2 400	5	5	7	13	23	34
450	500			−132	−252	−360	−540	−660	−820	−1 000	−1 250	−1 600	−2 100	−2 600						

表 C-4 优先配合中轴的极限偏差(GB/T 1800.4—1998) (μm)

基本尺寸/mm		公差带												
		c	d	f	g	h				k	n	p	s	u
大于	至	11	9	7	6	6	7	9	11	6	6	6	6	6
—	3	-60 -120	-20 -45	-6 -16	-2 -8	0 -6	0 -10	0 -25	0 -60	+6 0	+10 +4	+12 +6	+20 +14	+24 +18
3	6	-70 -145	-30 -60	-10 -22	-4 -12	0 -8	0 -12	0 -30	0 -75	+9 +1	+16 +8	+20 +12	+27 +19	+31 +23
10	14	-95 -205	-50 -93	-16 -34	-6 -17	0 -11	0 -18	0 -43	0 -110	+12 +1	+23 +12	+29 +18	+39 +28	+44 +33
14	18													
18	24	-110 -240	-65 -117	-20 -41	-7 -20	0 -13	0 -21	0 -52	0 -130	+15 +2	+28 +15	+35 +22	+48 +35	+54 +41
24	30													+61 +48
30	40	-120 -200	-80 -142	-25 +50	-9 -25	0 -16	0 -25	0 -62	0 -160	+18 +2	+33 +17	+42 +26	+59 +43	+76 +60
40	50	-130 -290												+86 +70
50	65	-140 -330	-100 -174	-30 -60	-10 -29	0 -19	0 -30	0 -74	0 -190	+21 +2	+39 +20	+51 +32	+72 +53	+106 +87
65	80	-150 -340											+78 +59	+121 +102
80	100	-170 -390	-120 -207	-36 -71	-12 -34	0 -22	0 -35	0 -87	0 -220	+25 +3	+45 +23	+59 +37	+93 +71	+146 +124
100	120	-180 -400											+101 +79	+146 +144
120	140	-200 -450	-145 -245	-43 -83	-14 -39	0 -25	0 -40	0 -100	0 -250	+28 +3	+52 +27	+68 +43	+117 +92	+195 +170
140	160	-210 -460											+125 +100	+215 +210
160	180	-230 -480											+133 +108	+235 +210
180	200	-240 -530	-170 -285	-50 -96	-15 -44	0 -29	0 -46	0 -115	0 -290	+33 +4	+60 +31	+79 +50	+151 +122	+265 +236
200	225	-260 -550											+159 +130	+287 +258
225	250	-280 -570											+169 +140	+313 +284

续表

基本尺寸/mm		公差带												
		c	d	f	g	h				k	n	p	s	u
大于	至	11	9	7	6	6	7	9	11	6	6	6	6	6
250	280	−300	−190	−56	−17	0	0	0	0	+36	+66	+88	+190	+347
		−620	−320	−108	−49	−32	−52	−130	−320	+4	+34	+56	+158	+315
280	315	−330											+202	+382
		−650											+170	+350
315	355	−360	−210	−62	−18	0	0	0	0	+40	+73	+98	+226	+426
		−720	−350	−119	−54	−36	−57	−140	−360	+4	+37	+62	+190	+390
355	400	−400											+244	+471
		−760											+208	+435
400	450	−440	−230	−68	−20	0	0	0	0	+45	+80	+108	+272	+530
		−840	−385	−131	−60	−40	−63	−155	−400	+5	+40	+68	+232	+490
450	500	−480											+292	+580
		−880											+252	+540

表 C-5 优先配合中孔的极限偏差(GB/T 1800.4—1998) (μm)

基本尺寸/mm		公差带												
		C	D	F	G	H				K	N	P	S	U
大于	至	11	9	8	7	7	8	9	11	7	7	7	7	7
—	3	+120	+45	+20	+12	+10	+14	+25	+60	0	−4	−6	−14	−18
		+60	+20	+6	+2	0	0	0	0	−10	14	−16	−24	−28
3	6	+145	+60	+28	+16	+12	+18	+30	+75	+9	−4	−8	−15	−19
		+70	+30	+10	+4	0	0	0	0	−9	−16	−20	−27	−31
6	10	+170	+76	+35	+20	+15	+22	+36	+90	+5	−4	−9	−17	−22
		+80	+40	+13	+5	0	0	0	0	−10	−19	−24	−32	−37
10	14	+205	+93	+43	+27	+18	+27	+43	+110	+6	−5	−11	−21	−26
14	18	+95	+50	+16	+6	0	0	0	0	−12	−23	−29	−39	−44
18	24	+240	+117	+53	+28	+21	+33	+52	+130	+6	−7	−14	−27	−33
		+110	+65	+20	+7	0	0	0	0	−15	−28	−35	−48	−54
24	30													−40
														−61
30	40	+280	+142	+64	+34	+25	+39	+62	+160	+7	−8	−17	−34	−51
		+120	+80	+25	+9	0	0	0	0	−18	−33	−42	−59	−76
40	50	+290												−61
		+130												−86
50	65	+330	+174	+76	+40	+30	+46	+74	+190	+9	−9	−21	−42	−76
		+140	+100	+30	+10	0	0	0	0	−21	−39	−51	−72	−106
65	80	+340											−48	−91
		+150											−78	−121
80	100	+390	+207	+90	+47	+35	+54	+87	+220	+10	−10	−24	−58	−111
		+170	+120	+36	+12	0	0	0	0	−25	−45	−59	−93	−146
100	120	+400											−66	−131
		+180											−101	−166
120	140	+450	+245	+106	+54	+40	+63	+100	+250	+12	−12	−28	−77	−155
		+200	+145	+43	+14	0	0	0	0	−28	−52	−68	−117	−195
140	160	+460											−85	−175
		+210											−125	−215
160	180	+480											−93	−195
		+230											−133	−235
180	200	+530	+285	+122	+61	+46	+72	+115	+290	+13	−14	−33	−105	−219
		+240	+170	+50	+15	0	0	0	0	−33	−60	−79	−151	−265
200	225	+550											−113	−241
		+260											−159	−287

续表

基本尺寸/mm		公差带												
		C	D	F	G	H				K	N	P	S	U
大于	至	11	9	8	7	7	8	9	11	7	7	7	7	7
225	250	+570 +280											−123 −169	−267 −313
250	280	+620 +300	+320 +190	+317 +56	+69 +17	+52 0	+81 0	+130 0	+320 0	+16 −36	−14 −66	−36 −88	−138 −190	−295 −347
280	315	+650 +330											−150 −202	−330 −382
315	355	+720 +360	+350 +210	+151 +62	+75 +18	+57 0	+89 0	+140 0	+360 0	+17 −40	−16 −73	−41 −98	−169 −226	−369 −426
355	400	+760 +360											−187 −244	−414 −471
400	450	+840 +440	+385 +230	+165 +68	+83 +20	+63 0	+97 0	+155 0	+400 0	+18 −45	−17 −80	−45 −108	−209 −279	−467 −530
450	500	+880 +480											−229 −292	−517 −580